アグリッパ　儀礼魔術

アグリッパ儀礼魔術

原典訳『オカルト哲学第四書』

大橋喜之【訳】

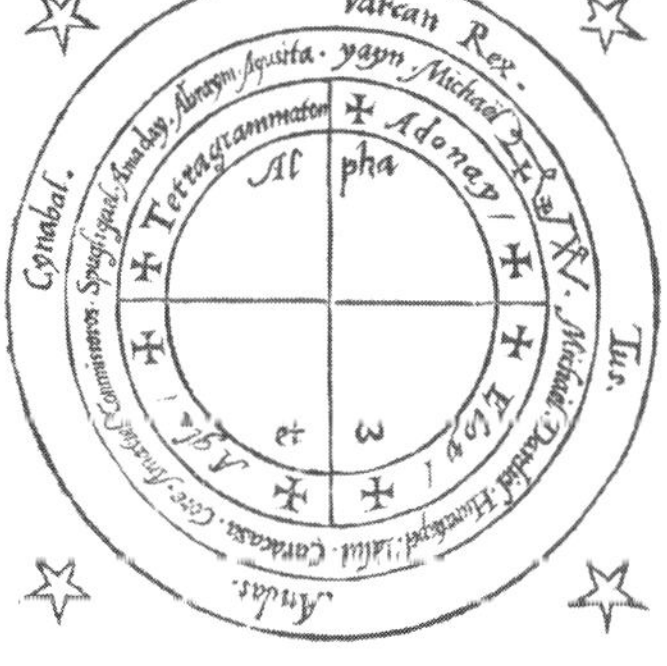

八坂書房

アグリッパ 儀礼魔術

目次

本書は *Henrici Cornelii Agrippae Liber Quartus De Occulta Philosophia, seu de Cerimoniijs Magicis, Marpurgi* 1559 の全訳（第Ⅰ部）。アグリッパに擬された本書は没後出版であり、著者生前出版『オカルト哲学三書』の梗概として編まれた偽書と目される。アグリッパの時代と彼の隠秘《オカルト》魔術について勘案するにあたり、二十世紀のイタリア・オカルト運動の旗頭であったアルトゥーロ・レギーニの論考『アグリッパと魔術』を添えた（第Ⅱ部）。また邦訳未公刊の『オカルト哲学』第二書・第三書への誘いとして主として本書と関連する図版頁を抄録した（第Ⅲ部）。

さらに著者の真贋は別に、本書を儀礼魔術の実修において必携とされるさまざまな装具備品のひとつ『諸霊の書』、あるいは実修においてつくられる『聖別された書』という護符《タリスマン》として（本書34−35頁参照）、あらためて書物の「もの」性の手触りが諸賢の霊感を触発することを祈念して。

第I部

原典訳『オカルト哲学第四書』

HENRICI CORNELII AGRIPPÆ LIBER QVARTVS DE OCCVLTA PHILOSOPHIA, *seu de Cerimonijs Magicis.*

Cui accesserunt, Elementa Magica Petri de Abano, Philosophi.

Marpurgi Anno Domini.

1559.

HENRICI CORNElij Agrippæ Liber Quartus de Occulta Philoſophia, ſeu de Cerimonijs Magicis.

IN libris noſtris de Occulta Philoſophia, non tam compendioſè, quàm copioſè declarauimus ipſius Magiæ principium, & rationabilitatem, & quo modo Experimenta elicienda & componenda ſint, ad quoſcunque mirabiles effectus producendos. Verùm, quoniam illic Theoricè magis quàm practicé, quædam etiam minus completè, quædam verò figuratiuè, & quaſi ſub Enigmate traduntur: vt aliquãdo illa, quæ ſummo ſtudio diligentia, & curioſa exploratione adepti ſumus, rudioribus quibuſq; exponantur: Ideo, in hoc libro, quem tanquam complementũ, ac Clauem librorum de Occulta Philoſophia, omniumq; Magicarum operationum confecimus, dabimus

ハインリヒ・コルネリウス・アグリッパの
オカルト哲学第四書
あるいは儀礼魔術について

魔術そのものの道理について、またその実修法がどのように驚くべき効果を引き起すものであるかについては、『オカルト哲学[1]』で概説するだけでなく、これを詳細に説明した。じつのところ、実修に関してよりも理論の方が数多く、そのうちの或るものにはいまだ不備が目立ち、他のものは図像やいわゆる謎《エニグマ》をもって示されるばかり。入念で興味深い探究によって、時にわれわれはこれをたちまち了解することができるにせよ、雑駁な解説しかされ得ないようなものである。『オカルト哲学』の各書および魔術実修全般を補完する鑰《かぎ》として編まれた本書では、魔術の論駁不能のはかりがたい真実、聖なる神々の証し、異論の余地ない実修法の数々を提供することにしたい。『オカルト哲学』各書を読んでこうしたことがらを知りたいと思う者は、本書を読むことでこの望みをなしとげることができるだろう。いずれにせよこれについては沈黙のうちに汝の信心のうちに秘匿せねばならない。

最初に知っておかねばならないのは、一々の惑星を司る知性の名の数々。それは諸惑星そのものが東に昇る時の世界の形象から文字の数々を蒐めることで得られる。つまり獣帯星座《しるし》の序列（方向）に従って上昇する惑星（生じるさだめ）の度数を惑星そのものの相《アスペクト》として、これを上昇位の度数として投じる（に変換する）ことによって。

これと同様に、一々の惑星を司る邪悪な諸霊のうち主要なものたちは、第七の家を端緒として星座《しるし》序列とは逆順に投影することで得られる。(2) ところで多くの者たちが世界魂とみなす至高な知性の名は、世界の形象（星図）の四つの枢要角から導出される。一方、おおいなる悪鬼《ダイモーン》の名は四つの落位から蒐められる。また気の諸権能を司るおおいなる霊《スピリトゥス》たちの名は後続位から蒐められる。つまり、善霊の名は、上昇位を端緒として星座《しるし》の序列に準じて取り出されなければならない。邪悪惑星の名はこの逆順に。(3)

これらの善霊および邪悪な霊の名の表から邪悪な霊たちの名が取り出されることを知らねばならない。第二序列の善霊の名をもって表に入るなら、邪悪な霊の名は君主《プリンチピウム》と支配者《グベルナトールム》たちの序列から取り出されることになる。しかしこの表つまり天の形象を介して、第三序列の善霊の名あるいは支配者《グベルナトールム》である邪悪な霊の名をもって表に入るなら、引き出される名の系列は下位なる秩序の宰相である邪悪な霊たちの名となるだろう。

善霊たちとともにこの表に入ることで取り出される名の数々は第二（中位）序列である、ということを知っておかねばならない。またこれによって取り出される邪悪な霊の名は支配者《グベルナトールム》の上位序列であるが、この表に第三（下位）序列の霊たちあるいは善霊悪霊にかかわりなく守護霊たちの名をもって入るなら、取り出される名は下位序列の宰相である霊たち（の名となる）。(4)

権威ある魔術師《マグス》たちはこの表をラテン文字に敷衍しようとした。同じ表をもって、上述したのと同様の手法で、善霊悪霊の職掌あるいは何らかの効力をあらわす名を見出すことができるように、職掌あるいはその効力の名を惑星の名の下欄に文字の一覧として記載することで。トリスメギストス[5]はこれの真の典拠（権威）である。この人はエジプト文字でこの算定をおこなったが、諸星座に宛てられるさまざまな理拠からしてこれを他の言語の他の文字でなすことに不合理はないだろう。召喚される諸霊の名について論じた者たちの中で、これを最初になしたのは彼だった。諸霊の聖なる名の権能つまりその秘密とこれを召喚し使役（主導）する権能は、これの音の配置を知っている（これを発声する用意ができていること）にある。つまり霊の名をなす音節の組み合わせ、これによって正しい名とその正しい音が形成される音節群を。この技巧は次のように遂行される。まず、善悪の君《プリンチ》主《ピウム》と支配者《グベルナトールム》たちの第二序列に準じて見出された諸霊の名を、天の形象の算定から見出された文字の音として配列する。これを諸善霊に関しておこなう。文字群を構成する諸星辰を勘案し、序列に準じて、まず第十一の家の度数を序列の最初の星辰の度数から引く。そしてこの余りを上昇位の度数から投影する。この数が規定する場所に最初の音節の最初の文字がある。そこにこの文字の音を

（1）アグリッパ生前に刊行された全三書からなる著作。本書はこれにつづく第四書として語り起こされる。その内容や書誌の詳細、また本書（第四書）の真贋をめぐる問題などについても、併録したレギーニの論考ならびに「解説に代えて」を参照。

（2）『オカルト哲学』第三書26章（以下 Lib. III, 26 のように略示）参照：「天の形象を描いた後、その文字の数と序列に準じてこれ（文字）を上昇位から星座の序列に従って（獣帯星座の順に）投影して（投じて）、天の円輪の各度数を満たす。成就されるべきはたらき（業）を司る諸星辰が占める場所に落ちる文字の数々を、諸星辰の数と力能に準じてその数と序列で書き写すことで善霊の名が与えられる。これと同じ作業を西（没位）の度数からはじめ、星座の序列を逆にたどることで邪悪な霊の名が得られる」。

（3）本訳書第Ⅲ部の図㉔㉕参照。

（4）Cfr. Lib. III, 16, 28.

（5）Cfr. Lib. III, 24.

その数と序列に準じて投影する。これが序列の最初の星辰の場所となり、この音節が第一の文字とされる。第二の文字は、序列の第二の星辰の度数を先（第二）の星辰（の度数）から引き、これの残りを上昇位から投影することで得られる。これが音節の投影をはじめる部分（籤、pars）であり、第二の星辰の上に落ちる音節が第二の文字の音節である。つづく文字の音節についても、直前の星辰の度数から後続する星辰の度数を引くことによって、同様に探す。この投影と数値化は星座《しるし》序列にしたがって、諸善霊の名をもってなされるのでなければならない。善霊の場合には第十一の家の度数（が端緒）とされたが、邪悪な霊の名においては第十二の家の度数が端緒とされる。すべての数値化と投影は星座の序列に従ってなされ、第十の家の度数からはじめる。

　しかし表から取り出される真の名は別様の音節をもって配置される。まず名をなす文字があらわす数をとり、この数を表の欄（列）の最初の文字から算える、あるいはこれをもとに名を引き出す。この数に相当する文字が取り出される名の最初の文字となる。これら相互の距離をアルファベート序列（の隔たり）に準じてとる。この隔たりの数をその欄の端緒から投影する。これによって定まる場所が第一の音節に相当する。そしてこの音節の数と序列をその欄に投影する。これがどこに落ちようと、これが名の最初の文字であり、それ（名の最初の文字）に宛てられる。そして後続する音節のすべてを先立つ文字からの距離として採り、アルファベートとして配列する。この距離数（隔たりの数）はその欄の端緒から算され、これが落ちる場所に探す音節の部分（籤、pars）が見つかる。つづいて音節の数々を上述したように投影し、これらが落ちた場所の文字がそれ（音節）として帰属される。この音節が他の音節の上に落ちるなら、前者は後者に替えられる。これは善霊に関してのことである。邪悪な諸霊についても同様にではあるが、序列の算定を逆順に後ろからなし、アルファベートの序列も逆にする。欄の序列も上昇順に逆に採る。

『オカルト哲学』第三書(6)でその見つけ方を説いた各人の善なる守護霊《ゲニウス》にもすくなからざる権威があり、基礎がある。しかしここでは空虚な道理づけをもとにせず、他の手法を提供しておくことにしよう。その一つが誕生時の形象（星図）の中に五つのヒュレギオールム（ヒュレグ、生命付与者）の場所(7)を見定めるもの。これは文字の記号《カラクテール》の数々をその序列と数に準じて白羊宮の端緒から投影することで、その守護霊《ゲニウス》の名をなす序列と尊厳、配置と組み合わせに応じてその場所の度数が見出される。また別の手法として、アルムテル（アルムーテン）(8)つまり誕生する者を司る星辰によるものがある。これは上述した五つの場所から案出されたもの。これは上昇位の度数から投影がなされ、アルムテルの上に落ちる文字を蒐めて、これらの尊厳に準じて配列しなおすことで精霊《ゲニウス》の名を得るもの。また別の手法として、エジプト人たちはさまざまな慣習を尊重しつつ、上昇位の度数から投影をなし、善霊《ボーヌム・ダエモーヌム》と呼ばれる第十一の家のアルムテルに準じて文字の数々を蒐めた。そしてこれら（の文字）をそれぞれの尊厳に準じて配列することで守護霊《ゲニウス》の名を定める。さらにこれと類同な道理をもって、邪悪な守護霊《ゲニウス》の名が取り出される。ここでは投影が諸星座の序列と順序を逆にしてなされる。善霊の場合には白羊宮の端緒から投影がなされるところ、邪悪な霊の場合には天秤宮の端緒から算する。善霊の場合には上昇位から度数を算するところ、邪悪な霊の場合には第七の家の度数か

（6） Cfr. Lib. III, 26.
（7） ヒュレグ hyleg はエピクラテトール（アルココデンはオイコデスポテス「家の主」）、ブーシェ＝ルクレール『西洋占星術の起源』邦訳 pp. 415-417 参照。
（8） アルムテル（アルムーテン）は al-multazz. 『オカルト哲学』第三書26章、また「解説に代えて」註37参照。

ら投影する。一方、エジプト人たちによれば、守護霊《ゲニウス》の名を蒐めるには、邪悪な霊《マールム・ダエモーヌム》と呼ばれる第十二の家のアルムテルが用いられた。これらの儀礼（手法）のすべてについては諸他のものとともに『オカルト哲学』第三書[9]で論じた。これらは他のいかなる言語の文字《カラクテール》によっても実行できる。これらはすべて（先述したように）神秘的で神的な数、序列、形象であり、これが同じ守護霊《ゲニウス》がさまざまな名で呼ばれ得る理由である。

他方、善霊悪霊の名そのものはそのためにつくられた表を介して引き出される。

天の符牒《カラクテール》の数々は線と頭（点）からなっている[10]。六つのおおきな星辰に準じて頭は六つ、これらは諸惑星に相当する（還元される）。第一の大きさ（最大）の太陽は星型あるいは十字型で、第二の木星は点と円輪で、第三の土星は三角と半円、丸く鋭い鉤であらわされる。第四の火星は直線に貫かれた句点（髭）あるいは正方形か菱形で、第五の金星と水星は句点（髭）あるいは上向きか下向きの尾のある点で、第六は月で黒点（黒い円）で。これらはすべて後出の表に見ることができる。これらの頭を天空図の星辰（惑星）の場所に据え、直線をそれぞれの自然本性に準じて引く。諸恒星についても同様になす。いずれにせよ諸惑星の頭を相互の相《アスペクト》、対至《アンティシア》に準じて据え、線を引く。

いずれかの天の図像を符牒《カラクテール》として描くにあたっては、上昇位からの特定の度数あるいは大きさも本性も恒常な諸星辰（恒星群）からなるデカン（主のファキエス）に据える。これら諸星辰の数はその場所と序列に準じて据えられ、代示する図像に似た様相にできるだけ多くの（さまざまな）線を引く。

霊の名に準じて抽出される符牒《カラクテール》の数々から次表〔左頁下図〕ができる。名の一々の文字は、一瞥してみればすぐ分かるように、この表と対応している。ここには何の困難もない。名の文字は形象の線あるいは文字に落ち（あたり）、どの形象あるいは文字を採るべきか分かっているから。これは以下のようにして知られる。文字の線から文字が取り出され、文字は名の序列のうちの文字として（星辰とともに）考慮される。そして第二あるいは第三（へとつづく）。そこには名の文字数も含まれている。第五あるいは第七。これを三倍する。つづいて最初の文字からアルファベート順にすべてを合算する。そして文字の数がいかなる数となるかを見て、ここに霊《スピリトゥス》の符牒《カラクテール》を配置する。名の文字のいずれかが線の形象にあたる（落ちる）なら、これが架乗（増量?）される。この文字が名の序列に占める順の数に、この文字がアルファベート順の中でもつ（占める順の?）数を掛け、これを九で割ると、余りが据えられる形象つまり符牒《カラクテール》の数を示している。これは幾何学的形象あるいは算術的な数のかたちで置かれるが、これは九を、あるいは第九（の家の）角隅（枢要角）を超えてはならない。

（9）Cfr. Lib. III, 26.
（10）土占い《ゲオマンティア》の形象を想像させる。ここから後の全集および『オカルト哲学第四巻』英訳版の編者はゲオマンティア論を巻頭に付加することになったものだろう。第Ⅲ部図[19]を参照。

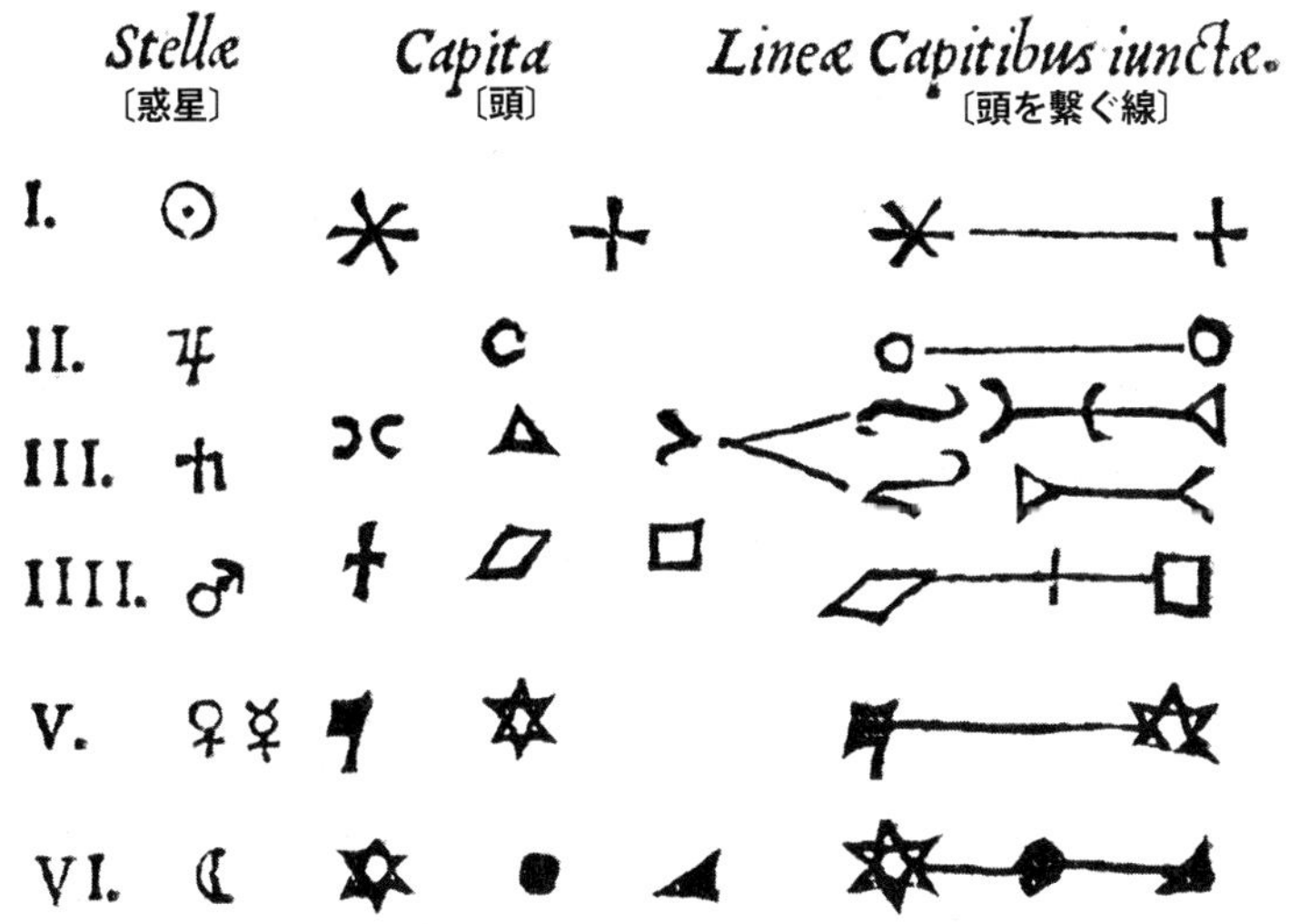

ここで霊たちの啓示を介して受け取られる符牒《カラクテール》の数々について見ておこう。これらには力能（徳能）があり、隠されたしるし《シグナクルム》そのものである。いずれかの神性によってつくりだされる調和《ハルモニア》、あるいは契約の、信仰の約束の、服従のしるしであり、これらの符牒《カラクテール》は他の手段をもってしては跡づけることができない。

邪悪な諸霊に親しい形象もしくは図像が幾つかあり、これらの外見において通常そこに召喚されるものたちはそのすがたをあらわす。これらの図像を霊の名をなす文字序列とともに下表に挙げる。

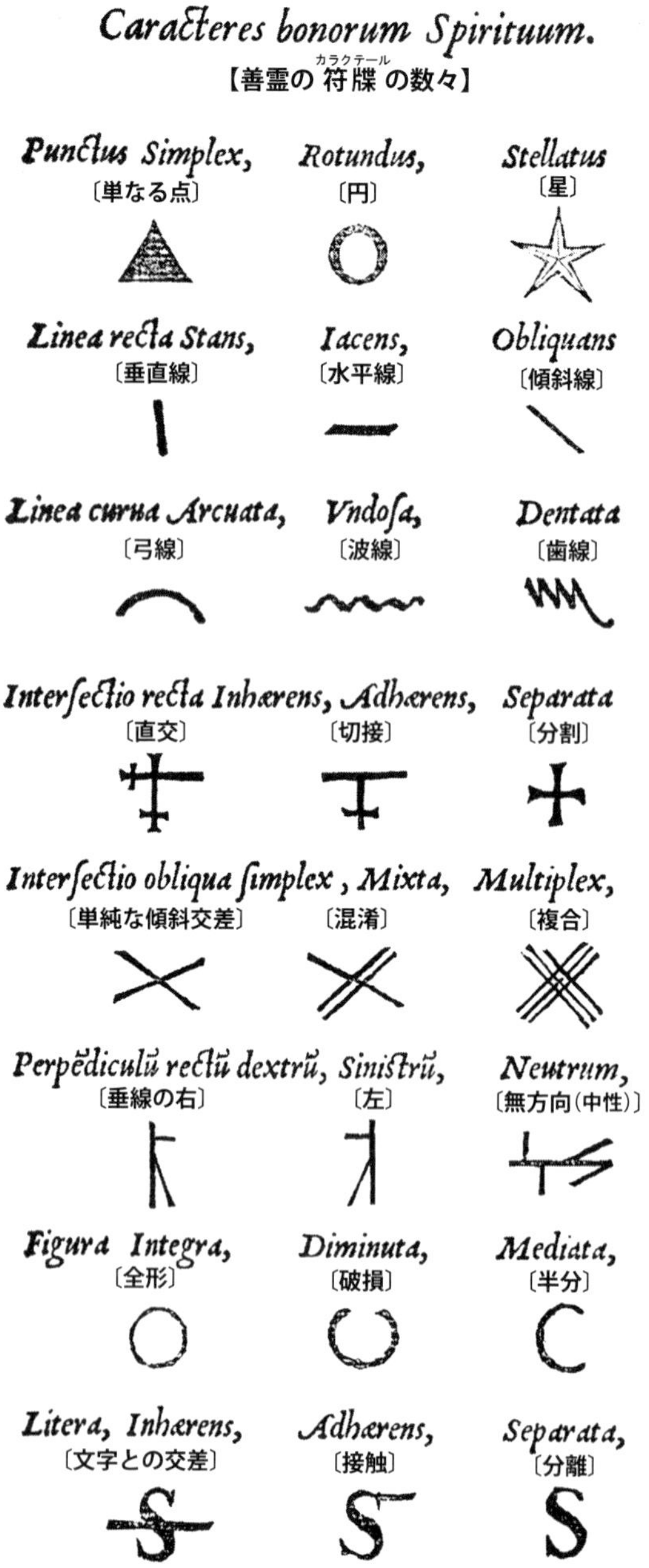

Caracteres bonorum Spirituum.

Punctus Simplex, 〔単なる点〕	Rotundus, 〔円〕	Stellatus 〔星〕
Linea recta Stans, 〔垂直線〕	Iacens, 〔水平線〕	Obliquans 〔傾斜線〕
Linea curua Arcuata, 〔弓線〕	Vndosa, 〔波線〕	Dentata 〔歯線〕
Intersectio recta Inhærens, 〔直交〕	Adhærens, 〔切接〕	Separata 〔分割〕
Intersectio obliqua simplex, 〔単純な傾斜交差〕	Mixta, 〔混淆〕	Multiplex, 〔複合〕
Perpendiculu rectu dextru, 〔垂線の右〕	Sinistru, 〔左〕	Neutrum, 〔無方向(中性)〕
Figura Integra, 〔全形〕	Diminuta, 〔破損〕	Mediata, 〔半分〕
Litera, Inhærens, 〔文字との交差〕	Adhærens, 〔接触〕	Separata, 〔分離〕

霊の名のうちに何度か同じ文字が見つかるなら、その図像は首位《プリンキパトス》とみなされる。これ以外はさまざまに混合している。序列の最初の方にあるものはその形状に応じて身体の上部あるいは頭に宛てられる。一方、最後の方のものは濡れた脚や足に。中間の文字群は身体の中央部にあたる。しかし何か矛盾が見つかるなら、文字の方が数よりも重要であり、優先される。また符牒《カラクテール》の表の名がなんらかの旗幟や装具をもつなら、図像においても同じものをもつ。

邪悪な諸霊の尊厳も符牒《カラクテール》および図像の表から識ることができる。実際、一々の霊は符牒《カラクテール》の表でなにかしるしあるいは装具をもっているなら、尊厳をもつ。王冠が王の尊厳を示すように、紋章は公（君主）の尊厳を、コルヌア（三日月？）は集会《コミタートゥス》の尊厳を示している。また錫杖、剣、生贄は属州長官をあらわす。図像の表にも自らの前に王の尊厳をもつものがみつかる。冠、装具は属州長官の尊厳を。さらに、人のすがたをもつものは獣の図像のもとに纏められるものたちよりもより尊厳がある。これらの混合様態の尊厳に準じて諸霊の優位が判断される。それぞれの尊厳はより高貴な序列の諸霊に下属している。これも妥当であろう。王や公（君主）はより高い序列を宰領するものに従属する官吏（宰相）であるから。

土星の霊たちのさまざまなすがた

長身痩軀で唯一の首に四面の顔があり、怒りの表情で前後左右を睥睨する。また両膝にも顔があり、これらが黒く輝いている。その動きは地鳴りを伴なう風のよう。そのしるしは雪よりも白い白土。

その固有な姿

龍に跨る髭を生やした王　Rex Barbatus, Draconem equitans

髭のある老人　Senex Barbatus

杖に凭れる老婆　Mulier vetula, baculo innixa

豚　Porcus

龍　Draco

梟　Bubo
黒い衣装　Vestis nigra
大鎌　Falx
ビャクシン（ジネプロ）　Iuniperus

木星の霊たちのさまざまなすがた

♃ 血色のよい胆汁質。中背で激しく動きまわる。容貌は温和で、優しく語るが、鋼色。その動きにはしるしとして雷光雷鳴が伴い、円輪の傍らにあらわれ、人々を獅子に食わせる。それらの固有なすがたとしては、

抜き身の剣をもち鹿に跨る王　Rex gladio euaginato Ceruum equitans
長衣を纏い司教冠《ミトラ》を被る男　Homo mitratus, longo vestitu
花で飾った月桂樹の冠を被る女　Puella, cum Laurea corona, ornata floribus
牡牛　Taurus
鹿　Cervus
孔雀　Pauo
紺青の着衣　Azurina vestis
剣　Gladius
柘植（ブクスス）　Buxus

火星の霊たちのさまざまなすがた

♂ 長身で胆汁質。赤黒い色の醜悪な相貌であらわれる。鹿の角とグリフォンの爪をもち、猛り狂った牡牛のように咆哮し、燃え盛る火のように動く。また特に円輪の周りに雷光雷鳴として描かれる。

その固有な姿

狼に跨る武装した王　Rex armatus, Lupum equitans
武装した男　Vir armatus
腿を円盾で守る女　Mulier clypeum in femore tenens
山羊（ヒルクス）　Hircus
馬　Equus
烏　Corvus
赤い着衣　Rebra vestis
羊毛　Lana
ハハコグサ（ムルティチェプス）　Multiceps

太陽の霊たちのさまざまなすがた

☉ 太り肉の大きな身体、多血質で血色がよく、黄金色ですがたをあらわす。その運動は天の燦めきのよう。そのしるしは召喚者に汗をかかせる。その固有のすがたは、

錫杖を握り、獅子に跨る王　Rex, habens sceptrum Leonem equitans

戴冠した王　Rex coronatus
錫杖をもつ王女　Regina, cum sceptro
猛禽　Avis
獅子　Leo
鶏　Gallus
黄色あるいは金色の着衣　Vestis crocea, vel aurea
錫杖　Sceptrum
尾　Caudatus

金星の霊たちのさまざま姿

♀　中背の優美な身体に美しい相貌をもってあらわれる。白か緑色で表面が金色に輝いている。その運動は明るい星辰のよう。そのしるしは円輪の外で戯れる娘たちのように見え、召喚者を熱中させることになるだろう。その固有のすがたは、

駱駝に跨り錫杖をもつ王　Rex, cum sceptro, Camelum equitans
美しく着飾った女　Puella pulchre vestita
裸の女　Puella nuda
山羊　Capra
駱駝　Camelus
鳩　Columba

白もしくは緑の着衣　Vestis alba, vel viridis

花　Flores

杜松（サビーナ）　Sabina herba

水星の霊たちのさまざまな姿

☿

おおむね中背、冷、湿で美しい武装した兵士のすがたで、明確な言葉を語る。透き通るような血色。その運動は銀色の雲のよう。そのしるしは召喚者を怖れさせる。その固有のすがたは、

熊に跨る王　Rex ursum equitans

美しい青年　Adolescens pulcher

紡錘（糸巻）をもつ女　Mulier colum tenens

犬　Canis

熊　Ursa

カササギ（ピカ）　Pica

多色の着衣　Vestis versicolor

処女　Virga

杖　Baculus

月の霊たちのさまざまな姿

おおむね大きな身体、柔らかな肥り肉で粘液質。暗い雲のような色で顔は腫れあがり、目は赤く（血走り）潤んでいる。頭は剝げて、猪の牙をもつ。その運動は海の嵐のよう。そのしるしは円の周りに雨を降らせる、その固有のすがたは、

弓矢をもって牝鹿に跨る王 Rex sagittarius Damam equitans
小さな子供 Parvulus puer
弓矢をもつ女狩人 Mulier venatrix, cum Arcu et sagitta
牝牛 Vacca
小鹿 Damula
鵞鳥 Anser
緑もしくは白い着衣 Vestis viridis, vel argentea
矢 Sagitta
多足類 Multipes

ではここで五芒星《ペンタクルム》および聖なる印章《シグナクルム》について語ることにしよう。五芒星《ペンタクルム》は聖なるしるしで、われわれを邪悪な諸霊から守ってくれる。また邪悪な諸霊《ダイモーン》を縛め、殺害するとともに、善霊を引き寄せてわれわれと和解させてくれる。五芒星《ペンタクルム》は上位階層の善霊たちの符牒《カラクテール》や名に由来する。あるいは聖なる図像、聖なる文字あるいは啓示に由来し、詩句や幾何学図形や神の聖なる名の数々に、さまざまな理由づけをもって相互に、あるいはこれらすべてを組み合わせて一つに纏められたもので

ある。五芒星《ペンタクルム》をつくるにあたり有益な符牒《カラクテール》の数々は善霊たちの符牒《カラクテール》と同じで、特に第一および第二序列の善霊たちのもの、時に第三序列のものや、聖なるものと呼ばれる符牒《カラクテール》や上述した聖なる人物像の数々も用いられる。この類の符牒を設ける場合にはつねにこれを二重の円輪で囲み、この中に天使の名をしるす。ここにその霊とその職掌に適した神の名のいずれかをつけ加えるなら、これはより大きな効果をもつだろう。数の理拠に準じて、これを枢要角の図像をもって取り囲むのもよい。五芒星《ペンタクルム》をなす図像の数々は旧約および新訳聖書や預言書の数々に伝承されてきたものと同じである。十字架につけられた蛇のすがた等々は、黙示録の啓示ばかりかイザヤ、ダニエル、エズラその他の預言者たちの幻視に見つかるもので、これについては『オカルト哲学』第三書の聖なるものにかかわる章〔Lib. III, 63〕で語った。

このような聖なる図像を描いた後、二重の円輪で囲み、ここにこの形象とその効力にふさわしい神の名の幾つかを書く。またこの周囲に望みの効果を約束するような聖書の句節を書くか、請願詞を書くのもよい。たとえば、五芒星《ペンタクルム》が目に見える敵あるいは目に見えない敵に対する勝利や復讐のためにつくられる場合には、形象はマカバイの第二書から採られることも可能である。つまり鞘を払った黄金の剣をもつ手。これを同所の句節で取り囲む。「聖なる剣を執れ。神はイスラエルの民が敵に殲滅されることを望まない」[11]。あるいは詩篇第五、「あなたの腕の力によって、あなたの眼前のものに死を」[12]。その他これに類したものでもよいが、神の名の一つを書くなら、神の畏れ、剣、怒り、復讐を意味する名を選ぶか、望みの効果に適した名を選ぶ。枢要角の形象について書こうと思うなら、『オカルト哲学』第二書の数論で論じた数比（諸数の関係）から選ぶ等々。この類のものとして至高なる徳能と大いなる権能をもつ二つの五芒星《ペンタクルム》があり、これらは諸霊の聖別の実修に有用で不可欠なものである。その一つは黙示録の第一章に見つかるもので、玉座に座した神が口に両刃の剣を咥えた荘厳のすがた。これの周囲に次のように書く。「わたしはアルファにしてオメガ、はじめとおわり、かつてあり、いまあり、あるであろうもの。全能者。わたしは最初にして最後まで生きるもの、また死んでいたもの。つねにひとりで生きるだろう、わたしは死と地獄の鍵をもつ」[13]。そして以下の三つの句節で囲む。「徳能ある神よ、言明したまえ、われわれのうちにはたらくものとして。風に吹き上げられる塵となり、主の天使がこれを運ぶ、彼らの道は暗く滑りやすい、と主の天使が告げる」[14]。さらに、エル、エロヒム、エロヘ、ゼバオト、エリオン、エスケリキエ、アドナイ、イアハ、テトラグランマトン、シャダイという一般的な十の名[15]で囲む。

五芒星《ペンタクルム》の代わりとして、七本の角と七つの目をもつ殺された（屠られた）子羊の図像がある。これには、足元に七つの印章（封印）で封印された書物が配される。これを黙示録第五章で言明されている句節「ユダ族から出た獅子、ダヴィデのひこばえ（ダヴィデを根にもつもの）が勝利を得たので、七つの封印を開いて、その巻物を開くことができる」[16]、およびまた別の句節「天に輝く（稲妻のように）

（11） «Accipe Gladium sanctum, munue a Deo, in quo concides adversarios Populi mei Israel». Cfr. 二マカバイ 15, 15-16:「エレミヤは右手を差し伸べて、ユダに一ふりの黄金の剣を与えたが、手渡しながらこう言った、「神からの賜物であるこの聖なる剣を受け、これで敵を打ち破りなさい」」。

（12） «In hoc fortitudo brachij tui, ante faciem tuam». 詩篇に該当句なし。ハバクク書 3, 3-4 の類似句参照。

（13） «Ego sum alpha et omega , principium et finis, qui est, qui erat, et qui venturus est. Omnipotens. Ego sum primus, et novissimus, vivus, et fui mortuus; et ecce sum vivens in secula seulorum. et habeo claves Mortis, et Inferni». Cfr. 黙示録 1, 17-18.

（14） «Manda Deus virtutituae, Confirma hoc Deus, quod operatus es in nobis. Fiant tanquam pulvis a facie venti, et Angelus Domini coartans eos; Fiant viae illorum, Tenebrae, ac lubricum, et Angelus Domini persequens eos».

（15） «El, Elohim, Elohe, Zebaoth, Elion, Escerchie, Adonay, Iah, Tetragrammaton, Saday».

（16） «Ecce vicit Leo de Tribu Iuda, Radix David. Aperiam librum, et solvam septem signacula eius».

土星（サトゥルヌス、サタン）が墜ちるのを見た。蛇や蠍を踏みつけ、敵のあらゆる力に打ち勝つ権威を、わたしは汝らに授けた。それゆえ汝らに害を加えるものはなにもない」[17]で取り囲むように記す。

形象と名の数々からなる真の五芒星《ペンタクルム》は以下の序列（順）を守ってつくられる。或る形象は或る数、或る効果あるいは力能（潜在力）に符合している。神の名のいずれかがそれぞれの天使に記されることで、望みの力能が得られることになる。この類の名は文字の数々からなっており、形象は数をあらわすものとなる。つまり名の文字（があらわす）数を加え合わせることで形象の数となる。あるいは過不足なく（加減することなく）形象の数が得られる。

この類の名から得られた一あるいは諸他の数（単、複、異）を形象のそれぞれの枢要角にしるす。一方、名そのものの形象の中央には周回の完了（にかかわる数？）の主要なものを配す。

しばしば五芒星《ペンタクルム》は、四角い板に描かれた単円あるいは二重の円の中に、この名にふさわしい聖書の句節を廻らせる（周回させる）ことで、その名が取り出されるようにつくられる。これが五芒星《ペンタクルム》の理拠（数比）で、これはさまざまな様相で定められる。好みのままにあれこれを掛けたり混ぜたりすることで、力能を凝集し拡張する大きな効果を引き出すことができる。敵の壊滅を請願する場合には、神が大地の表面を洪水で破壊したこと、ソドムとゴモラ、硫黄と火の雨、紅海のファラオの軍勢にかかわる聖書の呪詛のことばを想起することができる。水のさまざまな危難にかかわる勧請においては、洪水からのノアの救い、イスラエルの子らの紅海渡海、水の上を脚を濡らすこともなく歩むキリストを。風や波による船の危難に関しては、溺れるペトロの救出等々を。これらをもって神の聖なる名の幾つかに祈願する。つまりわれわれの望みに馴染み、望みの効果にふさわしい名を。

敵の破滅に関しては神の怒り、復讐、怖れ、正義、権能を名指して。邪悪（障害）や危難に対しては、神の慈悲、擁護、救済、力能、善意の名をもって。また、神がわれわれの望みをかなえてくれるように、或る善霊もしくは複数の善霊たちの名が執行者として召喚されることもある。この名によってわれわれの望みをかなえるために介入（執り成し）してくれるように願う。また人々をいずれかの邪悪な霊によって強要しようとする場合にも、同様にその名を祈禱詞に挿入する。これは行為《はたらき》が邪悪に向かう、復讐、処罰、破壊（破滅）にかかわるものの場合。つづいて詩篇あるいは聖書のいずれかの句節で、こうした望みに適したものを先述した一あるいは複数の天使、星辰、魂、英雄にかかわる祈禱詞に加える。これは『オカルト哲学』第二書の祈禱詞（蠱惑）の作法で論じた諸規範[18]に則ってなされねばならない。

こうした関係性（繋縛）は三重に示される。第一の関係（繋縛）は自然界の諸物によって請願する場合。第二は秘蹟、奇蹟等々を介した諸玄義（神秘）にかかわるもの。第三は神の名の数々および聖なる印章《シグナクラ》の数々。この類の関係性（繋縛）をもって、諸霊だけでなく、動物、嵐、火災、洪水、武具の力といった諸他の被造物も繋縛される。われわれはしばしばこれらの関係（繋縛）を請願をもってだけでなく、讃責をもっても用いる。これには目的にふさわしい聖書のさまざまな句節が結びつけられる。たとえば蛇への請願においては、地上楽園の蛇への呪詛、砂漠での青銅の蛇の掲揚。さらに句節「蝮とバジリスクスについて[19]」等々。ここでもなんらかの秘蹟の儀礼から、繋縛あるいは阻害

（17）«Vidi Saturnam, sicut fulgur de Caelo cadentem. Ecce dedi vobis potestatem calcandi super serpentes, et scorpiones, et super omnem virtutem Inimici, et nihil vobis nocebit». Cfr. ルカ 9, 18-19.

（18）Cfr. Lib. II, 60. レギーニ論考第V章参照。

（19）«Super Aspidem et Basiliscum ambulabis». 詩篇 91 (90), 13.

を意図したもの、破門、埋葬、葬儀等々まで、迷信が多くを支配している。
つづいて聖別について。これは人によってこの業に必要な一々のものや道具に対しておこなわれる。この力能（徳）は主として二つのものにはたらきかける。つまり聖別をなす人の力能、人物の力能に対して、あるいは聖別がなされる祈禱そのものの力能に対して。

人物に関しては生の聖性と聖化の徳能が要請される。これらはどちらも、尊厳化と秘法伝受によって獲得される。つまりこうした人物はこの徳能と権能を異論の余地ない確固たる信念によって自ら知っている。一方、聖別をなす祈禱そのものにも同様な聖性が必要とされる。これは聖書の聖なる議論の多くにみられるように、この目的のために神に命じ（定め）られたかのように祈禱そのものに内在している。あるいは聖霊の権能によって、またこれを目的として設けられた教会の叙品式によって果たされる。それとも、祈禱の中にある聖性はそのものの中にあるのではなく、聖書、歴史、著作、奇蹟、できごと、恩寵、約束、秘蹟、聖なる器物のような聖なるものの記念として、聖別されるものである。これらの間にはなんらかの類似（類同性）がある。聖なる神の名の招請にあたっては聖なる印章《シグナクルム》も添えられ、宗教儀礼において用いられる聖水の灌水や聖油の塗布、香料の燻蒸同様に聖化、贖いに用いられる（貢献する）。それゆえ、一々の聖別には水、油、火、煙の祝福と聖別が先立つ。これにはあらゆる方角に配された蠟燭あるいは祝福された燈火の光が用いられる。光なくしてはどんな秘蹟も適切に執り行うことができないから。ここではまた、聖別されるものがなんらかの穢れの状態に陥り得るたいへん卑俗なもの（冒瀆的なもの）であり、これが払魔（祓い）や贖い（清め）によって聖化される、ということをしっかりと確認しておかねばならない。これらのものは処女たちのように、神の徳能の影響(注入)を受けるによりふさわしい。さらに、一々の聖別の終わり、所定の通りに唱えられる祈禱の後、聖別を執り行う者は、現実のことばと神の徳能と権能によって、これ(ものそのものの力能と権威)を記念し祝福することばを発声しなければならない。正しい意図をもってこれ(聖別)がなされるように。ここで幾つか例示しておこう。これらによって汝に容易に道が開けるように。水の聖別に関しては、神が水の間に恒星天を据えたこと、また地上の楽園には泉が配され、人の四つの聖なるものが地上世界に据えられたことを想起しておこう。つまり巨人たちの破滅、全土を覆う大洪水、紅海におけるファラオ軍の壊滅のように。さらに(モーゼが)海の中やヨルダン川を脚を濡らすことなく民を率いたこと、砂漠の岩から奇跡的に水をあふれさせたこと、サムソンの祈りによって驢馬の石臼のような歯の間から生命の水の泉を吹きださせたこと。またこれが現在の贖いのための慈愛と救済の道具として据えられたこと。さらにキリストがヨルダン川で洗礼を受けたように、水が清め聖化するものであったことを。また神の名の数々はこれ(水)をもって呼ばれるものでもあった。たとえば、神は生命の泉、生命の水、慈悲の川等々と化す。火の聖別においても、神が火を罪人たちの処罰、復讐、贖罪の審きの道具として創造したのだったことを想起しておこう。また神は世界を審くに先立ち、火災を起こさせるだろう。同様に神は茨の茂みで燃える火としてモーゼにあらわれた。またイスラエルの子らを導いたのも火の柱で、火なしには供物をささげ、生贄を捧げ、聖化することもできない。あるいは同盟の幕屋《タベルナクルム》で守りつづけられた消えることのない火。これは消えても奇跡的に火を灯しなおし、別の個所では火を消すこともなく水の底に秘匿される等々。神の名の数々にはこれをもって呼ばれるものもある。律法の書や預言書の数々に認められるように。そこでは神は消尽する火と呼ばれている。神の名の数々の中に火を想わせるものを探るなら、神の光輝、神の光、神の明かりといったものが見つかる。

油や薫香の聖別については、出エジプト記にある聖なるものとして塗油の油と神の名の数々、キリストの名としての「油塗られた者」を挙げておこう。諸玄義にこれを探るなら、黙示録の諸玄義（神秘）として、神の相貌の前に点された燈火の中で燃える聖油を滴らせる二本のオリーヴ樹等々。光、燭台、燈火の祝福も火や炎を上げる祭壇に関係しており、これを諸玄義に探るなら、七枝の燭台、神の相貌の前で灯される燈火がある。これらが一々の聖化においてまず必要な聖別であり、これに先立ってなされねばならない。これなしには聖なるものどもは所定の通りに成就されない。

つづいて場所、装具備品等々の聖別について語っておこう。或る特定の場所、つまり円輪を聖別するにあたっては、神殿奉献の折のソロモンの祈禱を採用することができる。また場所の祝福には聖水の灌水と燻蒸が用いられる。諸玄義での祝福には、シナイ山の神の玉座の聖化、同盟の幕屋《タベルナコロ》、エルサレム神殿の至聖所でのものがある。同様に、キリストの十字架刑を介したゴルゴタの丘の聖化、キリストの墓の聖化、キリストの変容と昇天を介したタボル山の聖化等々。神の名の数々をこれ（場所）を介して召喚するものとして、神の場所、神の玉座《トロヌス》、神の座《カテドラ》、神の幕屋《タベルナコロ》、神の祭壇、神の住処。そして神の名の数々は円輪の中あるいは聖別された場所に記される。

祭壇で用いられるすべての装具の聖別も同様に行われる。聖水を灌水しつつ聖なる煙で燻蒸し、聖油を塗布して聖なる印章《シグナクルム》の数々を、聖なるものごとつまり聖別されるものと類同な聖なる文字、聖なる信仰、神の名の数々を記念する祈禱によって祝福しつつ聖別する。たとえば、剣を聖別する場合には福音書の「下着を二枚持っている者は等々」[20]。またマカバイ第二書のユダ・マカベウスに奇蹟的に遣わされた剣。預言書の中に類同なものを探すなら、「両刃の剣を執れ」[21]。

書物その他の文書および図像等々の聖別も同様に行う。灌水、燻蒸、塗油、諸玄義の聖化を記念する暗示と祝福。シナイ山で神からモーゼに与えられた十戒の石板。

さらに旧約と新約聖書の聖化。律法の書、預言者たちの書、聖霊によって伝えられた書の聖化。神の名の数々はこのかたちでも想起される。神の証言、神の書、生の書、神の知解、神の叡智等々。この類の儀礼は人物の聖別によって完遂される。

さらにまだ別に、驚くべき権能をもち、大きな効果がある聖別儀礼がある。これは迷信の類である。教会で行われる聖別の儀礼あるいは何らかの秘跡の授与が、聖別したいと思うものへと移される。たとえば洗礼の儀礼等々が。

報謝、施与、生贄には現実的で個別的な（リアルで私的な）聖別の力があることを知っておかねばならない。また名とこれをもってつくりなされるものの或る種の契約や約定にも。われわれもまた、望み、その帰結（効果）を生みだす（欲望によってその帰結を願望する）。たとえば、われわれのもの、たとえば薫香の煙、塗油、指輪、図像、鏡、さらに物体性に欠けるもの、たとえば神性、しるし（星座）、五芒星《ペンタクルム》、護符、祈禱、図像、文書、或る種の神存在を捧げ、与え、生贄にする時に。これについては『オカルト哲学』第三書で詳細に論じた。

（20）«Qui habet duas tunicas, etc». ルカ 3, 11.

（21）«Accipite vobis Gladios bis acutos». 二マカ 15, 16.

魔術師《マグス》たちの中には邪悪な霊《ダエモヌム》たちをさまざまに使役し、あらかじめ聖別された書物、まさに『諸霊《リーベル・スピリトウウム》の書』とよばれるものを介して霊を召喚する儀礼をなす者たちがいる。この名について付言しておこう。この書物は聖別された書物であり、まさに邪悪な霊たちの名とそのすがた（様相）において編まれた邪悪な霊たちの書である。この中には諸霊（の名）が記されており、これらの聖なる誓いと現実的な服従に捧げられている。この書物は未使用の清浄な紙葉、多くの人々が処女紙と呼ぶものでつくられている。この書物は次のように書かれている。左側には霊の図像が据えられ、右側にはその符牒《カラクテール》が上掲したように霊の名、尊厳と場所、職掌と力能を含む宣誓詞とともにしるされている。しかし多くの者たちはこれとは異なった符牒《カラクテール》をもって、あるいは図像を省略してこの書物を編んでいる。いずれにせよこれら（霊たち）がとってみせるところ（引き受けるすがた）をなにも見過ごさない方が、より効果がある。さらに（この書物の制作にあたっては）、場所、時日も、あれこれの霊が従属する諸星辰の照応関係に準じて、場所、儀礼、序列を厳守されねばならない。このように書かれたこの書物をしっかり製本して、その文書（定式）を装飾し、印章《シグナクルム》の数々を配して、実修者を危難が襲わない限り保管をつづけ、その折にこれを取り出して開く。これは最大の敬意をもって保管されねばならない。こころの怠惰、穢れ、冒瀆によって、これはその力能を失うだろう。

聖なる書をすでに伝授したようにつくり、これを聖別するには二つの手法がある。その一つは、円輪へと書物に記された個々のすべての霊を召喚した後、後述する儀礼に則って聖別されるこの書物を三角の中の円輪から取り出す。まず、諸霊の臨在のもと、書物に記された請願（宣誓）詞のすべてを読み上げる。つづいて聖別される書物を三角の中の円輪から取り出す（の外に置く）。そして個々のすべての霊をそこに描かれた図像と符牒《カラクテール》に手を置くように強要し、これに特別のまた一般の誓い、確認（堅信）と聖別をさせる。この後、開かれた書物を取り上げ、上述したところを守る（見る）。そして諸霊を所定の儀礼をもって解放する。『諸霊の書』を聖別するもう一つの手法は、より容易ですべての効果をもたらすにたいへん有効なもの。ただこの書にあらわれない（この書が開かれるのでなければ）霊がつねにその相貌をあらわすわけではない。その手法は以下のとおり。上述したように『諸霊の書』をつくる。ただしこれの末尾に、一々の霊を縛ることのできる召喚詞と繋縛詞、強い請願詞を書き加える。つづいてこの書物を二枚の板あるいは金属薄板《ラミナ》の間に挟む。これらの内側には神の荘厳の聖五芒星《ペンタクルム》を記す。これについては先に黙示録に関連して述べた。一枚目は書物のはじめ（表）に、二枚目はおわり（裏）に据える。このように書物を完成して、晴朗な真夜中前にこれを下記する手順で三叉路の円輪に運ぶ。そこでまず書物を開き、上述した聖別の儀礼に則って聖別する。つづいて、この書物にその位階（様相）と場所（座）を記された一々の霊を召喚する。書物に記された繋縛の詞を三度唱えると、これらは三日のうちに到来するだろう。それらの服従を完遂し、この聖別された書物に謂われていることを確証するために。つづいてこの書物を亜麻布に包んで、円輪の中に埋めて隠す。その後、円輪を壊す。そうしないと諸霊は解放されない（退去できない）。太陽が昇る前に（精霊たちは）退去する。そして三日後の真夜中頃に戻り来て、円輪をつくりなおす。そして膝を屈し、祈禱詞を唱え、神に上品な身振りをし、高貴な燻蒸をなしつつ穴を開く。書物を取り出し、これを開かずに保管する。そして所定の手法で諸霊を解放し、太陽が上昇する前に円輪を壊して去る。この最後の聖別の儀礼、上述した通りこれ（書物）を聖なる五芒星《ペンタクルム》をしるした二枚の金属薄板《ラミナ》の間に置く儀礼は、諸霊に向けられる文書やその実修に有用である。

聖別された書によって実修する者は、諸霊を苛むことがほぼない清浄で静穏な時に、諸霊の圏域に向かってこれをなす。そして所定の次第によって、(書物を)開き、これに記されている宣誓のために諸霊を召喚し、これを確認する。望みの符牒《カラクテール》と図像の名をもって。書物の末尾に置かれた繋縛の請願詞はまた霊の解放(赦免)にも使える。

ではここで善霊と邪悪な霊の召喚についてみてみよう。善霊たちの召喚の相違によって、これらは異なった様相であらわれる。われわれに提供され感得されるものは、夢の中で、託宣をもって、あるいは要請されたものとして伝えられる。善霊と対面して会話するためにこれを召喚しようと望むなら、二つのことに注目しておくべきだろう(二つのことを守らねばならない)。一方は召喚する者の準備にかかわることで、他方は召喚にあたり、外的に用いられるもの。つまり召喚者自身が何日にもわたり、神秘(玄義)を信じる用意ができていること(信仰からする準備があること)。第一に、自ら告白し、内的にも外的にも憔悴している方がよい。そして聖水を用いて適切に贖い(罪障消滅)を行う。召喚者はこの期間、貞潔、節食、こころの不惑、異邦や世俗のことがらからの可能な限りの孤立に努める。断食はこの間、可能な限り厳修される。毎日、日の出から日没まで、召喚の場所に聖なる衣装、帯を纏い、中断しつつ七度、先に説いたように祈禱するように神と天使たちを召喚する。(22)準備期間の日数は共通しており、朔望の完了に相当する。しかしカバラ学者たちは別の数、四十日をとる。

こうした召喚儀礼に参加する者たちはまず、清浄な場所、貞潔、秘匿、沈黙、あらゆる騒音からの孤立を選び、関係ない相貌《アスペクト》に従属しないことが必要である。ここでまず祓いと聖別がなされるが、それには卓あるいは祭壇を清浄な白布で覆い、東に向けて置く。またそこに聖別した二本の蠟燭を灯す。この炎はこの日々、決して消さない。祭壇の中央には金属の薄板《ラミナ》つまり聖なる紙葉、これについては後述する、遺骸を包む清浄な亜麻布を配する。これは最後の日まで開かない。また高貴な薫香と塗油の清い油も用意する。どちらも聖別されたもの。香炉《トリブルム》も祭壇の先頭（手前）に据え、火をつける。毎日、祈禱の度に祝福した火で薫香する。また白い亜麻布の長衣を前と横で留め、全身を足まで覆い、同様の帯を締める。前部にはテトラグラマトンの名を記した金塗りの小さな板が嵌め込まれた司教冠《ミトラ》（頭巾）のような繊細な亜麻布製の先のとがった帯《ヴィッタム》（を被る）。これらすべてはそれぞれ祝福され聖別されたもの。聖なる場所に入場するにあたり、汝は身を清め、聖なる衣装を纏って、裸足となる。ここに入場するにあたり、聖水で灌水する。ここで祭壇の上で燻蒸し、祭壇の前に跪き、先に述べたように礼拝する。これが完了する日々、特に最後の日は完全に断食する、その翌日、日の出に断食したまま、既述の儀礼とともに聖なる場所に入る。まず自らに灌水し、つづいて燻蒸し、聖油で額を清め（聖別し）、両眼にも塗り、これらすべてのものを聖別した後、請願（呪詛）をなす。ここで聖なる金属薄板《ラミナ》の包みを開き、祭壇の前に跪き、上述したように礼拝する。天使たちの召喚（祝詞）を唱えると、汝の望むものたちがすがたをあらわし、善良で貞潔な会話をなした後、退去する。

いずれかの善霊を召喚するためには、金属薄板《ラミナ》をこれに照応した金属もしくはこれに符合した薬

（22） Linea. これは次頁（37頁）に出る Lintea（亜麻布）のことかもしれない。

草を混ぜて色づけした新しい蜜蠟でつくるか、これに符合した色の紙葉でつくる。その外形は数的理拠（数比）に準じて四角、円、三角等々をとる。ここに神の一般名および特殊名の数々が記される。板の中央には六角形《ヘクサゴヌス》（六芒星）をしるし、これの中心に召喚される善霊が下属する（そのもとにある）星辰もしくは至高なる霊の名と符牒《カラクテール》を記す。この六角形《ヘクサゴヌス》（六芒星）の周囲にここに参集する諸霊の数だけ五角形《ペンタゴノ》（五芒星）を配す。召喚されるのが唯一の霊である場合にも、四つの五角形《ペンタゴノ》をしるし、この中に霊あるいは諸霊の名と符牒《カラクテール》を記す。この板《タブラ》を月が満ちる日々、霊が参集する時間につくる。こうすることで善なる星辰（善惑星）（の影響）を受けとることができる（がよりよく答えてくれる）。この板は上述した規範に準じて聖別される。この類の（一般的な）板によって善霊のすべてが召喚される。またそれぞれの霊（を召喚するの）にふさわしい特殊な板を、上述した聖なる五芒星《ペンタクルム》を用いてつくることもできる[23]。

ではここでこれにかかわる別の、より簡単な儀礼について語っておくことにする。つまり、人が貞潔で清浄で確かな善霊たちの託宣をうけとる（儀礼）。周囲を亜麻布で覆った清浄で明るい場所に、新月の日曜日に白く清浄な衣装を纏って入り、この場所を祓い、祝福する。そしてここで（に）祝福された木炭で円輪を描き、その最外殻に天使たちの名をしるす。一方、その内側には神の名の数々を書く。この円輪の中に世界の四方の角隅（枢要角）を据える。香炉で薫香し、断食と清め（洗浄）の場所に入る。そして東に向かって詩篇を用い、燻蒸をつづけつつ「浄福なる無垢（無原罪）なものよ云々」と祈禱をはじめる。つづいて上述した神の名の数々をもって天使たちに請願する。望みを照らし証し（かなえ）たまえ、と。毎日清め（洗浄）と断食をなしつつ、これを六日間つづける。七日目、つまり土曜日に、同じ清め（洗浄）と断食の後、円輪に入り、燻蒸して聖油で額と両眼および両掌両足に塗油する。つづいて跪き、先述した詩篇を神と天使たちの名の数々とともに唱える。これを唱えた後、立ち上がり、この円輪内を東から西に向かって輪をなすように歩む。円輪内で疲労して眩暈に倒れ、そこに鎮まるまで。法悦に自失するうちにそれがあらわれ、すべてを伝えるだろう。円内の世界の四方には四本の聖なる蠟燭を灯し、一週間にわたってその光が決して滅じないようにする。また断食は感覚（可感）的な生にかかわるすべてのもの、これから導かれるすべてを断ち、日没までは清水を飲むだけで、食べ物は食べないようにする。清め（洗浄）は、日の出前に裸になって完全に流水に身を浸すことで行う。薫香と塗油の油は聖書の出エジプト記に記されている通りに準備する。円輪の中に入るにあたっては上述したようなテトラグランマトンの名を刻んだ小さな黄金の板を、自らの前（額）につねに着けねばならない。

夢を介する一々の霊の託宣は、自然本性的なことがらについて、薫香、塗油、食物、飲物と結びついたものとしてあらわれる、とは『オカルト哲学』第一書[24]から分かるところ。しかし夢の中でつねにいつも託宣を得たいと望むなら、以下のように太陽の指輪あるいは土星の指輪をつくる。また

（23）これは次頁のアルマデルの儀礼を想起させる。この儀礼については「解説に代えて」の付録「アルマンデル異文」、あるいは高名な魔術書『ソロモンの鍵《クラヴィコラ》』*Clavicula Salomonis* をも参照。ちなみに *Claviculae Salomonis, seu Philosophia Pneumatica. Das ist; Heptameron der Magischen Elementen Petri de Abano Philosophi* と表題された刊本があり、以下併載の『ヘプタメロン』を『ソロモンの鍵』と称している。この書では四方に描かれるべき五芒星《ペンタクルム》がソロモンの六芒星とされているのが興味深い。第Ⅲ部末尾、270頁の図版参照。

（24）伊藤博明訳「アグリッパ『オカルト哲学について（第一巻）』」池上俊一監修『原典ルネサンス自然学』上（名古屋大学出版会 2017）参照。

これに関して大きな影響があり、効果がある図像《イマジネ》がある。これを頭の下に据えて眠る[25]なら、眠る前に考えていたことがら（意図）にかかわる正夢が保証される。考え（意図）に関連する星座のもとに所定の手法でつくられた「数表」も同様。これらについては『オカルト哲学』第二書で知ることができる[26]。またまさにこのためにつくられた聖なる板や紙葉にも効果がある。たとえばソロモンのアルマデルの板やテトラグランマトンと呼ばれる回転板[27]。こうしたものについては神の聖なる名の数々、天使たちの名をしるしたさまざまな形象、数表、聖なる図像をもって記されている。これらの作り方については聖書の詩篇その他の句節や預言の啓示において扱われている。

神や聖天使たちおよび英雄たちへの聖なる祈禱や勧請（呪詛）にも同じ効果がある。こうした祈禱勧請は先に示したように、宗教的な奇蹟の召喚にも似て、なそうとするところを唱えるものとして編まれている。旧約聖書のヤコブの、ヨセフの、ファラオの、ダニエルの、ネブカドネサルの夢のように。また新約聖書の聖母マリアの花婿ヨセフの夢、東方三博士の夢、主の胸で眠る福音史家ヨハネ。これらはすべて宗教的奇蹟や啓示の中に認められるものである。ヘレナへの十字架の啓示、コンスタンティヌスやシャルルマーニュへの啓示、ブリギッタ、キュリロス、メトディウス、メヒティルト、ヨアキム、マーリン等々の啓示[28]。たとえ眠りの中であろうと、これらの嘆願には確固たる意図が組み合わさっており、敬虔に他の善良なる者たちに向けられることで、通常疑いのない効果が生まれる。

ここに言ったことを繋ぎ合わせることができる者は夢の中で真の託宣を受け取るだろう。この事例については『オカルト哲学』で語ったところを参照[29]。託宣を受けるためには、飲食を断つだけでなく、十分な準備を整え、頭を混乱させる蒸気から解放されていなければならない。さらに彼には清浄で、望みとあれば魔術をかけたり聖化したりした部屋が用意されねばならない。これを適切な香料で燻蒸し、この目的に有効な塗油をする。人差し指に指輪をはめ、頭の下に図像か聖なる板や聖なる紙葉をすえる。つづいて聖なる祈禱詞を唱え、寝台に横たわり、知りたいと思うことがらを思いみながら眠る。

こうすることで巫言者たちは、月が誕生時星図の第九の家の星座を通る時、たしかに夢の中で託宣を受け取る。誕生時星図の第九の家の星座に入り、そこを通り、通過する間に。これが真の知的照明によって突然完全にこの業によってなんらかの知解を得る手法である。われわれに親しい下位の諸霊、しばしば邪悪なものもまた、われわれの内的あるいは外的な情動を伝えてこうした効果をもたらす。

円輪に邪悪な霊を召喚しようと思うなら、まずこれの本性が諸惑星と調和しているかどうか、この惑星からどのような職掌《はたらき》が分与されるかを知らねばならない。これらが知られたなら、この惑星の本性およびこの霊が果たす勤めの性質に準じて、召喚に適した場所を探さねばならない。その力が海[30]、泉、川にも勝っているなら、岸辺の場所を選ぶ。つづいて季節を、気の性質を確かめる。晴朗で風がなく、諸霊がそれぞれ体軀を纏うことができるように。また惑星とその霊の性質と本性を。

(25) 「解説に代えて」のテラフィム参照。
(26) 第Ⅲ部の図24 25など参照。
(27) 「あとがき」註7のデラッテによる註参照。
(28) M・リーヴス『中世の預言とその影響』(八坂書房 2006)巻頭図、本文各所参照。
(29) たとえば『オカルト哲学』第三書59章「夢による予言」など。
(30) 原文中ではMaria(マリア)。

つまりこの日、この時に支配するものが幸運あるいは災厄と化すように。これは諸星辰および諸霊に応じて時に日中、時に夜間となる。これを勘案して、召喚者を守るため、あるいは諸霊を呼び出すために、あらかじめ選んでおいた場所に円輪をつくる。

円輪そのものには、われわれを守る神の一般名の数々を記さねばならない。これらの神の名の数々がこの惑星および霊そのものの役割を司る。また呼び出そうとする霊を支配し縛めることのできる善霊たちの名を書く。さらにこの円輪を補強しようと望むなら、この実修に対応した符牒《カラクテール》と五芒星《ペンタクラ》を加える。望みとあれば、円輪の内と外に天使のすがたをつくり、われわれにとっての職業に対応する彼らの数を記すのもよい。われわれの行為（実修）のために相互に了承し合うことができるように。

これらは数と図像の理拠に準じて知られているのでなければならない。これについては『オカルト哲学』第二書で広く論じた[31]。つづいて惑星と霊の本性に準じて光（灯火）、煙（薫香）、塗油、目薬を準備する。これらの自然本性および天上の潜在力は霊に対応すると同時に、宗教的あるいは迷信的な礼拝として霊に供えられる。

また召喚者とその同伴者たちを守り、霊たちを縛め、必要とあれば強要するために、聖なるものや聖別されたものを準備する。聖なる紙葉、皿、図像、五芒星、剣、錫杖、司祭の長衣、それにふさわしい色等々を。

これらすべてを用意して、師は同伴者たちとともに円輪の中に入る。まず円輪を聖別してからこれを用いる（ここに入る）。つづいて以下のように身振りと表情を添えて高声で祈禱を唱える。まず神に向けた祈禱を唱え、つづいて善霊の数々に祈る。防御のための祈禱文を詩篇もしくは福音書から選ぶ前にこれをなさねばならない。これらの祈禱を済ませた後、望みの霊の召喚をはじめる。甘美で優雅な蠱惑をもって、世界の傷（淵）のすべてに向けて、その権威と力能を招霊し（讃え）つつ。つづいて注意を払いながら周囲を眺め、霊のあらわれを見きわめる。それが遅滞するなら、上述した召喚詞を三度まで繰り返す。頑迷に姿をあらわさないなら、神の権能とともに灌水する。この招霊集会がその霊の本性と役割と調和するように、強く譴責し呪詛し、その権能の停止という処罰をもって三度繰り返す。それを唱えるごとに小休止を置きつつ。

霊が姿をあらわしたなら、この霊に対して召喚詞を唱え、これを歓待する。これにむかってまず、その名を問い、呼んだ名前とは違うかどうかを尋ねる。つづいて先に進み、望みを問う。何か抵抗したり嘘をついたりするなら、適当な策謀をもってこれを止めさせる。嘘を言っている疑いがある場合には、円輪の外に聖なる剣で三角形あるいは五芒星を描き、霊を強要してそこに入らせる。何か約束を取り付け、これを宣誓をもって補強したいなら、円輪の中から聖なる剣に手をかけ、霊に宣誓を促すと、これに応えるだろう。そして上品な別離の言葉を告げる。これに対し、誰にも害をなさないように命じる。これが退去を拒絶するなら、より強く必要とあれば逆性の燻蒸とともに悪魔祓いをもって退去させる。

これが退去しても、上述した祈禱を唱え、神と善天使たちに感謝をささげるとともに守護を祈りおわるまで円輪を離れてはならない。これを完了したなら、退出する。しかし汝の願いがかなえら

（31）『オカルト哲学』第二書は「星辰魔術」と名づけられており、数1―12の数秘術的解釈につづき、天界の諸要素《アルファベート》のさまざまな記号化、図像化の手法が語られる。本書第III部図4―10、24 25参照。

れず、霊たちが姿をあらわさない場合にも、失望してはならない。その場合には円輪から出て、最初から実修を繰り返す。何か過ちを犯したと思うなら、それを訂正し、儀礼に加えたり取り去ったりする。反復はおおむね権威と力を増大させ、諸霊に怖れをもたらし、恭しく服従させる。このために、通常、円内の誰かを扉となし、これに聖なる名の数々と五芒星を付して補強し、注意深く閉じたり開いたりさせることで出入りできるようにする。

また以下のことに留意する必要がある。諸霊が姿をあらわさず、師がこれに不興を示し、実修を止める時、諸霊の許可なしに退出してはならない。実際、多くの者たちはこれを無視して危険な目にあうことになる。すくなくともこれらよりも高貴なものの防御なしには。多くの場合霊たちは召喚者が用いる器物あるいはその実修自体を怖れて、姿をあらわさないにせよ、到来してはいる。これらを退去させるのは容易ではなく、終了にかかわる褒賞なしには、次回恭順の姿勢をみせることはない。

伝承される様式に準じて、書物の聖別にあたってそれは円輪に遠くから到来するように召喚される(32)。

邪悪な諸霊を介してなんらかの効果をあげようとするなら、必ずしもこれらが姿をあらわす必要はない。これのためにはなんらかの器具あるいは実修の主体、たとえば像、指輪、文書、符牒《カラクテール》、燈火、生贄といったものをもって実修がおこなわれる。これに実修に必要な霊の名、符牒《カラクテール》を血で書き、霊にふさわしい香料を燻蒸して。しばしば上述した神および善天使たちへの祈禱の前にこの邪悪な霊が神の権能によって召喚される。

『オカルト哲学』第三書で語ったように(33)、これほど有害でなく、人々に近いまた別の類の霊がある。

それは人々の諸情念に触れ、人々との対話を愉しみ、喜んで彼らとともに宿るもの。また樹木や森に棲み、家畜から野獣までさまざまな動物たちに連れ添って寛ぐようなもの。これらはまた泉や野にも住む。これらの霊をその住処で召喚しようとする者は、芳香をもって燻蒸し、この日的のために作曲した音楽を諸星辰や楽器の甘美な音で奏でる、蠱惑的な甘美な歌、称賛と約束とともに。しかしこれに固執する者は、脅迫、侮蔑、嘲笑、侮辱、特に自ら務める場所から根絶やしにされる威嚇に晒されることになる。この時以降、必要とあれば汝は清めを受ける（悪魔祓いに付される）ことになる。ここで見ておかねばならないより大切なことは、諸霊のこの召喚にあたってはこころの安定、不安を抱かない大胆さ、無関心を守らねばならないということ。さらにこれらの霊を召喚するには、召喚の場所に清浄な亜麻布で覆った卓を準備し、ここに焼きたてのパンと清水あるいは牛乳を陶器のうつわにいれて置き、新しい小刀を添える。そして薫香に火を点けて燻蒸する。霊たちを召喚する者は主席に座し、その周囲に霊たちの席を好みのままに設ける。そして諸霊を召喚し、飲食をともにする。邪悪な霊のいずれかを怖れるなら、円輪を描いて卓を別つ。すると召喚されたものが円輪の内側に座すだろう。それ以外のものは（円輪の）外に追い払う。

魂がどのような手段を用いて身体と合一するか、死後には魂はどうなるか、については『オカルト哲学』第三書で論じた。(34) そこで論じたところより他には、魂は死後も親族であるかのように身体

（32）この一節は「諸霊の召喚にかかわる伝承に準じて遠方から到来する諸霊（つまり『聖別の書』に録されている」諸霊）がこの書を聖別する」とも採れる。

（33）『オカルト哲学』第三書14章「異教の諸神性について。諸天体の魂の数々および往昔各々の神性に捧げられた場所について」参照。

（34）『オカルト哲学』第三書37章「人の魂について、これが身体と結びつく様相」参照。

を愛しこれを引き寄せる、ということが知られている。人の魂をもっとも損なうのは、暴力によって身体を離れること。またふさわしい墓を欠く魂は、濁って湿った霊として屍の周囲に佇む。この魂はかつて身体と結びついていた手段を知っており、容易く蒸気、液体、煙霧に引き寄せられる。死者の魂が血なしに、あるいは残していった身体の部分なしには召喚されないのはこの道理による。亡霊(影)の召喚にあたっては、鮮血を死者の骨、羊の肉、牛乳、蜂蜜、油等々とともに燃やして、魂が身体を採るにふさわしい手段を与える。

親族の誰かのために善意からこれを残していった身体に引き戻そうと思ってか、昔の記憶として捺された愛情からこの魂を或る場所あるいは自らに引き寄せようと考えてか、どこか冥府的な本性をもって魂を清めあるいは罰そうとしてか、死者の魂を召喚しようと望む者は、これをこうした魂たちが集まることで悪名高い場所でこれを行わねばならない、ということを知っておかねばならない。こうした場所の多くは、幻視、夜の襲撃(夜宴)その他の奇瑞の体験によって知られている。それゆえ、墓地がこうしたことにもっともふさわしい場所とされ、さらに適当なのは死刑執行が行われた場所である。こうした場所で最近、公的な災厄が起こっている。さらに適当なのは屍の幾つかが、暴力的な死を蒙ったせいでいまだ埋葬されることなく、最近埋葬されるまで贖われることもなかった場所。こうした場所を贖うために屍の埋葬の聖なる儀礼が役に立つ。これによってそれらを最後の審判の場所へと後押しせねばならない。つまり、邪悪な死あるいは暴力的な死によって死んだ者たちつまりその身体が埋葬されるに当たらぬとされたものの霊を除き、死者たちの霊は容易に召喚されない。すでに述べたようにこうした場所に近づくことは安全ではないし、不都合でもある。別の場所を選び、遺体の主要ないずれかの部分をもってこれを適宜燻蒸し、適当な儀礼をなすだけで十分であろう。また、魂の光は一種の霊であるので、人為的な光、特に適切な規範をもって適切な素材でつくられたものに適切な名やしるし（星座）の数々をしるすことで、死者たちの霊 Manium を召喚することができる。

すでに述べたことだが、魂の召喚には必ずしもこうしたものだけで常に十分という訳ではない。それはこころ（思惟）の超自然本性的な部分である理拠的な部分（理性魂）のせいである。天国およびすべての上位なるものはただ信仰においてのみ知られる。それゆえ、いわゆる魂と謂うものに魅かれるのは当然（必然）である。超自然本性的で天上的な諸徳能によって導かれることで、魂そのものの調和を動くものを介して。それは想像的でも、理拠的でも、知性的でもあり得る。またこれは声、歌、響き、蠱惑のように、信仰、祈り、灌水、清めその他の儀礼を適宜利用することによってこの目的が達成される。（了）

lem:vt ſunt, voces, cantus, ſoni, incantamenta, &, quæ ex religione ſunt, preces, coniurationes, exorciſmata, & cætera ſacra quæ ad hæc poſſunt adhiberi commodè.

EPTAMERON, SEV ELEMENTA MAGICA PETRI DE ABAno *Philoſophi.*

SVPERIORE libro, qui eſt Quartus Agrippæ, ſatis abundè dictum eſt de Cerimoniis & initiationibus Magicis. Verùm quoniam doctis, & iam in hac Arte prouectis videtur ſcripſiſſe, quòd ſpeciatim de Cerimoniis non agat, ſed in genere potius locatur, conſilium fuit addere Elementa magica Petri de Abano, vt rudes adhuc, & qui ſuperſtitiones Magicas non guſtarunt, in procinctu habeant, quomodo in iis ſe exercere poſſint. Videbunt enim in hoc libello Iſagogen quandam Magicæ vanitatis, &, quaſi verſentur in re preſenti, diſtinctas Spiri-

ヘプタメロン
あるいは
アバノのペトルスの魔術原論[1]

上掲アグリッパの第四書で魔術儀礼およびその実修法についてはさまざまに語られている。そこではこの業の儀礼が特別に扱われているわけではないが、概括的にはこれをかなり知ることができたので、ここにアバノのペトルスの『魔術原論《エレメントールム・マジコルム》』をつけ加えておこう。いまだこれに精通せず、魔術的な不可思議（迷信）の数々を実見したことのない者たちが実修をおこなうための入門の書として。この入門《イサゴーゲー》の書は魔術的な驕り（虚栄）の一種であり、ここでなされる質問においてさまざまな霊の役割が識別されることになるだろう。これらを対話にどのように引き寄せるべきか、日時にはどのような意味があるのか、また各音節になにを読み取るべきかが本書で論じられる。つまり魔術の実修のための巧妙さ《プレスティジアルム》（いかさま）のすべての原理が取り扱われる。いずれにせよ最も大きな力能は円輪に与えられるので（これは邪悪な霊たちを確かにはたらかせるための堡塁である）、まず円輪のつくり方からはじめることにしよう。

【Ⅰ】円輪およびその構成について（円輪の作製法）

円輪のかたち《ラチオ》（比率）は必ずしもつねに唯一同一ではなく、通常は召喚される霊たちの序列、場所、日時に従って変わる。

円輪をつくるにあたっては、一年のいつ、何日、何時かを、またいかなる霊たちを、星辰を召喚するか、それらの属する圏域はどこか、いかなる役割をもつものかを勘案して円輪がつくられねばならない。

そこで、九ピエデ《フィート》の直径の円輪を三つ、それぞれ一パルマづつ隔てて配する。まず中央の円輪に時の名を書き〔左下図①〕、汝はこの中で実修する。第二に時の天使の名を書く〔②〕。第三に時の天使の印章《シジル》を〔③〕。第四に汝が実修する日を司る天使の名とその官吏《ミニストロールム》（しもべ）たちの名を〔④〕。第五に現在の時の名を〔⑤〕。第六にこの時の区分を、この場所を司る霊の名を〔⑥〕。第七に汝が実修する時の区分を司る主〔星座の主（惑星）〕（〔 〕内は英訳版からの補遺。以下同）の名を〔⑦〕。第八に汝が実修する時の区分に準じた土の名を〔⑧〕。第九に中央の円輪を完成するように、太陽と月の名を〔⑨〕上述した時の理拠に準じて〔時の主とともに〕。時が変われば、名も変えられる。そして一番外の円輪の中の四隅に、汝が実修しようと思う日の気を司る天使たちの名を〔⑩〕。つまり王とその三人の官吏（代理）の名を〔⑩〕。円輪の外の四隅に五芒星をつくる〔⑪〕。また円輪の下部に神名を四つ〔⑫〕、円輪の中央に十字を配する。円内の東にΑ《アルファ》を、西にΩ《オメガ》を書き、円輪の中央を十字で区画する〔⑭〕。上述したように円輪が完成させる［したなら、汝は実修に移ることができる］[2]。

［II］時の名とこれらを司る天使たち

時を司る天使たちを天界の軌道の序列に準じて知っておかねばならない。そして彼らが下属する惑星をも。つまり日を司る霊はその日の第一時をも司る。惑星に準じて二番目を「これの第二は第二時を」、第三は三番目をとる「第三時を司る」等々。七つの惑星と時がその周回を完了すると、ふたたび第一がこの日を司る。こうしてわれわれは時の名を唱えることができる。

（1）「ヘプタメロン」は「週の七日」の意。曜日ごとに召喚すべき天使の名などの心得を説くゆえの名告りか。またアバノのペトルス（Pietro d'Abano / Petrus Aponenisis）は十三世紀後半から十四世紀初頭に活躍、『哲学と医学の相違の調停 *Conciliator Differentiarum, quæ inter Philosophos et Medicos Versantur*』『星学の疑義の解明 *Lucidator dubitabilium astronomiae*』などの著作を遺した。詳細は「解説に代えて」を参照。ただし本論考は前掲「第四書」と同様、今日では偽書と考えられている。

（2）後出の「［XVII］春の主の日の第一時のための円輪の図」（68頁）を参照（下はその縮小図で、丸囲み数字でおおよその本文との対応関係を略示しておく）。

①時の名＝第1時＝ Yayn
②時の天使の名
　＝主の日の天使＝ Michael
③時の天使の印章
④その日の天使
　＝ Michael / Dardiel / Huratapel
⑤時（季節＝春）の名＝ Talui
⑥時（季節＝春）を司る天使の名
　＝ Caracasa / Core
　　Amatiel / Commissoros
⑦春の星座の頭＝ Spugligluel
⑧春の土の名＝ Amadai
⑨春の太陽と月の名＝ Abraym / Aquista
⑩その日を司る気の天使たちの名
　＝ Varcan Rex / Tus / Andas / Cynabal
⑪五芒星
⑫神の名
＝ Adonay / Eloy / Agla / Tetragrammaton
⑬アルファとオメガ
⑭中央を十字で区画

---

①：［II］項（→ p.52）参照
②③④⑩：［XVIII］項（→ p.70）参照
⑤⑥⑦⑧⑨：［III］項（→ p.53）参照

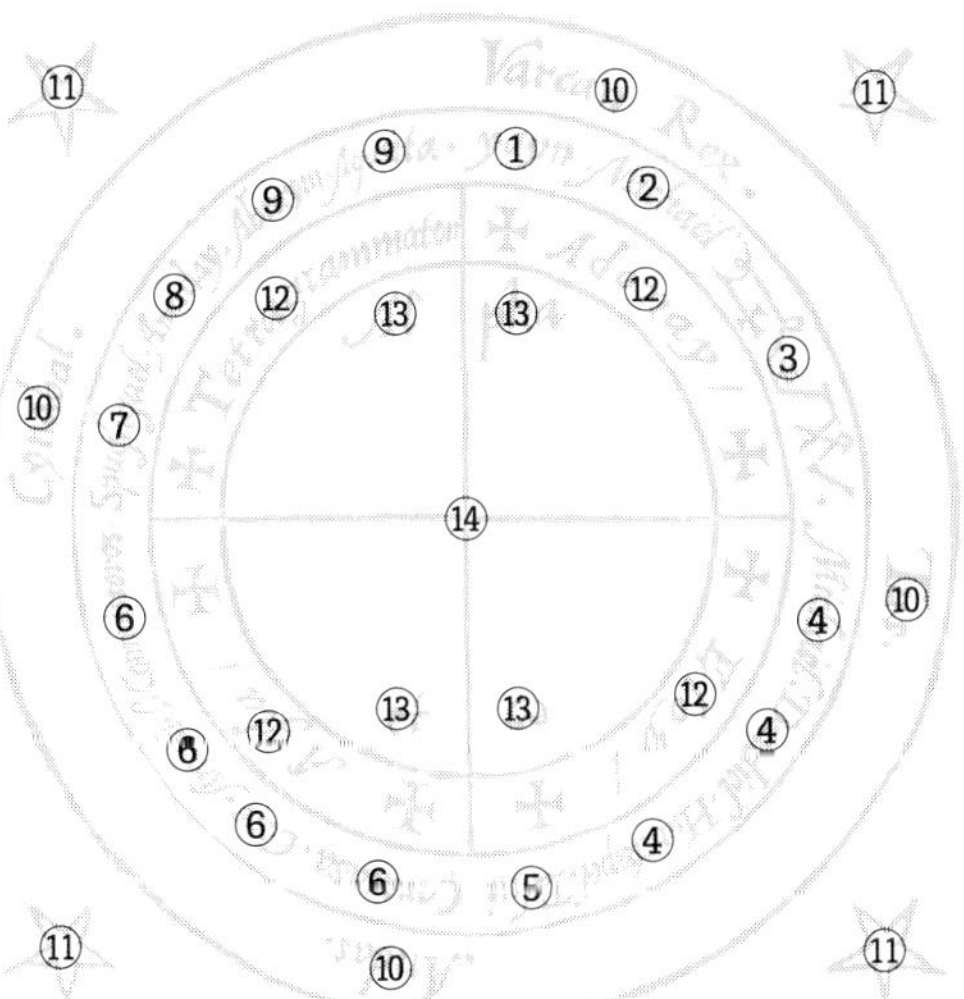

日中の時

第1時 ヤユン Yayn
第2時 イァノル Janor
第3時 ナスニア Nasnia
第4時 サッラ Salla
第5時 シャデダリ Sadedali
第6時 タムール Thamur
第7時 オウレル Ourer
第8時 タミク Tamic
第9時 ネロン Neron
第10時 イアヨン Jayon
第11時 アバイ Abai
第12時 ナタロン Natalon

夜間の時

第1時 ベロン Beron
第2時 バロル Barol
第3時 タミ Thami
第4時 アティル Athir
第5時 マトン Mathon
第6時 ラナ Rana
第7時 ネトス Netos
第8時 タフラク Tafrac
第9時 サッスル Sassur
第10時 アグロ Aglo
第11時 カレルウァ Calerua
第12時 サラム Salam

[III]（一年の四季とその天使たち）

天使たちとそれらの印章《しるし》についてはこれを扱う場所で論じる。ここでは時の名の数々を見てみることにする。一年は四部からなり、春、夏、秋、冬に区分される。これらの名は、

春　タルウィ Talui
夏　カスマラン Casmaran
秋　アルダラエル Ardaraël
冬　ファルラエ Farlaë

春の天使　カラカサ Caracasa　コーレ Core　アマティエル Amatiel
コンミッソーロス Commissoros
春の星座の頭　スプリグェル Spugliguel
春の土の名　アマダイ Amadai
春の太陽と月の名　太陽：アブラユム Abraym　月：アグシタ Agusita

夏の天使　ガルガテル Gargatel　タリエル Tariel　ガヴィエル Gaviel
夏の星座の頭　トゥビエル Tubiel
夏の土の名　フェスタトゥイ Festatui
夏の太陽と月の名　太陽：アテマイ Athemay　月：アルマタス Armatas

秋の天使　タルクァム Tarquam　グァルバレル Gualbarel
秋の星座の頭　トルクァレト Tolquaret
秋の土の名　ラビアニラ Rabianira

秋の太陽と月の名　太陽：アブラギニ Abragini　月：マタシナイス Matasignais
冬の天使　　　アムバエル Amabaël　クタラリ Ctarari
冬の星座の頭　アルタリブ Altarib
冬の土の名　　ゲレニア Gerenia
冬の太陽と月の名　太陽：コンムタフ Commutaf　月：アッファテリム Affaterim

〔Ⅳ〕聖別と祝福、および円輪の祝福

円輪が儀礼通りに完成したなら、聖水つまり贖《ルストラル》いの水を灌水して次のように唱える。

ヒュソプ（薄荷）をもってわたしを清めたまえ。主よ、わたしは浄められる。汝がわたしを清めると、わたしは雪よりも白くなるだろう。(3)

〔Ⅴ〕薫香の祝福

アブラハムの神、イサクの神、ヤコブの神よ、これら（薫香）の被造物を祝福したまえ。これらの芳香がその力能と徳能で満たされますように。敵も偽りの像（想像）もこれらの中に入ることができないように。主イエス・キリストによって云々。(4)

つづいて聖水を灌水する。

［Ⅵ］薫香を焚く火の祓い

燻蒸に用いられる火を新しい土（陶製）［あるいは鉄］のうつわに容れ、次の祓いの詞を唱える。

火の創造者よ、わたしはこれらを祓う（清める）。万物を創造されたものによって。すぐさまこれらからすべての妄執（亡霊）を追い出したまえ。それが何の損ないもなさないように。(5)

つづいて、

主よ、火の被造物を祝福し、聖化したまえ。汝の聖なる名においてそれが祝福されますように。祓い師（実修者）あるいは精査者（覗く者）を損なうことがないように。われわれの主イエス・キリストにより云々。(6)

（3） «Asperges me Domine yssopo, & mundabor: Lauabis me, & super Niuem dealbabor». Cfr. 詩篇 50 [51], 9:「ヒュソプの枝でわたしの罪を払ってください。わたしが清くなるように。わたしを洗ってください、雪よりも白くなるように」（新共同訳）。

（4） «Deus Abraham, Deus Isaac, Deus Iacob, benedic huc creaturas specierum, vt vim & virtutem odorum suorum amplient, ne hostis, nec fantasma in eas intrare possit, Per dominum nostrum Iesum Christum, &c.»

（5） «Exorcizo te creatura Ignis, per illum, per quem facta sunt omnia, vt statim omne fantasma eiicias à te, vt nocere non possit in aliquo».

（6） «Benedic Domine Creaturam istam Ignis, & sanctifica, vt benedicta sit, in collaudationem Nominis tui sancti: vt nullo nocumento sit gestantibus nec videntibus: Per Dominum nostrum Iesum Christum, &c.»

〔Ⅶ〕着衣と五芒星《ペンタクルム》

可能であれば司祭の装束を、それができなければ清浄な亜麻布を纏う。つづいて以下のような五《ペン》芒星《タクル》〔実は左図のとおり六芒星〕を水星の日の水星の時間、月が満ちる時に羊皮紙にしるす。その前に聖霊の祝禱を唱え、洗礼水を灌水する。

〔Ⅷ〕装束を纏う時に唱える祈禱詞

アンコル、アマコル、アミデス、テオドニアス、アニトル、主よあなたの天使たちの名にかけて、わたしは救いの衣装を纏う。これによってわたしに効力が与えられますように。至聖なるアドナイよ、あなたを通してかなえられますように。あなたの王国が世々のおわりまでつづきますように、かくあれかし。(7)

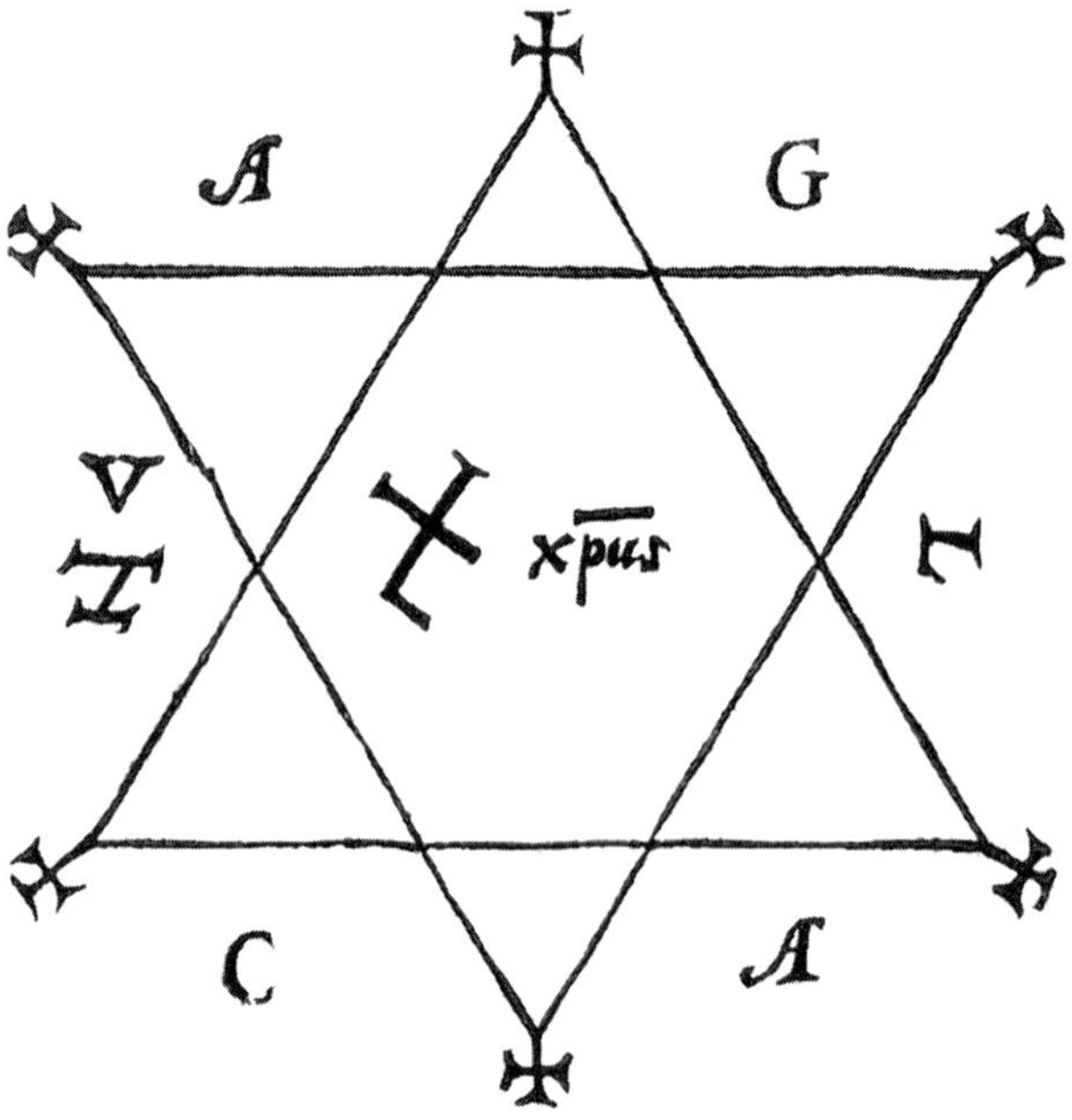

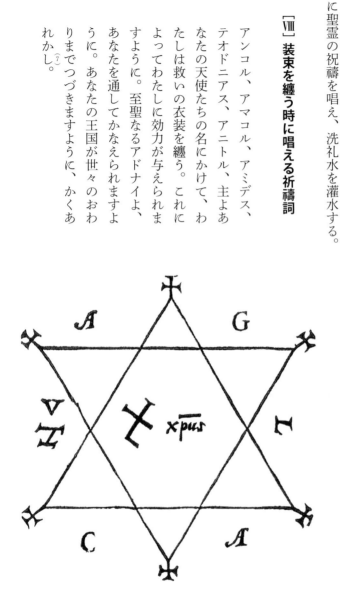

〔IX〕実修法

月が満ちていき満月となった時、これが実修され、月が燃やされないようにする。

実修者は実修の九日前から清浄に身を保ち、告白をして聖餐式を受ける。

彼が実修するであろう日にふさわしい薫香の準備をする。また司祭から聖水を受け、新しい土（陶器）のうつわに火を熾し、着衣し五芒星《ペンタクル》を準備する。これらすべてが正しく聖別されて用意されねばならない。

ひとりの従者に火が燃え盛る陶製のうつわと薫香を持たせ、もうひとりに書物を開かせ、また別の者に衣装と五芒星《ペンタクル》を持たせ、師は剣を運ぶ。これらすべてに聖霊の祝禱を唱え、剣の中央に次の名辞、**AGLA✝**と書き、裏面に**✝ON✝**と書く。

そして聖別された場所に赴き、連禱を唱えて従者たちに応えさせる。円輪をつくる場所に到ったなら、先に述べたように円輪の線を引く。彼がこれをなし終えたなら、円輪に聖水を撒きつつ次のように唱える。

主よわたしを清めたまえ（わたしに灌水したまえ）[8]。

師は実修の前三日間、断食、貞潔、色欲の自制によって清浄を保たねばならない。そして実修の

（7）«Ancor, Amacor, Amides, Theodonias, Anitor, Per merita Angelorum tuorum sanctorum Domine, induam vestimenta salutis: vt hoc quod desidero, possim perducere ad effectum: per te sanctissime Adonay, cuius Regnum permanet, per omnia secula seculorum, Amen».

（8）«Asperges me Domine, &c.»

日、清浄な衣装を纏い、五芒星《ペンタクル》、薫香その他実修に必要なものを調え、円輪に入る。そして世界の四方から天使たちを召喚する。これらは七惑星、一週間の七曜日、それぞれの色および金属を司るもので、その名はそれぞれの場所に認め（見）られるだろう。跪き、これらの天使たちを召喚して、こう唱える。

これらの天使たちよ、わたしの祈りを聞きとどけたまえ。そしてわたしのもとにあらわれ、わたしの祈りをかなえたまえ。(9)

つづいて、この実修の日に気を司る天使たちを世界の四方から召喚する。そして円輪の中に書かれた名辞と霊たちに請願する。

汝らすべてに聖なるアドナイの名にかけて請願する。テオス、イスキュロス、アタナトス、パラクレトス、アルファにしてオメガ、さらに秘密な三つの名アグラ、オン、テトラグランマトンの名にかけて、わたしの望みをかなえたまえ。(10)

上述した通り、実修をなす日にこれらのものがはたらく（あらわれる）ように、彼は請願を読み上げる。しかしこれらのものが頑迷に抵抗し、この日のための請願にも、準備的になした祈禱にも服従しないなら、次の召喚の呪文を唱える。

【X】気の霊たちを召喚する祈禱詞（呪文）

神の似姿につくられ、神から力を授かり、彼の意志によってつくられたわれわれが汝を祓い清める（召喚する）。全能の力もつ神の名エルによって。某よ（ここにあらわれさせたい霊たちの名あるいはこれになされる指示が入る）、ことばを発することでこれをつくりなすものの名、神のすべての名、アドナイ、エル、エロヒム、エロヘ・ゼバオト、エリオン、エスケレヒエ、イアハ、テトラグランマトン、シャダイ、いとも高みにある神をもって汝に命じる。汝を祓い清め（召喚し）、汝に命じる。汝、われわれの前、この円輪の前にあらわれよ。歪んだ変形なしに人のすがたをとってあらわれよ。アダムが耳にし語ったYおよびVの名をもって、またロトが耳にすることで家族ごと救われた神アグラAGLAの名をもって汝に命じる。またヤコブが彼と組み合った天使から聞いたとともに兄弟エサウから伝えられたヨトの名をもって、またアアロンが耳にし語ることで彼を賢明にしたアネフェクセトンの名をもって、またモーゼが名指すことでエジプトのすべての川の水を血に変えたゼバオトの名をもって、またモーゼが名指すことですべての川を蛙でみたし、エジプト人たちの家に入り込ませすべてを破壊させたエスケレヒエの名をもって、またモーゼが名指すことで世界がはじまって以来降ったこともないおおきな雹を降らせたエリオンの名をもって、またモーゼが名指すことでエジプト全土に蝗を湧かせすべての稔りを

（9） «O Angeli supradicti, estote adiutores meæ petitioni, & in adiutorium mihi, in meis rebus, & petitionibus».

（10） «O vos omnes, adiuro atque contestor, per sedem Adonay, per Agios, o Theos, Iskyros, Athanatos, Paracletus, Alpha & ω, & per hæc tria nomina secreta: Agla, On, Tetragrammaton, quòd hodie, debeatis adimplere quod cupio.

貪らせたアドナイの名をもって、またヨシュアが呼ぶことで太陽を軌道に停めたシェメス・アマティアの名をもって、またダニエルが名指すことでベルを破滅させ龍に投げつけたアルファとオメガの名をもって、また三人の子らシドラク、ミサク、アベドネゴが燃え盛る竈の中で歌うことでそこから救ったエマヌエルの名をもって、またハギオスという名、アドナイの封印、さらにテオス・イスキュロス、アタナトス、パラクレトス、そして三つの秘密な名アグラ、オン、テトラグランマトンをもって、わたしは汝に請願する。真の生きる神、われわれの全能の主［汝の中に過ちを見出し、汝を天国から冥府へと放逐したもの］のこれらの名およびその他の名の数々をもってわたしは汝を祓い清め（召喚し）、命じる。ことばを発することでこれをつくりなすもの、被造物のすべてが服従するもの（の名）により、神の恐ろしい審きにより、全能の神の荘厳の前にある不詳の硝子の海により、前後を見張る（前後に目がある）玉座の前の四獣により、またその玉座の周囲の火により、天国の聖天使たちにより、神の全能の叡智により、われわれは汝を祓い清める（召喚する）。この円輪の前にあらわれ、われわれにとって善であるようにみえるわれわれの望みのすべてをかなえよ。バルダキアの封印（座）により、モーゼが名指すことで大地を開きコラー、ダタン、アビラムを呑み込んだプリメウマトンの名により、さらに天界のものすべてに命じるプリメウマトンの名の力において、われわれの意志に従いこの円輪の前にあらわれないならば、われわれは汝を呪い、汝の職責のすべて、歓び、居場所を奪い、果てしない淵の深みに縛り、最後の審判の日までとどまらせ、われわれは汝を永劫の火の中に、火と硫黄の湖の中に閉じ込める。それゆえ、これらの名、アドナイ・ゼバオト、アドナイ・アミオラムによって、汝、来たれ。アドナイが汝に来たれと命じる。シャダイ、最強にして畏怖すべき王の中の王の力にはいかなる被造物も抵抗することができない。汝が（われわれに）従い、この円輪の前にあらわれない限り、汝には最も恐ろしいことが起こり、哀れに滅ぼされ、決して消えることのない火の中にとどめられることだろう。それゆえ来たれ、アドナイ・ゼバイト、アドナイ・アミオラムの名によって。遅滞なく来たれ。アドナイ、シャダイ、王の中の王が汝に命じる。エル、アテュ、ティテイプ、アジア、ヒン、イェン、ミノセル、アカダン、ヴァユ、ヴァアフ、エユ、エクセ、アエ、エル、エル、エル、ア、ヒュ、ハウ、ハウ、ハウ、ヴァ、ヴァ、ヴァ、ヴァ[11]。

（11） «Nos facti ad imaginem Dei, dotati potentia Dei, & eius facti voluntate, per potentissimum & corroboratum nomen Dei, EL, forte & admirabile vos Exorcizamus (hic nominabit Spiritus quos volet, cuiuscunque ordinis sint) & imperamus, per eum qui dixit, & factum est, & per omnia nomina Dei, & per nomen Adonay, El, Elohim, Elohe, Zebaoth, Elion, Escerehie, Iah, Tetragrammaton, Sadai: Dominus Deus, Excelsus, exorcizamus vos, atque potenter imperamus, vt appareatis statim nobis, hic iuxta Circulum, in pulchra forma, videlicet humana, & sine deformitate & tortuositate aliqua. Venite vos omnes tales, quia vobis imperamus, per nomen Y & V quod Adam audiuit, & locutus est: & per nomen Dei, AGLA, quod Loth audiuit, & factus saluus, cum sua familia: & per nomen Ioth, quod Iacob audiuit ab Angelo secum luctante, & liberatus est de manu fratris sui Esau: & per Nomen Anephexeton [Anepheneton], quod Aaron audiuit, & loquens, & sapiens factus est: & per nomen Zebaoth, quod Moyses nominauit, & omnia flumina & Paludes, de Terra Aegipti, versæ fuerunt in sanguinem: Et per nomen Escerehie Oriston, quod nominauit, & omnes fluuij ebullierunt Ranas, & ascenderunt in Domos Aegyptiorum, omnia destruentes: Et per nomen Elion, quod Moyses nominauit, & fuit grando talis, qualis non fuit ab initio Mundi: & per nomen Adonay, quod Moyses nominauit, & fuerunt Locustæ, & apparuerunt super terram Aegyptiorum, & comederunt, quæ residua erant grandini: [& per nomen Schemes amathia, quod Ioshua vocauit, & remoratus est Sol cursum:] & per nomen Alpha & ω, quod Daniel nominauit, & destruxit Beel, & Draconem interfecit: [Et] in nomine Emanuel, quod tres pueri, Sidrach, Misach, & Abdenago [sic Abednego] in Camino ignis ardentis cantauerunt, & liberati fuerunt: & per nomen Agios [Agios], & sedem Adonay, & per o Theos, is Kyros [Ischyros], Athanatos, Paracletus: & per hæc tria secreta nomina, AGLA, ON, Tetragrammaton, adiuro, contestor, & per hæc nomina, & per alia nomina Domini nostri Dei Omnipotentis, viui & veri, vos qui, vestra culpa de cœlo eiecti fuistis vsque ad infernum locum, exorcizamus, & viriliter imperamus, per Eum, qui dixit, & factum est, cui omnes obediunt Creaturæ, & per illud tremendum Dei iudicium, & per Mare omnibus incertum, vitreum, quod est ante conspectum Diuinæ Maiestatis, gradiens & potentiale: & per quatuor diuina Animalia .T. ante sedem Diuinæ Maiestatis gradientia, & oculos ante & retrò habentia: & per ignem ante eius Thronum circunstantem: Et per sanctos Angelos Cœlorum .T. & per eam, quæ Ecclesia Dei nominatur: & per

［XI］神への祈り。円輪内で世界の四方に向かって唱えられる

アモルレ、タネハ、ラティステン、ラブル、タネハ、ラティステン、エスカ、アラディア、アルファにしてオメガ、レユステ、オリストン、アドナイよ、おお、慈悲深き天の父よ、わたしに慈悲を垂れたまえ。わたしが罪人であるにしても。この日わたしに（いかにわたしがあなたにふさわしからざる子であるにせよ）あなたの力づよい腕（武具）をあらわれさせたまえ。これら執念深く危険な霊たちに対抗して。そしてあなたの意志によりあなたの神の業を観照できるように、すべての叡智によって照らされるように、そしてあなたの名がつねに崇められ讃えられますように。わたしはあなたに恭しく嘆願する。あなたの審きのもとにわたしが召喚するこれらの霊が縛められ強要（拘束）され、わたしがこれらに問うことがらに真にして完璧な答えを与えるように。そしてこれらがわたしあるいはわたしたちが命じることを、いかなる被造物をも損なうことなく、わたしやわたしの同輩たちを傷つけたり恐れさせたりすることなく、われわれに言明して示すように。誰をも恐れさせず、かえってわたしの要請に服従して私がこれらに命じるところに従わせてくださるように。(12)

［XII］（その他の教え）

つづいて彼（実修者）は円輪の中央に立ち、彼の手を五芒星《ペンタクル》に近づけて唱える。

ソロモンの五芒星《ペンタクル》により、わたしは汝を召喚する。わたしに真の答えを与えよ。(13)

［XIII］（祈願（呪文））

つづいて彼は唱える。

ベラランシス、バルダキエンシス、パウマキアエ、アポロギアエ・セーデスよ、最強の王たち領主たちおよび最強の霊の君主リアキダエ、冥府《タルタリアヌス》の座の司直ら、九つのレギオンのアポロギアの座の君主たちよ、わたしは汝らを召喚し祈願する。至高なる主から受けた強力な武装をもって、わたしは強く汝に命じる。ことばを発することによってこれをつくりなし、すべての被造物が服従するものにかけて、またこのとらえがたい名テトラグランマトン・エホヴァ［こ

summam sapientiam Omnipotentis Dei, viriliter Exorcizamus, Vt nobis hic ante circulum appareatis, ad faciendam nostram voluntatem, in omnibus, prout placuerit nobis: per sedem Baldachiæ: & per hoc nomen Primeumaton, quod Moyses nominauit, & in cauernis Abyssi fuerunt profundati vel absorpti, Datan, Corah, & Abiron: & in virtute istius nominis Primeumaton, tota cœli Militia compellente, maledicimus vos, priuamus vos omni officio, loco, & gaudio vestro, vsque in profundum abyssi, & vsque ad vltimum diem iudicij vos ponimus, & relegamus in Ignem æternum, & in stagnum ignis & sulphuris, nisi statim appareatis hic coram nobis, ante circulum, ad faciendum voluntatem nostram. In omnibus venite per hæc Nomina Adonay Zebaoth, Adonay Amioram. Venite, venite imperat vobis Adonay Saday, Rex regum potentissimus, & tremendissimus: cuius vires nulla subterfugere potest Creatura, vobis pertinacissimis futuris, nisi obedieritis, & appareatis, ante hunc circulum, affabiles subitò: tandem ruina flebilis miserabilisque & ignis in perpetuum inextinguibilis vos manet. Venite ergo in nomine Adonay, Zebaoth, Adonay, Amioram: venite, venite, quid tardatis? festinate imperat vobis Adonay Saday, Rex Regum, El, Aty, Titeip, Azia, Hyn, Ien, Minosel, Achadan, Vay, Vaa, Ey, Haa, Eye, Exe, a El, El, El, a, Hy, Hau, Hau, Hau, Va, Va, Va, Va»

（12） «Amorule, Taneha, Latisten, Rabur, Taneha, Latisten, Escha, Aladia, Alpha, & ω. Leyste, Oriston, Adonay, Clementissime Pater mi Cœlestis, miserere mei licet peccatoris, clarifica, in me, hodierno die, licet in digno filio tuo, tuæ potentiæ brachium, contra hos spiritus pertinacissimos: Vt ego, te volente, factus tuorum Diuinorum operum contemplator, possim illustrari omni sapientia, & semper glorificare, & adorare nomen tuum. Suppliciter exoro te, & inuoco, vt, tuo iudicio, hi spiritus, quos inuoco, conuicti, & constricti, veniant vocati, & dent vera responsa, de quibus eos interrogauero: dentque & deferant nobis, ea quæ per me vel nos præcipietur eis, non nocentes alicui creaturæ, non lædentes, non frementes, nec me sociosque meos, vel aliam creaturam ledentes, & neminem terrentes: sed petitionibus meis, in omnibus quæ præcipiam eis, sint obedientes».

（13） «Per Pentaculum Salomonis advocavi, dent mihi responsum verum».

れによってあらゆる時代（世代）がかたちづくられた」が聞こえたなら、諸元素は転覆され、大気は震え、海は逆流し、火は消え、大地は震え、天上のものたちも地上のものたちも冥府のものたちもすべて震え、混乱のうちに相互に混同される（混合する）。それゆえ遅滞なく汝は世界のあらゆる部分から来て、わたしが汝に問うことのすべてに道理ある答えをあたえよ。平安のうちに目に見えるように触れ得るように来て、すぐさまわれわれの望みをかなえよ。永遠に生きる真なる神ヘリオレン（ヘリオレム）の名において祈願する。われわれの命令を最後まで満たし、われわれの意図に準じて目に見え触れ得るように（あらわれ）、可知的で一切曖昧なところのない明快な声で答えよ[14]。

〔XIV〕あらわれ（幻視と顕現）

以上を厳修すると、数限りない幻視と妄想があらわれて諸器官を刺激する。霊たちが弾じる楽器の数々が恐怖を引き起こし、これらは師に反してはなにもなすことができないので、同伴者たちを円輪から引き出そうとする。その後、あなたは数限りない射手たちと数しれぬ恐ろしい獣たちをまのあたりにするだろう。これらは同輩たちを貪るかのようにあらわれるが、そこに恐怖はない。つづいて司祭あるいは師はその手を五芒星《ペンタクル》に向けて差し出しつつ唱える。

汝ら敵するものよ去れ、神の旗幟の力能により[15]。

すると霊たちは師に服従させられ、同輩たちはもはや何も見ないようになる。

そこで祈禱者（師）はその手を五芒星《ペンタクル》に差し出して唱える。

わたしが汝の前に差し出すソロモンの五芒星《ペンタクル》を見よ。祈禱する祓魔師を見よ。神によって守られ、恐れもなく祈禱によって汝を召喚する者を。それゆえすぐさま来たれ。アイエ、セライエ、アイエ、セライエの名によって、生きる真の神の永遠の名の数々、エロイ、アルキマ、ラブルによって（召喚する）。さらにまた汝を力づくで支配するこの五芒星《ペンタクル》によって、汝の士たちである天上の諸霊の徳能によって、祓魔師その人の祈願によって、すぐさま来て、オクティノモスと呼ばれる汝の師に服従せよ[16]。

このように実修して、世界の四方に擦過音で唱える。するとたちまち汝は大きな変動をまのあたりにするだろう。そこでこれらに向かって汝は言う。

（14）«Beralanensis, Baldachiensis, Paumachiæ & Apologiæ sedes, per Reges potestaiesiá [potestatesque] magnanimas, ac principes præpotentes, genio, Liachidæ, ministri Tartareæ sedis: Primac, hic princeps sedis Apologiæ nona cohorte: Ego vos invoco, & invocando vos conjuro, atque supernæ Majestatis munitus virtute, potenter impero, per eum qui dixit, & factum est, & cui obediunt omnes creaturæ: & per hoc nomen ineffabile, Tetragrammaton יהוה Iehouah, in quo est plasmatum omne seculum, quo audito elementa corruunt, aër concutitur, mare retrograditur, ignis extinguitur, terra tremit, omnesque exercitus Cœlestium, Terrestrium, & Infernorum tremunt, turbantur & corruunt: quatenus citò & sine mora & omni occasione remota, ab universis mundi partibus veniatis, & rationabiliter de omnibus quæcunque interrogavero, respondeatis vos, & veniatis pacifice, visibiles, & affabiles: nunc & sine mora manifestantes quod cupimus: conjurati per nomen æterni vivi & veri Dei Helioren, & mandata nostra perficientes, persistentes semper usque ad finem, & intentionem meam, visibiles nobis, & affabiles, clara voce nobis, intelligibile, & sine omni ambiguitate».

（15）«Fugiat hinc iniquitas vestra, virtute vexilli Dei».

（16）«Ecce Pentaculum Salomonis, quod ante vestram adduxi præsentiam: ecce personam exorcizatoris in medio Exorcismi, qui est optimà à Deo munitus, intrepidus, providus, qui viribus potens vos exorcizando invocavit & vocat. Venite ergo

なにを逡巡《ぐずぐず》しているのか。なぜ遅滞するのか。汝らは何をしているのか、主の名、バサトあるいはヴァハトにかけて師に従い、アブラク、アベオルよ（に？）急げ。アベレルに来い。(17)

するとこれらはたちまち自らのすがたをあらわす。汝がこれらを円輪の前に見たなら、清浄な亜麻布に包んだ五芒星《ペンタクル》の包みを解いてこれらに見せる（示す）。そして次のように言う。

汝らが服従を拒否するなら、これが汝らの結末である。(18)

するとこれらがたちまち温和なかたちをとるのが見える。そして汝に言う。

汝の望みを問いたまえ。汝の指示（命令）を満たす用意ができるように。いまやわれわれは主に従う。(19)

【XV】（霊たちの到来と歓待）

霊たちがあらわれたなら、次のように言う。

よく来た、霊たちよ。高貴な王たちよ。天のものども、地のものども、地下（冥界）のものどものすべてが膝を屈するもの、すべての王たちの王国を掌中にするその偉大に誰も反することのできないものを介して、わたしは汝を召喚した。汝がこの円輪の前に触れ得、見えるままに長くとどまりつづけるように汝を縛める。汝が真に過つことなくわたしの意志を実現しないかぎり、わたしの許しなしに出発する（遠ざかる）ことができないように。それを超えていくことのできない境界を据えたまうたもの、つまり万物を創造した至高なる神、主、王の力の法を越えることはできないのだから。かくあれかし。[20]

［XVI］（霊たちへの出発許可）

そこで汝の望むところ（意志）を命じ、これがかなえられるなら、次のように唱えてこれらを解放する。

父と子と聖霊の名において、平静に汝の場所に赴きたまえ。われわれと汝らの間に平安があるように。汝らを召喚する時にはいつでも来る準備をしておくように。[21]

cum festinatione in virtute nominum istorum, Aye, Saraye, Aye, Saraye, Aye, Saraye, ne differatis venire, per nomina æterna Dei vivi & veri Eloy, Archima, Rabur: & per hoc præsens Pentaculum, quod super vos potenter imperat: & per virtutem coelestium Spirituum dominorum vestrorum: & per personam exorcizatoris, conjurati, festinati venire & obedire præceptori vestro, qui vocatur Octinomos».

（17）«Quid tardatis? quid moramini? quid factis? præparate vos & obedite præceptori vestro, in nomine Domini Bathat, vel Vachat super Abrac ruens, superveniens, Abeor super Aberer».

（18）«Ecce conclusionem vestram, nolite fieri inobedientes».

（19）«Et subito videbis eos in pacifica forma: & dicent tibi, Pete quid vis, quia nos sumus parati complere omnia mandata tua, quia dominus ad hæc nos subjugavit».

（20）«Bene veneritis Spiritus, vel reges nobilissimi, quia vos vocavi per illum cui omne genu flectitur, coelestium, terrestrium & infernorum: cujus in manu omnia regna regum sunt, nec est qui suæ contrarius esse possit Majestati. Quatenus constringo vos, ut hic ante circulum visibiles, affabiles permanetis, tamdiu tamque constantes, nec sine licentia mea recedatis, donec meam sine fallacia aliqua & veredicè perficiatis voluntatem, per potentiæ illius virtutem, qui mare posuit terminum suum, quem præterire non potest, & lege illius potentiæ, non pertransit fines suos, Dei scilicet altissimi, regis, domini, qui cuncta creavit, Amen».

（21）«+In nomine Patris, + Filii, & + Spiritus Sancti, ite in pace ad loca vestra: & pax sit inter nos & vos, parati sitis venire vocati».

Varcan Rex.
Tus.
Andas.
Cynabal.
Agusita. yayn. Michaël.
Michaël. Dardiel. Hurratapel. Tafiui.
Caracasa. Core. Amatiel. Commissoros.
Spugliguel. Amaday. Abraym.
Tetragrammaton
Adonay
Eloy
Agla
Al pha
et ω

以上がアバノのペトルスが『魔術原論 *Magicis elementis*』で語っているところ。
汝がよりよく円輪をつくる手法を知ることができるように、以下にある図式を示しておきたい。

〔XVII〕春の主の日の第一時のための円輪の図

誰か円輪を春の主の日の第一時につくろうとするなら、次の図〔=右頁図〕のようになさねばならない。

あと残っているのは一週間の各日の解説。まず主の日について。

〔XVIII〕主の日（日曜日）について

主の日の天使とその印章、惑星、その惑星を司る星座、第四天の名。

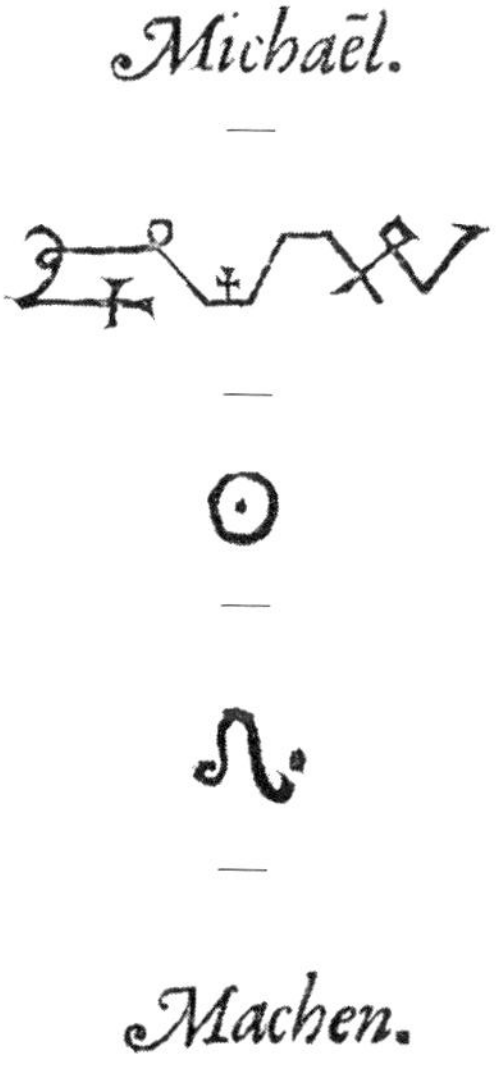

主の日の天使たち
ミカエル Michael　ダルディエル Dardiel　フラタパル Huratapal
主の日を司る気の天使たち
ヴァルカン王 Varcan Rex
その宰相（官吏）たち
トゥス Tus　アンダス Andas　キュナバル Cynabal
これら気の天使たちが従う風
北風 Boreas
第四天の天使。主の日を司るとともに世界の四部分と呼ばれるもの
東――サマエル Samael　バキエル Baciel　オフィキナ Officina
　ファブリエル〔ガブリエル〕Fabriel〔Gabriel〕　ヴィオナトラバ Vionatraba
西――アナエル Anael　パベル Pabel　ウスタエル Ustael　ブルカト Burchat
　スケラトス Suceratos　カパバリ Capabali〔Capabili〕
北――アイエル Aiel　アニエル Aniel あるいはアクィエル Aquiel　マスガブリエル Masgabriel
　サピエル Sapiel　マトゥエル Matuyel
南――ハルディエル Haludiel　マカシエル Machasiel　カルシエル Charsiel　ウリエル Uriel
　ナロミエル Naromiel
主の日の薫香
紫檀（サンダルム・ルベウム）Sandalum rubeum

主の日の祈禱詞

神の聖なる天使たちよ、汝らに請願する。アドナイ、エイ、エイ、エイアの名において。つまり、かつてあり、いまあり、あるであろうものエイ、アブライに。またシャダイ、カドス、カドス、カドスの名において。これは高みに座す智天使《ケルビム》。また全天を超えた高みにある強く力溢れる神自身の偉大な名において。エイ、シャライ、この世の創造者の名において。神はこの世界、天と地と海とそこにあるすべてを第一日に創造し、彼の聖なる名ファアとともにこれらをしるしづけ（封印し）た。また聖なる天使たちの名において。これらは第四天を司り、最強のサラミア、偉大にして誉むべき天使の前に仕える。またその星辰の名において、つまり太陽《ソル》。また生きる神という広大な名および先に述べたすべての名とともに。わたしは祈願する、汝ミカエル、偉大な天使に。汝は主の日の主なる司である。アドナイ、世界とその中のすべてを創造したイスラエルの神の名をもって。汝はわたしのためにはたらき、わたしの願いをかなえよ。わたしの意志と望みに従って、わたしのために。(22)

（22） «Conjuro & confirmo super vos Angeli fortes Dei, & sancti, in nomine Adonay, Eye, Eye, Eya, qui est ille, qui fuit, est & erit, Eye, Abraye: & in nomine Saday, Cados, Cados, Cados, alte sendentis super Cherubin, & per nomen magnum ipsius Dei fortis & potentis, exaltatique super omnes coelos, Eye, Saraye, plasmatoris seculorum, qui creavit mundum, coelum, terram, mare, & omnia quæ in eis sunt in primo die, & sigillavit ea sancto nomine suo Phaa: & per nomina sanctorum Angelorum, qui dominantur in quarto exercitu, & serviunt coram potentissimo Salamia, Angelo magno & honorato: & per nomen stellæ, quæ est Sol, & per signum, & per immensum nomen Dei vivi & per nomina omnia prædicta, conjuro te Michael angele magne, qui es præpositus Diei Dominicæ: & per nomen Adonay, Dei Israel, qui creavit mundum & quicquid in eo est, quod pro me labores, & ad moleas omnem meam petitionem, juxta meum velle & votum meum, in negotio & causa mea.

ここで汝〔実修者、祓魔師〕は汝の願いを唱え、つづいてこの祈禱を捧げる。

主の日の気の霊たちは北風のもとにいる。彼らの本性は黄金、貴石、紅玉《カルボンクロ》、富を与える〔に配慮する〕ことにある。これらを得るために、人の憎しみを解消するために、人に誉を与えるために、さまざまな病を放逐するために彼らを召喚する。彼らがあらわれる時、どのように唱えるかについては『儀礼魔術』〔本書第一論考〕ですでに語った。

〔XIX〕 月の日（月曜日）

月曜の天使とその印章、惑星、その惑星を司る星座、および第一天の名。

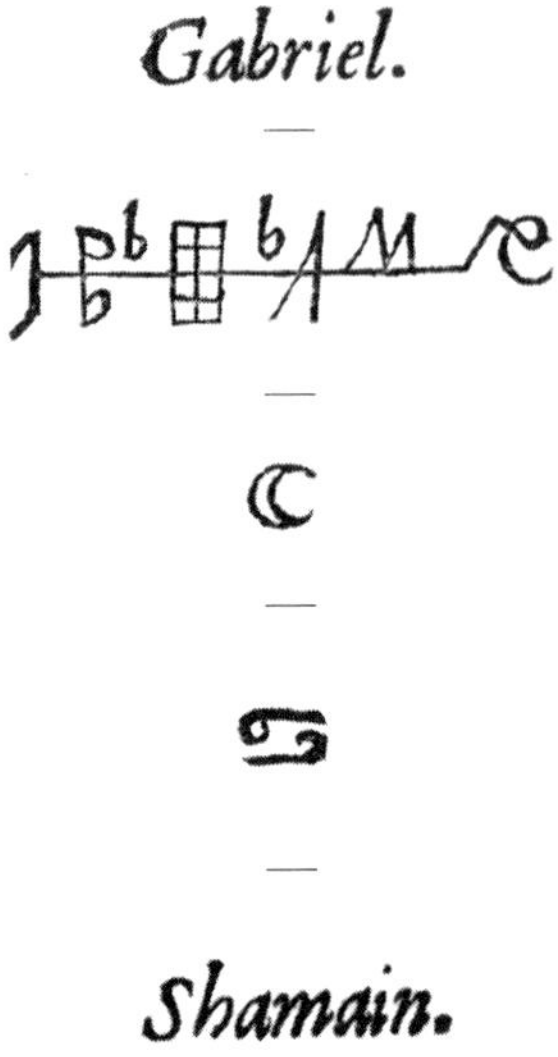

月曜の天使
ガブリエル Gabriel　ミカエル Michael　サマエル Samael
月曜を司る気の天使
アルカン王 Arcan Rex
その宰相たち
ビレト Bilet　ミッサブ Missabu　アブザバ Abuzaba
これら気の天使たちが従う風
西風 Zephirus
第一天の天使たちは月曜を司り、世界の四部分に区分して呼ばれる
東から――ガブリエル Gabriel　ガブラエル Gabrael　マディエル Madiel　デアミエル Deamiel
　ヤナエル Janael
西から――サキエル Sachiel　ザニエル Zaniel　ハバイエル Habaiel　バカナエル Bachanael
　コラバエル Corabael
北から――マエル Mael　ヴアエル Vuael　ヴァルヌム Valnum　バリエル Baliel　バライ Balay
　フマストラウ Humastrau
南から――クラニエル Curaniel　ダブリエル Dabriel　ダルクィエル Darquiel　ハヌン Hanun
　アナユル Anayl　ヴェトゥエル Vetuel
月曜の薫香
アロエ Aloe

月曜の祈禱詞

汝ら強力で善なる天使たちに祈る。アドナイ、アドナイ、アドナイ、エイ、エイ、エイ、カドス、カドス、カドス、アキム、アキム、ヤー、ヤー。シナイ山にあらわれた強力なヤーの名によって。また王アドナイ、シャダイ、ゼバオト、アナタイ、ヤー、ヤー、ヤー、マリナタ、アビム、イェイアを讃えつつ。二日目に海と湖と水を創造し、これを天上と地に分かち、彼のいとも高き名をもって海を封印し、これに境界を設け、通過できなくしたものを。そして第一のレギオンを司り、偉大で高貴の誉れ高い天使オルファネルに仕える天使たちの名をもって。また彼の星辰である月の名および先に述べたすべての名をもって、わたしは汝に祈る。二日目の月曜日を司る主であるガブリエルよ、わたしのためにはたらき、願いをかなえたまえ云々[23]。

（以下）主の日の祈禱詞に準じる。

月曜日の気の霊たちは、月の風である西風に従属する。これらの本性は銀を与え、諸物の場所を変え、馬足を速くし、人の現在および未来の秘密を暴く。これらがどのようにあらわれるかについては先の書を参照。

［XX］火星の日（火曜日）

火曜日の天使とその印章、惑星、その惑星を司る星座、第五天の名。

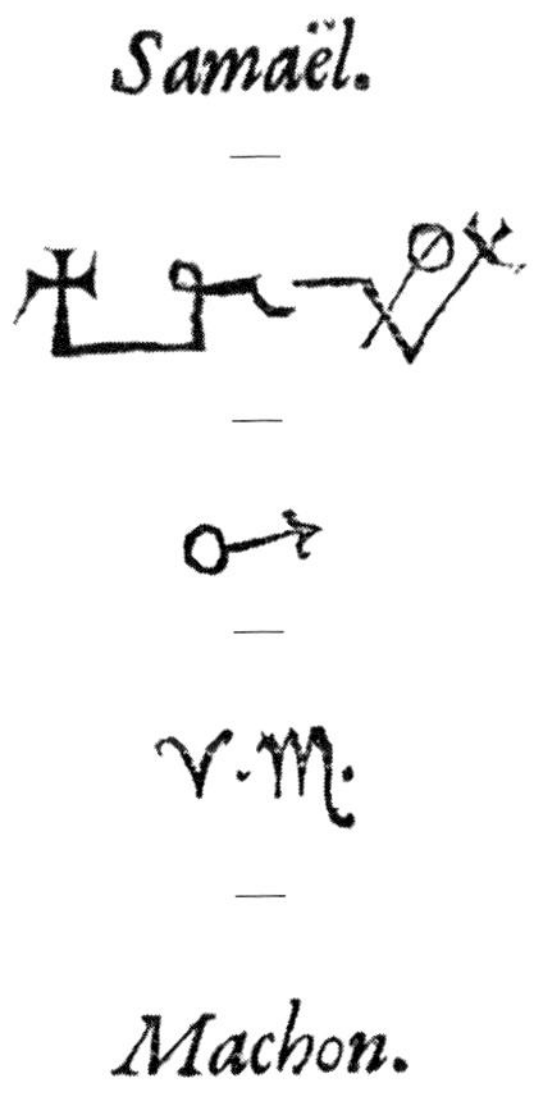

火曜の天使たち
サマエル Samaël　サタエル Sataël　アマビエル Amabiel
火曜の気を司る天使たち
サマクス王 Samax Rex
その宰相たち
カルマクス Carmax　イスモリ Ismoli　パッフラン Paffran

（23）　«Conjuro & confirmo super vos Angeli fortes & boni, in nomine Adonay, Adonay, Adonay, Eie, Eie, Eie, Cados, Cados, Cados, Achim, Achim, Ja, Ja, Fortis, Ja, qui apparuis monte Sinai, cum glorificatione regis Adonay, Saday, Zebaoth, Anathay, Ya, Ya, Ya, Marinata, Abim, Jeia, qui maria creavit stagna & omnes aquas in secundo die, quasdam super coelos, & quosdam in terra. Sigillavit mare in alio nomine suo, & terminum, quam sibi posuit, non præteribit: & per nomina Angelorum, qui dominantur in primo exercitu, qui serviunt Orphaniel Angelo magno, precioso & honorato: & per nomen Stellæ, quæ est Luna: & per nomina prædicta, super te conjuro, scilicet Gabriel, qui es præpositus diei. Lunæ secundo quòd pro me labores & adimpleas. &c.»

これら気の天使たちが従う風

東風 Subsolanus

火曜日を司る第五天の天使たちの世界の四つの部分に準じた呼称

東――フリアネ Friagne　グアエル Guael　ダマエル Damael　カルザス Calzas
　アラゴン Arragon

西――ラマ Lama　アスタグナ Astagna　ロブクィン Lobquin　ソンカス Soncas
　ヤゼル Jazel　イシアエル Isiaël　イレル Irel

北――ラフメル Rahumel　ヒュニエル Hyniel　ライェル Rayel　セラフィエル Seraphiel
　マティエル Mathiel　フラキエル Fraciel

南――サクリエル Sacriel　イァニエル Ianiel　ガルデル Galdel　オサエル Osaël
　ヴィアヌエル Vianuël　ザリエル Zaliel

火曜日の薫香

胡椒 Piper

火曜日の祈禱詞

わたしは汝に祈る、強力で聖なる天使たちよ、ヤー、ヤー、ヤー、ヘ、ヘ、ヘ、ヴァ、ヒィ、ヒィ、ハ、ハ、ヴァ、ヴァ、ヴァ、アン、アン、アン、アイエ、アイエ、アイエ、エル、アイ、エリブラ、エロイム、エロイムの名によって。また乾いた陸地をつくり、大地と呼び、そこに草や木を茂らせ、これを彼の光輝で尊く畏れおおい聖なる名をもって封印した、いとも高き神の名によって。また強力で尊い大天使アキモイに仕え、第五天を司る天使たちの名によって。

また彼の星辰である火星の名および先述した名の数々によって、わたしは汝、大天使にして火曜日を司る主であるサマエルに祈願する。また生きる真の神アドナイの名によって、汝がわたしの願いをかなえてくれるように云々[24]。

（以下）主の日の祈禱詞に準じる。

火曜日の気の霊たちは東風のもとにある。これらの本性は戦争を起こし、死と燃焼をもたらす。また二千の兵士たちを一時に与え、死や病あるいは壮健をもたらす。これらのあらわれ方については前書を参照。

（24）«Conjuro & confirmo super vos, Angeli fortes & sancti, per nomen Ya, Ya, Ya, He, He, He, Va, Hy, Hy, Ha, Ha, Ha, Va, Va, Va, An, An, An, Aie, Aie, Aie, El, Ay, Elibra, Eloim, Eloim: & per nomina ipsius alti Dei, qui fecit aquam aridam apparere, & vocavit terram, & produxit arbores, & herbas de ea, & sigillavit super eam cum precioso, honorato, metuendo & sancto nomine suo: & per nomen angelorum dominantium in quinto exercitu, qui serviunt Acimoy Angelo magno, forti, potenti, & honorato: & per nomen Stellæ, quæ est Mars: & per nomina prædicta conjuro super te Samael, Angele magne, qui præpositus es diei Martis: & per nomina Adonay, Dei vivi & veri, quod pro me labores, & adimpleas, &c.»

〔XXI〕 水星の日（水曜日）

水曜日の天使、その印章、惑星、その惑星を司る星座、第二天の名。

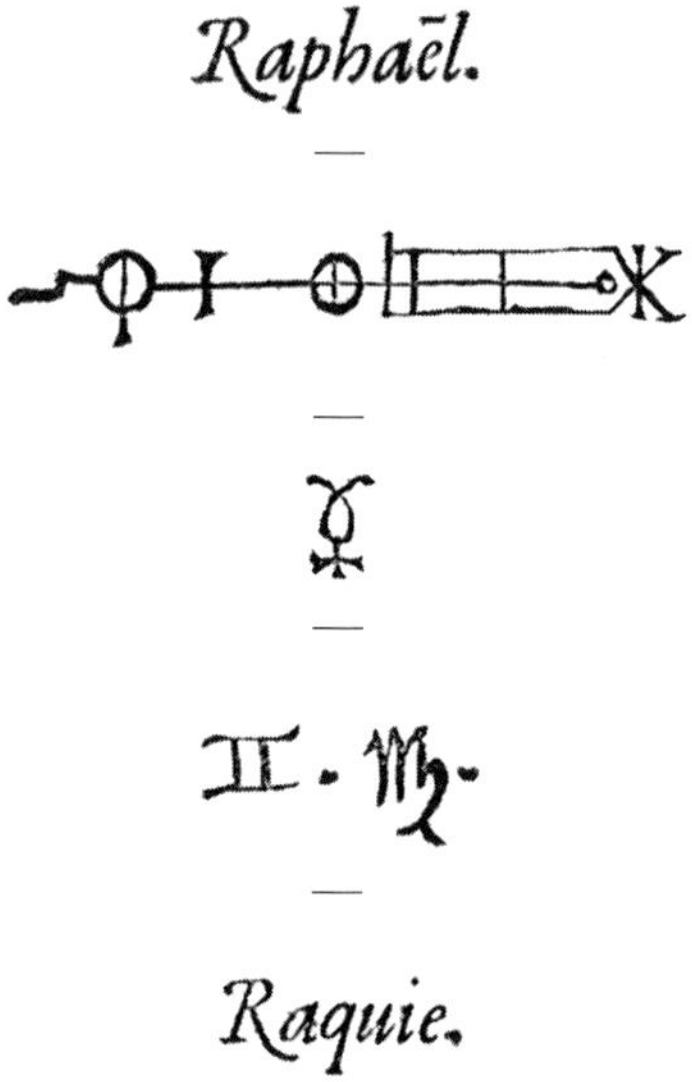

水曜日の天使たち

ラファエル Raphael　ミエル Miel　セラフィエル Seraphiel

水曜日を司る気の天使たち

メディアト王 Mediat Rex あるいは モディアト王 Modiat Rex

その宰相たち

スクィノス Suquinos　サラレス Sallales

これら気の天使たちが従う風

南西風 Africus

水曜日を司る第二天の天使たち、世界の四部分に準じて呼ばれる

東——マトライ Mathlai　タルミエル Tarmiel　バラボラト Baraborat

西——イェレソウス Jeresous　ミトラトン Mitraton

北——ティエル Thiel　ラエル Rael　ジャリアヘル Jariahel　ヴェナヘル Venahel
ヴェレル Velel　アブイオリ Abuiori　ウキルヌエル Ucirnuel

南——ミリエル Milliel　ネラパ Nelapa　バベル Babel　カルエル Caluel　ヴェル Vel
ラクェル Laquel

水曜日の薫香

乳香《マスティク》 Mastix

水曜日の祈禱詞

わたしは汝に祈る、強力で聖にして権能ある天使たちよ、最強で畏怖すべく聖なるヤー、アドナイ、エロイム、シャダイ、シャダイ、シャダイ、エイエ、エイエ、エイエ。アサミエ、アサライエおよび昼を夜から分けるために二つのおおきな光を創造したイスラエルの神アドナイの名において。また偉大にして強力な天使テトラに仕える第二の軍勢の天使たち総ての名において。また彼の星である水星《メルクリウス》の名において。また最強にして誉むべき神によって封印された封印の名において。また先に挙げたすべてのものにおいて、わたしは汝、大天使ラファエルに祈る。汝は第四天の主なる司。また至高なる創造者の祭司アアロンの額に書かれた聖なる名において、またわれわれの救い主の恩寵を約束された天使たちの名において、また六枚の羽をもつ獣の座の名において、わたしのためにはたらき云々(25)。

（以下）主の日の祈禱詞に準じる。

水曜日の気の霊たちは南西風に従属している。これらの本性はあらゆる金属を与え、過去、現在および未来に地上に諸物をあらわれさせ、平静な審きをなし、戦いに勝利をもたらし、零落した知識の数々と実修（体験）を再建して教え、体軀のあれこれを条件づける諸要素の混合を変じ、病患や健常を与え、貧者をもちあげ、富者を投げ捨て、諸霊を縛めたり失わせたり、鍵や門を開いたりする。これらの霊は諸他のもののはたらきをもなすが、完全になしとげる力がある訳ではない。これらが姿をあらわす様相は既述の通り。

〔XXII〕木星の日（木曜日）

木曜日の天使、その印章、惑星、その惑星を司る星座、および第六天の名。

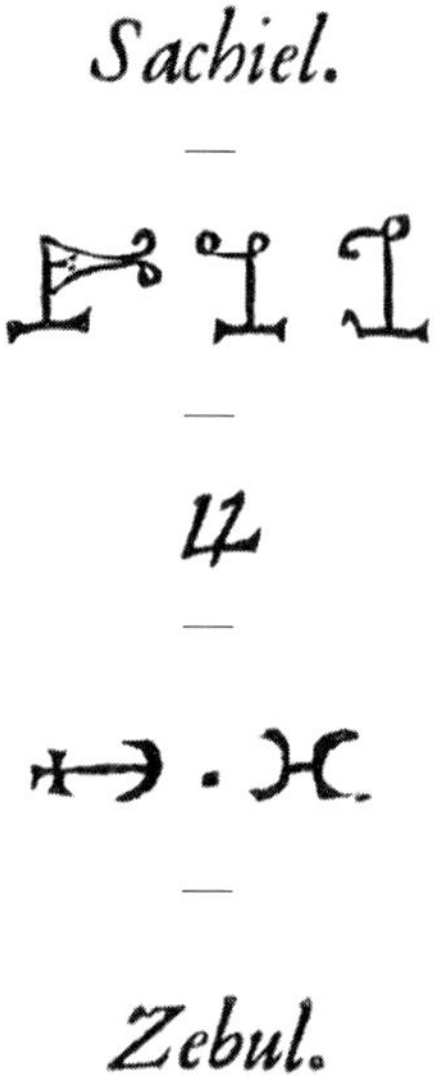

木曜日の天使たち
サキエル Sachiel　カスティエル Castiel　アサシエル Asasiel

木曜日を司る気の天使たち
　スト王 Suth Rex
その宰相たち
　マグト Maguth　グトリクス Gutrix
これら気の天使たちが従う風
　南風 Auster

しかし第五天より上に見つかる気の天使たちはないので、木曜日には世界の四方に準じて祈禱詞が唱えられる。

東——「偉大にして至高なる神よ、世の終わりまで讃えられてあれ」[26]。

西——「賢明にして義なる神の神々しい寛大さに請願する。至聖なる父よ、この日にわたしの請願が、わたしの労が成就され、それが完全に知られますように。あなたが世の終わりまで生き、支配したまいますように。かくあれかし」[27]。

（25）«Conjuro & confirmo vos angeli fortes, sancti & potentes, in nomine fortis, metuendissimi & benedicti Ja, Adonay, Eloim, Saday, Saday, Saday, Eie, Eie, Eie, Asamie, Asaraie: & in nomine Adonay Dei Israel, qui creavit luminaria magna, ad distinguendum diem à nocte: & per nomen omnium Angelorum deservientium in exercitu secundo coram Tetra Angelo majori, atque forti & potenti: & per nomen Stellæ, quæ est Mercurius: & per nomen Sigilli, quæ sigillatur a Deo fortissimo & honoratio: per omnia prædicta super te Raphael Angele magne, conjuro, qui es præpositus die: quartæ: & per nomen sanctum quod erat scriptum in fronte Aaron sacerdotis altissimi creatoris: & per nomina Angelorum qui in gratiam Salvatoris confirmati sunt: & per nomen sedis Animalium, habentium senas alas, quòd pro me labores, &c.»

（26）«O Deus magne & excelse, & honorate, per infinita secula».

（27）«O Deus sapiens, & clare, & juste, ac divina clementia: ego rogo te piissime Pater, quòd meam petitionem, quòd meum opus, & meum laborem hodie debeam complere, & perfectè intelligere. Tu qui vivis & regnas per infinita secula seculorum, Amen».

北――「権能溢れ強力ではじめのない神よ」[28]。
南――「権能溢れ慈悲深い神よ」[29]。

木曜日の薫香
　サフラン Crocus

木曜日の祈禱詞
わたしは汝ら、聖なる天使たちに祈る。カドス、カドス、カドス、エスケレイエ、エスケレイエ、エスケレイエ、ハティム、ヤー、権能溢れる世界の創造者、カンティネ、ヤイム、ヤニク、アニク、カルボト、サバク、ベリサユ、アルナユムの名において。また魚を、水の中を這うものを、地表から天へと翔ける鳥を五日目に創造したアドナイの名において。また司牧の聖なる天使にして強力な君主が統率する第六の軍勢の天使たちの名において。また彼の星辰である木星《ユピテル》の名において。また彼の封印の名において、万物の創造者である偉大な神アドナイの名においての名において。またすべての星辰の名およびこれらの権能と徳能において。さらに先述したすべての名において、わたしは汝に祈る。大天使サキエル Sachiel、木曜日の主なる司よ、わたしのために汝は尽力し云々[30]。

（以下）主の日の祈禱詞に準じる。

木曜日の気の霊たちは南風に従う。これらの本性は婦女の愛に配慮し、男を明るく陽気にし、諍いを鎮めることにある。敵の出現、病の平癒、すべての欠陥に、損失に配慮したりこれらを取り除いたりする。これらのあらわれ方についてはすでに述べた。

［XXIII］金星の日（金曜日）

金曜日の天使、その印章、惑星、その惑星を司る星座、第三天の名。

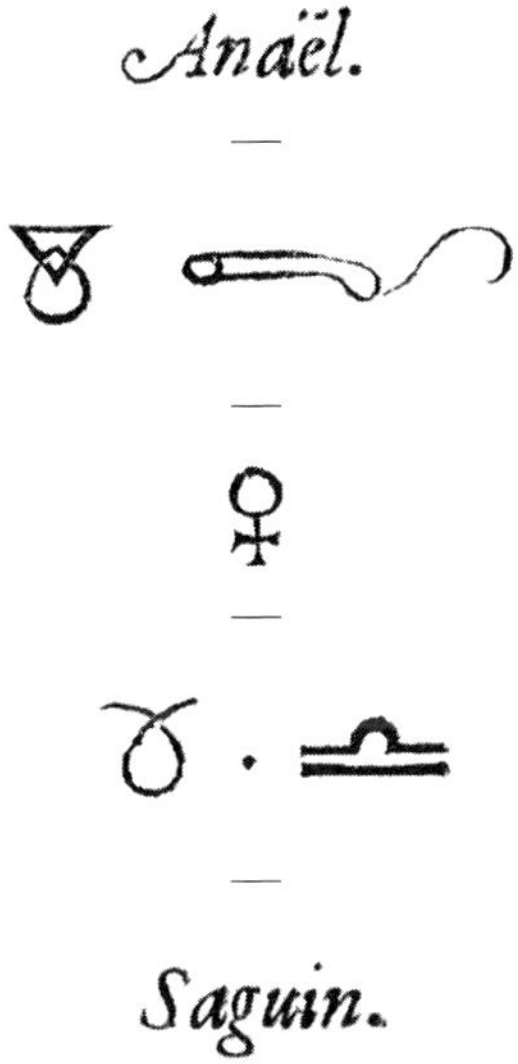

金曜日の天使たち
アナエル Anael　ラキエル Rachiel　サキエル Sachiel

（28）«O Deus potens, fortis, & sine principio».

（29）«O Deus potens & Misericors»..

（30）«Conjuro & confirmo super vos, Angeli sancti, per nomen, Cados, Cados, Cados, Eschereie, Eschereie, Eschereie, Hatim ya, fortis firmator seculorum, Cantine, Jaym, Janic, Anic, Calbat, Sabbac, Berifay, Alnaym: & per nomen Adonay, qui creavit pisces reptilia in aquis, & aves super faciem terræ, volantes versus coelos die quinto: & per nomina Angelorum serventium in sexto exercitu coram pastore Angelo sancto & magno & potenti principe: & per nomen stellæ, quæ est Jupiter: & per nomen Sigilli sui: & per nomen Adonay, summi Dei, omnium creatoris: & per nomen omnium stellarum, & per vim & virtutem earum: & per nomina prædicta, conjuro te Sachiel Angele magne, qui es præpositus diei Jovis, ut pro me labores, &c.»

金曜日を司る気の天使たち
　サラボテス王 Sarabotes［Sarabotres］, Rex
その宰相たち
アマビエル Amabiel　アバ Aba　アバリドト Abalidoth　フラエフ Flaef
これら気の天使たちが従う風
　西風 Zephirus
金曜日を司る第三天の天使たち。これらは世界の四方から召喚される。
東――セトキエル Setchiel　ケディスタニエル Chedisutaniel　コーラト Corat
　　タマエル Tamael　テナキエル Tenaciel
西――トゥリエル Turiel　コニエル Coniel　ラビエル Rabiel　カディエ Kadie
　　マルティエル Maltiel　フファルティエル Huphaltiel
北――ペニエル Peniel　ペマエル Pemael　ペナト Penat　ラファエル Raphael
　　ラニエル Raniel　ドレミエル Doremiel
南――ポルナ Porna　サキエル Sachiel　ケルミエル Chermiel　サマエル Samael
　　サンタニエル Santaniel　ファミエル Famiel
金曜日の薫香
　モッコウ Costus
金曜日の祈禱詞
汝ら、聖にして強力な天使たちに請願する。オン、ヘイ、ヘヤ、ヤー、エ、アドナイ、シャダイの名および四つ足獣、地を這うもの、人を第六日に創造し、すべての被造物たちに卓越する力をアダムに与えたシャダイの名をもって。創造者の名がその場所(?)で祝福されますように。また大天使にして強力な君主ダギエルに仕える第三の軍勢の天使たちの名をもって。また星辰金星《ヴェヌス》の名をもって。また彼の封印、さらに先述した名のすべてをもって、わたしは第六日の主なる司である汝アナエルに祈願する。汝がわたしのためにはたらき云々[31]。

(以下)主の日の祈禱詞に準じる。

金曜日の気の霊たちは西風に従う。これらの本性は銀を与え、男を興奮させ、奢侈をもたらす。贅沢を介して敵たちを和解させ、婚姻を成立させ、男を女への愛に誘い、病を起こしたり癒したり、運動にかかわることがらすべてをなす。

(31) «Conjuro & confirmo super vos Angeli fortes, sancti atque potentes, in nomine On, Hey, Heya, Ja, Je, Adonay, Saday, & in nomine Saday, qui creavit quadrupedia & animalia reptilia, & homines in sexto die, & Adæ dedit potestatem super omnia animalia: unde benedictum sit nomen creatoris in loco suo: & per nomina Angelorum servientium in tertio exercitu, coram Dagiel Angelo magno, principe forti atque potenti: & per nomen Stellæ quæ est Venus: & per Sigillum ejus, quod quidem est sanctum: & per nomina prædicta conjuro super te Anael, qui es præpositus diei sextæ, ut pro me labores, &c.»

[XXIV] 土星の日あるいは安息日《サバト》

土曜日の天使、その印章、惑星、その惑星を司る星座。

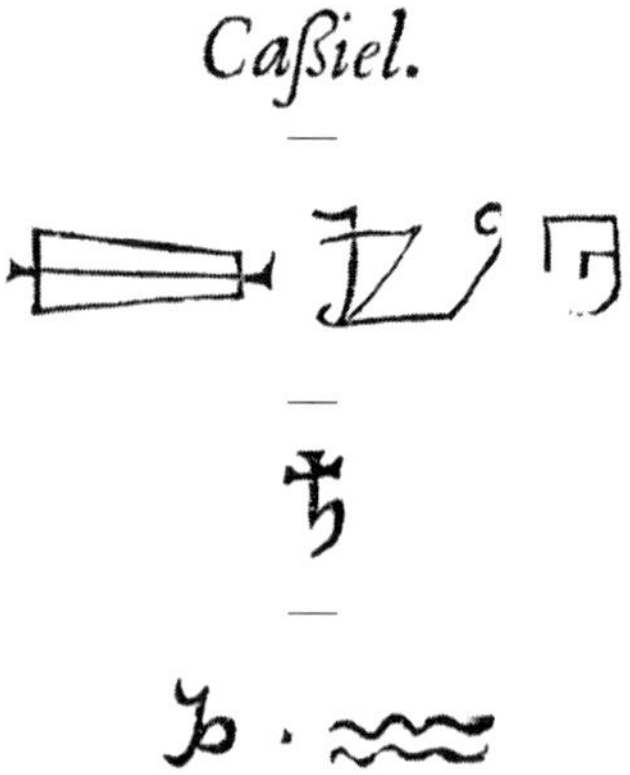

土曜日の天使たち

　カッシエル Cassiel　マカタン Machatan　ウリエル Uriel

土曜日を司る気の天使たち

　マユモン王 Maymon Rex

その宰相たち

　アブマリト Abumalith　アッサイビ Assaibi　バリデト Balidet

これらの気の天使たちが従う風

　南西の風 Africus

土曜日の薫香

硫黄 Sulphur

すでに木曜日のところで述べたように、第五天より上のここには気を司る天使たちがいないので、世界の四方の天使たちについては木曜日に援用したものを用いる。

土曜日の祈禱詞

汝、権能溢れる強力な天使カフリエルあるいはカッシエル、マカトリおよびセラクィエルに請願する。アドナイ、アドナイ、アドナイ、エイエ、エイエ、エイエ、アキム、アキム、アキム、カドス、カドス、イナあるいはイマ、イマ、シャダイ、ヤー、サール、世界を創造して七日目を休息した主の名において。またイスラエルの子らを世代を通して見守り、彼らを聖化することで来たるべき世界の酬いとなすものの名において。また大天使にして権勢ある君主ボエルに仕える第七軍勢の天使たちの名において。また彼の星辰である土星《サトゥルヌス》の名および彼の聖なる封印、そして先に述べた名の数々において、第七日つまり安息日《サバト》の主なる司である汝カフリエルに請願する、わたしのためにはたらきたまえ云々[32]。

(32) «Conjuro & confirmo super vos Caphriel vel Cassiel, Machatori, & Seraquiel Angeli fortes & potentes: & per nomen Adonay, Adonay, Adonay, Eie, Eie, Eie, Acim, Acim, Acim, Cados, Cados, Ina vel Ima, Ima, Saclay, Ja, Sar, Domini formatoris seculorum, qui in septimo die quieuit: & per illum qui in beneplacito suo filiis Israel in hereditatem observandum dedit, ut eum firmiter custodirent, & sanctificarent, ad habendem inde bonam in alio seculo remunerationem: & per nomina Angelorum servientium in exercitu septimo Pocel Angelo magno & potenti principi: & per nomen stellæ quæ est Saturnus: & per sanctum Sigillum ejus: & per nomina prædicta conjuro super te Caphriel, qui præpositus es diei septimæ, quæ est dies Sabbati, quòd pro me labores, &c.»

（以下）主の日の祈禱詞に準じる。

土曜日の気の霊たちは南西風に従う。これらの本性は不和の種を、憎しみを、邪な考えを播くこと。これから解放されるために、すべての者を殺し、その四肢を切断する。これがあらわれる様相は前書で述べた。

[XXV] 日々の経過に準じた時の天使たちの表

日曜日　Dies Dominicus

	日中の時 Horæ diei	時の天使 Angeli horarum	夜間の時 Horæ noctis	時の天使 Angeli horarum
第1時	イアユン Iayn	ミカエル Michal [Michael]	ベロン Beron	サキエル Sachiel
第2時	イアノル Ianor	アナエル Anael	バローリ Baroli	サマエル Samael
第3時	ナスニア Nasnia	ラファエル Raphael	タヌ Thanu	ミカエル Michael
第4時	サラ Salla	ガブリエル Gabriel	アティル Athir	アナエル Anael
第5時	サデラリ Sadelali	カッシエル Cassiel	マトン Mathon	ラファエル Raphael
第6時	タムル Thamur	サキエル Sachiel	ラナ Rana	ガブリエル Gabriel
第7時	オウレル Ourer	サマエル Samael	ネトス Netos	カッシエル Cassiel
第8時	タニク Tanic	ミカエル Michael	タフラク Tafrac	サキエル Sachyel

第9時	ネロン Neron	アナエル Anael	シャフール Saffur	サマエル Samael
第10時	イァヨン Iayon	ラファエル Raphael	アグロ Aglo	ミカエル Michael
第11時	アバイ Abay	ガブリエル Gabriel	カレルア Calerua	アナエル Anael
第12時	ナタロン Natalon	カッシエル Cassiel	サラム Salam	ラファエル Raphael

月曜日　Dies Lunæ

	日中の時 Horæ diei	時の天使 Angeli horarum	夜間の時 Horæ noctis	時の天使 Angeli horarum
第1時	イァユン Yayn	ブリエル Gabriel	ベロン Beron	アナエル Anael
第2時	イァノール Ianor	カッシエル Cassiel	バロル Barol	ラファエル Raphael
第3時	ナスニア Nasnia	サキエル Sachiel	タヌー Thanu	ガブリエル Gabriel
第4時	サッラ Salla	サマエル Samael	アティル Athir	カッシエル Cassiel
第5時	サデダリ Sadedali	ミカエル Michael	マフォン Maphon	サヒエル Sahiel [Sachiel]
第6時	タムル Thamur	アナエル Anael	ラナ Rana	サマエル Samael
第7時	オゥエル Ourer	ラファエル Raphael	ネトス Netos	ミカエル Michael
第8時	タニク Tanic	ガブリエル Gabriel	タフラク Tafrac	アナエル Anael
第9時	ネロン Neron	カッシエル Cassiel	サッスール Sassur	ラファエル Raphael
第10時	イァヨン Iayon	サキエル Sachiel	アグロ Aglo	ガブリエル Gabriel
第11時	アバイ Abay	サマエル Samael	カレルナ Calerna	カッシエル Cassiel
第12時	ナタロン Natalon	ミカエル Michael	サラム Salam	サキエル Sachiel

火曜日　Dies Martis

	日中の時 Horæ diei	時の天使 Angeli horarum	夜間の時 Horæ noctis	時の天使 Angeli horarum
第1時	イァユン Yayn	サマエル Samael	ベロン Beron	カッシエル Cassiel
第2時	イァノル Ianor	ミカエル Michael	バロル Barol	サキエル Sachiel
第3時	ナスニア Nasnia	アナエル Anael	タヌ Thanu	サマエル Samael
第4時	サッラ Salla	ラファエル Raphael	アティル Athir	ミカエル Michael
第5時	シャデダリ Sadedali	ガブリエル Gabriel	マトン Mathon	アナエル Anael
第6時	タムル Thamur	カッシエル Cassiel	ラナ Rana	ラファエル Raphael
第7時	オゥレル Ourer	サキエル Sachiel	ネトス Netos	ガブリエル Gabriel
第8時	タニク Tanic	サマエル Samael	タフラック Tafrac	カッシエル Cassiel
第9時	ネロン Neron	ミカエル Michael	サッスル Sassur	サキエル Sachiel
第10時	イァヨン Iayon	アナエル Anael	アグロ Aglo	サマヘル Samahël
第11時	アバイ Abay	ラファエル Raphael	カレルナ Calerna	ミカエル Michaël
第12時	ナタロン Natalon	ガブリエル Gabriel	サラム Salam	アナエル Anaël

水曜日　Dies Mercurij

	日中の時 Horæ diei	時の天使 Angeli horarum	夜間の時 Horæ noctis	時の天使 Angeli horarum
第1時	ヤユン Yayn	ラファエル Raphael	ベロン Beron	ミカエル Michael
第2時	イァノル Ianor	ガブリエル Gabriel	バロル Barol	アナエル Anaël

第3時	ナスニア Nasnia	カッシエル Cassiel	タムル Thamur	ラファエル Raphael
第4時	サッラ Salla	サキエル Sachiel	アティル Athir	ガブリエル Gabriel
第5時	シャデダリ Sadedali	サムエル Samaël	マトン Mathon	カッシエル Cassiel
第6時	タムル Thamur	ミカエル Michael	ラナ Rana	サキエル Sachiel
第7時	オウレル Ourer	アナエル Anaël	ネトス Netos	サマエル Samael
第8時	タニク Tanic	ラファエル Raphaël	タフラック Tafrac	ミカエル Michael
第9時	ネロン Neron	ガブリエル Gabriel	サッスル Sassur	アナエル Anael
第10時	イアヨン Iayon	カッシエル Cassiel	アグロ Aglo	ラファエル Raphael
第11時	アバイ Abay	サキエル Sachiel	カレルナ Calerna	ガブリエル Gabriel
第12時	ネロン Neron	ガブリエル Gabriel	サラム Salam	カッシエル Cassiel

木曜日 **Dies Martis** [**Iouis**]

	日中の時 Horæ diei	時の天使 Angeli horarum	夜間の時 Horæ noctis	時の天使 Angeli horarum
第1時	ヤユン Yayn	サキエル Sachiel	ベロン Beron	ガブリエル Gabriel
第2時	イアノル Ianor	サマエル Samael	バロル Barol	カッシエル Cassiel
第3時	ナスニア Nasnia	ミカエル Michael	タヌ Thanu	サキエル Sachiel
第4時	サッラ Salla	アナエル Anael	アティル Athir	サマエル Samaël
第5時	シャデダリ Sadedali	ラファエル Raphael	マトン Mathon	ミカエル Michaël
第6時	タムル Thamur	ガブリエル Gabriel	ラナ Rana	アナエル Anaël

第7時	オゥレル Ourer	カッシエル Cassiel	ネトス Netos	ラファエル Raphael
第8時	タニク Tanic	サキエル Sachiel	タフラック Tafrac	ガブリエル Gabriel
第9時	ネロン Neron	サマエル Samael	サッスル Sassur	カッシエル Cassiel
第10時	イァヨン Iayon	ミカエル Michael	アグロ Aglo	サキエル Sachiel
第11時	アバイ Abay	アナエル Anael	カレルナ Calerna	サマエル Samaël
第12時	ナタロン Natalon	ラファエル Raphael	サラム Salam	ミカエル Michael

金曜日　Dies Veneris

	日中の時 Horæ diei	時の天使 Angeli horarum	夜間の時 Horæ noctis	時の天使 Angeli horarum
第1時	イァユン Iayn	アナエル Anael	ベロン Beron	サマエル Samaël
第2時	イァノル Ianor	ラファエル Raphael	ベロル Barol	ミカエル Michael
第3時	ナスニア Nasnia	ガブリエル Gabriel	タヌ Thanu	アナエル Anael
第4時	サッラ Salla	カッシエル Cassiel	アティル Athir	ラファエル Raphael
第5時	シャデダリ Sadedali	サキエル Sachiel	マトン Mathon	ガブリエル Gabriel
第6時	タムル Thamur	サマエル Samael	ラナ Rana	カッシエル Cassiel
第7時	オゥレル Ourer	ミカエル Michael	ネトス Netos	サキエル Sachiel
第8時	タニク Tanic	アナエル Anael	タフラック Tafrac	サマエル Samael
第9時	ネロン Neron	ラファエル Raphael	サッスル Sassur	ミカエル Michael
第10時	イァヨン Iayon	ガブリエル Gabriel	アグロ Aglo	アナエル Anael

第11時	アバイ Abay	カッシエル Cassiel	カレルナ Calerna	ラファエル Raphael
第12時	ナタロン Natalon	サキエル Sachiel	サラム Salam	ガブリエル Gabriel

土曜日 Dies Saturni

	日中の時 Horæ diei	時の天使 Angeli horarum	夜間の時 Horæ noctis	時の天使 Angeli horarum
第1時	イァユン Iayn	カッシエル Cassiel	ベロン Beron	ラファエル Raphael
第2時	イァノル Ianor	サキエル Sachiel	バロル Barol	ガブリエル Gabriel
第3時	ナスニア Nasnia	サマエル Samael	タヌ Thanu	カッシエル Cassiel
第4時	サッラ Salla	ミカエル Michael	アティル Athir	サキエル Sachiel
第5時	シャデダリ Sadedali	アナエル Anael	マトン Mathon	サマエル Samael
第6時	タムル Thamur	ラファエル Raphael	ラナ Rana	ミカエル Michael
第7時	オゥレル Ourer	ガブリエル Gabriel	ネトス Netos	アナエル Anael
第8時	タニク Tanic	カッシエル Cassiel	タフラック Tafrac	ラファエル Raphael
第9時	ネロン Neron	サキエル Sachiel	サッスル Sassur	ガブリエル Gabriel
第10時	イァヨン Iayon	サマエル Samael	アグロ Aglo	カッシエル Cassiel
第11時	アバイ Abay	ミカエル Michael	カレルナ Calerna	サキエル Sachiel
第12時	ナタロン Natalon	アナエル Anael	サラム Salam	サマエル Samael

いずれにせよ、それぞれの土地(国)で一日の最初の時間、あるいはどこでも一々の季節は、太陽の上昇によって名指されることになる。太陽が地平線に最初にすがたをみせる時に。また夜の第一時は、一日の第一時から算えて第十三時となる。これについては十分に論じた。

Illud autem obiter notandum, primam horam Diei, vbilibet gentium, & quocunque tempore, assignari soli orienti, vbi primum apparet in Orisonte oriente: Primam autem horam noctis, esse decimam tertiam à prima hora diei. Sed de hic hactenus.

***

Elementorum Magicorum Petri de Abano, Finis.

第Ⅱ部

『アグリッパと魔術』

アルトゥーロ・レギーニ
ARTURO REGHINI

Enrico Cornelio Agrippa e la sua Magia

アルトゥーロ・レギーニ

Arturo Reghini（1878–1946）

20世紀のイタリア・オカルト運動の領袖のひとり。神智学から新たなピタゴラス主義結社を設け、雑誌 *Atanòr*（1924）、*Ignis*（1929に創刊号発行）を主管し、*UR*（1927–1928）の編集にも参与、数秘術やフリーメイソンの歴史に関するおびただしい著作を発表した。

Arturo REGHINI:

Enrico Cornelio Agrippa e la sua Magia,

in : Cornelio Agrippa, *De occulta philosophia*, Milano 1926

第一章　アグリッパ伝説

一八八〇年、トリノの国立博物館で催された展覧会を訪れた人なら、僥倖とまでは言わぬにしてもそこに展示された一枚の絵を鑑賞することができたはず。それは画家ピエトロ・ミキスが史譚を描いた「フランソワ一世にパヴィアでの敗北を予言するコルネリウス・アグリッパ」のこと。

一八八〇年四月二十五日の「イルストラツィオーネ・イタリアーナ」誌はこの絵を図版で掲げ、解説を付している。それによれば、パヴィアの戦いの数日前、フランス陣営を彷徨っていたひとりの男が密偵の嫌疑で捕えられた。将軍ラ・トレムイユと将軍ロートレックは職務に従い占い師だというその男の尋問をおこなった。しかし彼が語ったのは忌まわしい予言だった。ミラベッロの館に居を構えておられたフランソワ一世は不審な男の逮捕の報を耳にすると、この占い師に会わせるのはどうかと不承不承の将軍たちを傍目に、御前に曳きたてさせた。この男こそコルネリウス・アグリッパで、王の手相を検分しつつ、二人の将軍も在席する中、臆することなくあけすけに翌日に起こるであろうことを予言してみせた。つまり逼迫した戦いは敵の大勝利に終わり、王にとってはたいへんな痛手となるだろう、と。実際、翌日には有名なパヴィアの戦いとなり、フランスの軍隊と政治に大打撃をもたらすこととなったのだった。

これが「イルストラツィオーネ・イタリアーナ」の解説するところ〔掲載図版については98-99頁参照〕。

しかしこれは後の史実を混同した根拠のない伝説である。アグリッパがこの時期、つまり一五一二年六月十八日パヴィアにいたことは事実である（この戦いの正確な日付けはプロスト[1]によって、パリス・デ・グラッシスの『ローマ教皇庁日誌』を再掲したライナルドゥスの『教会年報』第三十巻、一五一二年、n.65-66に探し当てられている）。しかしこの時のフランス王はいまだルイ十二世で、一五一二年五月にフランス軍を指揮してパヴィアにいたのはラ・パリス。アグリッパがここにいたのは、この町の大学で盛名を得ようとしてのことだった。

…isce a Francesco I la sconfitta di Pavia, quadro del signor *Pietro Michis.*

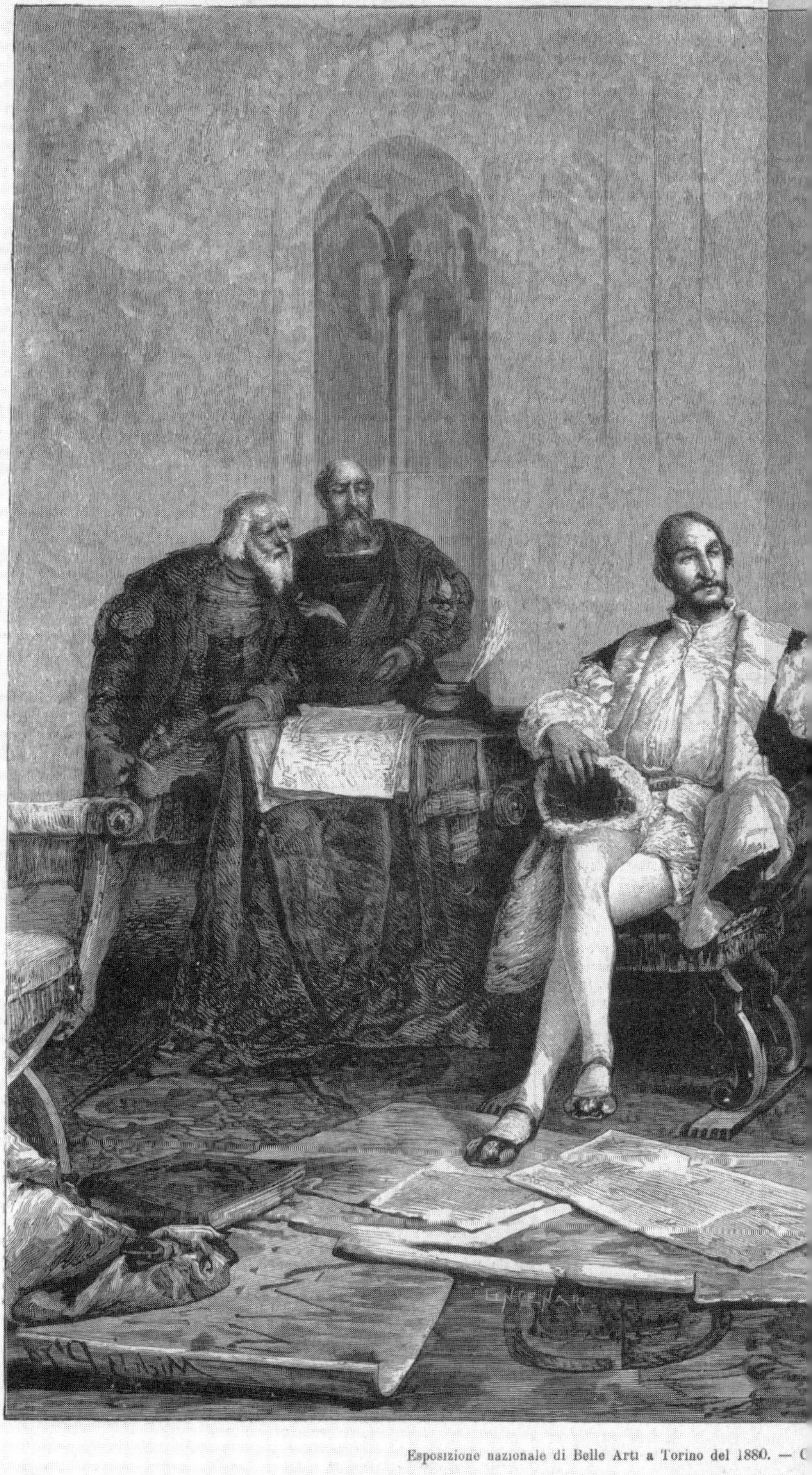

Esposizione nazionale di Belle Arti a Torino del 1880. — C

包囲をつづけていたフランス軍が町に退去命令を出し、彼らがいまだ門を出る前に、別の門から同盟軍であるドイツ、スイス、ヴェネチア軍が侵攻した。この混戦の中、バヤールはその伝説的な勇猛をもって抵抗したが、町はスイス兵たちによって襲われ略奪されることになり、結局フランス軍はミラノ領を失うこととなった。アグリッパは町を逃げ出すことができず、スイス兵たちに捕えられたが、数日後にはミラノで自由放免されている。

その三年後、フランソワ一世はフランス王位に登玉する。そしてブルボン家の大元帥指揮の下、イタリアに派兵、その膝下には元帥ラ・パリス、ロートレック、ルイ・ド・ラ・トレムイユもいた。最初の幾つかの急襲が功を奏し、大元帥は自らアルプスを越え、マリニャーノの戦いであらためてミラノをフランスの支配下に収めると、パヴィアもフランス軍に占拠された。不運にもアグリッパはこのときもまたパヴィアにいた。今回は逃げ出すことができたが、彼の家はフランス兵たちに略奪され、そのすぐ後にミラノでスイス兵たちに書物から手稿まですべてを奪われることになった。

そしてイタリアのフランス軍の命運を決定づけた一五二五年二月二十四日の有名なパヴィアの戦いが終わり、名誉以外のすべてを失いフランソワ一世もまた捕虜となった時、主戦場から遠くアグリッパはリヨンのフランス王母の宮廷にいた。

一五一二年も一五一五年も一五二五年も事態はこの通りであり、この絵のエピソードもアグリッパの名と姿をめぐる数多の伝説のひとつである。

イタリアでも民間伝承のアグリッパは智慧に溢れ、降霊術に優れ、悪鬼たちを駆逐し、病人を癒し、また病気にし、「緊縛」し、あらゆる占術と呪術をなす高名な魔術師である。イタリアの巷では、アグリッパといえばさまざまな秘密の処方と魔術的実修の書『コルネリウス・アグリッパの使役の書あるいは諸霊を召喚する業』フィレンツェ、サラーニ社 一八九六年刊、またその他の出版者から有名なアグリッパの名を騙って刊行されたこれに類した諸書によって知られている。[2] この『使役棒の諸玄義に関する魔術的雑纂、神の徳能にかけてコルネリウス・アグリッパ自ら著した書』にはなんでも載っている。伝承の断片、秘密の知識に関する断片、無邪気な言辞、過誤から法螺話まで。

「玉葱による占術の魔術的秘密、遠隔地の人の健康について」や「郭公の鳴声から夫あるいは妻を娶る正確な年を読み、また年中懐に金銭があるかどうかを知る方法」の傍らに、次のような愉快な話も載せられている。もちろん、アグリッパが書いたものとは言いかねるが。

「アダムの肋骨の大いなる秘密」。これがその小題で、本文は「神は女となすためアダムの肋骨を一本とり、一瞬それを彼の脇に置いた。悪賢く狡猾な雌猿はたちまちそれを取り上げると、大急ぎで逃げ出した。天使が追いかけていってその尾を捕まえたが、その尻尾を天使の手に残し肋骨は持ち去った。この過ちのせいで女は雌猿の尾で造られることとなったとやら言う。しかしこの種の言い伝えは真実とは考えられない」。

よかった、と読者は言うことだろう。特に女性読者は。アグリッパはそのようなことを決して書かなかったばかりか、逆に『女性性の高貴と卓越について』という書物を著すほどのたいへんなフェミニストだった。ここで彼は両性の平等というより、かえって女性性の卓越を説いている。こうした気持ちに忠実に、彼は三度妻を迎えてみせた。

呪術師としての名声はすでにアグリッパの生前、まだ若い頃から彼の周りに醸成されていった。その伝説がかたちづくられるに到った原因は多岐にわたる。二十歳をわずかに過ぎたばかりで、彼は『オカルト哲学あるいは魔術について』の最初の二書を書き上げた。これは権威ある大修道院長トリテミウスにたいへん賞賛され、それが興味と好奇心をひき起こしヨーロッパ中に手稿が回覧されると、驚きとともに賛嘆され大いに評判をとることとなった。若い頃から献身的な友人たちに囲まれ、彼らに起こった奇瑞やらそのはかりしれぬ影響力やらをもってしても、彼の知性と教養の卓越を説明するに足りない。アグリッパは生涯にわたり隠秘《オカルト》的知識、カバラ、魔術、錬金術に興味をもちこれ

（1） Aug. Prost, *Henri Corneille Agrippa*, Paris 1882, vol. II app. xxiv, p. 497.

（2） Agrippa Cornelio, *La famosa pergamena del comando*, Milano 1878; Agrippa Cornelio, *Il libro del comando ovvero l'arte di evocare gli spiriti*, Atene, Muzzi 1880; Agrippa Cornelio, *Il testamento magico di Cornelio Agrippa. Introduzione alla pratica della Magia*, Roma Perino (Biblioteca Magica) 1891. アグリッパの著作としては以下のように、往時のイタリア語刊本以外のヴァージョンを知らない。*Arrigo Cornelio Agrippa della Vanità delle Scienze tradotto da M. Lodovico Domenichi in Venezia*, 1547; これの再刊として 1549, 1552 年版がある。Arrigo Cornelio Agrippa, *De la nobilità e precellentia del feminil sesso*, 1549, s. n.; Henrico Cornelio Agrippa, *De la nobilità e precellentia del femminile sesso a la Signora Margarita Augusta Principe di Austria, e di Borgogna*, novamente stampato, s. d., s. n. [in 8°, foll. 22. n. n.] ローマ中央図書館蔵の一本は 1545 年と 1548 年の類書と合冊にされている。［この『使役の書』は『オカルト哲学第四書』Agrippa, *De occulta Philosophia IIII de cerimonijs Magicis*, 1559, 1565 に収められた「儀礼魔術」のこと。本書第 I 部参照。1578ed. Basel, Thomas Guarin; *Henrici Cornelii Agrippae, Ab Nettesheym, Armatae militiae equitis aurati, et I. V. Ad medicinae Doctoris. Opera Quaecumque hactenus vel in lucem prodierunt, vel inveniri potuerunt omnia, in duos tomos concinne digesta, et diligenti studio recognita* ..., pp. 527 ss に羅版がある。］

らに専念したばかりか、医師であり、占星術師であり、手相占師でもあった。後述することになるが、彼の書簡からは疑いもなく、彼が実効的具体的な魔力をもっていたことが分かる。これは弟子たちが証するところでもある。つまり妖術師としての声望は真性のものであった。それは彼自身のせいでもあり、自ら魔術師として認められたいと念じてもいた。ただし彼が思うような意味にこのことばを解してのことであったが。

こうした伝説の形成にあたりこれらに劣らず重要なのは、彼に敵する者たちの誇張と身勝手な誹謗であったことに間違いはない。彼を中傷した者のなかでも際立っているのがパオロ・ジョーヴィオ、アンドレ・テヴェ、そしてイエズス会司祭マルタン・デル・リオである。

アグリッパには霊たちを召喚する力があったとされる。ウォルター・スコットが蒐集したある伝説[3]によれば、ある日、ヘンリー八世の宮廷で盛名を馳せた詩人サリー伯ヘンリー・ハワードが愛する伴侶、キルデア伯の娘であった美しきジェラルダインの死を悼み涙していた時、コルネリウス・アグリッパはその失われた女性にあいまみえさせ彼を慰めようと、召霊をおこなった。この魔術師は彼の眼前に蠱惑の鏡を据え、そこに彼女を顕現させたという。ジャック・ゴォリーやブーレーズ・ド・ヴィジェニエールはこれをもって、アグリッパは友人たちの歓心を買うために「ピタゴラスの鏡」を実修したのだ、と彼を告発した[4]。実際、アグリッパはこの秘密（秘術）について『オカルト哲学』第一書6章で、これをよく知っていると語っている。だがこのちょっとした自慢話ともいうべき伝説はたしかに事実を基としたものであった。アグリッパの書簡集に載せられた一通の手紙（*Ep.* VII, 22）は一五二二年十二月末に書かれ、アグリッパ宛に彼の友人であるイタリア人のドン・ベルナルド・デイ・パルトリネリイが送ったもの。この人は（クレメンス七世の）教皇庁使節を務めた枢機卿ロレンツォ・カンペーギの執事だった。彼は偶々だがはっきりと、アグリッパが鏡を使って存命中のある人物をいのちのない形象を採ったイメージとしてみせてくれた、と示唆している（sicut mihi ostendisti in eodem speculo cognoscere in imagine picta partem vivam a parte mortua ... (et) ... inducere personam vivam pro veritate rei）[5]。

テヴェ[6]が語るところによれば、アグリッパはイタリア滞在中、スペイン将軍アントニオ・デ・レイバに仕えるうち、たいへん重用され顧問のような役割を果たしたところから、この将軍のさまざまな勝利を妬む者たちはそれをアグリッパの呪術のおかげと囁いたという。これは明らかに伝説[7]であり、その出自を問うことも容易い。しかしデル・リオはこれにとどまらず、アントニオ・デ・レイバの執りなしで皇帝カール五世はアグリッパを召抱えることとなり、その推薦によりアグリッパは参事役にまでなったが、その皇子にはかりしれぬ宝たる魔術の秘密の手ほどきをするにいたり、憤慨したカール五世は彼を宮廷からばかりか国外へと追放した、とまで付言している。

　またこのイエズス会士は別の法螺話を、自ら語るところを心から信じているかのように神妙に語っている。アグリッパは旅の宿でまるで本物のような貨幣で支払いをしたが、数日経つとそれは角の破片か屑に過ぎないと分かるものだった。ある日、老婆にさまざまなものとともにスクード金貨がいっぱい入ったように見える籠を渡した。しかしそれを戸棚にしまって、あらためて取りに行ってみると馬の鞣革だけになっていた、と。

　また別のアグリッパに係るものがたりも、この鉄面皮なイエズス会士（プロストに言わせればあまりにも非情な人）が語っているものである。アグリッパがルーヴァンにいた折、彼のもとに好奇心旺盛な若者が寄宿していた。ある日、アグリッパは町を留守にせねばならず、妻に彼の作業場へは

（3）Sir Walter Scott, *The lay of the last Minstrel*, canto VI, 16-20.

（4）パリの Jacques Gohory あるいは Gohorry は J. G. P., Leo Suavius 等さまざまな偽名を使って著作した。彼がアグリッパを攻撃している書物は *Th. Paracelsi Philosophiae et Medicinae Compendium cum scholiis in libros IIII ejusdem de Vita Longa, auctore Leone Suavio*, I. G. P., Parisis 1566. またカバラ学者 Blaise de Vigenère による駁論は *Traité des Chiffres*, 1586, pp.16, 27 に認められる。

（5）これはカトプトロマンツィア catoptromanzia あるいは鏡を使った予言。鏡の代わりにそれに類するもの、たとえばレカノマンツィア lecanomanzia に用いられる水盥や、カリオストロがその「瞳」あるいは「鳩」に用いた硝子容器（カラフ）のようなものを使った予言の類。通常活動していない無意識の心理能力を喚起し、遠隔のもの、未来、超自然なものを幻視させる。こうした鏡魔術はピタゴラスやヌマの創案によるものともされた。これに丸い鏡を用意するべきことは古くからの教えで、月をよりよく反射できるようにするためだという。鏡にあらわれさせたいもの（人か物の名）を血で書き、観察者の背後にそれを置き、そこに満月があらわれるように鏡を配し、観察者にその月を注意深く凝視させる。するとそこに観察者が顕現させたがっていたものがあらわれるのを見ることになるという。この伝承は碩学ナターレ・コンティも言及するところ（*Natalis Comitis Mythologiae sive explicationis fabularum libri decem*, Coloniae Allob. 1616, lib. III, cap. 17, p. 253, prima edit. Venezia, Aldo 1551）。彼はアグリッパの秘術の淵源はここにある、と言明している。『知識の曖昧さと虚栄について』でアグリッパはあらゆる種類の予言を断罪しているが、この業については一言も触れていない。ドン・ベルナルドのアグリッパ宛の手紙は *Opere Complete*, ed. Lione, Beringos Fratres 1600, tomo II, parte II, pp. 354-356 所収。魔術鏡についての論考としては *Ignis* 誌 1925 agosto-settembre 号の Luce の署名のある論考がたいへん役に立つ。

（6）Andrea Thévet, *Histoire des hommes illustres*, ed. Parigi 1671, VI, 223.

（7）Martini Del Rio S.J., *Disquisitionum Magicarum libri sex*, Lovanio 1599, lib. II, Quaest. XII, num. 10.

誰も入れてはいけないと厳命した。しかしこの若者は奥方に頼み込んでなんとかその鍵を手に入れると、師の作業場へ忍び込んだ。不注意にも彼は悪魔祓いの書に目をとめると、間のぬけたことにその言葉の幾つかを声に出して読んでしまった。するとたちまち作業場の扉が音を立てた。読みつづけるうち、またまた扉が振動した。彼はこのしるしに気づくこともなく、なんの返答もしなかったので、ついに扉が開き、悪鬼があらわれた。わたしを呼ぶのは誰だ、いったいなんの用だ、と問いながら。恐怖に震え上がった憐れな若者は喉が支《つか》えて声も出せずにいると、怒った悪鬼は彼に襲いかかり、喉を絞めた。ちょうどこの時戻ってきた魔術師は、悪鬼たちが彼の家のまわりで飛び跳ねているのに気づいた。悪鬼たちを呼び、なにが起こっているかを知ると、彼は犠牲者の魂のない身体に入ることは罪深い、と悪鬼に告げ、まあ解放してやらぬわけでもないが、その前に学生たちがよく集まる広場まで行ってから消えろ、と命じた。悪鬼はこれに従い、生き返った身体は広場まで歩いていき、そこを二、三周したところで突然、魂を失うと（悪鬼に放棄されると）地面に斃れて絶命した。この若者は突然死したものと思われたが、その身体についた絞殺の跡はたちまち露見し、真実があらわとなった、と深刻な様子でデル・リオはこれに付言している。後にそれまでアグリッパがその胸に秘していた異端の罪が明らかになったとき、この話を疑うものは誰もいなくなった、と[8]。

こうしたものがたりがみな嘘であることについては、ヴァイアー、ノーデ、フレールそれにベールによって明言されたところ。アグリッパはアントニオ・デ・レイバによってカール五世に推挙された訳ではなく、彼を推したのは皇女マルガレーテの宮廷の友人たちにであったし、アグリッパに対するカール五世の憤激の原因はまったく別のところにあった。これについては、彼の著作群公刊について語る折に、別様に説明されるだろう。贋金については自ずからそれが露見する。もしもアグリッパがそれに類したことができたとしたら、あれほど生涯貧窮することもなかっただろうし、借金によって牢獄に収監されるようなこともなかっただろう。悪鬼に絞殺された不用意な弟子のはなし（ブルワー＝リットンが『ザノーニ』のものがたりで語るグリンドンの逸話と境界を護る霊について）にいたっては、それが事実であるとしたら、デル・リオが開陳してみせたものよりもうすこし説得的に語ることもできたであろう。

アグリッパが一五三五年を過ごしたボンでの生活について、その弟子ヴァイアーが記している。紙片と書物に埋もれ、ときに一週間も作業場に引籠ったものだったが、広範な書簡のやり取りによって遠い国で起こっていることについても熟知していたと。当時、軽はずみな読者に真偽とりまぜさまざまな見解やら感情やらを伝えるゴシップ新聞のようなものはまだなく、学者たちは関心をもったできごとについて知見を書き送る習慣だった。アグリッパの書簡を瞥見するだけで、彼がいかにさまざまな知見を堂々と包み隠すこともなく書き送っていたかが分かる。しかし民はそんなことも知らず、彼の知識のすべてをアグリッパが大切にしていた犬のおかげと噂した。それは犬の姿かたちをしてはいるが、じつのところ悪鬼なのだ、と。

この犬についてはパオロ・ジョーヴィオ(9)がいろいろ書いている。ジョーヴィオが語るところによれば、それはいつも主人につきまとっていた黒犬で、降霊術師のように釘が飛び出した首輪をつけていた。死期の近づいたのを知ったアグリッパは悔悛を急ぐべく勧められて、この犬に向かい「あっちへ行け、畜生めが、おまえのせいでわたしはすべてを失ったのだ」と叫んだ。たちまちこの黒犬はソーヌの方角へと駆け出し、そこで身を投げて溺死した、と。

こうしたおはなしもすべて、単にアグリッパの犬好きに由来するものである。これはヴァイアーが語るところからも、アグリッパ自身の書簡からも分かること。彼の家はいつも犬でいっぱいで、その中でも特にフィリオルス Filiolus と名づけられた犬が死んだ時には、アグリッパのある友人がラテン語で墓碑を書いてすらいる。また一五三五年のボン滞在中にちょうどヴァイアーもそこにいた。犬たちの中に彼が偏愛してやまぬムシュー Monsieur と呼ばれる一匹（問題の黒犬）がおり、仕事机でも寝台でも一緒だった。アグリッパと弟子の一人が仕事机につくと、いつもこの犬は二人の間に積み上げられた紙束の上に坐ったものだった。この犬のほうがきっと、ジョーヴィオやデル・リオよりもよくアグリッパのこころを解していたことだろう。しかし彼の犬への愛は、アグリッパに敵する者たちの病んだ想像力と邪心のなかで、悪鬼とのさまざまな関係の証拠と化していった。

アグリッパの死に関するまた別のヴァージョンがピエール・ド・ランクル(10)によって語られている。「憐れなアグリッパはこうして悪鬼によってその酷薄なる業（技巧）の数々を熟知するにいたり、この悪鬼の姦策に巻き込まれこれを避けることもならず、たとえ彼が殺されるままに任せよう

（8） Martini Del Rio, *Disquis. Magic.*, II, Quaest. XXIX, Sect. I.
（9） Paolo Giovio, *Elogia virorum litteris illustrium*, Basilea 1577, cap. XCI.
（10） Pierre De Lancre, *Tableau de l'incostance des mauvais ârges et demons*, Paris 1607, lib. II, dis. 4.

としたとしても、死は彼にどんな権能をも揮うことができず、彼は蘇り、不死となったことだろう。だが事態はそのようには進まなかった。なぜといって、アグリッパはこの贋の期待を恃みつつ、自らの頭を斬らせたのだったが、悪鬼は彼を嘲笑して、あえて彼にその罪の数々を咎めさせる手段を与えるように、あらためて彼にいのちを授けようなどとはしなかったから（またそんなことができるはずもなかったが）」。

またコラン・ド・プランシーの『地獄の辞書』、そしてこれをそのまま写したミーニュの『隠秘学《オカルト》辞書』[11]によれば、フランスの内陸地方ではいまだアグリッパは死んでいないと信じられているとやらいう。ニコラ・フラメルもまた、彼はいまだ呪術あるいは魔術の業を保ち、長寿のエリクシルをもっていると信じている。こうした伝説はシラノ・ド・ベルジュラックの『呪術に関する書簡』にも見つかる。そのなかには『大呪術師』と表題されたものがたりもあり、そこでこの著者は呪術師アグリッパと対面することとなったできごとあるいはヴィジョンを語っている。そこで彼は、アグリッパの魂がバクトリアの皇子であった賢者ゾロアストルの生まれ変わりと知らされる。一世紀前に亡くなったにもかかわらず、人々の間では彼がどんな病にも冒されることのない飲用金を所持していると信じられていた。この玄妙な普遍薬を二十年に一回摂るだけで、からだに失われた力をとりもどし、彼は若返る、と[12]。

まずノーデが部分的に[13]、そして厳正な批評をもってベール[14]がこうした伝説やら誣告やらを矯すこととなる。しかしそれも軽率な者たち、特にカトリック著作家たちが、嘘やら過ちやらを満載してアグリッパを損なう著作を濫造することを妨げるものではなかった。ミーニュの『辞典』のアグリッパの項には、ジョーヴィオによる伝記にもテヴェによるものにも載らない無定見な悪評が載せられており、見逃しにできない。たとえば、『オカルト哲学』の公刊に関連し、この書は異端と魔術によって告発され、この判定を待つうちアグリッパは一年をブリュッセルの牢獄で過ごし、その後メッツを去らぬ訳にはいかなくなった、と記されている。これについては、たいへんよくできた伝記、ベールの『辞書』（一六九七年初版以降、諸版あり）に載せられたアグリッパ伝を参照すれば十分である。これによればアグリッパがメッツを去ったのは一五二〇年のこと、『オカルト哲学』第一書が公刊される十年前のことであった。その歴史的造詣を二段にわたりべらべらまくし立てた後、『隠秘学《オカルト》辞書』の著者はいつものごとく巧妙なイエズス会の手法をもって、アグリッパのさまざまな習慣について中傷してみせる。それは伝記作者たちにとって優しく寛容にみることができるものではなかったにせよ、プロストの言をもってしても非の打ちどころのない習慣であったのだが。そのたいへんキリスト教的なことばを逐字写しておくなら、[15]「彼を呪術で告発した庶民からの酷い処遇を免れようと一度ならず逃亡せねばならなかったのは、なにも彼の辛辣な精神あるいは彼の常軌を逸した習慣を敵対する者たちが誤解したからでも、彼に特徴的な交渉手腕がしばしば彼を危険な状況に追い込んだという訳でもなく、彼が実修していた経験的医薬が彼を災厄に陥れたのでもなかっただろう。すくなくとも、この男がいまだわれわれの知らぬ秘密の魔術の数々をどこかの神秘な大学で学んだ、などと信じる必要はなさそうである」[16]。

伝説がアグリッパに帰す巧妙な業を他にもいろいろ語り継ぐこともできる。たとえば、彼は遠くはなれた地上のできごとを月に読むことができたという。またある日の朝十

magicien ; ce qui le faisait reconnaître et chasser incontinent ».
Agrippa.

（11） Collin de Plancy, *Dictionnaire Infernal*, Bruxelles 1845, par.I, 5a ed., pp.7-9 ; Migne, *Dictionnaire des Sciences Occultes*, 1846, vol.47-48 [*Première Encyclopedie Théologique*, vol.I, p.33]（下図はド・プランシーの書による）.

（12） C. de Plancy, *Diction. Infernal*, Appen. pp.509-510. ed. 1845 ; Migne, *Diction. des Sciences Occultes*, vol.I, p.418. この伝説は小冊子 *Cornelio Agrippa. Il testamento magico*, ed. Perino, Roma 1891 にも載せられている。また、一切典拠を示さず『コルネリウス・アグリッパのある弟子による序』パリ初版の序として掲載されてもいる。

（13） Gabriel Naudé, *Apologia por tous les grands personnages accusés de Magie*, 1625.

（14） Pierre Bayle, *Dictionnaire historique et critique*. Rotterdam 1697.

（15） Migne, *Dict. des Sciences Occul.*, vol.I p.32.

（16） バルザックは『リュジェリーの秘密』で、カトリーヌ・ド・メディシスの有名な占星術師であった老コーム《コシモ》・リュジェリー《ルッジェリ》こそ、ノストラダムスやアグリッパを輩出した秘密の大学の総長であった、と語っている。

時、フリブールで講演が終わったとき、その同じ瞬間にかなり遠隔の地であるポンタ＝ムッソンで別の講演をはじめた、等々。

　修道士たち神学者たちとの論争、また彼らの誹謗に加え、不幸なことにアグリッパはラブレーによってからかわれることとなった。『パンタグリュエル』に登場するヘル・トリッパとはヘンリクス・コルネリウス・アグリッパのことに他ならない。『パンタグリュエル』第三巻での彼の登場は、ルフラン[17]の註によれば、有名な「女性問題」に関わっており、これは当時物議をかもしたところだった。それゆえラブレーが、妻を娶るべきかどうかというパニュルジュの問いに答えるために『女性性の高貴と卓越について』を著したアグリッパを引き合いに出したのも当然だった。どうしたものかと煮えきらぬパニュルジュは有名な魔術師ヘル・トリッパに相談に行く。すると彼は誕生時星図《ホロスコープ》を描いてみせるのだが、ラブレーはそこでアグリッパが専門とするさまざまな魔術の業を滑稽極まりないものに仕立て、魔術師に「占星術、土占《ゲオマンティア》い、手相占《キロマンティア》い、顔相占《メトポマンティア》い等々類同な粉飾によって」、「たいそう器量自慢」の妻は宮廷の「下男たち」に「弄ばれる」一方、夫は天上のことどもにご執心で王になることしか考えていない、と将来を予言させ、ヘル・トリッパを笑いものにしている。ここでラブレーは、リヨンのフランス宮廷で王母の侍医を勤めていたアグリッパの置かれた状況を浮彫りにしてみせる。そしてなぜかしらぬが別れることとなる彼の三番目の妻を。

　女性と犬にあまりに好意を寄せすぎた男の宿命が垣間見えるようでもある。

（17） Abel Lefranc, *Rabelais et Cornelius Agrippa*, in *Mélanges offerts à M. Emile Picot*, Paris 1913, vol. II, pp. 477-486. ヘル・トリッパのエピソードのある『パンタグリュエル』第三巻は一五四六年に公刊されたもの。

第II章 アグリッパの生涯

アグリッパの肖像

アグリッパと同時代のメッツの年代記作者フィリップ・ド・ヴィニュールはなかなか精彩に富む肖像を描いている。ヴィニュールは一五二一年にこう書いている。[1]

この頃、学者にして異端者、アウグスティヌス会修道士であった高名なる師マルティン・ルターはたいへん深刻であるとともに驚くべき著作を印行し、キリスト教世界に広めた。それはわれわれの信仰箇条と秘蹟の幾つかに触れるものであるとともに、聖教会の司牧者たちの運命をも予言するものであった。偉大な高位聖職者たち学者たちのなかには彼に追随する者もあり、それを否む者たちもあった。彼に就いた者たちのひとりにケルンの若者がいた。彼は驚くべく偉大な聖職者であるとともに身長の低い男で、マギステル・アグリッパといった。彼はあらゆることに興味をもち、どんな言葉をも話し、学知（自由学芸）をも習得していた。このマギステル・アグリッパは五年と一九年にメッツの町から俸給を受け、彼にはパヴィア生まれの妻がいた。つまりロンバルディア生まれで、たいへん可愛く、この鄙では見たこともないような奇妙ななりをしていた。マギステル・アグリッパはよくマギステル・ジェアン[2]のもとに通っていた。この人はサン・クロワの主任司祭を勤める偉大な聖職者で、アグリッパの見解をも僅かながら信頼している、と言っていた。これについてこの町の説教修道会士《ドメニコ》たちは論争を仕掛け、公衆の前でまた教会でいろいろ論い、マギステル・アグリッパを討議に引き出そうと努めた。[3]しかし彼は論敵たちの設けた討論の日にこの町を去った。

長くイタリアに滞在した後、アグリッパはシャンベリーに行き、一五一八年一月にはメッツに赴き、そこで提供された公職、正確を期すなら町の説教者兼参事の職に就いた。しかしこの新環境も彼にはあまり満足の行くものではなかった。アグリッパについてある同時代人が言うところによれば（*Ep.* III, 15）、イタリアで過ごした七年の間に彼はあまりにイタリアに感化されすぎ、また彼自身（*Ep.* II, 14）、フランス（ガリア）やドイツ（ゲルマニア）はイタリアに較べるとあまりに野蛮だ、と言っている。

アグリッパはこの友人にこう書き送っている。「拝啓。ゲルマニアとガリア、それにわれわれの野蛮な汚らわしい連中を見た後、ついにイタリアに来た。君もこの地をまのあたりにすることになれば、他の地はどこも卑しく恥ずべきものと映るだろう」（一五一八）。実際、イタリアにはさまざまな大学、文芸や学知に情熱を燃やす民がおり、あらゆる種類の知的可能性に満ちていた。イタリア再興盛期《ルネサンス》の偉大な霊的活動の数々、それに偉大な君公たち、民から聖職者にまで、どんな階級にもある種の思惟の自由があった。逆に当時のゲルマニアは宗教改革に紛糾動転していた。アグリッパは公務のせいで好むところの研究にうちこむ時間もなかった。それにこの偉大な霊的運動の重要性とその本質を見抜くこともできなかった。

アグリッパの生涯は、二十歳を僅かに過ぎた頃、ロイヒリンの『驚嘆すべきことば *De verbo mirifico*』を註解した時からその死まで、修道士たち神学者たちとの激しい論争に明け暮れた。アグリッパはルターや彼が尊敬するメランヒトンのように、至高なる教皇の権威にも反論し、教会や社会における修道士たちの権勢にも抗議した。メッツの年代記作者が、大雑把にアグリッパの中にマルティン・ルターの追随者のすがたを見たことにも、納得が行くところである。とはいえアグリッパは決して教会との関係を破棄することはなかった。プロストは「彼はエラスムスのように正統信仰という点においてはその行為においてまったく正しかったが、思惟の自由に関わる諸見解については通常、表向きの恭順という仮面を被っていた」[4]と言っている。しかしアグリッパの場合、こうした態度の侍し方も慎重さによったものという訳ではなかった。彼は隠秘《オカルト》哲学の伝統と隠秘《オカルト》知識の実践において、ヘルメスやピタゴラス、カバラ主義者たちやピタゴラス派の者たちと連繋していたのであって、当然、素朴な自由検討の唱導者たちと合したり、それに追随したりする訳にはいかなかった。ローマ教会が理解できないあるいはもはや理解しようとしない文字の真の意味をアグリッパは「知って」いた。それはまた単純に自由検討の援けによって把握されるようなものでもなかったし、無知な信仰によって把握されるようなものでもなく、秘された魔術の伝統的儀礼的な諸公準に従い「業《アルス》」によって清められた知性だけがそのヴィジョンに到達することを可能とし、諸事物の理解を得させるのであり、その結果として諸宗教の聖なる文書の数々も了解されることになるのであった。実際、「直接の体験知」のある段階に到達すると、世俗世界のさまざまな信仰（信憑、確証）を前にして侍さねばならぬ態度は、心情や探求方法といった諸他の確証（信憑）によって規定されるのではなく、そうした世俗的な確証（信憑）の評価はまさに霊的知識を基に、到達されるべき諸目的やうち破るべきさまざまな障害の考察を通して得られるものでなければならない。そこでは哲学的あるいは宗教的、心的あるいは感情的な残滓が残存することがあってはならない。

秘密結社

（イタリア語読みで）エンリコあるいはアリーゴ・コルネリオ・アグリッパ、フランス語読みならアンリ・コルネイユ・アグリッパは、一四八六年九月十四日ケルンに生まれた。どうやらコルネイユという名はアグリッパの家族名をフランス語化したものであって、本姓はコルネリスであったのかもしれない。アグリッパは、アグリッパの父によってつけられた字《あざな》で代々伝えられたものであり、一瞥明らかなようにこの町の古名コロニア・アグリッピーナに由来する。そればかりかアグリッパは貴族の称号をこれに加え、あるいはこれを役立て、特に晩年自らをヘンリクス・コルネリウス・アグリッパ・アプ・ネッテスハイムと呼ばせた。この尊称は彼の幾つかの公刊著作の扉頁にも認められるものである。ネッテスハイムはケルンの北、デュッセルドル

（1） Filippo di Vigneulles; cfr in Huguenin, *Les Chroniques de la ville de Metz*, p.73

（2） Johannes Rogerius Brennonius. ブレンノニウスはアグリッパの親友であり弟子でもあり、彼もまたヘルメス学に耽り、一五二五年にはその非正統的見解によって投獄された。

（3） つまり、彼の魂を救うためにそのからだを火刑に処そうと異端審問にかける算段をした。メッツの異端審問官であったドメニコ会士ニコラ・サヴィーニ Nicola Savini と説教修道会上長のドメニコ会士クラウディオ・サリーニ Claudio Salini は神学的な憎悪に加え、私憤をもまじえてアグリッパを逼塞させた。後述するように、アグリッパは彼らに対し驚くべき勇気をもって大胆に闘うことになる。それにもまして、彼は論敵たちの手からひとりの婦人を奪うことになる。彼女は拷問にあった末、魔女として火刑に処せられることを望んだ。

（4） Aug. Prost, *H. C. Agrippa*, vol. I, p. 297.

フ県のノイス近郊にある小邑であるが、この尊称が実効性のあるものであったかどうか、かなり疑わしい。

アグリッパ自身が語るところによると、彼が最初に占星術の手ほどきを受けたのは父からであった。その後ケルンの学舎で学び、メートル・エス・アルスとなる。これはつまり彼が自由七学芸に確かに通じていたことを証するものである。この学舎と最初の学匠《マギステル》たちについて、後に彼はかなり悪罵しているが、いずれにせよ知への第一歩を踏み出すにあたり、彼には他の方途はなかった。この準備期間の後、二十歳ごろにパリ大学へ行き、短期間のうちに彼は魔術や隠秘《オカルト》知識に卓越するにいたる基礎として、あらゆる領野にわたり大いなる学識を得ることとなった。二十歳を僅かに過ぎた頃には、出身を異とするかなりの数の若い学生たちとともに、錬金術作業に携わる。その中にはアグリッパとたいへん親しいランドルフォというイタリア人もいた。彼らとともに古代におこなわれていたことを模して、秘密結社を創設。そのヘルメスの業に関する造詣から彼はこれの領袖を務め、彼らに大きな影響力を揮った。彼の卓越に異論の余地はなく、領袖たる彼の言うこと成すことに結社員たちは全幅の信頼を置いた。

アグリッパの生涯は波瀾万丈だった。その危難に満ちた旅は一五〇八年にはじまる。親友ランドルフォとともに彼は、アラゴン家の王に叛旗を翻す者たちに対抗し、王に仕えるためスペインへと赴く。この軍務にあたりさまざまな浮沈を体験し、後にアグリッパはこの折に騎士の称号、黄金騎士の称を得たと言っている。しかしこれの正統性については、プロストが疑義を挟んでいる。さまざまな危難を逃れ、彼はバルセロナ(一五〇八年八月)からヴァレンシアに向かい、そこから乗船してバレアーリ、サルデニア、ナポリに向け出帆するも、ほぼすぐにこれまた海路、リヴォルノに停泊、そしてプロヴァンスで下船し、一五〇八年末にはアヴィニョンに着いている。

アヴィニョンで友ランドルフォがリヨンにいることを知り、彼に手紙を送っている(*Ep.I,8*)。「この身の毛もよだつようなな試練を経た後、われわれの友たちを尋ねあて、われわれの企てに関する誓いを新たにし、われわれの結社を再建するしか残された方途はなかった。すでにわたしの長きにわたる巡礼の尊い同伴者、アントニオ・クサントを盟友に加えた。忠実であるとともに寡黙な男で、われわれの仲間たるに相応しい。彼にはわたしが諮問して教授した」。

つまりその結社は存続しつづけていた、ということになる。これへの入会には厳粛な儀礼的性格が付与されていたことについては後述する。この手紙は一五〇八年十二月二十日付けであり、翌年二月にランドルフォはアグリッパに、ひとりの新加盟者を推挙して、こう書き送っている（*Ep.* I, 二）。「貴方と同じドイツ人です。ニュルンベルク生まれですが、リヨン在。自然の秘鑰の熱心な探求者で、自由人です（係累はありません）し、その他にもなんのしがらみもありません。[5] 貴方のような名声を欲し、貴方の深淵を探索したがっているのです。……それを試すためにも、彼をいずれかの圏域（空間）へ遣わしてみてください。メルクリウスの翼に乗って南《アウストロ》の国々から北《アクィローネ》の国々までを翔け、あなたのユピテルの笏杖を保障することでしょう。この新人がわれわれの憲章に誓うなら、われわれの同信会に入れてやってください」。

友ランドルフォはこうした空想的な言辞を弄し、慎重に同盟候補が同信会に入るための試練の数々を暗示している。「自由人」とは、こうした意味において神殿の扉を敲く俗人を指して用いられている。これはフリーメーソン流の語彙であり、「空間」の試練とは二世紀後にフリーメーソンの入信儀礼に行われることになる典礼的な「気」の試練を想わせる。また「南の国々から北の国々まで」は、俗人が「卓越した兄弟」の導きによって果たす象徴的な旅を想わせる。しかしフリーメーソンの儀礼とは異なり、ここにはヘルメス学的要素が顕著である。すべてはヘルメスの翼とともになされる。ヘルメス学的伝統によればそれは賢者たちの父であり、古典的文化の彼方へ、秘儀参入の玄義に魂たちを導くもの、三倍偉大なるヘルメス。彼はさまざまな文書の著者に擬され、ほんの数十年前、その刊本の数々は学者たち、特に錬金術師たちやヘルメス主義者たちの間に流通することになったばかりだった。

『驚嘆すべきことば』をドールで註解するアグリッパ

この手紙を受けてアグリッパはリヨンに赴き、そこでおそらくこのドイツ人の加盟を認めることとなった。そしてオータンを通り、ドールの友人たちのもとに合した。当時この地はブルゴーニュ伯領の首府であるとともに大学所在地でもあった。友人たちをドールでの職務に残し、彼はシャロン＝シュル＝ソーヌへ向かい、ふたたびドールに戻っ

（5）«Nullis irretitus vinculis». われわれの読みに誤りがなければ、ランドルフォはアグリッパに自分の推挙する者が霊的に心的に独立していること、また物質的にも自分たちに敵する者たちあるいは修道士たちや神学者たちとは関係のないことを請合っている。この手紙は一五〇九年二月四日付け（*Ep.* I, 11）。

た。結社は段々機能しはじめた。友人たちは彼にシャロンの重鎮を訪ねるようにと書いて寄越した。「この貴人は興味津々で我慢できない様子。貴方がドールを訪ねることがあるなら、どうか貴方はすべてを知っており、すべてをなすことができるということを思いしらせてやってください。ただ、彼が哀願を重ね、貴方に数多の浄財を寄進するまで、何もしてはなりません。何も約束しないでください。貴方が困窮しているとしても、それを入念に秘してください」(*Ep.* I, 20)。どうやら人員採用についてはかなり組織づけられていたようにみえる。友人たちは無為に過ごしていた訳ではなかった。同信会の臨時収入についても十分考えられていた。

当時、フランシュ＝コンテはブルゴーニュや低地地方ともども、オーストリアのマルガレーテ皇女によって宰領されていた。皇女はカール五世の伯母で、いまだ若きこの皇子の後見役だった。アグリッパは彼女の厚意を得ようと、手紙を書き、先に触れた著作『女性性の高貴と卓越について』を献呈してもいる。この書でアグリッパが自説の裏づけとして採用した論議はなかなか面妖である。彼はカバラによって、女性のほうが男よりも優れた名を得た、と論ずる。実際、アダムは泥の意だが、エヴァはいのちである。また女性の完全性を説くにあたり、女性は最後に創造されたことを挙げる。また、女性のからだは男のからだよりも水によく浮く、とも言う。女性はより貞潔で雄弁である、とアグリッパは言う。それは女性の唖がほとんどいないことからも証される、と。詩人たちは女性の「おしゃべりやつくりばなしに、その饒舌な口答えの弁証に」打ち負かされつづけてきた、と。「いったいどんな算盤家が女性への支払いの計算間違いをして、彼女を欺くことができようか」。「哲学者たち、算術家たちそれに占星術師たちもその予言や予知においては、しばしば無教養な女性に劣るし、たいがい老婆は医師をうちまかしてみせる」と。

しかしこの論考は一五二九年、アグリッパの小論をあつめてアンヴェルサ《アントワープ》で出版されるまで、印行されることはなかった。これは一五三二年に再版され、フランス語、イタリア語等々にも翻訳され、たいへんな普及をみることになる。諸版については〔本論考末尾の〕書誌を参照されたい。

アグリッパの友人たちの献身的で熱心なはたらきと、やっと二十三歳になったばかりだというのにすでに彼が享受していた知者としてまた軍人としての声望により、彼はドール大学の副総長から招待され、この大学でロイヒリンの『驚嘆すべきことば *De verbo mirifico*』を講読解説することになった。このロイヒリンの重要著作も当時は印行初版（一四九四）があっただけだった。再版は一五一四年。この書の中でロイヒリンは、彼がイタリア旅行中にフィレンツェで見出したピコ・デッラ・ミランドラとピタゴラス派哲学（彼がそう呼んでいるところ）に準じ、カバラと新プラトン主義的キリスト教とヘルメス学を混合してみせた。アグリッパは彼に委ねられた役割を名誉と賞賛とともに果たした。アグリッパ しかし『驚嘆すべきことば』の著者に対して巻き起こった不信と敵意と論戦は、その解説者にして弁護者たる者にも災いを振りかけぬ訳にはいかなかった。アグリッパと司祭たちの戦いは熾烈なものとなり、アグリッパはその死まで血塗れの戦いをつづけることとなった。だが司祭たちの側からする戦いは、先に観たように、いまもつづいている。

最初に彼への攻撃をはじめたのはドール近郊のある修道院のフランシスコ会士ジャン・カティリネだった。彼は一五一〇年の四旬節にガン（ヘント）に赴き、その説教で禁じられ断罪された教義であるカバラを学舎にもち込み、聖書の文書をタルムードに従属させたとしてアグリッパを告発した。そしてこの時代にあっては実に恐ろしいことばをもって彼を論った。アグリッパはヘブル化した異端である、と。

この打撃は甚大だった。おそらくこれのせいで、大胆な好戦家であったアグリッパも、この時ばかりは慎重に、突然イングランドへ出発した。そしてその地で、カティリネに応戦するかたちで彼の最初の論争書が書かれた。『ヘンリクス・コルネリウス・アグリッパの自著驚嘆すべきことば解説に対するフランシスコ会ブルグンド管区長ヨハン・カティリネティウス神学博士への返答 *Henrici Cornelii Agrippae expostulatio super expositione sua in libro De Verbo Mirifico cum Joanne Catilineti fratrum Franciscanorum per Burgundiam provinciali ministro, sacrae theologiae doctori*』。これは一五一九年に印行され、一五三二年に再版されている。短論であるが力強く、皮肉に満ちている。アグリッパは、このフランシスコ会士の態度が福音書の教えに悖るものであると面罵し、彼のカバラやヘブル的知識への無知を非難する。そして彼に聴き入り、賞賛を惜しまなかったドールの大学と議会を招請し、カティリネの攻撃と侮辱は彼らに向けられたものでもあると論じ、次のように付言する。「二十三歳の若者が不注意な提言をなし、それを撤回すべきであるというにしても、より慈愛に満ちキリスト教的な他の方法があったであろう。それを貴方は試みなかった。貴方はグレイの修道院に居られ、ドールへおいでになる機会もあったろうに。なぜおいでにならず、面と向かっておはなしくださらなかったのか。なぜ貴方は二〇〇マイルも離れたところまで、わたしに対する敵意を喚起しに行かれたのか」。カティリネの攻撃はアグリッパを痛く傷つけた。いろいろあったなかでも、皇女マルガレーテに彼の論考『女性性の高貴と卓越について』

を献上することができなくなってしまったことは彼にとって痛手だった。

ドール滞在中、アグリッパは『オカルト哲学 *De Occulta Philosophia*』の最初の二書をほぼ書き上げ、その手稿を大修道院長トリテミウスに送り届けている。彼との間に交わされた書簡の数々については後述する。

一五一〇年から一五一一年の間、アグリッパが何をしていたかほとんど分からない。一五一〇年には神学論議をするため、すでにケルンに戻っていたことが知られている。そして一五一一年にはイタリアへ赴き、そこに七年滞在することになる。

イタリア滞在

この時期のイタリアは複雑な軍事的政治的闘争の渦中にあり、宗教どころではなかった。アグリッパは、当時ヴェネチアとフランス王ルイ十二世とミラノの覇権を争って闘っていた皇帝マクシミリアンに仕えるため、ロンバルディアへ赴いた。フランス王は一五一一年九月一日、教皇ユリウス二世を裁くためピサに教会会議を召集した。この会議はサン・クロワの枢機卿膝下、実質的にその二カ月後に開催された。ユリウス二世はこの枢機卿と参加者たちを破門し、一五一二年四月一日にラテラノ公会議を召集した。そしてフランス王を破門するとともにフランス王国を聖務停止とした。ピサ会議の首謀者はサン・クロワの枢機卿でスペイン人のカルバハルであったが、教会を「その首もその四肢とともに」改革すべく、特に教皇ユリウス二世を告発しようとしたこの教会会議を代表する神学者としてアグリッパは彼に呼ばれたのだった。最初の三回はピサで、四度目は一五一二年一月初旬にミラノでおこなわれ、この回にはアグリッパも出席している。一五一二年の春、彼はパヴィアにいて、自ら好みの研究に励んでいた。友人の某クリソストモス宛の彼の手紙（*Ep. I. 31*）は一五一二年四月三十日付で、カバラに関する一書を送付したことを伝えるとともに、これをしっかりと秘匿すべく指示し、この神的な知識を人が探求すべき至高なるものと褒め称えている。すでに述べたように、一五一二年六月十八日にはパヴィアで戦乱に巻き込まれ、スイス軍の捕虜となった。同年八月、ミラノで解放され自由の身になると、彼はふたたびパヴィアにすがたをみせ、十一月にはカサーレのモンフェラート侯グリエルムス七世のもとへ身を寄せる。

以降四年間のイタリア滞在期については、記録が少なく経緯を追うのが難しい。アグリッパは何度か教皇のためにも尽力したものとみえ、レオ十世の書簡が一通残っている。

教皇の挨拶と祝福のことばの後、アグリッパに宛てて枢機卿ベンボが彼の教皇庁への献身的な振舞いに謝意を述べ、署名している（*Ep.* I, 38）。

一五一三年の秋には、すでに滞在したことのあるボルゴ・ラヴェッツァーロを訪れ、一五一四年三月にはミラノ、そして一五一四年のうちにか一五一五年の冬にはローマまで旅をしている。一五一五年冬にはブリンディシにまで到り、同年夏にはあらためてパヴィアへ。このあたりからの彼の日々はわれわれの注意を喚起するものとなる。

彼はパヴィア大学から俸給を受ける教授となり、家具つき召使いつきの家に住んでいる。彼はすでにパヴィアで妻帯し、一子を儲けていた。大学の講壇ではヘルメス文書『ポイマンドレース』を講読している。これはヘルメス・トリスメギストスに帰される書で、イタリア人修道士レオナルド・ディ・ピストイアがマケドニアで見つけ、これをマルシリオ・フィチーノが羅訳してコシモ・デ・メディチに献呈したもの。

ギリシャ語本文は一五五四年になるまで印行されることはなかったが、羅語版は一五一五年にはすでに二十版以上を重ねていた。諸版のなかでも一五〇五年パリで公刊された版にはルフェーヴル・デタープル（ファーベル・スタプレンシス Faber Stapulensis）の註解が付され、『ポイマンドレース』のヘルメス学的内容をキリスト教教義と一致させるべく努められていた。アグリッパの講義はこの線に沿って進められ、学識あり知性的な聴衆たちの興味を鮮らかにかき立てるものだった。アグリッパによれば、『ポイマンドレース』には最古の神学のもっとも深い諸玄義が含まれており、あれやこれやの哲学の秘密の数々、神、霊、ダイモーン、魂について、また信仰とその諸玄義について、秘密の祈りについて、神との婚姻について、再生について語られている。彼のこの連続講義の第一回分は彼の著作集にも載せられている（Ed. Lione 1600, tom. II, par. II, pp. 401-411）。

『ポイマンドレース』につづき、パドヴァでかトリノでか分からないがアグリッパはプラトンの『饗宴』の註釈を若き聴衆に candidissimi auditores 向けておこなっている。おそらく学生たちのことであろう。その註釈ではソクラテスの愛の観念が語られる。哲学者たち神学者たちみなの合意するところによれば、愛とはわれわれを美へともたらす欲求のことであるが、なによりそれは秘された美 occultum formosum に向けられ、ここでは目に見える美は単なる象徴に過ぎない、と彼は説く。そしてここからはソクラテスの情調というよりは、自らの説として、女性への愛を称揚してみせる。ただそれは肉体的なものとしてではなく、高貴なものへと上昇する神的な情調として公言されている。この宣揚もまた著作集に載せられている（ed. Lione 1600, tom.II, par.II, pp.389-401）。

　すでに述べたように、戦争がこのパヴィア滞在にも終止符を打つことになる。彼はミラノに避難せざるを得なかったが、そこでも書籍から手稿まですべてスイス兵たちによって略奪されてしまった。聖ペトロのローマ人への手紙への註解も、こうじた状況の中で失われた（*Ep.* II, 14）。

　その後、妻子のいるパヴィアへ戻り、翌年および一五一七年春までをカサーレ・モンフェラートで自らの研鑽と実修に励み、モンフェラート侯に小著二冊を献呈している。『人が神の似姿であることについての対話 *Dialogus de homine qui Dei imago est*』と『神を知ることについての三つの理拠 *De triplice ratione cognoscendi Deum*』。

　アグリッパはこれら二冊を友人の某アゴスティーノ、アグリッパが学識深きアゴスティーノと呼ぶ人（*Ep.* I, 49）に、それを読んで、考察を加え、矯してくれるように、と送っている。死すべき者のなかでも最良の賢者、秘されたことがらの熱烈な探索者たるこの人は、不運な境遇にあって自らの霊を観照へともたらし解放してくれたことを喜び、自ら死すべき者たちと神そのものについてこのような驚嘆すべき手法で研鑽を積むことができることを感謝すると返書を書いている（*Ep.* I, 50）。アグリッパが説く神を知る三つの手法とは、神のさまざまな業の観照、律法の書を識る預言者たちの訓告、福音書のイエス・キリストと使徒たちの教え。しかし律法の書に関し、アグリッパはこう付言している（*De Tripl. Ratione*... cap.IV）。主がモーゼに与えたまうた所謂書写された律法（十戒）という書かれた律法以外にも、同様に主から口授された霊的律法とも称するべきものがある。これは七十人の賢者たちを通じ伝承されてきたもので、記されることはないが、その一人一人が後継者たちに永劫の指示（命令）として口授してきたものである。こうした伝承形態を雄弁者の知識（話術）と称し、これをヘブル人たちはカバラと呼んでいる。このカバラの援けにより、モーゼの律法から神的なことがらおよび人的なことがらの知解を引き出すことができるのだ、と。これらの著書にはヘルメス文書からの引用が夥しく含まれ、『アスクレピオス』の諸節も再掲されている。

　いまやアグリッパの思惟はこの重要な議論に集中しており、この『神を知ることについての三つの理拠』に関連して、その句節の全体が『オカルト哲学』の重要な第三書の編纂にあたり取り込まれることについては後述したい。秘教的伝統の実在、霊的律法の「口授《カバラ》」伝授について著者アグリッパは明白に公言しているが、これは一見するところよりも深甚な問題であるので少々これについて考えておくことにしよう。

メッツのアグリッパ——ヴォワピーの魔女のこと

一五一七年はアグリッパのイタリア滞在最後の年であった。二月にはトリノ、そして五月にはすでにシャンブリーにいた。

一五一八年一月十六日、メッツの町から提供された役職に就くため、出発。メッツ市はある貴族によって統治されており、彼は一五一八年二月からアグリッパを町から俸給の出る使節参与として雇うこととなったのだった。メッツをも揺るがしていた宗教改革運動にアグリッパがたいへん興味を寄せていたこと、しかしその職責と社会的立場の低さについてイタリア滞在時に思いを馳せて嘆いていたことについては、すでに見たところである。そうは言っても、メッツにも魔術や秘密の知識に情熱を燃やす友人たちがいた。クロード・シャンソネッティ（クラウディウス・カンティウンクラ Claudius Cantiuncula）師はこの町で彼と同じような役職にあり、またケレスティヌス会士クロード・デュードンヌ、ブレンノニウスと通称されたジャン・ロジェもいた。だが、友人たちだけではなく、激烈な敵手ドメニコ会士の異端審問官ニコラ・サヴィーニ、説教修道会総長ドメニコ会士クラウディオ・サリーニ、フランシスコ会士たちドメニコ・ドーファン、ニコラ・オリチ、司祭長レノー（レギナルドゥス）、それに司教区司祭ジャン・レオナールもいた。

この敵対は後々、アグリッパの宗教改革への異論の余地ない親炙を帰結するばかりか、異端審問の恐怖を前にしての勇敢な態度となってあらわれることになる。有名なヴォワピーの魔女事件を想起してみよう。そこでのアグリッパの間違いは道理を通すこと、彼女を敵視する者たちに敗北を認めさせるにいたったことにあった。

それは不正にも異端と邪悪な業で告発されたヴォワピー村の哀れな女を、メッツの市民が信用する異端審問官たちの手から引き剥がすことだった。火刑に処すべきであるとして魔女にまつりあげられたこの女を。この事件についてはアグリッパ自身『知識の曖昧さと虚しさについて *De Incertitudine et Vanitate Scientiarum*』第九六章およびカンティウンクラ宛のある手紙で語っている。彼は裁判係争にかかわる法律問題として、異端審問官とその度を越えた審問に異議を唱えることでこの戦いに挑んだ。

アグリッパはカンティウンクラ宛にこう記している（*Ep.* II, 40）。「事の起こりは共謀したさもしい農夫たちの一群が夜陰に乗じて彼女の家に押し入ったことにあった。葡萄酒で泥酔した卑劣な連中はこの哀れな女を嬲りものにした後、なんの権利もなしに、判事の許可もなしに、私的に彼女を牢獄に放り込んだ。にもかかわらず、司教座聖堂参事会の司祭は彼女をメッツに移送させ、司教座付き民事裁判官の手に委ねた。そして告訴人を名乗る農夫たちに条件が言い渡され〔最終的に彼女は告訴人を名乗る農民たちに委ねられ〕、単に訴状が制作されただけだった。この酔っ払いどもは大胆にも自ら告訴人を名告ったので、拘束されることとなった。しかし司祭の監督役として同座していた異端審問官は、彼らに二日間の猶予を与えた」。ここへ来て、アグリッパは事件に自ら介入した状況をものがたる。彼はこの哀れな女の弁護を引き受ける。そして見苦しい事態がはじまる。司祭ジャン・レオナールは弁護人に知られぬうちに、数フィオリーニでこの哀れな女を告訴人たちの手に引き渡してしまった。「これら卑劣な連中のうち四人はすでに前科のある極悪人として送り返された。他の四人はこの犠牲者を取り戻し、彼女を虐待し、侮辱し、棒打ちにした」。アグリッパはこれに対して介入するが、無益だった。哀れな女がより過酷な牢獄に呻吟するうち、他の者たちは勝手し放題だった。ついにヴォワピーに事件担当の司祭が遣わされて来た。その折、嘘で糊塗した記録というか小冊子がつくられた。あらゆる司法原則に反し、裁判は告訴に準じてと同時に異端審問として進められた。「疑念の残る場所 loco suspecto」には出ないと拒否をしつつ、アグリッパはこれに抗議した。そうこうするうち、これほどの非合法と野蛮にも満足せず、異端審問官たちは魔女と疑われる女の夫が、異論を吐くのを退けるため、法廷から排除した。

「その時、この分厚い皮膚の下に死刑執行人よりも酷薄な魂を隠した太った修道士、つまりこの異端審問官の見解により consulto egregio illo dilatato et impinguato patercula inquisitore, lictore ipso crudeliore、また告訴人の内実のない言い草同様、彼が言うとおりに捏造された小冊子の役立たずの議論どおりに、司祭はこの哀れな女を残忍な拷問にかけたのだった。この恐ろしい見せ物に、彼自身もその侍祭たちも逃げ出す始末だったが、この生贄女は彼女に敵する者たちと異端審問の道具の中に捨ておかれた。この哀れな女は判事もいないまま拷問に呻吟しつづけ、あらためて投獄され、非人間的な飢えと渇きに苦しめられたのだった。

いったい異端審問官は慈悲もなしに、このように哀れな女を死に追いやらねばならぬ理由がどこにあったのだろう。この女が実際に魔女であるというどんな証拠があったというのだろう。この女の母親も魔女として燃やされたという。だがわたしは面と向かって言ってやりたい。他の者がどうであろうと、この被告には何の関係もない、と。それに彼がどう答えると貴方は思うだろうか。彼がその逍遥学派流神学の貯蔵庫から引き出してくるのは、魔女というものはその胎の子を悪鬼に捧げるものである、という論議。あるいは、通常魔女たちは悪鬼に身を捧げるものゆえ、当然悪鬼はそれらの子たちの父であり、その邪悪は彼女らの遺産として伝えられるものである、と」(*Ep.* II, 40)。

またアグリッパは異端審問官に向けて書いている(*Ep.* II, 39)。「貴殿の倒錯した理説により、貴殿は洗礼の徳能とその秘蹟としての効力を誤解しておられる。子が悪鬼とともにとどまるしかないというなら、不浄なる霊よ出よ、その場所を聖霊に譲れ、という司祭のことばにいったい秘蹟の効能はないのであるか。悪鬼が子供をつくることができるなどと、貴殿は証明できるのか。……貴殿、異端審問官殿よ、貴殿の言われることはみな、異端者の言うことではないか」。アグリッパにとって防御の最大の手段はもっとも大胆で暴力的な攻撃にあった。しかしこれほど激しく責められた異端審問官は、こう反駁することになる。「おまえが異端を語るのか。おまえこそ異端者のくせに。わたしがそれを証してやろう」と。

この脅迫は深刻だった。どんな陽気な人でも恐怖に引き攣るほどに。しかしアグリッパは、獰猛な野獣に向かっては恐れをみせぬことこそが肝要である、と知っていた。彼は動じることなくメッツの総代のもとに赴き、異端審問官の権限について抗議した(*Ep.* II, 38)。「呪術犯罪の認証は彼らに委ねられたものではない。また異端については推定だけでは不十分であり、訴因が挙げられねばならない」と。そして彼は職権に関するこの議論に勝利する。司教座聖堂参事会員たちはこの哀れな女をメッツに連れ戻すべく決議する。そうこうするうちに突然、司祭は死んでしまった。その死の床で彼は良心の呵責に、その哀れな女の無実を認める誓書を公証人に口述した。にもかかわらず異端審問官はそれには目を瞑り、生贄を逃すことはなかった。それどころか、司祭の死を口実に審問を停止し、犠牲者を新たな苦悶に晒し火刑に処してしまおうと、上級審へと移管すると宣告したのだった。アグリッパは言っている。「この異端審問という具は、その迫害に晒された者を燃やすまでは、務めが完了したとは信じないものなのだから」と。新たな申し立てと脅迫を前に、アグリッパは疲れもしらず堂々たる弁護をしつづけた。死んだ司祭に代わる新たな司祭が選ばれると、彼は先の判事の呵責の言明を利して新たな要請をした(*Ep.* II, 39)。ついに司教座聖堂参事会はアグリッパに道理を認め、異端審問官の主張を却下した。アグリッパが語るところによれば、民は人差し指を立て、その背後から口笛を吹いて、異端審問官を辱めたという。アグリッパはこの戦いに勝利を収めた。しかし魔女と名指された女が火刑を免れたとはいえ、その弁護者は異端審問官とその徒輩の恨みを買うこととなった。後に神学者たちとのいざこざでメッツの町を離れねばならなくなった時、彼の慈愛に満ちたこころにこの冷酷な異端審問官は確かに他人にされることを決して望まないようなことを思う存分ぶちまけることを得たのだった。実際、友人のブレンノニウスは、異端者たちの師（ことばの綾というか戯れに）であるニコラ・サヴィーニは呪術を使ったとかいう疑いから老いぼれた哀れな老婆を拷問にかけたが、責め苦に耐えかねた老婆は彼の思う通りの告白をさせられることになった（*Ep.* II, 49）とアグリッパに書き送っている。

アグリッパは生涯にわたり、恐ろしい異端審問に対抗して勇気ある抵抗運動《キャンペーン》をつづけた。十年ほど後、彼はこう書いている[6]。

血に飢えたこのハゲタカどもは、彼らに託された異端審問職の特権ばかりか、司祭の法的道理や規範に対しても干渉し……農家の無学な女たちに対しても冷酷無残で、大概理にかなった証拠もなしに呪術やら妖術やらで告発された女たちを残虐で身の毛もよだつ拷問にかける。そして断罪できるようにと、考えてみたこともないような告白を強要する。異端審問官にとっては哀れな女を火焙りにするか、賄賂を取って十分拷問によって清められたと慈悲をあらわし放免するかしかない。異端審問官というものはよく金銭をもって肉体的処罰を軽減したり、異端審問の仕方に手加減を加えたりするものであり、それによって大儲けするものであるから。おおむね災難の降りかかった女たちはあらためて引き立てられ責め苦にあわされるのを恐れ、毎年貢納金を支払うことになるのだから。それにまた、異端者たちの財産が差し押さえられると、異端審問官もその分け前に与った。異端またはより軽微な呪術の告発あるいは嫌疑であっても、異端審問官による召喚だけで破廉恥漢扱いされたばかりか、異端審問官に金銭を渡さぬ限り、その清廉潔白は保障されなかった。なかなか考えさせられるところである。この点に関し思い出すことがある。わたしがイタリア滞在中、ミラノ公国の異端審問官たちの多くは謙虚な御婦人方を食い物にしていた。ご婦人が高貴であればあるほどよかった。彼らはこれら臆病な女たちを脅し、大枚をまきあげていた。このぺてんが発覚すると、なんとか斬首と火焙りは免れたものの、彼らは貴族たちから酷い処罰を受けた。

ここにアグリッパの一節を長々と引いたのは、なにも異端審問の不正裁判に対する彼の独立不羈と高潔さを書き留めておこうというだけではなく、イタリアで「ヴァチカンの牝狼」のために勤めているのだと幻想を抱いている、多くのイタリア人の儚い記憶を鮮らかにしておくに丁度いい機会だと思われたからでもある。この牝狼は他の狼ども同様、毛を失うことがあってもその悪徳を欠くことは決してないのだから。アグリッパとその弟子ヴァイアーは、何世紀にも渡り悪鬼や呪術や妖術をいたるところに見出してみせ、イエスが穏健に説教した愛の信仰を守り広めるに最もふさわしい手段は拷問と火焙りにあると考えた血塗れで加虐的な狂気に対し、向こう見ずにも勇敢に抗議をした最初の者たちであった。そして彼は、その向こう見ずな態度がいかに自らを危険にさらすことになるかをも、よく知っていた。実際、修道士たちの憎悪はたちまち、聖女アンナの婚姻の唯一性をめぐり、逆襲に出ることになる。これについて論じておこう。

パリの哲学者ジャック・ルフェーヴル・デタープル（ファーベル・スタプレンシス）は宗教改革支持の立場にあったが、まさにこの頃、聖書の歴史批評的解釈に着手した。これは学者たちの世界で大いなる関心を呼び起こし、宗教研究という論争喧しい領野でたいへんな議論となるとともに、教会内に激しい敵意を醸成することとなった。ルフェーヴル・デタープルが論じた問題の一つが、三人のマリアだった。つまり、聖処女マリアには同じマリアという名の二人の姉妹があったかどうか、という問題。これはかなり普及した伝説で、この時期には広く信じられていたものだった。十五世紀初頭の一般的な信心においては、聖女アンナはこれら三人のマリアの母で、彼女はこの三人の娘を三回の結婚によってそれぞれ異なった父親の娘として得たことになっていた。その父親の名も伝えられていた。ヨアキム、クレオファス、サロメ。教会内で信じられていたこの伝説に対し、ルフェーヴル・デタープルはこの伝説の淵源を探り、その全体を再構成してみせ、聖女アンナはただ一人のマリアを産んだだけであり、これが聖処女マリアである、と主張した。[7] 正統信仰の神学者たちはルフェーヴル・デタープルを断罪し、彼のこの見解に激しい戦いを挑んだ。アグリッパもこの好ましからざる観念に対する論争に介入するこ

（6） Arrigo Cornelio Agrippa, *Della vanità delle scienze*, tradotto da M. Lodovico Domenichi in Venezia, 1547, cap. XCVI, p. 181.

（7） Faber Stapulensis, *De una ex tribus Maria*, Paris. 1519.

ととなる。もちろん正統信仰の神学者たちに抗し、パリの哲学者の論陣に与するかたちで、いつもながらの熱烈さをもって論戦に加わった。しかしすぐさまメッツに激烈な反対勢力を見出すこととなる。その領袖はドメニコ会上長クラウディオ・サリーニ、パリ大学神学教授だった。これら修道士たち神学者たちは、いつものようにあらゆる手段を講じてアグリッパに敵対した。教会での説教、また広場での討議や熱弁で彼を槍玉にあげ、メッツの市民を煽り立てた。火刑に処すべき異端者と告発され、数多の攻撃の矢面に立たされて、彼は疲弊し嫌悪をすら感じ、誹謗中傷に苦慮し、敵陣の邪念ばかりか民衆が彼に向ける過剰な敵意に晒されて、アグリッパは臥薪嘗胆、ついにメッツを去り、生地ケルンへと赴いた。一五二〇年二月のことだった。

スイスで医師となる

アグリッパはケルンに長くはとどまらなかった。一五二一年春あらためてメッツを訪れた折、不幸にもイタリア人の妻を亡くし、ジュネーヴへ向かった。そこには友人のウスタシュ・シャピュイがいた。彼はジュネーヴの司教座聖堂参事会員で、ジュネーヴ司教ジャン・ド・サヴォワの司祭だった人で、後にサヴォイア公の参事官、カール五世の参事官（一五二七）となり、イングランドのヘンリー八世への使節をも務めた。

アグリッパの手紙からすると、彼にとって妻の死はたいへん深刻な喪失であったが、かといって一五二一年十一月ジュネーヴで新しい妻を迎えることを妨げるものではなかった。

転居につぐ転居、それにともなう転職はアグリッパにとって決して有利なものではなく、彼がこの不安定な状況に苦労したであろうことは想像に難くない。新たに妻帯し、なんとか遣り繰りしつつ（イタリアの俗語に「身をかため《システマルシ》」と言うところ）、彼はサヴォイア公の侍医となるも、欲求不満からスイスのフリブールの町から俸給を得る医師として一五二二年末あるいは一五二三年初頭にはこの町に到着。

どうやらアグリッパは医者としてはたらくために必要な学者としての合法的な資格を持ってはいなかったようで、彼の伝記作者もこの事実について、あまり彼に好意的でない判断を下している。[8]「その大胆な気質によって、アグリッパは敢えてなすことを知っていた。ある種の彼の幸運はすべてを受け入れるところにあり、その移り気は絶えず環境を変えることを彼に強いた。これこそ当時まで医術という難儀な業を専門的に修得した訳でもなかった彼が、これに就くべく試みた転職（つまりサヴォイア公の侍医となるため）

の理由であったようにみえる」。プロストはここに、彼の精神の著しい順応性と豊饒性をみている。と同時に、アグリッパの確固たる考えもなしに行動に走るような性格の際立った向こう見ずさを。

ともあれこうした道徳的な譴責に対しては、きっとアグリッパは硬直した観念からする道義に頼ったりはしないと答えることだろうから、捨ておくこととして、ここで検討しておかねばならないのは、アグリッパが医師として信任されたことは正当であったかどうかという点である。この問題は彼が医師の称号を持っていたかどうかを基に解決されるというより、彼がこの職に就いていた七年間に示されたその能力を基に問われねばならないだろう。このように問い直してみると、確かにアグリッパに理がある。彼が正規の修養を積まなかったし、積む時間もなかった（これは法律の研鑽についても同じことが言える）とすると、また別の問題が沸き起こってくる。いったいアグリッパはどこでどのようにその百科全書的な知識を身につけたのか、と。

彼と同時代のメッツの年代記作者が、アグリッパを「驚くべく偉大な聖職者」と呼び、彼があらゆる知識を修得し、あらゆる言語を話した、と付言していたことについてはすでに見た。アグリッパにある友人が宛てた手紙に、また別の率直な評言がある（*Ep.* III, 15, Basilea, Aprile 1522）。「旅の途次、ある善良な男があなたのことを話しはじめた。なにもかもに造詣があり、医師を職とし、その知識といっては百科全書的でほとんど万有を知り、論議においても才気煥発、詭弁論者たちの傲慢さなどひとかけらもなしに反論してみせる、と。わたしはその名を問うてみた。答えは、アグリッパ。ケルンの生まれ、イタリアで教養を積んだ聖職者あるいは洗練された教養ある宮廷人」。

若き日からたいへん才知に溢れ、その魔術の業と秘密の知識は同時代人たちをばかりか、厳格な賢者である大修道院長トリテミウスをすらも驚嘆させるほどだった。彼はスペインでの軍隊経験をおおむね良好に過ごした後、ドール大学でカバラを教授し、パヴィアでヘルメス学的知識と哲学を教え、神学の専門家としてピサ教会会議に招かれ、メッツ市では法律家として公務をこなすとともに異端審問官たちと法律問題で激しく戦いこれに勝ち、この分野でもその才能を発揮した。聖人伝についても批評家論争家として活躍し、さて、ここに堂々と医師となる。そしてその才能を遺憾なく発揮して、自己犠牲と豪胆さをもって長きにわ

（8） Aug. Prost, *H. C. Agrippa*, Vol. II, p. 29.

たり医師を勤めた後、あらためて皇帝カール五世の公式歴史家に変じてみせるのである。アグリッパの時代には今日のように狭隘な知識領野での驚くべき才知に到達しつつも諸他の領野ではまったく無知無学を晒すような専門学知は存在しなかったとはいえ、はたしてその百科全書的な知識はたとえ多角的な知性に恵まれていたにせよ、たんに自らの刻苦による修養だけで可能であったかどうかが問われねばならないだろう。ルッジェリが言うような秘密大学があったと言わぬまでも、なにか魔術の業あるいは隠秘《オカルト》哲学の成果であったのではないか、と。プロストはこれをただの迷信とぺてんだと片付けているのではあるけれども。秘密の知識に関しては不適任なプロストですら、アグリッパの医学知識の源泉を錬金術に求めている。

　アグリッパは一五二三年、フリブール市から交付された特別許可書により、この町で医者となった。彼らが俸給を出して医師を雇い、市民の健康と命を彼に委ねたところからしても、行政側が今日風に言う身辺調査に気を配らなかった筈はない。フリブールにもアグリッパの周囲に集う友人たちがいた。彼らは秘密の知識の研鑽に励み、その理論と実践を深めるために彼の家に集まっていた。市行政傘下の医師として、当然アグリッパはその職務のために自ら好む研鑽領野の活動を阻害されることもあったに違いない。おそらくこれが、早々にこの職を辞去させることとなった理由であろう。それは七カ月後の一五二四年二月のこと、彼はフリブールを去り、同年初頭リヨンに赴いた。

フランス宮廷のアグリッパ

アグリッパの時代のフランスはイタリア支配をめぐり戦争がつづいていた。そのためフランスの行政庁はパリよりもずっと戦場に近いリヨンに据えられることがしばしばだった。リヨンではイタリア文化や慣習が大いに流行っていた。リヨンに参集した錬金術師たち、占星術師たち、魔術師たちの中にはイタリア人もいた。たとえば十六世紀初頭、ルイ十二世の時代、リヨンにはジョヴァンニと称する不思議なイタリア人の賢者がいた。彼は金属変性、黄金製造をなすことができると言ってのけ、その神秘的な所作と叡智は専門家たちをも敬服させていた。彼は魔術の鏡で飾った剣を王ルイに贈り、また王から受けとった金銭をよく貧者たちに分け与えてもいた。アグリッパの才知に適ったものか、彼はこの町に四年をすごすこととなる。あいかわらず流動的で平静とは言いかねる時期であった。

　一五二四年八月、リヨンのフランス宮廷で、彼は王母ルイーズ・ド・サヴォワ付きの参事兼医師となった。リヨンへ赴く途中、彼はフランソワ一世に率いられイタリアへと向かうフランス軍に遭遇している。すでに触れたことだが、この時のパヴィアの戦いでフランソワ一世は敗退し、皇帝軍の捕虜となっている。その結果、国の行政は王母の手に移り、一五二五年八月までアグリッパはこの情勢を好機と考えたようであるが、その後王母はアグリッパを同道することなくリヨンを去ってしまった。この時以降、彼は俸給の支払いを受けることができなくなり、経済的にも彼の生活はたいへん逼迫することとなる。それでもこの時期、彼の善性と寛容を示すエピソードが伝えられている。一五二六年六月、彼はリヨンからメッツの親友ブレンノニウス宛に、トリテミウスの『秘文字 *Steganografia*』と、巷に伝わるものとはかなり異なった土占い《ゲオマンツィア》に関する註釈を記し、数年前彼のもとに残してきた帖面がまだ手元にあったら送ってくれるように、と手紙を書いている (*Ep.* IV, 20)。この時メッツにはフランドル人と綽名されていた某ジャンポールがいた。彼は二十五歳の若者で、イタリアでアグリッパと知り合ったことがあると言い、ちょうどリヨンに行く用があった。ブレンノニウスはこの機会を利して、このフランドル人にアグリッパから頼まれた書物を届ける役目を依頼した。しかしこのフランドル人は道中で、アグリッパ宛に手紙を書いている (*Ep.* IV, 28)。受けた依頼のこと、途中で盗難に遭い、金銭がなくなって身動きできないことなどを書き綴り、アグリッパに二クローネの金貨を送って欲しいと頼んでいる。それを受けとったらすぐに土占いと『秘文字』をお届けにあがる、と約言を書いて。これはまるで卑劣な脅しだった。それもアグリッパがまさに金銭的に困っている時に。これがごろつきの仕業であることは知りつつも、彼は所定の金銭を工面して、「造詣深き若者 adolescens eruditissime」へと記して、恐喝の主に送った (*Ep.* IV, 32)。そしてひとたび書物を入手すると、恨みごとを言うでもなく、この困窮するフランドル人を援助してやることになった、と。

こうした災難の渦中も、アグリッパは旺盛に活動した。おそらく著作に励むことで僅かながらの静穏をも得た。『知識の曖昧さと虚しさについて *De Incertitudine et Vanitate Scientiarum*』を書き上げた (*Ep.* IV, 44) ばかりか、幾つかの小著を仕上げている。『結婚の秘蹟について』は年記も出版所の記載もなしにラテン語本文にアグリッパ自身による仏訳を付しておそらく一五二六年に公刊されている。つまりこれがアグリッパの著作の最初の印行本ということになる。『火《ピロ》術《マキア》』は現存しない。また『異教神学の批判 *Dehortatio gentilis theologiae*』は『女性性について』や『結婚の秘蹟について』その他の著作とともに一本として一五二九年に公刊された。

『知識の曖昧さと虚しさについて』については後述することにして、ここでは、アグリッパがこの著作で完全に占星術を批判していることだけをみておこう。彼のこの率直な態度はこの時期に彼が書いた手紙の数々からもはっきりと分かる。とはいえ彼の占星術に関する知識を頼ってなされる依頼に、アグリッパは時に生計のため誕生時星図《ホロスコープ》を書いたりもしてはいるのであるが。

リヨン出発にあたり王母もまたアグリッパにフランソワ一世の誕生時星図《ホロスコープ》を依頼したのだったが、彼は彼に任せられた職務が王の参事であり王母の侍医であり、宮廷の占星術師ではないことを楯に、王母の意を満たすことを否んだ。この時期友人たちに宛てた彼の手紙の幾つかには、王母のこうした要求に不満をぶつけ、占星術を濫用し、迷信と虚栄にほかならぬ益体もない期待に任せようとする気まぐれを非難することばが記されている。王母はこれらの手紙でアグリッパが彼女を中傷していることを知り、彼の讒言を許さず、一五二六年十月、アグリッパは宮廷での職務を決定的に抹消される。これを友人のジョヴァンニ・カペッラーネに報せつつ(*Ep.* IV, 52, Lione, Ottobre 1526)、彼は『女性性について』で語った賞辞とはまるで逆のことを、ついつい口にしている。「聖書に書かれていることを思い出しました。君主たちを信じてはならない。哲学者たちも言っています。女たちを信じてはならない。それに昔、むち打たれながら覚えたヴィルギリウス。女はいつも移り気なもの Varium et mutabile semper foemina。わたしは二重に間違っていました。人々の忠告も神の警告も忘れ、わたしは君主であるとともに女であるものを信じてしまったのです」。

王女にはアグリッパに敵意を示す別の理由もあった。実際、アグリッパが王の誕生時星図《ホロスコープ》をつくることを拒否しつつ、まさにこの時期、彼がブルボン公の輝かしき勝利を予言していたことを、彼女は知っていた。公はしばらく前からフランス人側に与せず、皇帝側に就き、当時ローマ侵攻に従っていた。ローマは皇帝の権力に屈し、この予言は証されることになる。ただ、ブルボン公はその勝利のために、襲撃の乱戦の中で命を落とすこととなったが。

どうやらアグリッパは密かにブルボン公と繋がり、フランス宮廷の敵たちに仕えるべく督促されるままその招請に乗ろうとしていたもののようである。なんといってもアグリッパがブルボン公になした予言は占星術的計算によるものではなく、政治的計算によるものであったようにみえるのだから。ブルボン公にそのルター派の軍隊によるローマ攻略奪取を扇動し、どうやらアグリッパは自らの政略を追求したものとみえる。以前のように良好とは言いがたいフランス宮廷との関係に苛立ち、ブルボン公の信任と友誼を得ようと、正確さにはひけをとらぬアグリッパの情報網をもとに、実現するに違いない予言をなして。まさかブルボン公の死をまでは予測しなかったアグリッパの計算は霧散し、彼は大打撃を受けることとなる。

ブルボン公の招請を受ける希望も消え、宮廷参事・侍医としての俸給も絶たれてフランス宮廷との関係も破綻したアグリッパは数多の災厄に蹂躙された。しかし彼を守ってくれる聖人もいたようである。一五二七年二月の手紙（*Ep.* V, 3）に、神がお遣わしになった天使が彼を地獄の口から救い出し、彼に太陽の光を見せてくれたばかりか、善財をも積んでくれた、と書いている。これはジェノヴァの富裕な商人、某アゴスティーノ・フォルナーリのことらしい。彼はリヨン、アンヴェルサ《アントワープ》等々で金融業を営み、当時のイタリア人商人や両替商たち同様、仕事とより思弁的な研鑽に時間と注意を振り分けることを知っていた。

アグリッパはフランスの空気がいよいよ不健全になってきたことを感じていた。だがなかなかフランスを離れることも困難だった。なによりまず、王と皇女に正式に暇を告げ、国境を越えるための通行証を王と皇女マルガレーテ・ダ・アウストリアの両方から入手する必要があった。皇女は彼が行こうと思っていた土地の支配者であった。それに資金的な困難もあった。彼はアンヴェルサの友人たちに資金援助を頼んだ。おそらく当時国境近くが戦場になっていたせいもあり、さまざまな障害と遅延の後、待望の資金が彼のもとに届いた。フォルナーリはあいにくアンヴェルサを離れており、アグリッパのもうひとり別のイタリア人の友アウレリウス・ダ・アクアペンデンテ師がそれを調達してくれたのだった。一五二七年十二月初頭、アグリッパはやっとリヨンを離れ、十二月二十日にはパリに着いた。お役所仕事の難題を解決するのに何カ月をも要し、アンヴェルサに行くことができたのはやっと一五二八年七月のことだった。

アンヴェルサでの医師アグリッパ

アンヴェルサでアグリッパは幾人かの親友たちと会うつもりだった。ジェノヴァの商人アゴスティーノ・フォルナーリ、彼はアグリッパ自身が言うところによると、ただ知識と文芸への愛から彼を援助してくれた。アウレリウス・ダ・アクアペンデンテ師とアグリッパはいまだ面識がなかったが、後述するように親しい手紙の遣り取りを通じて深い関係を保っていた。そして三人目、この人物の名は知られていないが、確かな社会的地位にあり経済的にも恵まれていた人物で、彼もまたアグリッパと手紙を遣り取りしており、その中でアグリッパは彼を貴き碩学と呼んでいる。アウレリウス師はアンヴェルサに居り、フォルナーリをも知っていた。いまだアグリッパがリヨンにいる頃、この師を紹介し書簡の遣り取りに誘ったのはフォルナーリであったかもしれない。

アグリッパはいまだ見ぬアウレリウス師と会いたいと熱烈に思っていた。霊的にも親しく、彼をフランスのペストから救い出してくれたこの友に。しかし彼がアンヴェルサに到着した時、アウレリウス師は不在だった。おそらく旅に出ていたものとみえ、待望の面談は八月の末まで実現しなかった。フォルナーリもまた不在で、彼もまた商用で出立しており八月末まで戻らず、あらためて戻ってきたのは一五二九年になってからのことだった。

おそらく時間を浪費したくなかったのであろうし、戦争の危険を勘案してアグリッパはパリを去るにあたり、妻と子供たちを親族のギョーム・フルビティのもとに預けていた。アンヴェルサに家族が揃ったのは一五二八年十一月のことだった。ここでアグリッパは医師として自由診療をはじめる。低地地方をメヘレン（メクリニア Mechlinia）の政庁から統治していた皇女マルガレーテ・ダ・アウストリアの侍医となるべく努めもしたが、果たさなかった。皇女マルガレーテこそ、二十年前アグリッパが『女性性の卓越』論考を献呈した女性だった。

アグリッパの医師としての声望はたちまち広がり、近郊の町ルーヴァンやメヘレンからも診察に呼ばれた。だが医師としての仕事も、決して彼に秘密の知識探求を忘れさせることはなかった。一五二九年六月、彼はメヘレンのある病人のもとにいた。そこから彼は家族に宛てて、このメヘレンの病人のもとに駆けつけるために、中途で放置してきた錬金術実験をつづけるにあたって必要な手順を書き送っている（*Ep.* V, 75）。これに対する返事（*Ep.* V, 76）は、作業段階を考量しつつ、チンツィア Cinzia とキレニオ Cillenio（つまり銅と水銀）を透明な台上で結合させ云々、とある。そうこうするうち、アグリッパはアンヴェルサにもペストが襲った。一五二九年八月、アグリッパは診療で郊外に出かけていたのだが、大急ぎで家に戻ることになる。二度目の妻がペストに罹ったという報せが届いたのだった。ペストはアグリッパの家族をも容赦しなかった。彼だけが罹患することなく、妻は疫病に斃れた。家族の幾人かも命を落とした。アグリッパは友人フォルナーリの家へと避難することとなる。

疫病は町に大量の死者をもたらし、アグリッパは妻を亡くした悲しみの中も、不撓不屈に病人たちの治療にあたった。この苦境にあたって彼がとった行動は賞賛に値する。町の正規の医師たちもまた講壇に立つ医師たちは、彼とはまるで違う行動をとったのだったから。

オルシエはこう語っている。[9]「アンヴェルサの医師たちの大部分は災いがやってくるとたちまち町を離れた。アグリッパは某ジャン・ティボーとともにとどまった。彼もまたアグリッパ同様、医者でないのに医療に携わっていた者だった。アグリッパは昼も夜も立ちっぱなしで、この災いに立ち向かい、犠牲者の数をこれ以上増やさぬよう粘り強く高貴に闘った。ガレノスその他の高名な医師たちの古の処方をもとに、彼は卓越した薬を調合し、まだ間に合うと思われる者にはすべて処方した。ようやく災いが沈静すると、逃げ出した医師たちが戻ってきて、自らの恥ずべき戦線離脱を糊塗しようと、非合法医療をおこなったとしてジャン・ティボーを槍玉にあげた。この問題はメヘレンの参事会で討議され、ティボーに弁護証人として呼ばれたアグリッパは、職業義務を放棄し逃亡した者たちをいつものように痛烈に弾劾し、恐ろしい疫病の危険の中で施術をつづけたティボーを擁護し賞賛した。ティボーはわたしの傍らで闘いぬいた、とアグリッパは言った。アンヴェルサの医師たちの大憤激のなか、被告は訴訟に勝利した」。


彼がこの時メヘレンの参事会に提出した資料が現存する。彼はそこで激しく「自分の利益だけを考える歪んだ期待 alterum alteri matulam aut concham stercorariam praecipere, magnis contentionibus digladiati, sordidi lucelli gratia」によって「穢れた口論を sibi stercora invidere」引き出す「卑しい心性の医師たちの妬み invidium medicorum genus porcorum」を攻撃している。そしてこれを好機と、評判をとった自らの薬をもちあげ、在来の薬の価値を否定してみせる。最良の教えは体験によるものである、とアグリッパは言う。「それゆえ、ときとして老婆たちは賢い医師たちを打ち負かすことになるのであり、マギステル・ジャン・ティボーは、アンヴェルサの医師たちが絶望だといって放棄した患者たちを多く癒したのである。これこそ彼らの自己愛を深く傷つけ、妬むところとなったのであり、彼らがこの裁判を起こした理由である。ひとりの無知な者に打ち負かされた先生方よ」。

「なぜこれら高名で賢明な医師たちが、この訴訟を疫病が町を襲っている最中に起こさなかったのか、と問うてみねばならない。その時であったなら、公益に尽くす者たち

（9） Joseph Orsier, *Un aventurier célèbre du XVIe siècle, Cornelis Agrippa*, «Revue des Idées», 15 Sept. 1910, p.186.

とは誰であるか、知ることができたであろう。これらの医師たちが、司直に誓ったところを忘れ、国から俸給を得ていることに関わる契約義務をも忘れ、民を見捨てて逃げ出したのを見ることもできたであろう。その間もジャン・ティボーその他の者たちは勇敢にも町の救済に努めたのである。それが今になって、これら学閥医師たち、これら尊大な医師たちはわれわれの健康、われわれの命をその糞論理の詭弁をもってみなを翻弄しているのである。そうした専横な議論をさせるに任せ、彼らの称号と名誉を、その主座と豊富な臨時収入をそのままに据え置くのもまあ仕方あるまい。しかし病人の床では論争している余地はなく、痛みを和らげ病を癒さねばならない。そこでは効果の証された薬を処方させたまえ。彼らが避難してもそれははたらくのだから quando ipsi jam aegrum, ut aiunt, prognosticis reliquerunt」(*Ep.* VI, 7, Anversa 1530)。

　こうした物言い、こうした勝利がアグリッパに和して町医者たちの信頼と援助をかちえることになったはずがない。その後の評判と名声に対する妬み、この激しい攻撃とそれによって蒙った敗北に対する遺恨は、医師団のアグリッパに対する全般的敵意を引き起こすこととならざるを得なかった。彼は七年間も精を出してきた医師をつづけることが、もはや不可能だと観念する他なかった。一方、妻を亡くし、子供たちのことを考えると、彼はどうすべきか躊躇するのでもあった。

　その名声により、招請の声や就職への勧誘が各地から届くまでになっていた。離婚という大問題を抱えていたイングランド王ヘンリー八世は、彼にさまざまな提案をした。帝国書記官もまた皇帝の宮廷へと誘った。フォルナーリは彼がすでに知るイタリアの侯爵からの新たな慫慂を伝えた。皇女マルガレーテも他より俸給が少ないとはいえ、彼にとって好都合な地位を提示した。アグリッパはあらためて権力者に仕えるよりも、自立して生きたいと思った。しかし子供たちのことを考え、著作の公刊への便宜も勘案して、皇女マルガレーテの申し出を受け、低地地方に留まることとなった。

皇帝の史料編纂者アグリッパ

アグリッパが低地地方を摂政する皇女の宮廷で引き受けることになった役職は皇帝の参事、記録保管者、史料編纂者 Caesareae majestatis a consiliis, archivis indiciarius et historiographus であった。

　一五三〇年初頭、彼は新たな事務所を与えられてメヘレンに赴いた。これによって彼は長く滞在したアンヴェルサの住居を離れることとなった。当時、メヘレンには宮廷、政庁、参事会があり、低地地方の首府であった。皇帝の史料編纂者という仕事は報酬の多い職ではなかったが、アグリッパが記しているところによれば、彼に宮廷の占星術師をさせようと考えたフランス王女のことを思えば、こちらはすくなくとも名誉ある職であった。それになによりかなり自分の時間がとれ、アグリッパは自分好みの研究に専念する余裕ができたし、著作印行への期待もできた。メヘレンに居を定め、彼は三度目の妻を迎え、新居も得た。

一五二九年以降、彼の著作が印行されはじめると自らその販売にも携わった。まず最初に小論集が公刊された。一五二九年、アンヴェルサで『女性性の卓越と高貴について』、『カティリネの批判に対する弁護』、『「驚嘆すべきことば」解説』、『結婚の秘蹟について』、『神を知ることについての三重の理拠』、『異教神学の批判』、『原罪について』、『ペストの養生法あるいは薬』を収めた小論集が出た。

これにつづき、ほぼ同時に『知識の曖昧さと虚しさについて』と『オカルト哲学あるいは魔術について』が印刷に付され、その他の小著もあらわれる。一五三〇年には『カール五世の戴冠式記録』が出る。これは皇帝の史料編纂者として、一五三〇年二月ボローニャでおこなわれた戴冠式の模様をアグリッパが伝えたもの。

一五三一年には『皇女マルガレーテへの弔辞』、『ライムンドゥス・ルルスの業概略《アルス・ブレヴィス》（小さき業）註解』を公刊した。以降、一五三三年にはルーヴァン大学の神学者たちの『知識の虚しさについて』への批判に対する『弁明』と『告発』、その翌年には聖女アンナの単婚についての論争書を、そして一五三五年には『論議および詩文そしてケルンの市参事会への嘆願書』を公にする。これは異端審問により阻まれていた『オカルト哲学』出版の認可を当局に嘆願したものだった。

『曖昧さ』公刊

主著二冊の公刊準備にあたり、アグリッパはまずカール五世に著作権を一定期間保証されるような「皇帝特典」を請願している[10]。この皇帝特典は新暦一五三〇年一月十二日にフランス語で録されて、アグリッパに授けられた。これ

（10）あるいは旧暦一五二九年一月。この時期、イングランド、スコットランド、アイルランド、フランスでは三月二十五日を一年のはじめとしていた。これはグレゴリオ暦への改変（一五八二年）とともに新暦が導入され、徐々に年初が一月一日となされることとなる。トスカナでは一年のはじめを春分とする慣いは一七五一年までつづいた。アグリッパは新暦をローマ算法、旧暦をフランス算法と呼んでいる（*Ep.* V, 28; V, 68）。

はアグリッパの以下の四著作に対して認められたものだった。『オカルト哲学 *De Occulta Philosophia*』、『知識の曖昧さと虚しさについて *De Incertitudine et Vanitate Scientiarum atque artium Declamatio*』、『ライムンドゥス・ルルスの業概略註解 *In Artem Brevem Raimundi Lulli commentaria et Tabula abbreviata*』、『講演・書簡集 *Quaedam Orationes et Epistolae*』。この皇帝証書はそこに列挙された著作の印行に関わる著者の権利を六年間保証するものであった。

この特典の効力は、アグリッパを著者としてその権利を保護するというものであるが、彼はおそらくそれを枉げて、神学者たちの攻撃に対する楯として、教会からの検閲という障害を乗り越えるためにも使ったのだった。プロストは問うている(II, 282)。ひょっとしてアグリッパは、自らの著作に関する道義的また経済的利益からというより、彼の主著群(『曖昧さについて』および『オカルト哲学』)公刊にあたり遭遇するであろうさまざまな困難を予測して、その内容とすでに身近に感じていた修道士たち神学者たちの悪意、その他彼に向けられた不信感を勘案しつつ、この皇帝特典を得ることに腐心したのではないか、と。このフランス語で記された皇帝特典は、一五二九年一月十二日に公刊された上掲二著初版の巻頭に据えられた。

アグリッパは『曖昧さについて』の印刷準備にかかる。

これはリヨンでのフランス宮廷との不和の中、俸給の不払いに困窮し、悪しき処遇に艱難する難儀な時期に著された大冊であった。他のアグリッパ自身の論争書の数々に勝るとも劣らぬその辛辣な文章は、おそらく当時の苦渋を写したものであろう。実際それはアグリッパ自身言うように「罵詈雑言の弾劾 declamatio invectiva」であり、フランス語に翻訳された幾つかの版の表題にあるように「パラドクス」の書である。この弾劾は誰をも容赦せず、あらゆる知識(学問)に対する激烈な当てこすり、当時の社会の基調をなしていた言辞、それも特に教会の正規聖職者たち修道士たち、つまりアグリッパの憎悪の的である者たちに対する猛烈な毒舌である。

その第六二章「修道士たちの党派」でそれが結局どのようなものであるのかを論じている。それは邪悪な者たちの避難所、犯した罪に良心の呵責を感じ、法の義しき報いを免れ、饒舌だけで財産を使い果たす怠け者、親たちの貪欲やら悪辣な後見人のせいでそう強いられた者ども。こうした者どもはみな偽りの聖性の外套を纏い、喜捨を募ってみせる。

さまざまな魚とともにレヴィアタンやらベヘモスやらまで泳ぎまわるこの大海には、ストア派の猿ども、うわべだけの托鉢僧、頭巾を被った怪物たち、うすのろ、くわせもの、ずる、二枚舌、その場しのぎ、黒、白、灰色の長衣《クラミス》を纏い、股引をひきずり、つっかけをはいたり裸足だったりする者たちが溢れている。

アグリッパはさらに修道士たちの非道と偽善を論いつつ、攻撃の長広舌を揮っている。ドメニキはそれをこう翻訳している。[11]「現世の危難と民の懊悩は、苦労してやっと手に入れるのでもなしに、彼らが好き勝手になんの考えもなしに惰眠を貪り、怠惰に悪辣にパンを貪るところにある。それを彼らは福音的清貧だと思っているのだ。怠惰に生き、他人の労苦を横取りすることを」。アグリッパは修道士たちの頭巾にひどい反撥をもっていた。頭巾つきの僧衣についてなにか聖書に記述はないかと無益に探った末、修道士たちの僧院を飾る絵画やフレスコ画にも探求の手を伸ばしている。こうしてついに、砂漠でイエスを誘惑する悪鬼が頭巾を被っているのを見つける。そこでアグリッパはこう書いたのだった。「頭巾つきの僧衣を最初に案出したのは悪鬼であった。そこから「他の」僧たち修道士たちもいろいろ色を変えてそれを借用したという訳だ。それとも彼らこそその直属の遺産相続人であるゆえ、偶々それを採ったということであったか[12]」。

「修道士たちの党派」を論じた章につづき、第六三章は「売春業 arte meretricia」に宛てられている。これは偶然の配置ではない。アグリッパ自身、修道士たちの後に売春婦たちを置く理由を説明している。「堂々たる教会あるいは司祭たち修道士たちの神学校があるところにはおおむね、不道徳な場所が付随しているものである。それにまた尼僧たち修道女たち編物女たちの家には公娼たちの喧騒が渦巻いており、修道士たちや聖職者たち（彼らの貞潔を侮辱するつもりはないが）は修道士の頭巾の下に男の衣装を隠しているものである。という訳で、これにつづき娼婦の業を論じておくのも道理がない訳ではないと勘案したところである」[13]。

続く章は「牝獅子（教皇レオ）の業」と題されているが、

（11）*L'Agrippa Arrigo Cornelio Agrippa della Vanità delle Scienze*, tradotto per M. Lodovico Domenichi in Venezia, 1547, p. 96.

（12）この一節は一五三九年版以降の諸版ではおおむね削除されている。この一節は神学者たちによって譴責され、完全に消失することとなった。この句節は、*Bibliotheque Curieuse historique et critique ou catalogue raisonne de livres dificiles a trouver*, par David Clement, Göttingen 1750, vol. I, pp. 81-95 に収録されている。ここにはアグリッパの当該書 capp. XXV, LVII, LX, LXII, LXIV, XCVI, XCVII, XCIX, C, CI からの抜粋が収められている。

（13）*Della Vanità delle Scienze*, trad. del Domenichi, Venezia, 1547, pp. 97-98.

その一節もまた高貴な妻たちとの交際よりも愛妾たちを不名誉とみなす（おそらく愛妾たちからの方が報いが大きかったから forte quia ex concubinis proventus illis anplior）司祭たちからの譴責により、改竄諸版では削除されている。これについてアグリッパは、「ある司教はある宴席で、彼の監督の下にある一万一千人の司祭たちが畜妾しており、そこから毎年かなりの金品が得られると誇ってみせた」と書きつけている。ご覧のようにアグリッパはなかなかの長広舌である。それに彼はなにもヘルメス主義者たちや秘儀参入者たちに向かってだけ精彩ある辛辣なことば遣いをした訳ではなかった。なにもダンテの軽蔑的な悪口をもちだすまでもなく、おそらくパラケルスス、フラッド、クンラートのほうがもっと巧妙で偽善的な近代的婉曲話法を採ったと言えようか。この時期にはまだ隣人愛に憔悴し、いたるところに普遍の真実を見出し、廉直に福音的に語り、頭から足まで乳と蜜に浸されたような、「厭世観 Weltschmerz」を纏った秘儀参入者のすがたは稀であった。「悪しきカルマ」に取り憑かれぬよう、茨の道を行かぬよう、敷かれた道を進むよう、忌々しい自己利益だけが支配していた。

この書がどんな反応をひき起こすか、当然アグリッパには分かっていた。それを序文に書き綴り、その予想についてある友人に誇ってすらいる。序文にはこうある。「わたしは猛烈な反撃を、無言の姦計を、誹毀を待ち受ける。文法学者たち、詩人たち、算術家たち、占星術師たち、占い師たち、哲学者たちの誰もがわたしに向かって武器を振りかざすことだろう。全能の教皇庁は永劫の炎でわたしを焼くことだろう。横柄な法律家たちは不敬罪でわたしを告発するだろう……神学者たちは異端でわたしを断罪し、彼らの偶像を崇めろとわたしに強制することだろう……これがわたしが立ち向わねばならない危難の数々である。しかしわたしにはわたしを守ってくれる神のことばがある……」。ここに言う神のことばとは何かは明白である。アグリッパ自身『オカルト哲学』第三書36章および第一書74章でそれを明らかにしていることについては後述する。彼の予測が現実のものとならない筈がなかった。

この書はたいへんな関心を呼び、たちまち普及した。『曖昧さについて』の初版はアンヴェルサで一五三〇年に出たが、数カ月後には別に三つの版が刊行された。一つはケルンで一五三一年一月に、もう一つはパリで一五三一年二月に、三つ目は一五三一年一月に印行所名なしで出版された。おそらくアンヴェルサで印行されたものと思われる。

パリ版が出るとたちまち、これはソルボンヌの神学部で検討され、猛烈な断罪を受けた（新暦一五三一年三月二日）。パリの後にはルーヴァン大学が戦列に加わり、批判命題の一覧が編まれる。こうした直接的な公然たる攻撃の傍ら、当然ながら匿名の陰険な攻撃も後を絶たなかった。おそらくこちらの方が他のなににもまして深刻だった。この紛争に皇帝カール五世の注意を喚起し、皇帝が授けた特典をいかにアグリッパが恥ずかしげもなく濫用しているかを示して憤激させようとする者もあった。この特典が不信心と異端の楯となり通行証となっていたのは確かであった。修道士たちは皇女マルガレーテの信心を操った。女性らしく信心深かった muliebriter religiosa 皇女は「あの時に亡くなっていなければ、わたしの観るところ、彼女は修道士たちの威厳と神聖冒すべからざる頭巾とを中傷するという罪の中の最大の罪を冒すことになるところだった」とアグリッパは言っていると。実際、アグリッパは蜂の巣をつついてしまったのだった。

この戦いに加え、財政的にも災厄が追い討ちをかけることになった。アグリッパは皇帝の史料編纂者としての俸給支払いを一度も受けることがなかった。未払い給料の決済はいまやいよいよ賭けのようなものとなってしまった。逼迫し、借金に責めたてられ、一五三一年八月、債権者の某アレックス・ファルコの要求により彼は投獄されることとなった。メヘレンの非公式諮問委員会は軽蔑とともに十五日の留置を命じた。獄中から彼はこの長官に、彼の証言が顧みられていない、と今日風に言うなら「怒りに震える抗議」を送りつけた。しかしその効き目もなく、彼は投獄された。そこで彼は裁判官たちに抗議し、皇帝に嘆願書を送った。なによりもまず俸給の支払いを得られるよう、すくなくともこれが支払われていない状況を勘案し、御国の敵たちとみなされる者に仕えることができるよう、先の誓約は解消されたものと考えられたい」(*Ep.* VI, 22, 25)、と。アグリッパの気質からして、彼は決して自分の非を認めたりはしない。牢獄からも脅迫と皮肉を書き綴りつづける。「皇帝がその従卒に与えた特権や特免がいったいなんの役に立つというのか。そんなもの嘘と意味のないことばに過ぎない nugae et ampullare。わたしはすでに七年間皇帝に仕えてきたというのに、家族は飢えを忍び、わたしの負債はいよいよ増え、債権者たちはわたしを追いかける。これがわたしが仕えてきた代価である」(*Ep.* VI, 25)。「怠惰に悪辣にパンを貪る修道士たち」のことをあらためて考えるまでもなく、アグリッパには道理があった。

こうした抗議にもかかわらず、彼が得たのは牢獄からの解放だけ。皇帝の憤激を鎮めることも、俸給の支払いを得ることもなかった。債権者たちから逃れるため、アグリッパは低地地方を捨て、生地ケルンに避難した。彼を後見してくれたのは大司教ヘルマン・フォン・ヴィート、ローマ皇帝選帝侯であるばかりか教皇庁特使をも勤める人物で、アグリッパとは一五三一年一月以来、良好な関係にあった。ケルンに着くと、なんとか期待していた支払いを受けようと努めたものの、皇帝の出納係はここがアグリッパの居住地ではないという理由でこれを拒んだ。彼は皇帝の史料編纂係という職務が皇帝のためにはたらくにあたってどこにいても可能であるし、いずれにしても知見を集め書冊を纏めるためには、こんな岩場に貼りついた海綿のような状況を脱し、まず生活ができるようにしていただかねば、と申し立てたのだった(*Ep.* VII, 21)。道理は通っていたが、官僚たちのこころを動かすことにはならず、一五三二年末になってもアグリッパは一銭の支払いも受けられずにいた。これほど進歩が喧伝される今日でも状況は同じである。昔も今も犠牲者には多大の賢慮が要請されることにかわりはない。

ルーヴァン大学神学者たちとの論争

こうした困難の中にあって、アグリッパは『オカルト哲学』印行を期する一方、彼を告発してやまぬ者たちにも対応せねばならなかった。ルーヴァン大学神学部が『曖昧さについて』の幾つかの句節を譴責したことについてはすでに述べた。譴責された提言群は人づてに、ついに皇帝の目に触れることになった。アグリッパは諸他の煩事に遭って、一五三一年十二月十五日、皇帝の私設評議会から指摘された諸見解を公的に取り下げるよう略式命令を受けるまで、なにも手を打てずにいた。

この災難は彼に重くのしかかったが、幸いにもケルン大司教の庇護に加え、二人の枢機卿、リエージュ司祭ラ・マルク枢機卿と教皇庁特使ロレンツォ・カンページ枢機卿の後見を得ることができた。枢機卿カンページの庇護と後押しのおかげで、アグリッパは彼の好みの武器である筆をもって、ルーヴァン神学部からの告発と譴責に対する『弁明』を書く。この枢機卿カンページの館で、その秘書ドン・ルカ・ボンフィオと執事ドン・ベルナルド・デイ・パルトリネリイという二人の友に囲まれて、アグリッパはこの弁明書を書き上げ、枢機卿その人に献呈したのだった。

ルーヴァンの神学者たちは、彼らからしてみれば敬虔な者たちの耳には侮辱的な幾つかの提言を不敬であるとして公式に告発していた。それらは、聖職者の慣習に関する悪口、アグリッパが不屈の異端者 invictus haereticus と呼ぶルターに関する危うい主張、外面的典礼の無益さに関する提言、聖像崇拝について、預言者たち福音史家たちを単に人間的に論じるところ、アグリッパによれば誰にもなにも取り去ったり付加したりする権利のない神のことばの教義的解釈の無益さについてであり、最後にプロストが著作全体の鍵となる有名な提言と指摘した、知識ほどキリストの信仰に逆するものはない(14)、という言辞が、頭巾は悪鬼の発案になるもの、という言辞とともに、この書は冒瀆的であり侮辱的であると宣告され、断罪された。

　アグリッパの弁護は、あらためて自らの主張の要点を学識をひけらかすように論じてみせるもので、事態を一層紛糾させることになる。その四三の句節が告発されたのに対し、彼はひとつひとつ四三章にわたり『弁明』をなした。アグリッパの言うところによれば、この論考は誇張を加えた弁舌であって、その中でなにか断定した訳でもなく、一々の文章を論ってみるまでもない。人々にとって知識と業とが確かな損害のもとであり、なにも知らぬことこそ大いなる幸である、というのはギリシャ人たちの古い格言であり、聖アウグスティヌスも無知は知識よりもより容易に神へと導くものであると言っている。またクザーヌス枢機卿も知への信とは完璧な知識ではなく、じつのところこれはそれを無視するものであり、確かであるとともに証拠や論証をもって保証されてあることというのはかえって知りえず、これこそ無知の幸と呼ばれ得るものである、と言ったのだった(15)。ルターを不屈の異端者と呼んだことについては、アグリッパは、実際腹立たしいことではあるけれどもルターはいまだうちまかされてはいないと応え、彼を断罪するのではなく、彼を打ち倒しに行きたまえ。しかし、友として忠告するのだが、わたしに対して採った論拠より優れた

(14)　ここでアグリッパが二つのことば——信仰とキリスト——を特別な秘教的な意味で用いていることに留意しておきたい。これはこの文脈では『秘密の信仰の業』をもとに「儀礼に則って」果たされる「おおいなる業」に言及したものである。ここでアグリッパが彼の業（行為）と文書において語るところは、われわれの体験に照らして正確な方法であることが証される。つまり一々の知識と理拠（理性）的な思惟はいかなる助けにもならず、かえって障害となる。アグリッパのこうした立場は、彼以前には彼自身が引いているようにクースの枢機卿（ニコラウス・クザーヌス）が採ったところであり、プラトン主義者たちや新プラトン主義者たちの立場とも、イエスの態度とも対立するものではない。こうした信仰の卓越性、こうしたヘルメス主義的技法、この「王の業 arte regia」は、知識や哲学また人の感情に対する実証的な問いであり、熟達した者たちの目には体験的に確認されること（証明）である。この信仰にはいっさい悪は関係がない。（自然学的）知識や哲学に対する信者たちの敵意は信仰の立場を守るためのものであり、これは予断や知性の怠惰によるもので、（自然学的）知識、哲学および信仰に必要な秘教的で伝統的な評価とは両立しない。これこそアグリッパが『オカルト哲学』でよりも『曖昧さ』で基礎に据えた評価である。

(15)　アグリッパはニコラウス・クザーヌス枢機卿の『無知の知』をこのように解し、自身と敵対者たちの間に堅牢な防壁として据えてみせる。

論拠をもって臨みたまえ。彼とその徒党に対して炎と火焙りより他用いるすべを持たないのなら、彼らとて剣と火で応戦してくることになろうから、十分注意したまえ」と付け加える。ローマ略奪が起こってまだ間もなかった。アグリッパはこれを神学者たちの記憶に呼び起こしてみせる。そして「この世においてか、あの世においてかわたしが火焙りにあっても仕方ないとするなら、それは神聖なる頭巾にわたしが悪態をついたせいだろう。長衣を纏った群れが叫ぶ声が聞こえる。あいつは冒瀆した、あいつを十字架にかけろ、十字架に、と。頭巾が悪鬼の発案によるものだというのは言い過ぎであった。だがそれは無垢からでた冗談である。この深刻で永遠につづく論議を嘲弄戦 cucullomachia と洒落てみたまでのことであった」とアグリッパは締めくくる。

しかしこの冗談もアグリッパがそう言ってみせるような無垢なものではなかった。彼自身完全にそれを自覚していた。実際、彼はこの『弁明』についてある友人にこう書き送っている。「これを書くにわたしは節度をもってしたが、たしかに塩加減を忘れなかった。それに酢と芥子とを少々、慎重に油は控えた。すぐにでも公刊したいが、また新たな悲劇が起こりそうな予感。もちろん、それを楽しみにしている御仁もおられるに違いない」。最初に楽しんだのはもちろんアグリッパで、彼が薄笑いを浮かべているのが見えるようだ。その頭と筆から出た一撃が命中したのに満足して。こうした彼の皮肉で向こう見ずな精神、戦闘的でまことに陽気な性格は、彼への共感をいやがうえにも高める。『弁明』につづき、アグリッパは同じ論題、同じ筆致で『告発』を著す。この弁明と告発はさまざまな困難を越え、一五三三年ケルンで合冊印行された[16]。

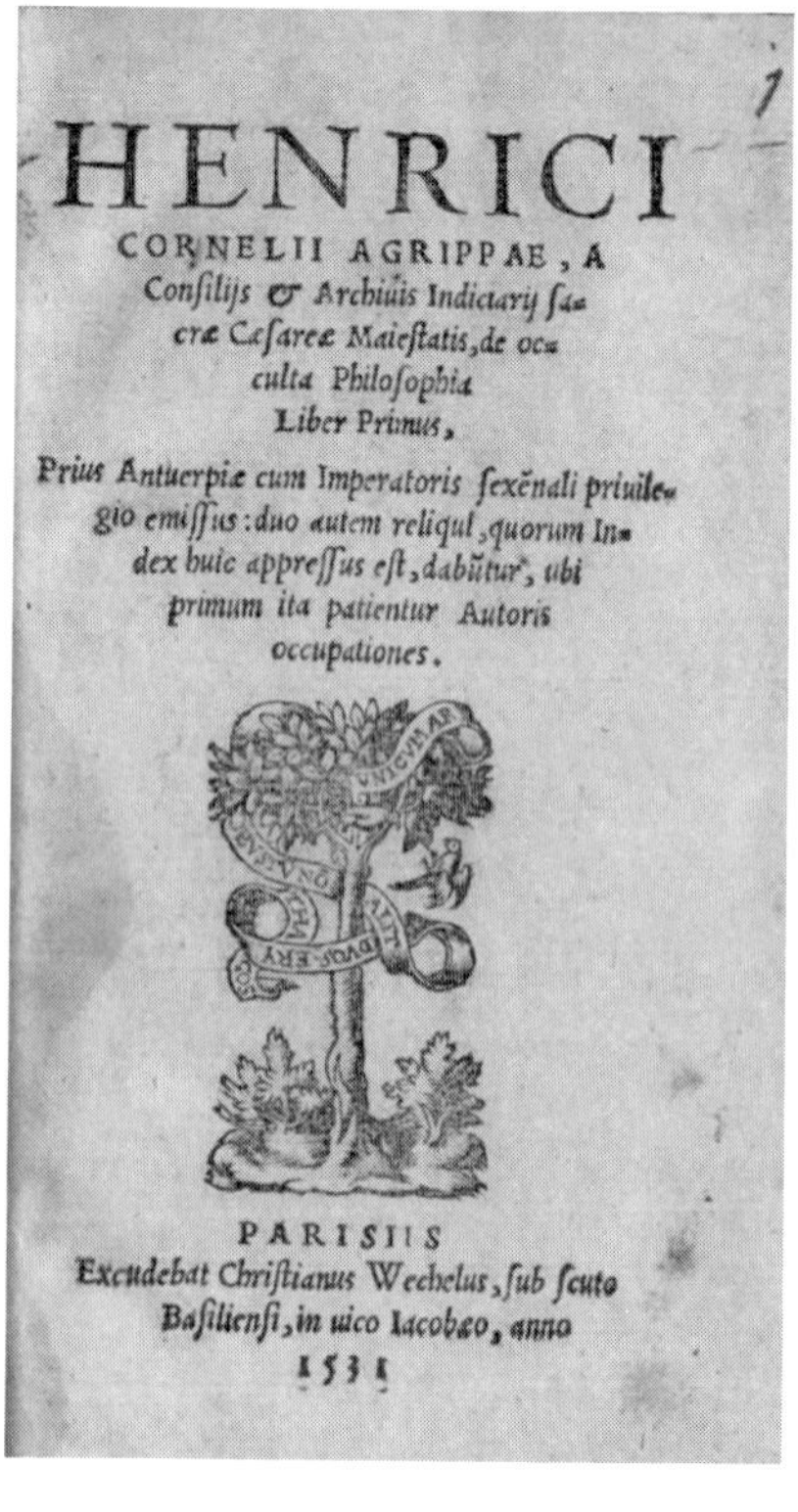
1
HENRICI
CORNELII AGRIPPAE, A
Consilijs & Archiuis Indictarij sacrae Caesareae Maiestatis, de occulta Philosophia
Liber Primus,
Prius Antuerpiae cum Imperatoris sexẽnali priuilegio emissus: duo autem reliqui, quorum Index huic appressus est, dabũtur, ubi primum ita patientur Autoris occupationes.
PARISIIS
Excudebat Christianus Wechelus, sub scuto Basiliensi, in uico Iacobaeo, anno
1531

一五三二年夏、彼はブラバントを足早に駆け抜け、九月にはフランクフルトに滞在、そして一五三二年十一月にはケルン大司教の庇護のもとボンに居を定めることになった。彼は『オカルト哲学』公刊のために全力を尽くしていた。

その第一書だけはすでに一五三一年に印行されていたが〔前頁書影参照〕、この論考公刊にあたっての波瀾万丈のできごとについては後述する。それが神学者たち修道士たちとの闘いと関係していたことは、もちろん容易に想像できるところである。

一五三二年十一月、アグリッパはエラスムスに手紙を書き送っている。そこで彼はルーヴァンの神学者たちとの論争について伝え、『曖昧さについて』の感想を問うている。折り返しエラスムスは返事を書いているが、この書については何も言っていない。ルーヴァンの神学者たちに関しては、穏健なことばでアグリッパに賢明に務めるよう忠告をしている。「なんとしても早く抜け出す方策を探るべきです。これらのスズメバチ（煩い連中）と関わってろくな目にあった人はありません」。アグリッパが心待ちにしていた彼の著作に対する所見をエラスムスは一五三三年四月二一日になるまで語らなかった。それも羽目をはずすことなくたいへん慎重に。ここでも彼はアグリッパに対し、警告を繰り返している。「先に書いたことの繰り返しになりますが、この告訴を早く片付けなさい。ルイ・ベルグィン（ロドヴィクス・バルグイヌス Lodovicus Barguinus）[17]のことを思い出してください。もちろんその素行には問題もある人でしたが、彼はただ修道士たち神学者たちに対する向こう見ずな攻撃によって失墜したのです。わたしは彼に自制させることができませんでした。彼に言ったものです。この種の者たちについては聖パウロですら間違ったかもしれない、と。彼はわたしの忠告を聞くよりも、自らの盲目な感情に従うことを選んだのです。いったいなにが起こったかはご存知のとおり。どうしようもありません。最後に。もしもあなたが闘いを避けることができないなら、すくなくとも力ある方に就きなさい。彼らの掌中に落ちてはなりません。なによりわたしをこの件に巻き込まないでください」(*Ep*. VII, 40)。

アグリッパとエラスムスという二人の偉大な闘士の書簡の遣り取りからは、彼らの気質の違いと政治姿勢の違いが明白に浮かび上がる。エラスムスは、アグリッパがたいへん危険な企てをなしているのをみて、厄介なことになったと思っていた。なにより彼の向こう見ずさ加減が身を破滅させることになるのを放っておけなかった。一方、アグリッパはその攻撃的な性格と長衣を纏う者たちへの反感から

(16) *Apologia adversus calumnias propter declamationem de vanitate scientiarum, et excellentia verbi Dei*, ... Köln 1533.

(17) 彼は異端者として一五二九年四月二十二日にパリのグレーヴ広場で火刑に処された。

だけでなく、その心理的戦略やおそらく自らの社会的立場や意味を自覚しつつ、別様に行動したのだった。それが誤りだったかどうか一概には言い切れない。こうした意味を込め、彼は古い友人カンティウンクラにこう書き送っている（*Ep.* VII, 35）。「わたしはずっと修道士たちと論争してきましたが、今日ほど論戦が熾烈になったことはありませんでした。誰もがわたしに敵対する共同戦線を張っています。これに屈することは彼らを助長することになるでしょう。あえて彼らに面と向かって抵抗し、怖れさせねばなりません。わたしはこれら頭巾を被った詭弁家たちと不断に戦いつづける決意です。彼らの真実を知らせ、民を欺く彼らの真のすがたをあばき、どんな人々が欺かれているのかを明かしてみせます」。そして彼を攻撃する修道士たちの忘恩を告発する。実に彼らこそわたしに感謝するべきなのに、とアグリッパはつづける。『知識の虚しさについて』の大部分は彼らの便宜のために書いたものであり、彼らが宣教にあたり戦うべきあらゆる種類の悪弊を論駁するための方途を提供するものであったのだから」（*Ep.* VII, 35）。

アグリッパと宗教改革

こうした闘いも、アグリッパが熱心に秘密の知識に専念しつづけることを阻むことはなかった。一五三二年初頭、枢機卿カンページはラティスボナでの会議に出席するため、アグリッパの友ドン・ベルナルド・デイ・パルトリネリイとドン・ルカ・ボンフィオを伴い、低地地方を去った。アグリッパとこれらの友たちとの書簡の遣り取りからは、彼らもまたアグリッパと同じく秘密の知識について深い関心を抱いていたことが窺える。特にドン・ベルナルドはそうであり、ここからすると枢機卿カンページもこれに執心し、アグリッパへの彼の共感と賛嘆も、彼の庇護者となったこともこのせいであったのかもしれない。アグリッパはこうした友人たちを介し、自らの研鑽に必要な資料の手配も依頼していた。彼はドン・ベルナルドにこう書いている。「ガラティーナの諸著とサムエレのカバラを入手できるよう、あなたを頼りにしています」[18]。彼はこれらに珍しい教説が載せられていることを知っていた（*Ep.* VII, 2）。彼は手紙の末尾に暗号を記しており、ドン・ベルナルドはそれを解くことができず、「あらためて鍵をお送りください。部外者に知られることなくなにか秘密のことを貴方にお伝えするにあたり、役に立つかもしれませんし」（*Ep.* VII, 8, Ratisbona, 8 Marzo 1532）と問うている。アグリッパの返事はかなり遅延し、十一月になって書かれている。『オカルト哲学』が印刷中で、降誕祭の頃にはできあがるであろうとの報告を加えつつ（*Ep.* VII, 14）。ドン・ベルナルドは枢機卿に随行して当時滞在していたボローニャから返事を書き送っている（28 Dic. 1532）。この手紙で彼はカバラ的解釈学に関する自著について、この方法を応用して得た成果とアグリッパから得た「魔術鏡」の成果を較べつつ、ある死んだ（静止した）形象が生きた（動く）形象に変じるところを報じている。そして、ヘブル語アルファベート、エズラの言、ガラティーナの書を送付した件、ただしサムエレの書に関しては大して役立ちそうもないので送らなかったこと、それにパドヴァで『世界の調和 *De Harmonia Mundi*』の著者フランチェスコ・ジョルジョ・ヴェネト師と会ったこと、アエギディウスのヘブル学に関する著作への賞賛などを書き連ねている（*Ep.* VII, 22）。

つまり、すでに公刊されていた『曖昧さについて』での主張にもかかわらず、アグリッパが秘密の知識に関心を寄せつづけていたことが分かる。彼の手紙の遣り取りからは、カバラばかりでなく、錬金術（ヘルメス主義）、占星術、土占い、魔術、それに観相学の実証にも取り組んでいたことが分かる。また彼が若い頃から親しんでいたピコ・デッラ・ミランドラやロイヒリンの諸著を重視してもいる(19)。

プロストは、アグリッパの秘密の知識に対する持続的な関心と『曖昧さについて』に載せられたこれに対する反駁との矛盾を指摘している。プロストにとっては、『曖昧さについて』で秘密の知識を論駁するに到ったアグリッパが、

（18）Pietro F. da Galatina (Pietro Colonna). アグリッパの時代まだ存命中だったプーリアの人。マルティネス Martinez の『信仰の小刀 *Pugio fidei*』を基とした反ヘブル人論の著者。ガラティーナの著作としてはヴァチカンに一五巻からなる手稿が蔵されている。ここで示唆されているサムエレにも反ヘブル人論がある。

（19）ピコ・デッラ・ミランドラそして格別ロイヒリンの『驚嘆すべきことば』は、カバラとキリスト教を調停しようとしたものだった。アグリッパによれば、ロイヒリンは彼の理説を火の象徴つまり聖霊の象徴である shin に見出した。これはヘブル語の聖なる名、神聖四文字の中央に置かれており、これが新たな啓示（新約）の聖なる名、イエスに変じた、と。これはヘブル語正書法における過誤に他ならないが、ロイヒリンやアグリッパの時代のヘブル語に関する知識の乏しさに起因するものである。だが、これがキルヒャー、アグリッパ、それにクンフート、サン・マルタン、ガイタ、パップスに至るまで固執され永続することとなった。今日でも西方秘教、カバラ－キリスト教的伝統を継ぐものと主張する啓明派、グノーシス主義、マルタン派……にこれは引き継がれている。これはすべて神聖四文字のなかの *shin* に関するはなはだしい過誤に基づくものであることはここで明確に指摘しておくべきだろう。これは感傷的な戯れの残滓にすぎない。この点については *Ignis* 誌、九二五年四／五月号のサヴィーノ・サヴィーニによる学識溢れる論考を参照されたい。〔Savino Savini, *Il Nome di Gesu — De nomine I. H. S. V. in Martinistas.*〕

なぜこの著作の後に『オカルト哲学』を公刊することになったのか、その理由が説明されねばならない。プロストは、アグリッパが金銭的な問題から『オカルト哲学』を公刊したのであり、彼が秘密の知識を追いかけたのも知的興味からする戯れであって「おそらく今日風に言うならいかさま商売とでもいったところであった」(Aug. Prost, II, 357) と言って切り抜けてみせる。

　秘儀に関する無理解と不心得により、この最良のアグリッパ伝著者は彼をいかさま師となすに至る。このいかさま師、オルシエールは山師と呼んでいるが、その彼が自らの隠秘《オカルト》哲学の観念を主張するために、生涯その困難で激烈な戦いを闘ったのだったことを忘れている。彼の向こう見ずさ加減がエラスムスをすら震撼させたことを考えに入れていない。危険を冒して賭金を稼ぐいかさま師たちとは別の、いのちを賭けた危険な闘いにアグリッパが挑んでいたことを勘案していない。

　またプロストは、このいかさま師が万有を知る(世界的な)賢者と賞賛されていたこと、を認めている。八つの言語を知り、神学、法律、医薬、哲学を知る彼は歴史についても驚異的な学識を誇っていた。カバラ、ヘルメス主義、その他魔術的な秘密の知識に対する特別の造詣を別にしても。エラスムス、メランヒトン、ルフェーヴル・デタープルから、彼は格別な学者として一目置かれ、遠国からも賞賛と敬意をもって認められていた。賢者たちは彼のもとを訪れ、旅の途次には手紙を書き送った。彼の書物はいたるところで驚嘆と瞠目の的となった。にもかかわらず彼をいかさま師と呼ぶべきだろうか。

　とすると、アグリッパが異端審問に関わる障害、そこに付随して起こった論戦の危険を冒してまでも、その著『オカルト哲学』公刊に全力を傾注したのが単に経済的な関心からであったはずはない、と言明しても間違ってはいないとわたしは信じる。アグリッパが自著を公刊しようと苦戦していたこの時期、宗教的騒乱はケルンをも巻き込んでいた。この町はカトリック信徒たちとルター信奉者たちに分断され、この慈悲と愛の宗教に追随する者たちの盲信は信仰をめぐる鬩ぎあいを血で染めることとなる。

　一五二九年、二人の碩学ペーター・フリーステデンとアドルフ・クラーレンバハが公衆の面前で幾つかの誤謬を説いたとして投獄され、長い審問の末、火焙りになった。「このような状況にあって異端審問官の声がどれほどの威力をもつものであったか、アグリッパの著書が異端の嫌疑を受けたということがどういうことであったか、これをしても十分理解されよう」(II, 383) とプロストは書いている。これが『オカルト哲学』印行をどれほど阻むものであったかについては後述する。それでもアグリッパは友カンティウンクラに書き送ったように、この恐ろしい悪評から身を守るため、ケルン市の政庁官吏たちに向けて常に劣らぬ激烈な非難文を綴ったのだった。異端と告発された彼は、彼が言うところの不屈の勝利をおさめたルターに対するルーヴァンの神学者たちの無力さを論った。これについてプロストは「これは弁護の書ではなく、新たなる対決の姿勢を示す書だった。アグリッパは自らの本当の性格を隠すことができず、彼を攻撃する者に反撃を加えずにはいられなかった。それに類した状況にあって彼は何度でも敗北を喫せねばならなかったし、そうした危難から彼を救いだすために、また彼の論考公刊にあたり闘わねばならなかった数々の困難を乗り越えるためには、全能の大司教－選帝侯の庇護が欠かせなかった」と認めている。その後、ケルン大司教はルター派信条を受け入れることになる。しかしアグリッパはルター派を尊重しつつも慎重な態度を持した。それを「迫害に対抗する決然たる態度をもち合わせなかったゆえの慎重さ」とプロストは言う。

　アグリッパのルター派に対する態度をこのように説明してみせることは、われわれにはまったく理解不能である。慎重な上にも慎重なエラスムスのように振舞うことがアグリッパにできたであろうか。ベール[20]によれば、アグリッパとエラスムスは当初、ルターやメランヒトンに対する明白な共感を見せたが、後に距離を置き、彼らの期待を実現することも満足させることもない宗教改革に合流することについては公然と拒絶した、ということになる。プロストはこうした留保が慎重さによるものであることを疑わず、先に引いたような道理づけをしてみせたのだった。しかしわれわれは、アグリッパの態度が秘教的使命（秩序）に関する考えに触発されたものであった、と考える。つまり、教会の越権、濫用、過誤に対するプロテスタンーの態度に共鳴しつつも、公式に普遍教会《カトリック》により大切に保存伝承されてきた教義的典礼的伝統内容の多くを放棄するような、本源的に世俗的な批判という性格をもつ運動に与する気は彼にはなかった、と。アグリッパにとって、聖書の文字解釈、不合理と思われる箇所の却下は自由裁量（勝手な検証）、理性の光に訴えれば済む問題ではなかった。かえってそれは公式伝統という死んだ幹に「口承」伝承の生命の力を、具体

（20） Pierre Bayle, *Dictionnaire*, ediz., 1740, vol. I, 106. n. N.

的な霊的体験の光を、信仰と秘密の業の果実を、隠秘《オカルト》な典礼の成果を、ヘルメス学的魔術的なはたらきを接木することであった。西欧に存続する隠秘《オカルト》な秩序（序列）を騎士道的寓意言語をもって、悦ばしい知識とともに、錬金術によって表現すること。この伝統はほんの数十年前、東方との新たな接触によりあらためて基礎づけられ、人文主義者たちによるさまざまな発見によって付け加えられることになった新ピタゴラス主義的、新プラトン主義的、ヘルメス学的、カバラ学的伝統であった。カルヴァンにとっては、エラスムスもアグリッパも同じ事態に衝撃を受けた二人の自由な思索家であった(21)。アグリッパの秘教体験をどこまで拡張して考えることができるのかわたしたちには分からないが、これら三人のうち霊的な知解と諸宗教に対する理解という点に関しては、たしかにアグリッパは最も思慮があった。

つまりアグリッパの立場は、ローマ教会とルター派の分裂を超えたところにあった。ことばの党派的な意味においてではなく、語義的に真に「普遍《カトリック》」な了解をもって、彼はメランヒトンに、「不屈の偉大な異端者、パウロが『使徒行伝』に言うように、異端と呼ばれる党派によって神に仕える」ルターによろしく、と書き送ることができたのである（*Ep.* VII, 13, Francoforte Sett. 1532）。

アグリッパは彼の性格のうちに偉大な霊性を、内的リアリティーと偉大で高貴な不滅の気概を認め、彼が支持する諸観念の真偽とはまったく別に、その知的教育水準と観念や信念の変節とは別にルターの霊性を認め、彼が支持する考えの評価はさておき、彼を讃えたのだった。霊的に盲目となり、正統性という概念つまり信仰箇条に閉じこもるとき、あるいは非知性的な朗誦や祈禱文や信仰箇条の機械的反復に陥るとき、頭をではなくこころを標的とし、人による憐れな区別が全一という大いなる了解のうちに消え去るような神的態度、これを特定するのではなく、そこに近づく綜合的で寛容な態度の卓越性を認知し得なくなる。われわれもこうした観点から、実際具体的に普遍《カトリック》にして秘教的な者として、アグリッパが信仰と言うところは彼にとってカトリック教会の信仰のことですと注意を促すようにエラスムスに書いたところ（*Ep.* VI, 36, Bruxelles, Gennaio 1521）に驚かないし、どんな矛盾も見出さない、と言うことにしよう。アグリッパはこれらのことばをその真の意味で捉えたのであって、カトリック教会と名指されるものが実際具体的にそうあるのであれば、きっと満足したに違いない。彼は教会の霊的賦活の可能性について考えていた、とも言えるかもしれない。宗教改革、トレント公会議そしてイエズス会によってなされることになるのとはまったく違った意識と方法による霊的な意味価の修復と実際の司祭階級の再編を。

ひょっとして彼の友にしておそらく師でもある枢機卿たちの誰かが教皇になっていたなら、そうした企図が採用されていたかもしれない。異端への、また宗教改革への共感はアグリッパの秘教的普遍性《カトリック》において和解不能なものではなかった。カトリック教会とキリスト教に与するという彼の表現は、アグリッパがこうしたことばに帰した意味と彼の思惟の表現体系をもって説かれるなら、それは容易に予見されるさまざまな事件の弁明の記録ともなるだろう。

　彼のボン滞在中、『オカルト哲学』や、すでに述べたルーヴァンの神学者たちの告発に対する『弁明』の刊行以外にも、彼は『ライムンドゥス・ルルスの業概略註解』の第二版の印行を考えていた。これらの著作は一五三三年の日付をもって一冊に纏められた。その翌年には旧稿『聖女アンナの単婚について』を公刊。一五三五年にはニュルンベルクで彼の友ゴットシャルク《ゴデスカルクス》・モンコルディウスによって印行された小論集、ケルンの神学者たち（アグリッパは彼らを藪神学者 theologastri と呼んでいる）によって検閲された著作集に序を寄せている。

　この時期アグリッパは、まだ未成年だったヨハン・ヴァイアー[22]とともにいた。彼はアグリッパの弟子で、後に彼を擁護する論陣を張ることになる。

ヴァイアー 60 歳時の肖像画

師と弟子はカバラや魔術の古書群を前に何時間も一緒に過ごした。彼らの足元の紙束の上にはアグリッパの偏愛する犬がいた。信心に凝り固まった人々が悪鬼が乗り移ったものと妄想した、あの知的で忠実な犬が静かに彼らを凝視めていた。

　ある日、アグリッパが知らぬうちにヴァイアーはトリテミウスの『秘文字』を手にとり、奇妙な図でいっぱいのこの本のダイモーンたちの名を記した部分を密かに読んだ。そして師の知らぬ間にそれを写し取った。才能に恵まれた

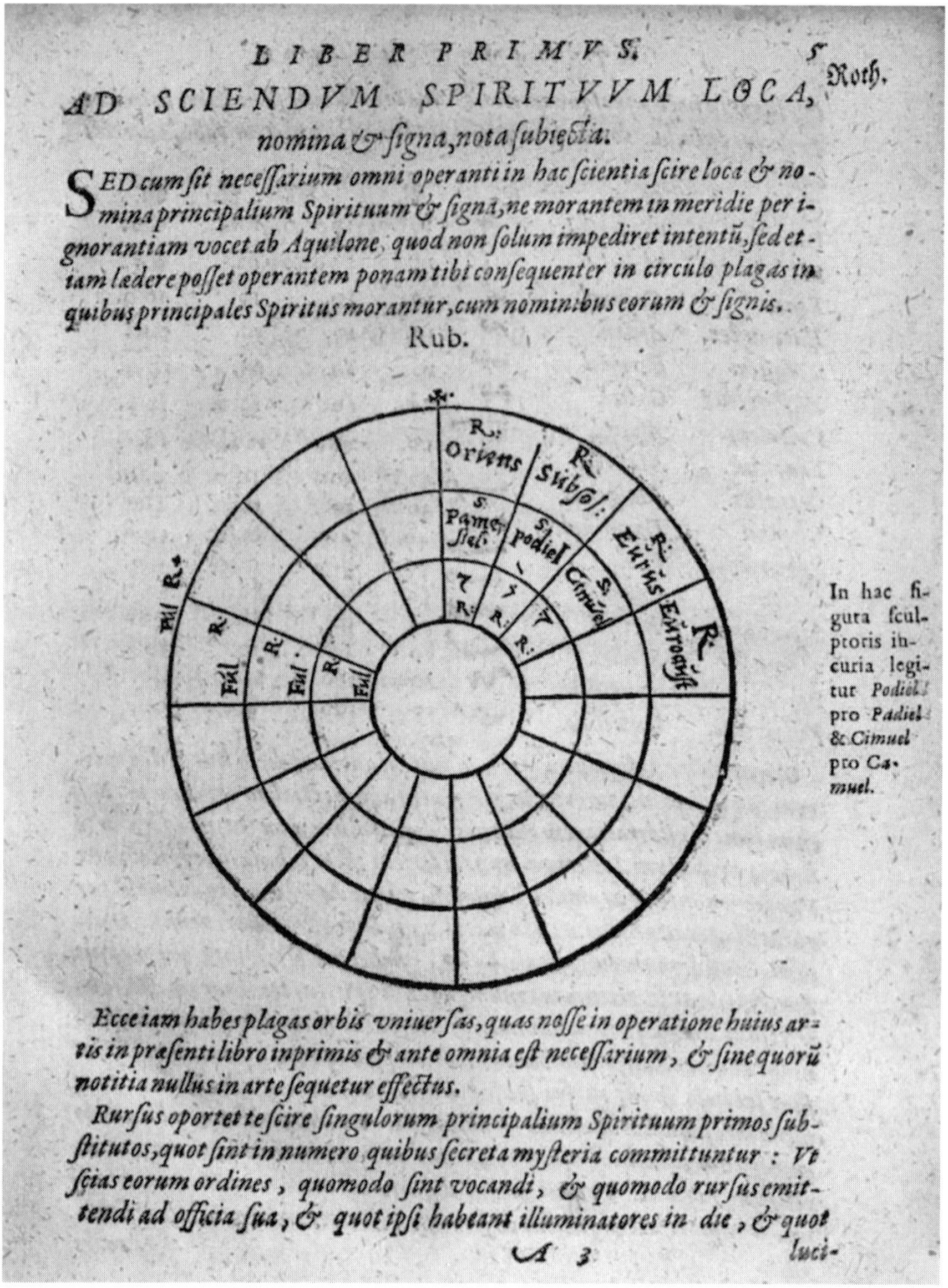
LIBER PRIMVS. 5

AD SCIENDVM SPIRITVVM LOCA, nomina & signa, nota subiecta.

SED cum ſit neceſſarium omni operanti in hac ſcientia ſcire loca & nomina principalium Spirituum & ſigna, ne morantem in meridie per ignorantiam vocet ab Aquilone, quod non ſolum impediret intentũ, ſed etiam lædere poſſet operantem ponam tibi conſequenter in circulo plagas in quibus principales Spiritus morantur, cum nominibus eorum & ſignis.

In hac figura ſculptoris incuria legitur Podiel pro Padiel & Cimuel pro Camuel.

Ecce iam habes plagas orbis vniuerſas, quas noſſe in operatione huius artis in præſenti libro inprimis & ante omnia eſt neceſſarium, & ſine quorũ notitia nullus in arte ſequetur effectus.

Rurſus oportet te ſcire ſingulorum principalium Spirituum primos ſubſtitutos, quot ſint in numero quibus ſecreta myſteria committuntur: Vt ſcias eorum ordines, quomodo ſint vocandi, & quomodo rurſus emittendi ad officia ſua, & quot ipſi habeant illuminatores in die, & quot luci-

A 3

トリテミウス『秘文字 *Steganographia; Hoc est; Ars per Occultam scripturam animi sui voluntatem absentibus*』
1608年の刊本（フランクフルト）より「諸霊の居場所、それらの名としるしの数々」（p.5）
傍註に円輪内の Podiel は Padiel、Cimuel は Camuel の誤植とある。また随所に見られる Fúl R. は原図作者による「以下同様に埋めよ」という指示と思われるが、図版作者はそれを解しなかったものか（本章末、p.150の表参照）。いずれにせよ、もちろんアグリッパもヴァイアーもこれを刷本でなく手稿写本で読んだものだろう。

医師、手練の文筆家であったヴァイアーは憎むべき魔女裁判に対し、アグリッパの大胆で決然とした闘いを引き継ぐことになる。これは十六世紀に頻繁に行われたものだったが、プロストも「彼はこの難題に対し、アグリッパの賢慮と人間性を引き継ぐに足る人物であった」と認めている。ヴァイアーはその著作において、魔女に対する一般の考えが根拠ない狂騒であることを巧みに説いてみせている。それは異端審問裁判の虚飾であり、誹謗であり、拷問と火刑という不正である。キリスト教はこの恐怖から早く逃れ出るがよいと語るヴァイアーの著作こそ、アグリッパの勇気ある行為の後継者にふさわしいものである。

一五三五年、ヴァイアーはまだ師と一緒にボンにいた。アグリッパの最晩年について僅かながら教えてくれるのはヴァイアーである。一五三五年、アグリッパはリヨンに赴き、王フランソワ一世に捕えられ投獄される。王母を蔑することを彼が書いたからだった、とヴァイアーは言う。しかし友人たちの仲裁と請願により、彼はまもなく解放される。ルフランは、このリヨンでの幽閉の真の理由を一五三五年三月二日にソルボンヌの神学者たちによって『虚しさについて』が断罪されたことに求めるべきだと考えている。実際この日、ソルボンヌではこの書が聖像崇拝反対、教会祝日や典礼への反論、聖なる教会法に対する冒瀆とルター主義に汚染されたものであると宣告し、公衆の面前で焚書にすべく断罪している。ソルボンヌの神学部が『ガルガンチュア』を検閲した時、ラブレーがリヨンから逃げ出したことを引き合いに出し、ルフラン[23]はアグリッパがグルノーブルへ旅に出たことをこれと同様に考えている。この町で一五三五年、アグリッパは高貴さと煩悶のうちにその短い生涯を閉じた。碩学グイ・アラール[24]によれば、彼はフランス王国議会議長でグルノーブル在であったフランソワ・ド・ヴァションのもとに寄寓している間、一五三五年に亡くなったということになる。コリエール[25]によれば、アグリッパはヴァションのもとにしばらく留まった後、議会参事フェランの家で亡くなったという。

(21) Calvino, *Traité des scandales* (1550), ed. 1566, p. 1182, in *Recueil de opuscules de Calvin* (ed. Th. De Bèze).
(22) Johann Weier, 1515-1588. 147頁の図は六十歳のヴァイアーの肖像画。
(23) Abel Lefranc, *Rabelais et Cornelius Agrippa, in Melanges offerts a M. E. Picot,* 1913, vol. II, p. 477.
(24) Guy Allard, *Bibliothèque du Dauphiné* (1680).
(25) Chorier Nicolas, *La jurisprudence du celebre conseiller et jurisconsulte Guy Pape,* Lyon 1672.

彼の亡骸はグルノーブルの説教修道会《ドメニコ》の教会に埋葬されたが、狂信的キリスト教徒はその骨をも平安にしてはおかなかった。この教会墓地は十六世紀の宗教戦争の渦中、この教会が破壊された時に暴かれた。この破壊と冒瀆のなかでアグリッパの遺骨も散逸したのだった。

トリテミウス『秘文字 *Steganographia*』
前掲図版（本書 p.148）の記述内容

「諸霊の居場所、それらの名としるしの数々」

「この知識を実修する者は、北の諸霊を召喚するために南に向かって祈禱を捧げるようなことがないように（それは実修を妨げるばかりか、人々を損なうことにもなりかねない）、主要な諸霊の場所、名、特徴的なしるしを知らねばならない。そこでここに主要な諸霊が住まう領域を指し示し、それらの名としるしを付した魔術的な円輪を掲げる。

（円輪図）

このように本書の業を援用して汝は大地のすべての領域を描出できる。これを識ることなくしては、この魔術実修において効力を起こすことはできない。

つづいて、これら主要諸霊を置き換えるそれぞれの数、それらにいずれの玄義が委ねられ、どの秘密の啓示が与えられるかを汝は知らねばならない。それらの序列（秩序）はどのようになっており、それらはどのように召喚されねばならないか、それらの務めはどのように果たされるかを。光を愛するものたちが日中にどれだけ存し、闇を愛するものたちが夜間にどれだけ存し、これらの敵たちがどれほど存するかを。これらすべては以下に表示される通り、云々。」

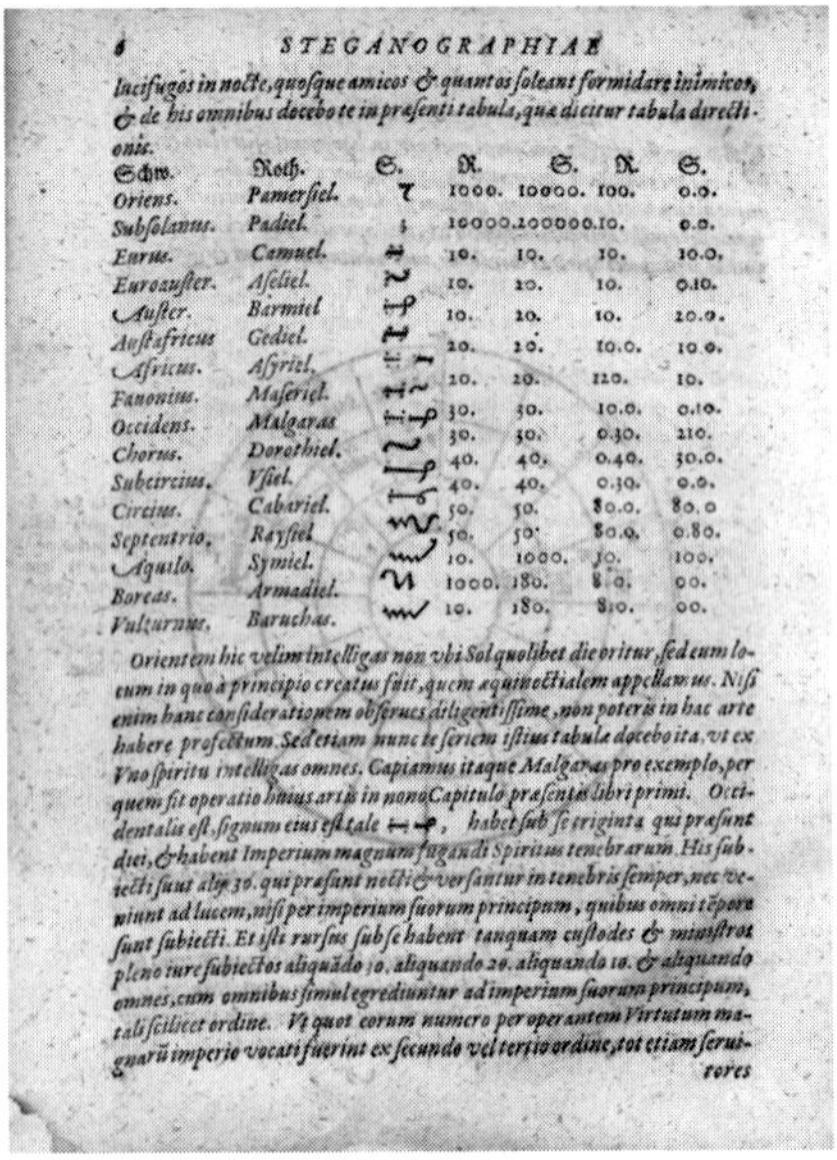

6 STEGANOGRAPHIAE

lucifugos in nocte, quosque amicos & quantos soleant formidare inimicos, & de his omnibus docebo te in praesenti tabula, quae dicitur tabula directionis.

Schw.	Roth.	S.	N.	S.	N.	S.
Oriens.	Pamersiel.		1000.	10000.	100.	0.0.
Subsolanus.	Padiel.		10000.	200000.	10.	0.0.
Eurus.	Camuel.		10.	10.	10.	10.0.
Euroauster.	Aseltel.		10.	20.	10.	0.10.
Auster.	Barmiel		10.	20.	10.	20.0.
Austafricus	Gediel.		20.	20.	10.0.	10.0.
Africus.	Asyriel.		20.	20.	120.	10.
Fauonius.	Maseriel.		30.	30.	10.0.	0.10.
Occidens.	Malgaras		30.	30.	0.30.	210.
Chorus.	Dorothiel.		40.	40.	0.40.	30.0.
Subcircius.	Vsiel.		40.	40.	0.30.	0.0.
Circius.	Cabariel.		50.	50.	80.0.	80.0
Septentrio.	Raysiel		50.	50.	80.0.	0.80.
Aquilo.	Symiel.		10.	1000.	30.	100.
Boreas.	Armadiel.		1000.	180.	8.0.	00.
Vulturnus.	Baruchas.		10.	180.	8.0.	00.

Orientem hic velim intelligas non vbi Sol quolibet die oritur, sed eum locum in quo à principio creatus fuit, quem aequinoctialem appellamus. Nisi enim hanc considerationem obserues diligentissime, non poteris in hac arte habere profectum. Sed etiam nunc te seriem istius tabulae docebo ita, vt ex Vno spiritu intelligas omnes. Capiamus itaque Malgaras pro exemplo, per quem fit operatio huius artis in nono Capitulo praesentis libri primi. Occidentalis est, signum eius est tale , habet sub se triginta qui praesunt diei, & habent Imperium magnum fugandi Spiritus tenebrarum. His subiecti sunt alij 30. qui praesunt nocti & versantur in tenebris semper, nec veniunt ad lucem, nisi per imperium suorum principum, quibus omni tẽpore sunt subiecti. Et isti rursus sub se habent tanquam custodes & ministros pleno iure subiectos aliquãdo 10. aliquando 20. aliquando 10. & aliquando omnes, cum omnibus simul egrediuntur ad imperium suorum principum, tali scilicet ordine. Vt quot eorum numero per operantem Virtutum magnarũ imperio vocati fuerint ex secundo vel tertio ordine, tot etiam seruitores

第III章　魔術の鍵

LA CHIAVE DELLA MAGIA

アグリッパとトリテミウス

『オカルト哲学』を了解するためには、著者が第三書の最終章で言うように、鍵を持っていなければならない（*Ep.* III, 56; V, 14）。しかし今日までこの魔術の古典的論考に専心してきた者たちはほぼ例外なしに、その鍵を探すことがないばかりか、この業に対する熟達も特別な準備もなしてこなかった。それにもかかわらず彼らはこの書に対して否定的で厳しい判定をして憚らない。それはこれの内容を彼らの哲学的、宗教的信条に照らして見たものであり、あるいは現代の科学的思索および知解をよりどころとしてなされたものである。

　われわれとしては著者とその著作を断罪する前に、すくなくともそれを十分に理解すべきと考える。著者自身がこの書は晦渋で難解であると言っていること（第一書1章）をわれわれは知っているにせよ、この神秘的な書に自らおよび友人たちのため、アグリッパは鍵を準備したという。もちろんこの企ては単純なものではなかった。ここで読者の援けとして、主としてこの著者の文書群から幾つかの要素を拾い出しておくことにしよう。その際立った句節に解説を加えることで、この著作の本質的な部分がよりよく知解されることになるだろう。

　『オカルト哲学』三書は同時に公刊されたものではない。アグリッパは嵐のような動乱の生活の中で、修道士や神学者たちが彼に与えた困難によってこれを阻まれたのだった。第一書は単独で一五三一年に公刊され、他の二書は第一書と一緒に一五三三年に印行された。著者の死の二年前に。

　ヘンリクス・コルネリウス・アグリッパは、すでに夥しい数の写本でヨーロッパ中に流布していた『オカルト哲学』の一五三一年版の印刷刊行にあたり（また後版にも掲載された）、一五三二年一月（新暦）に帝国属州低地地方の州都メヘレン（メクリニア Mechlinia）からケルン大司教にして神聖ローマ帝国選帝侯、ローマ教皇使節ヘルマン・フォン・ヴィートへの献呈書簡をその巻頭に掲げている。

この書簡でアグリッパは、若い頃に『オカルト哲学あるいは魔術について』の諸書を著したが、長いことこれを忘却していたが、やっとこれを完成しようと思うに到った、と記している。これは「古く難解な教説についての書ではあるが新たな著作である。これはわたしの若書きであるが、その教説はたいへん古く、これまで誰も修復してみようとしなかったもの……しかし若書きのままではなく、現下書きおろしたものでもないが、わたしは数々の過ちを矯し、加筆したばかりか、新たに幾つもの章を追加した」と書いている。

実際、一五〇九年つまりアグリッパが二十三歳の時には、すでに『オカルト哲学』の最初の二書はほぼ完成していた。第三書はおおよそ二十年にわたり下書き手稿の状態のままだった。一五一〇年初頭、アグリッパはこの著作の写しを有名なベネディクト会大修道院長トリテミウスに送り届けている。この人物は魔術、比較言語、書写術（秘文字）にかかわる重要で大いに評価された著作の著者で、シュポンハイム大修道院長を経てこの時期にはヴュルツブルク（ヘルビポリス Herbipolis）大修道院長で、錬金術、魔術、カバラ学その他オカルト学に属する主題に造詣が深かった。

この時アグリッパは手稿とともにトリテミウスに書簡を送った。そこで彼はヴュルツブルクでの面会の折の「錬金術、魔術、カバラその他秘された知識のすべて」にかかわる会話で、「古の哲学者たちにたいへん評価され、古の賢者たち詩人たちに敬われた魔術が、なぜ初期の教会博士たちには疑惑の目で見られ憎まれ、早々に神学者たちによって峻拒され、教会法によって断罪され、諸法によって放逐されることになったのか」と質問したことを想起している。アグリッパはつづける。「その唯一の理由は、わたしには時と人々の堕落によるものと思われる。その名にふさわしからざる贋哲学者たち、魔術師《マグス》たちのせいで、忌むべき迷信や呪わしい儀礼が導入され、神[1]への蔑視が積み重ねられて正統な信仰に対する冒瀆により道徳的破滅がもたらされ、さらに現下みられるように断罪すべき書物が印行されていたるところに蔓延した結果である。じつにこれらには尊重すべき魔術《マギア》という名が不適切にもその表題とされている。これによって彼らの妄想になんらかの信憑性を与えようとして、彼らは魔術という聖なる名を誠実な人々の憎悪の対象となし、賢者たちに対する深刻な告発の源となすにいたったのだった。いまや自らの教説や著作によってアプレイウスが言うように天を降ろし、大地をもちあげ、泉を涸らし、山を割り、またホメロス、ヴィルギリウス、ルカヌスが言うような奇瑞のすべてを自らなすことができると人々に吹聴する者など、よほど鄙の婦女でもなければ誰もないだろう」。

「崇高にして聖なる教説に対するこうした忌わしい犯罪に復讐するように、その総体性と純粋さを称揚する者をどこにも見出せないのは、わたしにとっては驚きであり、屈辱である。これをなす意志を表明したロジャー・ベイコン[2]、ロベルトゥス・アングリクス[3]、アバノのペトルス[4]、アルベルトゥス・テウトニコス[5]、アルナルド・ダ・ヴィラノーヴァ[6]、アンセルムス・ディ・パルマ[7]、ピスカトリクス・デ・スパーニャ[8]、チェッコ・ダスコリ[9]その他の者たちも、われ

（1）ここで「神」を小文字で書く（「」で特記しなかった）のは、アグリッパの奇妙な習慣に準じたもの。

（2）アグリッパはこれらの著者を周知のものとして引いているが、すこしだけ彼らに関する知見を挙げておく。ロジャー・ベイコン（Doctor Admirabilis, 1214-1292）は哲学者、医師、錬金術師、算術家、星学者で、実験的手法に執着してアリストテレスに反論した最初の人とされる。大砲の粉の組成を知り、レンズの理論と実践に長けていた。彼の自然学的実験は悪魔の業とみなされ、魔術師として告発され、十年間幽閉された。彼の著作もまた「危険で疑わしい新機軸」を含んでいるといって断罪された。彼は櫂なしの航海、自動走行車、空を飛ぶ機構を予見した（*De Secretis Operibus*, Hamburgi, 1618, pp. 37-38）。死の床での最後の言葉は「無知を破壊しようと努めたことをわたしは後悔する」。

（3）ロベルトゥス・アングリクスはおそらく十三世紀のリンカーンの司教（ロベルトゥス・グロステスタ）。悪魔学者の中には彼を魔術師と呼んだものもある。イングランドの詩人ジャン・ガウアーによれば、彼は巫言を語る青銅製の頭像をつくった。

（4）アバノのペトルスあるいはペトルス・アポネンシス Petrus de Aponoは一三一二年六十歳で死んだ医師にして哲学者。錬金術や占星術の多数の著作を著した。『ヘプタメロン』は一四七四年にパリで初めて印行され、のちに『オカルト哲学第四書』に収められることになる〔本書第I部を参照〕。異端審問で、七自由学芸を硝子の瓶に封じ込められた七つの霊から教授されたとして、魔術師と断罪された。審問中に死に、火刑を免れたが、異端審問官はペトルスの友が火刑を避けるために埋めた死体を掘り起こして燃やさせた。

（5）アルベルトゥス・テウトニコスは或る錬金術論者の著者名として用いられ、これは、アルベルトゥス・マグヌスの著作として（*Opera*, Lione 1651, vol. XXI）に収められている。アルベルトゥス・マグヌスは語る青銅の頭像をつくったと言われ、アグリッパ自身『虚しさについて *De Vanitate*』でこれを語っている。

（6）アルナルド・ダ・ヴィラノーヴァは一三一九年没。有名な錬金術師。悪魔と交渉した廉で告発され、タラゴナの大司教に迫害された。

（7）パルマのアンセルムスはおそらくバルトロメオ・デッラ・ロッカ（コクレス Cocles）がその『キロマンティア（手相）とフィジオノミア（観相）』(Bologna 1504）で称賛した大哲学者。あるいはヴァイアー、デル・リオその他の悪魔学者たちが譴責している者。ノーデはその『弁明 *Apologie*』一四章（ed. 1653, p. 372）でパルマのアンセルムスを妖術師にして蠱惑術師と称している。彼は自らの名から、emsalm stes つまり怪我を癒すものと称したからと悪魔学者たちは言っている。

われに魔術を説くのではなく、価値のない不適切な迷信の異様さを説いてみせるだけである」。

「わたしは義憤に駆られ、大胆な探索者として自然本性の緒玄義を讃嘆するただしい情動をもって、ここに古の魔《マギ》術《ア》、賢者たちの教えから不敬な過誤を清め、堅固な基礎の上にこれを再建することは褒めるべき業であると信じる」。

アグリッパは言う、「わたしは長きにわたりこの考えを抱いてきたが、あえてこれに踏みとどまることをしなかった。しかしヴュルツブルグでこれについてわれわれが会話した折のあなたの勧めがわたしを啓明し、あなたの促しがわたしの勇気に火を点け、わたしは著作にとりかかる決心をしたのだった。すでに評価されている諸書から採られたものであると嘯く数しれぬ贋知識の闇を追い払うべく、わたしは誠実な哲学者たちの見解に依拠した。そしてこれまでに三巻の書を著した。そこには魔術のすべてがみつかる。表題は語の信頼度を鑑みて『オカルト哲学』とした。貴兄にこれをお送りするので、そこに何か真実および信仰に反するところがあるかどうか見直し、矯していただきたい。そこにはなにも有害なものはないことを確かめるとともに、隠さず助言を賜りたい。貴兄が裁可してくださるなら、わたしの著作は公刊され、後代の者たちの判断に委ねられるにふさわしいものとなるだろうから。敬具。わたしの軽率な企てをご海容ください」(*Ep.* I, 23)。

アグリッパはトリテミウスの庇護を求め、二十代の若者の遠慮をもってこの高名なベネディクト会士の権威を認める一方、抜け目なく自らの最初の手稿、彼の根本的な著作の運命の二十五年にわたる保証として利用しようとしている。実際、シュポンハイム大修道院長の裁可はすくなからざる効力を発揮する裏書となり、たしかにアグリッパが予見していた神学者たち異端審問官たちからの異端の著作および妖術の著者という告発に対する通行証ともなり得るものだった。

今日同様、当時も魔術について書き散らす無知な群衆があり、その名を穢してきた。当時も今日のように、魔術知識の真の追随者たちは毛嫌いされ、無知な者たちと一纏めにされ、零落者 detraques、夢想家、いかさま師と呼ばれた。二十歳を過ぎたばかりの著作家の提言は尊大であるばかりか大胆不敵なものだった。古の魔術《マギア》を、古賢たちの教えを堅牢な基礎の上に復興しよう、と。

アグリッパのこの書簡にトリテミウスは一五一〇年四月八日、賞賛に満ちた返書を送っている(*Ep.* I, 24)。これはこの著作の初期刊本(一五三一、一五三三、一五五〇)に掲載されている。トリテミウスはアグリッパの稀にみる学識に、造詣深い人々の多くにすら秘された秘密の数々、秘鑰《アルカナ》の数々にこれほどの若さで精通していることに驚嘆を隠さない。彼はこの著作を裁可するとともに、俗事は俗人に教え、より高い秘鑰《アルカナ》は最も秘密の友や選ばれた者にだけ伝えよ、という格言を守るように勧告している。「干し草は牛に、砂糖は鸚鵡にだけ。他の者たちのように身をさらして牛に蹴られることのないように」。アグリッパは格言の前半を驚くほど慎重に守った。読者は『オカルト哲学』を読むにあたってこれを忘れてはならない。しかし格言の後半に関しては、この慎重にふるまえという勧告に対して、彼がどのようにふるまったかをわれわれは知っている。彼の友たちは彼の攻撃的で向こう見ずな気質を抑えさせた方がいいと感じていた。チェッコ・ダスコリのような結末を迎えないように努めるにせよ、トリテミウスが言う牛の蹴りをつねに避けることができる訳ではないが。

アグリッパのまた別の友も、一五一四年、彼に同じような賢い忠告をしている。アグリッパが自らの家の壁に美しいヘルメスの像を描かせたのを知ったこの友は、アグリッパにこう書き送っている（*Ep.* I, 42）。この像を警戒し、この不安定な欺きの神に注意するように。これが怒る（興奮する）時、燃える炭に鞴で息を吹きかけてはならない、と。これは明らかに錬金術を暗示しており、この炭火は変性術の哲学の竈に他ならない。換言するなら、親しい若者よ、大胆なアグリッパよ、気をつけろ、われわれのいわゆる隣人の胸中またその口には、激しいキリスト教徒の愛と慈悲の炎が燃え盛っている。聖なるキリスト教の異端審問の火刑台に火をつけるには、きっかけなど何も必要がない。

この若き日の最初の『オカルト哲学』は手稿としてイタリア、フランス、ゲルマニアに流布し、いたるところでおおきな関心と讃嘆を呼び起こし、アグリッパは魔術師にして賢者の声望に包まれた。アグリッパと書簡のやり取りをした某は一五二三年（*Ep.* III, 55）、「パヴィア大学を訪れた折、そこにアグリッパの思い出を見つけ、その自然本性の緒玄義にかかわる知識の深みを覗くことを得た。そこであらゆる知識の泉である自然魔術論考を実見した」と書き送って

（8） Piscatrix di Spagna あるいは Picatris、十三世紀の医師〔アグリッパは人名として列記しているが、これはいわゆる『ピカトリクス』という書名。ルネサンス期には特にピカトリクスは魔術博士の名として流通してきた。邦訳『ピカトリクス』付録「ピカトリクスを読むために」参照。〕

（9） チェッコ・ダスコリ Cecco d'Ascoli の名は『オカルト哲学』の後代の版では略されている。本名フランチェスコ・スタビリ Francesco Stabili。占星術師にして詩人。占星術書『アチェルバ *Acerva*』は異端書として一三二七年異端審問によりフィレンツェで焚書とされた。

いる。[10]

この書簡にアグリッパは返書を送っている（*Ep.* III, 56)。彼の若書きの『オカルト哲学』の目次はすでに大幅に加筆されていたが、これがさらに増補されることになる。そして「わたし自身と友たちのためのすべての交渉の鍵、汝もそのひとりであることを疑ってはならない（clavem totius negotii mihi, amicisque quorum te unum ne dubites, reservo）。これをみなに知らせるのは犯罪であり冒瀆である。これは文書をもって伝えられる（traditur）ものでなく、霊によって霊へと注がれるものである（sed spiritui per spiritum infunditur）」と書き加えられる。

プロストはこれを「本書の鍵」と訳しているが、これは本書の鍵であるばかりでなく、隠秘《オカルト》哲学そのものあるいは本書の主題である魔術の鍵であり、「すべての交渉」の鍵である。

これの解読はたいへん重要である。これについてはアグリッパ自身の重要な二書簡で完全に確認されている。これらは四年後（一五二七）に書かれたもので、彼の親しいイタリア人の友で、アンヴェルサ《アントワープ》に住むアウグスティヌス会士の神学マギステル、アウレリウス・ダ・アクアペンデンテに宛てられた。彼はこの書簡を受け取って以来、アグリッパの友にして弟子となった。

アウレリウス・ダ・アクアペンデンテ宛の二通の書簡

これら二通の書簡の重要性についてはベールも識るところとなり、彼の『百科全書 *Dictionnaire*』にその一部を再掲している。またアグリッパの伝記作者オーギュスト・プロストは彼の著作中に幾分不正確な異文《ヴァージョン》を載せている。これらはアグリッパ書簡集に載せられている（*Ep.* V, 14; V, 19）。アグリッパ自身これらの重要性を認めており、また『オカルト哲学』初版（一五三三）の末尾pp. 317-349に収められた。さらにアグリッパはこれをその前に公刊している。一五三二年ケルンで公刊されたアグリッパの小品集『女性性の高貴と卓越について *De nobilitate et praecellentia foeminei sexus*』にはアグリッパの他の六著作が合冊され、末尾に十三書簡が付されたが、その最初の二書簡がまさにアウレリウス宛のものである。この刊本ではアウレリウスの名はなく、ただ宗教者の友へ（ad quendam religiosum amicum）と記されているだけである。『女性性の高貴と卓越について』の一五二九年版にもこれらが収めているかどうかは不詳。[11]

プロストはこれらの委細については何も記していないが、アグリッパ自身これら二通の書簡の重要性を認め、『オカルト哲学』にこれを載せる前に公刊したことに意味を見出している。この書簡は司祭アウレリウスがアグリッパに送った讃嘆の書簡に対して書かれたもので、アグリッパがこの未知の称讃者に返答として送ったもの。ここにはラテン語本文から訳出することにしたい。というのも容易に観てとれるようにプロストの仏訳は十分忠実なものではなく、この伝記作者は原文に慎重に表現された隠された意味をとらえることができていないから。

　アグリッパは書いている。

　本月（一五二七年九月）二日付けの貴兄の書簡により、司祭殿の純粋無垢なこころを知ることができた。それに貴兄の霊の造詣の程を、またいまだ闇に隠されていることを探究するこころがけを。貴兄のような人との友情を得たことはわたしを歓ばせ、ここにわたしはすこしばかり胸襟を開くことになった。この手紙に誓って貴兄を親しい友たちの一員に迎える。だが、いったい汝が後を追う導きとは何だろう。汝は恐ろしいミノスの小道を進み、パルケーを信頼して、あえて戻ることのできないダイダロスの館へ入るだろうか。汝の師たちはどうだろうか。あるいは汝は膨大な（はかりがたい）ものに向かい、彷徨うものを安定性のうちにあえて拘束し、不忠なるものを忠実となし、すべての神の中でもっとも儚いアドラスティアのように安定（一定）したものとするのだろうか。(12) 欺かれたものたちに欺かれないように注意したまえ。じつのところ書物のおおいなる解釈に役に立つものではないだろうし、これらは純粋な謎《エニグマ》より他の音を発するものではない。これら魔術の業の抗しがたい権能について、占星術の

（10）この写本を探したが、パヴィア大学の写本目録にはみあたらない。

（11）〔BNF 架蔵本（一五二九年版）には収められていないようす。*Henrici Cornelii Agrippae De nobilitate et praecellentia foeminei sexus* ... | Gallica (bnf.fr) https://gallica.bnf.fr/ark:/12148/bpt6k71692s.〕

（12）この一節をプロストは飛ばしている。明らかに彼は隠秘的《ヘルメス》なこの句を理解しなかった。「揮発するものを固着させる（彷徨うものを安定させる）」とは、伝説的なエメラルド板以来、ヘルメス学的象徴論の語彙に属す句であり、神々の中でもっとも儚い（素早い）のはヘルメス、つまりユピテルの使者、魂の導き手で、これは錬金術においては流動するメルクリウス、生銀、賢者のメルクリウスを得るために固着させねばならない「逃散する（揮発性の）銀」に相当する。またこれは人の内にあらわれる上位なる神的な知解であり、これ（人）と合して（合金となって）固着される必要がある。これによってつかの間の「揮発・逃散）性の」人の知解は秘儀的に安定し永続するそれ（上位の神的な知解）と繋がれる。ここで採用した錬金術的象徴論は、人の儚さと秘儀的な安定性について語るところでみることになる語源論的寓意、つまり伝統的な専門用語に固有であるだけでなく古典的な諸玄義の儀礼的な用語における寓意と完全に一致する。アドラスティアはネメシスであり、同害刑法である、とアグリッパは『オカルト哲学』（Lib. III, 41）のはじめで言っている。

奇瑞について、錬金術の驚くべき変性について、ミダスのようにもっとも卑しい諸金属を黄金と銀に変えるその貴い賢者の石についてはは数多の書物に読み取られる通り。これらを文字通りに採るなら、すべては虚しい嘘、贋としてあらわれる（に見える）。それは重々しい（深刻な）哲学者たちや聖なる人々によって書かれ伝えられてきたものではなく、だれもわれわれに伝えられた教えが贋だとは敢えて言わないだろう。これらが嘘を書いたものだなどと誰が信じるだろうか。すべての意味は文字の意味とはまったく違うものである。[13]これはさまざまな玄義（神秘）によって覆いをかけられており、師たちは誰もこれを明快に説明してはいない。はたして卓越した信頼のおける師の援けなしに、あるいは僅かのものにしか授けられない神性による照明なしに、書物の読書だけを頼りにそのような意味を把握できる者がいるのかどうか。自然本性のこうした秘中の秘鑰を追うことに努める多くの者たちの虚しい努力に、諸文書の講釈の赤裸な連鎖が援用される。というのも才知だけで何の奇瑞にも守られず、偽りの想像の数々のうちに落ちて真の知性から遠ざかり、欺きと外面的な霊たちの巧緻に誘われるうち、これら（霊たち）は支配されてあるものたちの危険な従者（使役）となる。

そしてこれらは自らを無視して、自らうちにもつものを自らの外に探しつつ、これらの群れの後を追っていく。これこそここで汝に知ってほしいことである。というのもわれわれの中にはすべての成果と驚異的なできごとの操作者があり、この操作者は驚くべき算術家たち、奇瑞を起こす魔術師たち、自然本性の執拗な追及者たち、悪魔たちも約束するのを憚るような最悪の降霊術師たちを識別し、なにごとをも完遂することができる。ここには何の犯罪もなく、神を侮辱することも、信仰を損なうこともない。この驚異的なことの操作者はわれわれの中にある、と言明しよう。

タルタラ（冥府）はわれわれのうちにあるのではなく、かといって天の星辰にでもない。霊がそれをわれわれのうちに育む（待望する）のである。[14]

これについては対面で長く論じなければならないだろう。というのもこれについては文字に委ねることができないし、筆をもって書くこともできないから。これは僅かな至聖なる（適切な）言葉で霊から霊へと注がれることで、汝に到来することになるだろう。汝がわたしに問うた諸書のうち、或るものは所蔵しているがそれ以上ではない。『オカルト哲学』という表題のわたしの若書きの著作がある。そのはじめの二書は未完、第三書はほんのわずかの梗概以外にはまだ書かれていない。主のご加護を得てそのうちにこの著作の全体が正しくできあがることだろう。いずれにしてもこの業《オ》（著作《ペラ》）の鍵[15]はわたしの親しい友たちのために秘匿される。汝にも秘匿されているなどと疑うことのないように。敬具。一五二七年九月二十三日（*Ep.* V, 14）。

このすべてをプロストは詐欺《いかさま》に他ならないとしている。ヘルメス・トリスメギストスが彼を許したまいますように。彼はこれを機に乗じて友誼を結ぼうとする、目端の利いた狡い算段に過ぎない、と言う。しかし司祭アウレリウス・ダ・アクアペンデンテはアグリッパのラテン語を十分に理解していた。彼は熱烈な返書を送り、完全な秘儀参入の儀礼を受けたいと願い出た。「それはわたしにとっては天に入るにも等しいことになるでしょう」(*Ep.* 17, 16)[16]、と。

（13）このように決然とした宣言に対しては、「錬金術師たちの夢」を嗤う権利を感じる科学者たちのことを反省してみなければならない。前註はその一部を示している。

（14）Nos habitat non Tartara, sed nec sidera coeli / Spiritus in nobis qui viget illa facit.

（15）ここで opera という語は、アグリッパの著作である『オカルト哲学』の書をも、成し遂げられるべき業、ヘルメス主義の「おおいなる業」をも指し示している。他の個所からも分かるように、この曖昧語法はアグリッパが望んだもの。これについては後述するが、clavem totius negotii という表現がすでに見た *Ep.* III, 56 にもある。

アグリッパはすぐさま第二の書簡を書き送っている。これまた先のものに劣らず興味深いものなので、原本から訳出してみよう。

尊師よ、貴方の素晴らしい（人間味あふれた）書簡は貴方のこころを鏡に映すように垣間見させてくれた。諸手を挙げて歓迎しよう。わたしは一通の書簡が示すことができるところよりもずっと貴方を親しく感じているのを理解してほしい。こころから貴方のことを想いつつ、この ex abundantia cordis（こころの震え、こころから溢れることば）を書き連ねている。わたしは通常どんな難局に当たっても、友情に関しては決して放棄するようなことはない。それゆえわたしは貴方の信頼にすぐにも応えたい。わたしも同じ思いだから。われわれが直接生き生きと語り合うことができるなら、われわれ

（16）これはヘルメス主義的な「天の哲学 coelum philosophorum」、イエスの「天の国」のこと。司祭アウレリウスはそこに鍵を待ち望んだのだった。教皇からではなく、アグリッパから。

の友情は解消しがたいものとなり、永遠につづくことだろう。貴方が望む哲学について貴方に知ってほしいのは、これが万物の制作者 opifice である神そのものを知ることであり、汝が神そのものに変じ化することによって（あるいは本質的な接触もしくは絆によって）似像 similitudine に、想像力の内で神に移行することに他ならないということ。神がモーゼにこう言われたように。汝のためにわたしはファラオの神を造った。汝は知っておくがよい。これが真の驚異的な業である哲学のもっとも隠秘な総体である。その鍵は知性[17]。実際、われわれの得る知性（われわれの知性のはたらきによって得られる知解《ものども》）が高ければ高いほど、われわれに付与される諸力能（徳 virtutes）はより高くなり、われわれの業《はたらき》が偉大なものとなればなるほど、われわれの業《はたらき》は容易となり、より効力を発揮する。われわれの知性は壊敗性の肉身に包摂されているので、肉身を超えるのでなければ、それ固有の自然本性と調和し（から離れ？）、諸力能と合することができなければ（それ（知性）はそれに類同なものとでなければ合する（凝集する）ことができないから）、神のもっとも隠秘なことどもまたわれわれが探求せねばならない自然本性の秘密の数々と合するのでなければ、まったくはたらかない。「（上へ出よ）気の息の（上へ）、これが大いなる企図にして労苦」[18]。実際、死すべき定めの者の灰と塵の中に自らを失う者が、どうして神を見出すことができるだろうか。肉と血の中に沈んだまま、どのようにして霊的なものたちを捉えることができるだろう。人は主をまのあたりにして生きつづけることができるのだろうか。一粒の小麦がまず死なないなら、どうして実りをもたらすことができるだろう[19]。この秘密に分け入ろうとするなら、死ぬことが不可欠、つまり肉身の死。そしてすべての感覚の、動物（感覚）的な人のすべての死が。身体が魂から分かれる separetur のではなく、魂が身体を放棄する relinquat[20]。この死について、パウロはコロサイ人たちに「汝らは死に、汝らの生はキリストともに隠された」[21]と書き送った。また別の個所ではよりはっきりと自身のことを語っている。「人が第三天にまで攫われたということは分かっている。それが身体の中のことであったのか身体の外にかは分からない。それは神のみが知ること[22]。その他は追随するだけ。主の前でこの高貴な死を死なねばならない。これはほんのわずかの者たちにしか起こらない。またこれは偶々であって、いつも起こるというものでもない。というのも、「同じようにユピテルに愛された者たちはアイテールの燃え盛る力能にもち上げられ、神々の間に生まれることもできた」(23)から。まずこれらの者たちは肉と血から生まれたのではなく、神から生まれ、その自然本性の恵みと天の産生力の賜によってたちまちそれにふさわしいものとなる尊厳化 dignificari。他の者たちは功績と業《アルス》とによってそこに到ることに努める。これについては直接お会いして貴方に詳細な報告(比較)をすることにしたい(24)。この件に関して、貴方はわたしに過度の期待をしては

(17) ここで真の知性とはアグリッパが少し前に語っていたもの。つまり能動知性 νοῦς ποιητικός、知性の光 lumen intellettuale である。知性は上からはたらき、元素的な隠秘な諸力を介して、また星辰の力能を纏って、驚異的な業を成し遂げる。

(18) atque hoc opus, hic labor est, superas evadere ad auras. これはヴィルギリウスの『アエネイス』(VI, 128) の句節〔「するは一つの大事業、それは一つの大難事。……あるいは真価の卓出が (泉井久之助訳筑摩世界古典文学全集版。岩波版では「剛毅なその徳が」) 天までその名を高くした」〕。このすこし後で同じことが語られる。ここに慎重に業とは何かが語られている。ピタゴラスの第六歌およびローマ皇帝の入信儀礼の神秘的《アナゴギア》解釈を完全に了解するためにはこれより他にない、ということをアグリッパはここに明示している。

(19) この小麦粒の象徴論は、逸名の lectores unius libri が信じるように福音書の専売特許ではない。これはイシスやエレウシスの秘儀でも用いられた比喩で、ヘルメス主義においても常用される象徴であり、フリーメイソンでも用いられた。

(20) アグリッパはここでキリスト教的なことば遣いを了解させ、これを信仰の意味に採らず、特殊な意味に定義して自らの用法に適合させようと努め、その言語表現の困難さと闘おうとしている。実際、超常的な体験を夢、失神、泥酔、死としてしか体験し得ない多くの者たちにとって、これら二つの分離の相違を理解することは難しい。ここで確認されねばならないのは、身体的な反応としてではなく、内的な力能(徳)の主導によらねばならないということ。

(21) コロサイの信徒への手紙 3, 3:「あなたがたは死んだのであって、あなたがたの命は、キリストとともに神の内に隠されている」。

(22) コリントの信徒への手紙二 12, 2:「その人は十四年前、第三の天まで引き上げられたのです。体のままか、体を離れてかは知りません。神がご存じです。わたしはそのような人を知っています」。

(23) pauci quos aequus amavit Iuppiter, aut ardens evexit ad aethera virtus, diis geniti potuere.『アエネイス』VI, 130:「ユピテル神に愛せられ、あるいは真価の卓出が、天までその名を高くした、ほんのわずかの神の子ら」。virtu ardente は「哲学の火」の力能、業《はたらき》を成し遂げる霊的にして「星辰」的な炎熱。

(24) この「業《アルス》」という表現はヘルメス主義的フリーメイソン的な象徴論の特殊な用語でもあり、Ars regia はテュロスのマクシモス Massimo di Tiro の arte pastorale (司牧の業)、錬金術の ars regia (王の業)、フリーメイソンの arte reale を、また「業と知識」は変性、霊的な教化を意味する。上述した三つの範疇の第一は、「肉の欲望(意志)によって生まれたのでなく、男の欲望によって生まれたのでも女のそれによって生まれたのでもなく、神を父にもつ者」(『オカルト哲学』III, 36)。第二はおそらく「一義的に産生されたもの」(同)、霊の産生。これらは「自然本性のもっとも隠秘な秘密であり、あらためて民に発く必要はない」(同)とアグリッパは言う。

ならない、と言っておこう。わたしが一時この神的な実修を行っていたことを貴方に開陳したからといって、わたしはそれを自慢するつもりなどないし、わたしが貴方にこの業を授けることができるなどと期待しないでほしい。わたしは人の血（戦争で流された）で聖別された騎士であり、ほぼ宮廷で生きてきたのだし、愛しい妻と肉の絆で結ばれてもいる。また不安定な運命の経緯のすべて、肉身に、現世に、家庭の配慮に魅せられてきた者であることはすでに書いて来たとおりで、神々の不死という至高の賜を得たわけでもない。わたしのことは、つねに入口の前に立ったまま、入口の在処を人々に示す門衛だと思ってほしい。いずれにせよ貴方に対する愛情に欠けるところはないだろう。いまだ貴方をお迎えしていないので、貴方に何を問うべきか思い当たりません。いずれ機会が訪れれば、いつでもお迎えする準備はできています。一五二七年十一月十九日リヨンにて（*Ep.* V, 19）。

この書簡を引いた後、プロストは次のような評価を記している。「この長い書簡はたしかに興味深い。これは先のもの同様、アグリッパに充溢していた神秘的霊性《スピリトゥアリズム》の奇妙な証言となっている。キリスト教と古代異教から教説を同時に借用してみせるこの不思議な信憑は、直接アレクサンドリアのグノーシス主義の系譜に繋がるもののようにみえる。この書簡にも先のもの同様、見紛うことなく望みのままに相手の歓心を掻き立ててみせるアグリッパの秀逸な才知が認められる。さらに彼自身とその知識を高く掲げてみせる観念に細心の配慮が凝らされ、精一杯謙遜さを装っていることが分かる。こうした論議によって、期待を実現させるための要件だけは提示してみせる安易な遜り」。

このように彼はアグリッパの善意をまったく意に介さない。なかなかできることではないのに。

プロストは、アグリッパが語る秘儀参入者と師との三範疇が、単なるぺてん的な空想に発するものだと確信し、ここから彼のすべての言葉と行動を説明してみせる。

しかしアグリッパは二十歳を過ぎたころから友人たちをたいそう魅了し、常ならぬ信望を集めていたという。これは教養と知性の卓越だけでは説明のつかないことである。彼の膨大な書簡のやり取りその他彼について知られていることからは、彼の友や弟子たちの誰かが歳月の経過とともに疲弊し幻滅して、彼に叛いたり彼に対する評価を下げたといった事例は見受けられない。殊に司祭アウレリウスは彼の親友となり、忠実に献身しつづけることになる。ぺてん師が騙し、惑わし、損害を与える者のことであるとすると、「才知に長けた」ぺてん師なら誰か犠牲者を生み出したはずであり、アグリッパの敵や犠牲者が居たなら馬糞まみれの籠のような根も葉もないつくり話を吹聴する必要もなく、彼に対して牙を剝いたことだろう。誰も自分が犠牲者だと気づかせないようなぺてん師。彼にフランス王のホロスコープをつくらせぬよう声を荒げて、宮廷での彼の立場を台無しにするような犠牲者は誰も見つからない。どうやら彼は常ならぬぺてん師だった。この点については特に注意しておくべきだろう。

魔術の鍵

われわれが知る限り、真正のぺてん師はたとえ素朴な聖なる宗教体験をすらしたことがなくても、聖なる信仰にかかわることがらを教えると嘯くばかりか、定式(呪文)を唱えることができるようになるとたちまち司祭《サケルドティオ》(つまり職掌をあらわす語としてではなく、語源的に「聖性を授けられた者」として)を気取ってみせるものである。アグリッパもその生涯のうちにこうした贋司祭の徒輩に遭遇したに違いない。そればかりか彼もまたこうした者のひとりとみなされ、彼が識別した秘儀参入者の二つの範疇の一つ目に属するものとされることもあったに違いない。彼の謙遜した態度を説明するのはそれほど難しいことではない。彼は自らの見解をもちだすことを慎まねばならなかった。もしも偶々書簡が名宛て人とは違う誰かの手に落ちるようなことがあれば、それは同時代の宗教者たち、特に修道士や神学者たちの宗教信条から論われ、彼を煩わしい問題に巻き込むことになったかもしれない。

しかしかえってアグリッパはこれらの書簡を『オカルト哲学』の刊本にばかりか、これに先立って纏めて印行することで、それが司祭アウレリウスへのさもしい誘惑などではなく、別の効果を発揮することを証してみせたのだった。実際、これらの書簡は隠秘《オカルト》哲学の鍵、つまり魔術の鍵にかかわる貴重な指標を提供してくれる。

一五二四年、アグリッパは自身と友人たちのためにすべての交渉事 negotium の鍵を書き記し秘蔵した。というのもこうした交渉事を衆知のものとすることは、犯罪であり冒瀆とみなされただろうから。それにアグリッパは、これは文書で伝えられるものではなく、霊を介して霊に注がれるもの、と付言している。これと同じ表現、同じ特殊用語を用いて、彼は一五二七年の司祭アウレリウス宛書簡でこれを繰り返している。どうやらアグリッパはこれらの書簡の公刊を急に思い立ったもののようにみえる。彼の友たちが魔術の鍵についてなんらかの指標、つまり彼の書に充溢する知性を見出すことができるように。

この鍵とは何だろうか。アグリッパは『オカルト哲学』第三書3章で、「人の神化には魔術的実修のすべての鍵がある。この業《アルス》を実修するために欠かせない秘密の秘鑰《アルカナ》が」と言っている。ブルッカーは、アグリッパがこの鍵で何を意図していたのかよく分からない、と評した。「アグリッパ自身やや晦渋に、これを了解するには或る種の内的照明と至高なる光の魂への下降……が欠かせない、と言う。ここで彼が要請しているのが照明あるいはプラトン主義的な鍵であることに間違いはない。これは司祭アウレリウス宛の書簡から十分明らかである。「貴方に知ってほしいのは……」。ここから明らかなのは、彼がこの鍵をプラトン主義の後継者たちによって註釈されているものとみなしていた、ということ。これは現在にまで伝わるさまざまな文書に彼が読み取ることのできたものだった。それはただ想像によるどこか甘美な夢のようなもので、ノーデが推測したところからさほど遠くないものだった。つまり、「アグリッパは友人たちの讃嘆を得るために、彼らがこれを嗅ぎつけるように、この鍵を単に見せびらかしてみせただけである」。この推測はブルッカーの後、[25]プロストも追随しているところである。

なにも、アグリッパの「鍵」を新プラトン主義者たちのそれと並べてみせたところにブルッカーの誤ちがある、と言っているのではない。この対照はすでにアグリッパ自身が認めているところであるにせよ、そのすべてを純粋に理論的哲学的思弁に還元できるというわけではないし、彼らの考えをアグリッパが問題の「鍵」という観念の典拠としたという証拠にはならない。古代の異邦の著作家たちが同じことを知り、語っていたとアグリッパが気づいたとするなら、彼は古代の権威（典拠）に依拠して、これとの対照を強調してみせたに違いない。ブルッカーのような学者はそのような仮説を立ててはならない。それは無意識的な慢心であり、単に想像力による甘美な夢に他ならない。

このような独善的で恣意的な判断に就かない者は、純粋な論理をもってブルッカーやプロストの主張には一切根拠がないと認めなければならない。

繰り返し注意してきたように、「儀礼」や「業《アルス》」によってこの種の「実修《はたらき》」をなした個人的体験をもつ者なら、この技法によって喚起される内的現象を個人的に体験したことがある者なら、諸観念の由来を問題にするのではなく、また別のより興味深い問題を立てるに違いない。アグリッパはこの「業《アルス》」を体験知（実践的な知識）としてもっていたのか、それとも知的に明晰に解釈していただけだったのか。あるいは、アグリッパに「僅かばかりの聖なることば」を発語することによって「口授」、彼がカバラと呼ぶ伝統（伝達法）によって、これを伝える能力があったのか、と。彼のうちにはゾロアストルやヘルメスの聖なる火が燃え熾っていたのだろうか、炎が炎を拡げるように、彼はそのような火を点じ燃え上がらせることを知っていたのだろうか。

こうした問いに答えるためには、純然たる文献学や哲学の学識ではない、別の能力をもっている（権能に憑かれる）必要がある。問題の解決にあたり、われわれにはこの能力が完全に欠落している訳ではない（まだまだ断食が十分ではない）、とあえて提起しておくことにする。ここで気質として（均衡を保持するために）大祭司《ポンティフィカル》の（尊大な、架橋的な）態度をとる必要はないが、現世の評価には無関心に（世俗的なことは捨て置き）われわれは「業《アルス》の子」の伝統的な配慮（用心）を凝らさねばならない。その一方で、多言しないが、懐疑論者たちの恣意的な否認、キリスト教徒たちの有害きわまりない中傷、贋秘儀参入者たちの軽率な逸脱が野放しにされているのは残念きわまりない。いまやヘンリクス・コルネリウス・アグリッパをぺてん師山師という悪名から救い出すために、もったいぶった独善（横柄な自尊）にわれわれの穏健（謙遜）だが専門的な配慮を凝らした（卓れて慎重な）判断を対置することにしたい。

われわれの見るところ、こうした交渉《ネゴシオ》はいずれ単なる知的な想像による甘美な夢に還元できるものではない、ということを確認しておかねばならない。隠秘《オカルト》哲学あるいは魔術の鍵を与える秘密で宗教的な業、隠秘《オカルト》な儀礼の存在は現実的で歴史的なリアリティーである。わたしはこれを長年にわたる体験から断言する。言葉（世俗的に了解され意図されるところの）によって伝達することのできない隠秘《オカルト》な叡智の「口授」伝承というものがあり、いわゆる現代のオカルティスムとして喧伝される陽気で奇天烈なパロディーとしてではなく、これはいまも西欧に真面目な伝承として存する。ここからしても、アグリッパの著作や書簡にはすでに、聖なることがらにかかわる彼の知解が単なる文化教養的な知解ではなく、それが実質的に階級的、魔術的、霊的な知解として彼に取り憑いていた（彼を占拠していた）こと、彼の生はこれを中心に据えて生きられたものであったことが証されている。われわれは四世紀を隔てて、彼の誉を讃え、共感を寄せずにはいられない。これを文書群の精査だけから判断するにあたり、彼が間接的な文化教養的な知解なしに常に正確に厳密にこれを表現した、などと言うことは不

(25) Jacob Brucker, *Historia critica philosophica*, Lipsia 1743, tom. IV, p. 407.

可能である。それゆえ彼が「鍵」の伝達には霊の霊への注入が欠かせないと言うとき、つまり司祭アウレリウスにわれわれは一緒になる（いる）siano insieme のでなければならないと書く時、アグリッパはぺてん師のように語っているのではなく、また彼が哲学者として追随する或る伝統の単なる余韻として言っているのでもなく、そこに要請されることがらの本性そのものに従ってふるまっている。彼が師と弟子は一緒でなければならない（星辰（霊）的 piano astrale にでなく）と言うのは、霊の霊への注入が眼前で師がなす同調 sintonia 同化への「誘導」、「触媒的なはたらき」のこととして理解される。

　これを偏見なしに真面目に考察しようと思う者には、それはそうとしか見えないだろう。言葉というものは人の体験をもとに編み上げられて用いられるものであるとするなら、いったいどうして体験を超えたことがらを人々に伝えることができるのだろうか。それは盲目で生まれた者に目の見える者が光とは何であるかを説明するようなことだろうか。この世の電磁気学の理論は数学的に十分理解されるものであるにしても、決して盲人に光の神秘をあかすことはできないだろうし、視覚だけが与えることのできる体験的情動を彼に与えることもできないだろう。

　言葉が意味をもつのは、これを発声する者と聞く者のうちにこれが言及する両者に共通した体験が存する限りにおいてであり、語る者が聴く者のうちに語られることに類する聴く者の体験を喚起するのでなければ意味は失われる。内的体験であってもすくなくとも部分的に言葉で表現され得る。そのためには抽象と概念の類比をもってそれが含意されるか、寓意的な語彙が用いられることが必要となる。しかしいかなる寓意をもってしても、「アタノール（変成術のうつわ）に火をつける」ように、体験という鍵をもつのでない者には無規定（非限定）な観念の胚芽（種子）を播くより他のことができる訳ではない。つまり、いかなる言葉も聖なることがらにかかわる個人的な体験、内的に感得される神のことばあるいは「神の声」を置き換えることはできない。こうした司祭職《サケルドターレ》（聖性を授けられた者）の領域において、明かすとは必然的に啓示する、暗示する、騙す（思い違いをする）と同義である。

　ここから重要な帰結が引き出される。秘儀参入の叡智は、いかにしても俗人たちには捉えがたいものであってみれば、当然、秘教的《エソテリク》な性格をもつものとなる。実際、どこでもいつの時代でもそうでありつづけてきた。この秘教的な性格は、現代西欧の知識（科学）がそうあらねばならないとする概念（知解）と真っ向から対立するものとなる。実際、現代人の心性《メンタリティー》は、一々の知識（科学）は言語的に表現可能で伝達可能でなければならないと想定し、科学的探究と体験（実験）の結果はつねに実験によって証示され、合理的に（理拠をもって）証明され得るものであり、証明されなければならないものと思い込んでいる。こうした民主的で合理的な要請に対しては、人の理性（道理）と諸感覚の領域内のことがらにかかわる科学的実験領域とその手法に限っては、その限りにおいて sicut in quanto、満足を与えることもできるだろう。こうした恣意的な限定には、西欧文明の歴史経緯における幾つかの正当化（弁明）がみつかる。しかしここはそうしたことについて論じる場所ではないし、純粋に知識（科学）的に哲学的に正当化できるものではない。というのも、体験と知識の序列秩序というものはその他のものと同じ手法で伝達できないという理由だけで、これに配慮することが否定されねばならないなどとはどこにも言われていないから。

　こうした現代西欧の科学的心性からなされる拒否（撤退）はたいへん遺憾で、それはあたかも封建主義者の無茶な要求と無理な口実をもちだし、科学（知識）が放棄したあるいはいまだ占拠していない土地を信仰の圏域に宛て、宗教に留保され科学が禁止された場所がある、と嘯くようなものである。キリスト教教会は最近まで、科学的理論と実験結果の信憑性に敵対してきたし、プロテスタントの狂信は今もアメリカで進化論を否定する戦いをつづけている。その反論の理由は科学的なものではなく、聖書の文言である。しかし物理学の領野において教会が科学に譲歩したように、形而上学の領野においても教会は叡知に対して譲歩を強いられることになるだろう。ショーペンハウエル（『自然の内なる意志について』*Über den Willen in der Natur*）によれば、「いつの時代にあっても教会は魔術の迫害に非人間的な熱意を傾けてきた……それは魔術が本来の力 Urkraft を真の場所に据えることができないという暗い予感によるものだった」[26]。

　物理実験室の壁に聖像を掛けるのが余計なことであり、物理実験にあたり信仰や心情が完全に無視されるように、悩みや信心や心情や理論は超自然あるいは形而上学の工房では無用である。われわれにはこのように万有宇宙を科学と宗教の二つの領域に分割してみせることを受け入れるどんな理由もないし、科学（知識）に限界を設けることなどできないと考える。そうでなくかえって、信心だけで「こころをたしかに保つ ad firmandum cor sincerum」に十分であるとしても、天の王国に入るためには「信心だけでは十分

（26） A. Schopenhauer, *Memorie sulle scienze occulte*, Torino 1925, p.47.

ではないsola fides non sufficit」、と言おう。公正を期すためにも、科学実験家たちはこうした積荷を減らしたほうがいい、と言っておきたい。引きずる障害がないほど、高くに昇ることができる。それゆえ西欧の科学的心性《メンタリティー》からするこの「おおいなる拒絶」にわれわれは同意できない。このとりとめなくまた愚劣な独占的簒奪者たちを前に、われわれ西欧の伝統の謙遜な後継者はロジャー・ベイコンやダンテ・アリギエリ、アグリッパやブルーノ、カンパネッラやカリオストロ同様の態度を持し、実体験に依拠しない形式的伝統の力や効果を否定する。無理に捻出された教義や観念は知解にあたらず、知解をもたらさないことをわれわれは知っている。たとえそうした教義や観念に誤りがないにしても。信仰箇条を反芻し、祈禱定式を呟いても効果がないことを知っている。仮説の中でもっともよいのは、信条(信心)とは象徴《シンボル》に他ならない、というもの。これを語源的な意味および一般にこの語が引き受ける意味で解するだけでなく、理論を付着させないまま秘儀参入的に得られる知解をもって空想の翼を伸ばすなら、諦念、謙遜、信仰、希望、慈愛、衰弱、頭痛に到ることもない(27)。

ただ冷静、意志的、恒常的、大胆に、「儀礼」によって技法に則って行われる行為によってだけ、「おおいなる業」を成し遂げることができる。玄義の神秘的な儀礼や宗教儀礼のなかには、魔術的な性格と類同な儀礼や秘蹟が存する。現実から離れることなく、それはわれわれの秘蹟の儀礼にも当てはまると言えるだろう。しかしこうした言葉が蒙った意味の歪曲に踏み込むことはしたくない。というのも秘跡の意味価および魔術的、秘教的、実効的、伝統的に解されてなされる儀礼と、その世俗的、空虚で、名目的、現代的な意味価のあいだには深い懸隔があるから。

聖なる文書群の伝承と所有について「教義の正統性」に則って理解するにしても、「秘儀参入的な叡智」の伝承を保証し実現するには十分ではない。一方、聖なる文書群、神学、哲学的で世俗的な展開をさほどせずとも、秘儀参入的な叡智の伝統が保ちつづけられることもある。ついでに言っておけば、民や人物とその叡知と伝統にかかわる霊的な偉大さの評価にあたり、この事実を勘案しないなら大きく過つ危険がある(28)。

伝統にとって、教義や文化教養は添え物ではない。その本質は合理(理性)を超えたところにある。それは思索をもって到達することができるものではなく、かえって思索を支配し超越するもの、著作《オペラ》によるものではなく「実修《オペラ》」とともにあるものである。

アグリッパは『オカルト哲学』第三書3章以下その他の彼の著作で、公然とこの「実修《オペラ》」、この「信仰の業」に専念している。これについては後述する。儀礼の規範に則って実修されるこの観照は、ヘルメス主義的な慣例的な特殊（技法）表現によれば、知性に照明をもたらすもので、こうした意味でアグリッパとともに、知性こそがこのもっとも《オカルティッ》隠秘《シマ》な哲学総体の鍵である、と言えるだろう。アグリッパが示唆しているように、魔術はすべてこれの征服を想定し

（27）この議論は西欧のすべてのオカルト学派にも宛てられる。彼らはキリスト教的予断を守る必要を感じつつ、イエスを秘儀参入者のひとりとするばかりでなく、そのうちでももっとも偉大な者、例外的な存在とみなし、特別な地位を与える。最後に到来した者つまりさまざまな宗教の創設者の中でももっとも偉大な者とする。これは郷土愛的な感情からする観念の誤りで、情緒的な残滓の惰性であり知性の瘡蓋である。それはそうとしてその主張に同意し、イエスが彼らが言うような者であるとしても、秘儀参入的な知解の到来には崇拝、愛に頼ることが必要であり、それを得る特典がもたらされるための十分条件であり、こう考えることが便宜的にも好都合である、と信じるのは思い違いであると得心する必要がある。思索、情動、献身はおおいなる業には関係がない。それゆえ、或る観念が義しいかどうか、或る情動が正当化されるかどうかを確かめに行くのすら無用である。こうしたことがらは信仰（宗教）をなすものであっても、おおいなる業を成就するものではない。これによって文明化した民は偶像を崇拝し、オーストラリアのトーテムの数々のように、或る種のオカルト学派によって崇拝されている。「彼が一を崇め、汝らが百を崇めるとして、それ以外に汝ら偶像崇拝者たちにどのような違いがあるのか」（ダンテ「地獄篇」19, 112）。政治的社会的に観て、民はトーテムや偶像を必要としていることが分かる。しかしこうした偶像は異邦に由来するものではないほうが好ましい。いずれ教会階層は実効的な霊的階層から完全に切り離されることはできないだろうから。この話題はこのくらいにしておこう。われわれとしては、観念、信憑（信心）、情動、衰弱等々が世俗の領分のことがらであり、秘儀参入的な領分とは関係ないということを言いたかっただけである。

（28）これに加え、諸他の理由から、ローマ性およびより一般に異教性にかかわる一般的過小評価には反論しておきたい。これに関して語られてきた誤った評価を列挙するだけで大著ができるだろう。たとえばハラルド・ヘフディンク Harald Höffding, *Histoire de la Philosophie Moderne*, Paris 1908², t.I, pp.9-10 には、次のような概括的な評価が見つかる。「中世のおおきな恩恵は、心的な生の内的な世界を深く抉ってみせたことにある。古代の異教は霊と身体の調和的関係に限定し、自然界や国の中での外的な生との関係において営まれる内的な生に関心を示さなかった」。とするとピタゴラス、ソクラテス、エンペドクレス、プロティノス等々は古代異教には属さない、あるいは見逃すことのできる少数者とみなされるのだろうか。

またオカルト主義者の著作のひとつ、マルク・ソーニェの『諸象徴の伝承』（Marc Saunier, *La légende des symboles philosophiques, religieux et maçonniques*）は、秘儀参入に関してまったく価値がないにもかかわらず、伊語版でも広く読者を獲得した。ソーニェはローマがエトルリア人の秘儀参入者集団によって創建されたと言い、これはローマという名からも証明されるという。ローマは「新しい羊 Nuova Ram」を意味するとして、ローマの浴場 acque albule や黒石 lapis niger の町が隠秘な名をもつことを見逃し、「秘儀参入者たちは早々に放逐され、ローマ人かその粗野な趣味と生来野蛮な衝迫のうちに自ら統治することを望んだ」と書いている。さらに「七つの聖なる丘の町は……悪名高い蛮人たちの巣窟と化し、彼らは世界をその力のもとに置こうと欲した。ローマの信仰は戦争にあり、

ている。なぜなら彼が言うように、魔術の驚くべき効果のすべては実修者としてのわれわれのうちにある（われわれのうちなる操作者にある）から。その効果についてアグリッパは自著の中で説いてみせる。

『神を知ることについての三重の理拠 *Liber de Triplici Ratione Cognoscendi Deum*』の一節

この宗教的実修（信仰の業）について、アグリッパは『オカルト哲学』ですこしづつあちこちで語っている。特にその第三書の最初の諸章において。これにかかわる彼の思索はその後ばらばらにではなくより詳しく語られることになる。それは一五二九年に印行され、以降一五三二年には『オカルト哲学』第二書第三書の出版以前に司祭アウレリウスの書簡とともに公刊されている。これの重要な一節を読者に提示しておくことにしよう。これはヘンリクス・コルネリウス・アグリッパの『神を知ることについての三重の理拠』で、巻頭には一五一六年の年記を付したモンフェラート侯グリエルムス・パレオロゴスへの一五一六年の献辞がある。これは上述した通り一五二九年版の小著集および一五三二年刊の『女性性の高貴と卓越について *De Nobilitate et Praecellentia Foeminei Sexus*』に収められている。その第五章（一五三二年ケルン版の fol. E, 7 – G, 8 [cap.1–5]; *Opere* in II tom. ed. Fratelli Bering, t.II, p.489）から訳出してみよう [cap.5]。

叡智の研鑽と愛はわれわれの主イエス・キリストを介して聖霊によって到来する。真の叡知とは神の知解そのもの、思惟《メンス》の照明、意志の矯正、正しい道理の飢渇、人の信条を聖化する生の掟（法）、神へ向かう道である。それには何が必要で、何が不要かを示すことにしよう。この叡知をわれわれも他の者たち同様、神学《テオロギア》と呼ぶ。[29] この叡知、真の神の知解、さらに神との本質的な接触そのもの、最良の認識は福音書に神的霊感として伝えられるものである。福音書なしには神そのものの真の知解はなく、神の恩寵（賜）なくしては福音書の真の理解もない。[30] 実際それは神によって伝えられたことがらを著したものであり、預言者が言うように（*Psal.* 35）[31] 神によるのでなければ了解不能である。あなたの光のうちに光を見る、[32] この光はメルクリウス・トリスメギストス（*Pim.* 1）[33] によって、神的本質の思惟《メンス》、神から溢れ出る光そのもの、と呼ばれている。ところがわれわれの知性は神的な思惟《メンス》によって照らされるのでなければ過ちを免れず、神的なことがらを追っても無益である。それゆえパウロ（*2 Cor.* 3）は、われわれが思索するだけでは十分ではない、われわれの十分（満足）は神によるのだから、と言い、聖ディオニシウス（『神名論』*De Divinis Nominibus*）は、あらゆることをはじめるにあたり請願し祈禱せよ、特に神学をなす前には、と言っている。この真実についてはキリストも「求めよ、そうすれば与えられる」（*Mat.* 7; *Luc.* 2）と言ったのだった。敲けば開くだろう、尋ねて見つけよ、あるいは確固とした信仰をもって尋ねることによって。さらに、断固として疑うことなく、イエス・キリストを讃え崇めつつ、

その夢は殺戮だった。ローマには何の偉大さも高貴さもなかった。彼らにこころなどなかった。そこではただ武力が行使され、知性は鉄拳の筋力のうちにあった。戦いに明け暮れ、考えることといえば奴隷たちのことだった」(1912 伊訳版 p.176)。

イエスの功績はここに決定的に見定められる。この著者にあっては、ローマに対するケルトとキリスト教の憎しみが奔放な空想、滑稽な思い込み、尋常でない無知と結びつく。ただイタリア人としては、キリスト教をどのように評価すべきか、判断は読者に譲りたい。誰かが言ったように、われわれの祖父たちのものであったローマの宗教を犠牲にしたわれわれの父たちのものであるから。われわれは或る宗教を信じると言明する者たちがいかなる種族（人種）の人々であったのかを検討しようとしているのではない。それは彼らの父たちのものであるから。政治的配慮からでなく、純然たる歴史的観点からして、イタリアおよびローマ帝国に対してユリウス《ユリア》一族が果たした功績が、ダヴィテ一族の功績に劣るようには見えない。わたしにはかえってローマ人がこのアジアの一族を打ち負かしたようにしか思われない。いずれ異邦人たちキリスト教徒たちが全面的にローマ性を誹謗してみせる意図は理解できないわけではないが、秘儀参入的な観点からするとそのような中傷には一切道理がない、われわれの内のローマ性とは、われわれを或る種の契約、妄信、逸脱に敵対する決意をさせてくれる貴族的で秘儀参入的なものに基づいている。おそらく少々考え直してみる時が来るだろう。われわれとしてはローマ

の秘教主義《エソテリズム》に再び光が当てられることを期待している。「ローマの伝統」の継続については、ローマの異教的秘儀参入伝承が永らえてきたとすると、そこには絶対的な玄義が認められるに違いない（それはまったく不思議でしかない。それゆえこれの正否を問わねばならない。そのためにハンフリー・デイヴィーが『旅の慰め、或る哲学者の最後の日々』(Humphry Davy, *Consolations in travel, or the last days of a philosopher*）で、彼がイタリアを訪れた一八一八年にコロッセオで出会った「見知らぬ人」についてものがたるところを読んで考察してみてほしいと勧めておくにとどめる（また F. Hoefer, *Histoire de la Chimie*, 1869², t.II, p.577 をも参照)。

（29）アグリッパ自身、ここで「神学《テオロギア》」という語彙を、一般的な解釈を超えた特別な意味で用いている。『オカルト哲学』において、神学は儀礼魔術と同義に用いられている。これは「宗教(信仰)《レリギオ》」という語彙についても謂えることで、迷信に対する真の信仰を意図している等々。

（30）以下、大多数のキリスト教徒たちがこれこそ福音書の真の理解に他ならないと言わざるを得ない筋道に沿って論議は進む。

（31）〔不詳。これは詩編 52 [53]: «si comprehendis non est Deus»（神を知らぬものは心に言う、「神などいない」と）のことだろう。あるいはコリントの信徒への手紙一 14, 2:「異言を語る者は、人に向かってではなく、神に向かって語っています。それはだれにも分りません」を暗示したものか。〕

（32）〔詩篇 35 [36], 10:「あなたの光に、わたしたちは光を見る」。〕

（33）『ポイマンドレース』1.

期待を込めて問うことによって。これによって（イエス・キリストから）神々しい知解がわれわれの魂に降り来て、その霊の明かりによってわれわれを照らす。慈愛の業、不眠と断食、そして「キリストのうちに宿る者は、彼が歩んだように歩まねばならない」[34]とヨハネが言うようにイエス・キリストのまねびにより生涯にわたる熱烈な想いを込めて敲くことによって。ここでパウロは信仰の名において、慈愛の業を意図している。誰であれ、神的なことがらを論じ諍い、聖なる文書の扉を開こうとして屁理屈をこね、詭弁を弄し、弁証に拘るばかりでは、虚しい歩みを進めることになるだけである[35]。これについて論争に興じる者たちは大いなることがらを求めつつも何も見出せない。なぜといって、自身のことを省みることなく（パウロが言うように）学びつづけても、決して真の知識に到達することはないから。そこでパウロ自身、コリントの人々に信仰に服し、確固として信仰にとどまれ、弁証や哲学に欺かれないよう注意せよ、と書き送ったのだった。それはこの壊敗性の世界の諸元素（要素）をもとに、人々が見出した儚く虚しいものだから。ここで認識は諸感覚に発し、道理づけ（理性）が一々の認識の素材を体験によって一般的諸命題（普遍命題）として汲み取り、駆け巡り（論じ）、組み合わせ、弁別し、蒐集する。じつのところ、神とイエス・キリストは世界の上に（を超えて）あり、自然本性、性質、形象、秩序、運動を超えた世界の創造者、（聖ディオニシウスが言うように）一々の否定と肯定を超え、またこの世界の上に座す風の翼である天使たちをも超えている。これを創造者は智天使《ケルビム》たちの上に挙げ、雲の帳とした。それは王たちの中の王、主たちの中の主で、在るものであるとともに無いものでもあり、諸天を傾かせ、雨のように羊毛に降り下り、自ら人の自然本性をとり、そこに、人々の間にすばらしく驚嘆すべき超自然的な神の権能をもってその業《はたらき》のすべてをなした。とはいえ、弁証と哲学は聖なる信仰の敵である理性（道理づけ）に妨げられて、その（神の）真の知解へと昇ることができない。これについてグレゴリオス・ナジアンゾスは彼の神学第一書で言う。「汝が論理的思弁を完全に信じるなら、汝はどうしてそれが神性であることを疑い得るだろうか。いったい何が汝に理性（道理づけ）の測りがたさ、力、精妙さを誇らせるように汝を導くのか。それは信仰、あらゆる知解に卓越した信仰だけがこの世界を超えて在るものごとを把握させるのであり、虚しい註釈を介してではなく、すべては第一の光から降り来る神の啓示に燦めく。

信仰だけが（パウロが言うように）世界のはじまりを了解させてくれるのだから」[36]。

信仰によってわれわれは、いかにして神の言葉がこの世に適応させられた（応用された、養子とされた）かを了解する。そしてこれ（信仰）によって構築された自然本性の空間という限界を、この広漠な領野を、自然本性そのものの制作者を超えて昇る。この信仰においてパウロは使徒職を纏い、神を説くと言う。彼はコリントの人々に向けて書き送っている。「わたしの説教は人の得心ではなく、霊の顕示であり、イエス・キリストの信仰の真実である」。信仰だけがわれわれに神を知ることを可能とする道具であり手段であり、プラトン主義者たちが言うように、これによってだけ神に参与し、神の庇護と神の権能（徳）を享けることができる。であるとして、いったいどの魂がこの道具（信仰）をいつ、どのように自由に使うことができるのだろう[37]。理性（理拠づけ）の意図 intentio のすべてをもって思惟《メンス》の中を、身体の中を、その（思索、魂？）最高の部分の中を昇りつつ、すべてをこれ（思索）に転じる者でなければ、たしかに誰にでもそれはできるというものではない。下位なる可感的な諸物への愛でさえも想像に転じることで、いずれ人の思惟《メンス》はわれわれの中に光で記された至高なる相貌（至高天？）の像であるので、この思《メン》惟《ス》は真実の泉から移行し、これ（思惟）だけで真実を捉え抱擁することになる。しかし妄想（亡霊たち）の渦巻きはそれ自体がではなく、われわれのうちで魂を晦

（34）«Se manere in Christo, debet sicut ille ambulavit et ipse ambulare». [1 Joh. 2, 6:「神の内にいつもいるという人は、イエスが歩まれたように自らも歩まねばなりません」。]

（35）あるいは真に福音書（また聖書の一々の文書）を理解するためには、道理をもって観念に訴え、あるいは信仰によってこれを受け入れるばかりでなく、或る種の宗教的な業に訴え、儀礼の規範に則ってこれを執り行うのでなければならない。しかし「天の王国」の、「火を介しての蘇り」の体験を一切もたないにもかかわらず、これを確信し、自分たちを司《サケル》祭《ドティ》と呼ばせるのは、自らに対しても他者にとっても、イエスによって豚たちに与えることを禁じられた真珠の幻想なのではなかっただろうか。

（36）あるいは、或る瞬間、創造によって万有宇宙は端緒を得た（はじまった）、ということの了解。「無からの ex nihilo」創造を信じる者はこの最初の驚くべきできごとが「時のうち」に行われたと想定する。これ（時）は当然（自然本性的に）、創造に先立って存していたと。人々はこれを直線的に唯一絶対のものとして観念する。

（37）信仰、ここで謂う「聖なる信仰」は魂の道具であって、その逆ではない。つまり魂が信仰、特に卑俗な信仰に従属するのであってはならない。この信仰は常ならざる諸条件に満足する魂には役立つかもしれない。

ませ、破壊し、蕩尽し、消失させ、魂が真実の狭い扉を入るのを妨げる。またわれわれの壊敗性の肉身に包まれてこれとの交渉に浸りすぎるうち、肉身を超えずその自然本性を修復することもなしに天使にも等しい純粋な思惟《メンス》として解放されるにしても、神的なことがらの中では無益に疲弊するばかり。しかしこの魂は妄想（亡霊たち）に不確かな希望や崇高な名を得るという欲望については黙るように命じ、真の信仰を堅く抱擁して、ただ思惟《メンス》にだけ生き、すべて神にとらわれている解放された天使でなければ何だというのだろうか。エレミヤ（*Ger.* 9）は、「自らを栄光化する（讃える）者は、これによってわたしを知っていることを栄光化する（讃える）ことになるだろう」[38]と言っている。また往古の哲学者ゾロアストルは言う。「人の魂は或る様相で神を自らのうちにとらえる。死すべき定めのものにはまったくかかわりなく、神の滴に泥酔して」。その時、観照から身体的な作業ufficiに戻り、この魂は世界の調和のうちで歓喜し、信仰の果実、正義の糧を生む[39]。これをヨハネは「このように魂はあらたに神から生まれる」[40]（1 *Giov.*, 2,3）と言っている。至高なる神の光が太陽の光のように身体を希薄にし、上に引き上げ、これを火の自然本性に変じて、天使的な思惟《メンス》を介してわれわれの自然本性にまで流れ出るなら、日々肉身に浸りつづける魂に一々の肉身性を脱ぎ捨てるよう唆し、動物的で理性的（理拠的）な力とはたらきを捨てて、ただ思惟《メンス》に生き、希望に輝き、信仰に向け、愛に香り、すべて神のうちで語り（に注ぎ）、神は神のうちに孕まれ、神の娘となり、あらたなインマヌエル（神われとともにあり）が生まれる[41]。この魂がはたらくのを止めるたびに自らに戻ると、もはや地上のことがらに妨げられて麻痺することもなく、父の光に溶かされて神的な知解の至高の頂へ昇る。そこでたちまち預言的な神意（託宣）に満たされるとともに、奇蹟を成し遂げるための神の具として選ばれる。ここにおいて、地上の公的なできごとにかかわる議論も無益なものとはならない。これはヤコブ（*Jac.* 3）が、「エリヤはわれわれと同じく罪ある人のひとりであったが、大地に雨が降らないように祈願すると、三年六カ月にわたり雨が降らなかった。そこで改めて祈願すると、天は雨を降らせ、地はその稔りをもたらした」[42]とわれわれを縛めるように言っている通り。じつに人はおおいなる奇蹟である。特にキリスト教徒にとっては。というのも、人はこの世界の中にあってこの世界を超えたもの、この世界の制作者そのものを知るだけでなく、そこに下位なるものどもも包摂されているのを観てとる〔をも観てとり了解する〕から。つまりあるとともにありつづけるであろうものたちばかりか、いまはないが将来到来するであろうものをも目の当たりにする。じつにキリスト者〔アグリッパはこの語でキリストを意図している〕はおおいなる奇蹟である。彼はこの世界においてこの世界を超えて司り、世界の創造者と同じ業つまり奇蹟を成し遂げるのであり、その根源はイエス・キリストを信じる〔に忠誠を誓う〕信仰にある。ただこれを介してだけ、人は神にも等しいもの idem aliquid となるのであり、同じ権能（徳）を享受する。キリストが「かくあれかし《アーメン》と汝らに言う。わたしを信じる者はわたしがなすようになし、さらにより大きなことをなすだろう。わたしが父のもとに行き、わたしの名のもとにわたしの父に祈る者のためにそれを成し遂げよう。わたしに祈る者にそれを成し遂げよう。父が子のうちに自らを誇りたまう〔栄光化する〕ように」（*Giov.* 14）[43]と約束した通りに。また別の個所で、「汝らにからし種一粒ほどでも信仰があるなら、この山に向けて海に身を投じよと言うならそのようになるだろう」[44]。つまり、何であれ祈り信じたまえ、

（38）エレミヤ 9, 22:「誇る者は、この事を誇るがよい、目覚めてわたしを知ることを」。

（39）この一節は情緒的に、信心に酔った世俗的な献身の意味に採られてはならない。この粘着性の情緒は何も得ることなく、ただ「アジア病」の蔓延する中で健常を保つ者にどうしようもない吐き気を催させるだけである。卑下や謙遜は霊的な上昇に導くものではない。ここで目に見える語の数々の矛盾を矛盾と見ないためにはキリスト教徒である必要がある。

（40）«nasci iterum ex deo».〔これはヨハネの手紙ではなく、「神によって生まれた」ヨハネによる福音書 1, 13.〕

（41）この句節は『オカルト哲学』第三書第六章のはじめにもそのままみつかる。魂の諸感覚および肉身の生との決別の業《はたらき》に言及した「日々唆す」という表現に注目。〔この句の末尾に関して、イザヤ 7, 14:「見よ、おとめが身ごもって、男の子を生み、その名をインマヌエルと呼ぶ」、またマタイ 1, 23 を参照。〕

（42）ヤコブの手紙 5, 17-18〔註記にある 3 ではなく〕、また『オカルト哲学』第三書第四四章末尾参照。

（43）ヨハネによる福音書 14, 12-13:「はっきり言っておく。わたしを信じる者は、わたしが行う業を行い、また、もっと大きな業を行うようになる。わたしが父のもとへ行くからである。わたしの名によって願うことは、何でもかなえてあげよう。こうして、父は子によって栄光をお受けになる」。

（44）マタイによる福音書 17, 20; マルコによる福音書 11, 23. 名目的に正統《カト》信仰《リック》として局所的に普及を見てから二十世紀を経て、年代記の数々は信仰の力によって山を海に投じるというこの偉業の最初の事例を特記しなければならない。つまりイエスの真の権能に疑問をもたないにしても、真の信仰をもつ者たちよりもからし粒ほどの信仰しかもたない者たちの方がはるかに多かったものと推察される。

汝らはそれを受け取ることになるだろう……。

この一節はアグリッパの他の著作群のいたるところに見つかるものと同様に、聖書や教会博士たちの著作から、古代異教の哲学的魔術的文書群つまりヘルメス・トリスメギストスからゾロアストル等々まで、「真の信仰」の後継者たちのすべてを挙げてみせる。アグリッパの立場は基本的に一々の秘儀参入者（宗教創設者）の古典的で伝統的な立場であり、必然的に、実質的に、明確に理性（理拠づけ）に対する本性的な限界を設け、その結果として生の諸玄義を解き明かすことができず、これを了解しこれを洞察するためには通常の信仰では不十分であると認めることになる。もちろん信仰の諸玄義の知解不能を埋めようとして、矛盾（不合理）を好む〔テルトゥリアヌスを参照〕逸脱的で不健全な信仰が必要であるとは言わぬまでも。それゆえアグリッパは、魔術を論じるにあたって単に論理と学識をもってなされる知識の曖昧さと虚しさについて論駁するばかりでなく、迷信への激しい攻撃においてもその態度は一貫している。さらに彼が「真の神学」、儀礼魔術に、真の信仰にうごかされる「宗教的な業《アルス》」に訴えるところには完全な道理があり『オカルト哲学』第三書1章ではこれの再興をバッカスとキリストに帰属している。ここにこそすべての鍵、「深甚なる隠秘《オカルト》哲学の至高の鍵」がある、と繰り返し言っておこう。

おおいなる業に関する『オカルト哲学』の句節の数々

容易に想像できるように、『オカルト哲学』でアグリッパはこの神秘的な宗教的実修（信仰の業）に専心する。とはいえ、このようにこの業《アルス》を慎重で知的な人々に隠されたままにせず伝えるにせよ、この秘密の秘鑰《アルカナ》に参与するのにふさわしくない邪な不信者たちが勝手に踏み込むことができないようにしておいた、と彼は第三書最終章で言っている。彼はこの著作を教養の子ら、叡智の子らのために著した。この書のさまざまな箇所に彼らに宛てて鏤められた教義をみつけ、彼らはその言辞の数々に著者の意図を見出すだろう。さまざまな謎《エニグマ》で覆いをかけられた秘鑰《アルカナ》の数々も、深い知性をもってすればそれが獲得される時、[45]暴かれ得るものであることを。この知識の真実は謎《エニグマ》の曖昧さのもとに隠されてこの著作のさまざまな部分に鏤められているが、それは賢者たちには隠されておらず、群衆にはなにも理解できないにせよ、賢明な知性には容易に解され得るような様式（文体）をもって伝えた、と彼は言う。

アグリッパが一貫して両義的な表現を用いていることについてはすでに見たとおりであり、われわれはすでにいくつか曖昧な謎《エニグマ》を解明したが、ここまで論じてきたところをもってするだけではこの知解を伝えることはできない。それは、文書をもってしては伝えることができず、ただ師の「触媒的」な行為《みぶり》を身をもって閲させる業《アルス》と伝統的儀礼によってのみ可能、とアグリッパが言う通りである。書き記すことで、これ以上をなすのは容易ではない。とはいえ、読者に『オカルト哲学』という論考を深く知的に理解してもらうために、神秘的な祈禱にかかわる重要な句節の幾つかをしるし、可能な限り明快に註釈してみたい。聴き理解しようと欲する者たちだけが聴き理解することができるように。完全な秘儀参入（伝授）について曖昧さを避けるためには、今日もアグリッパの時代同様、この世には贋学者たちが溢れており、盲人たちが盲人たちを導き、贋秘儀参入（伝授）者たちは自らの深刻な無知、根本的な文盲を素朴に認めることもできずにいる、と読者に警告しておけば十分である。それゆえ、欺かれたことのある者あるいはいまも欺かれつづけている者に欺かれないように気をつけよ、(46) というアグリッパの忠告を想起しておこう。

　もっとも重要な句節の数々はもちろん第三書に見つかる。それは具体的に儀礼魔術および神学を論じた部分で、若い頃に著された先立つ二書よりもずっと後になって書かれたものだった。いずれにしても先立つ二書にもこうした観点から見逃しにできない句節がない訳ではない。

　第一書5章に最初の事例がある。この章は「土と火の驚くべき自然本性」と表題されている。これを理解するためにはまず、この語の現代西欧における慣用的な意味から離れる必要がある。そして有名な古代のより広い意味での四元素を想起し、さらにこれのより広く一般的で類比的《アナロギア》な意味で、土と火という語彙をもって人の魂とその地上の身体を、その対立と相互反応を謂ったものと観るのでなければな

（45）［「獲得」という語にはアリストテレスの魂論《デ・アニマ》の質料知性に能動知性がはたらき獲得知性となる、という解釈の跡が認められるだろうか。］

（46）秘儀参入（伝授）的な主張あるいはそのような外観をとる協会（集団会派）はしばしば、単なる政治的あるいは政治宗教的な集団の道具もしくはその発現形態に過ぎない。ここにはただ一八八七年にパプス Papus によって創立された「マルティニスト会」をしるすにとどめる。これはピタゴラス主義的伝統に反旗を翻すと宣言した集団で、その指導者たちは「不詳の上長たち incogniti superiori」と称され、この呼称はイエズス会のRR.PP.（尊師たち）の階級名から採られたものだった。ここからしてもその「匿名の上長たち」がいかなるものであったか想像できる。またこれらの人々が第二次大戦においてイエズス会の政治に追随した意味を説明するにも役立つだろう。わたしは自分で何を言っているか知っている、と読者には信じていただきたい。

らない。アグリッパは話題の転換に、ヘルメスからはじめることでヘルメス主義に特徴的な語彙を用い、すべての元素の基礎にして基底は土であると言う。読者は「われわれの土」という語を参照することで、アグリッパが一般的に土というところにわれわれの身体を観ることで、彼がなにを言おうとしているかすぐさま理解するだろう。それは天の影響（注入）を受け取り、万物の種子を包みこみ、生命を与え、植物、蛆、動物を産生する。彼は言う。その中には（そこからの帰結として特にわれわれの身体の中には）最大の秘密の数々があり、これは火の技巧《アルティフィチオ》によって浄化し（あるいは伝統的な儀礼と伝達不能な言葉をもってヘルメス的な業によって「哲学の火」を点し、この「われわれの火」の炎をもって身体組織を浄化し）、また適切な洗浄によってその単純性に還元することによってなされる。これはわれわれの創造と再興（修復）の第一質料《プリマ・マテリア》で、とアグリッパはヘルメス主義の特殊用語を用い、われわれの保持のための真の根源である、と言う。あるいは、この第一質料《プリマ・マテリア》にはたらきかけることで、人を修復し再生させ、その儚い自然本性を抜き去り、安定して生き長らえ、自覚的に保持する可能性を与える。

特別重要なのは第三書の最初の諸章。

その第1章では、「より高位なるものへの移行の時にあたり、魔術のこの部分は宗教の法（掟）の数々を知り実修することを教えてくれる。神的な宗教［ここで宗教と神的宗教が対比されていることに留意］を介して、われわれはどのように真実に到達すべきであるか、またわれわれはどのようにして心情《アニモ》や思惟《メンス》を儀礼的に高貴となすべきか。これ（神的な宗教）を介することによってだけわれわれは真実を知ることができる」。

つまりこの高貴化の業ははじめから儀礼に準じて果たされる、と言われている。「儀礼的に rite」という副詞はヘルメス学的文書で伝統的に慣用されてきたものである。マルシリオ・フィチーノはアグリッパもよく知るヘルメス文書群の訳出にこの語を用いている。またイアンブリコスに帰される『エジプト人たちの諸玄義』のフィチーノによる羅訳の最後から二番目と最後の章では santimonia（聖なる儀礼）が語られている。フィチーノ訳では次のようになっている。「エジプト人たちのもとで聖なる宗教的な上昇（高貴化）の目的とは、神の善つまり神的知性そのものとしてより他に考えられないように、人の善と主との合一にある。このように預言者ビュティスはメルクリウス的な諸書で説いている。実際この部分は貴公が疑ってみられるかもしれないように、エジプト人たちのもとでも見逃しにされたことがなかった。このサンティモニア（聖なる儀礼）は儀礼 rite によっていまに伝えられる」。ギリシャ語原文では ἀλλὰ θεοπρεπῶς παρεδόθη つまり神的な手法として授けられた。フィチーノはすくなくとも知性的には「儀礼的に rite」という語を用いることで、これの伝達が神聖な技法的性格をもつことに気づいていたようにみえる。

　アグリッパに戻り、彼はそのすこし後で、聖なる宗教「つまり聖なると呼ばざるを得ないような」は思惟《メンス》を浄化し、神的にする……「われわれはまず自らを清め供物をささげ、神の慈愛と宗教に恃み、諸感覚を弛緩させ、思惟《メンス》を鎮め、讃え崇め、神のネクタルやアンブロシア(47)を待望する。ネクタルとは預言者ゼカリヤ(48)が処女を芽吹かせる葡萄酒と呼んだ天上のバッカスの葡萄酒である。この神はすべての神々の中でも至高なるものであり、司祭たちの大祭司であり、再生(蘇り)をなすものであり、古の詩人たちが二度生まれたものと謳い、この神の流れがわれわれのこころに流れこむ」。これ以上何を望むことがあろうか。ここには浄化《カタルシス》と輪廻《パリンゲネス》がある。これが実修の根本的様相であり、その本質的帰結であり、エレウシスの秘儀にかかわる公然たる言及である。われわれが見るところ、アグリッパはトリテミウスと彼の友人たちが彼に忠告してやまなかった慎重さと分別の限度を超えて先に踏み出す。

　アグリッパがそれを秘密にし、玄義の神秘を保つ必要性を説くのは第2章でだけである。第3章以降でも第1章でも、彼はこの準則を守っていない。これは銘記しておく必要がある。

　第3章では「魔術実修のすべての鍵」が論じられるが、ここにはアグリッパが司祭アウレリウスともうひとりの友人に書き送る時に用いた「鍵」という表現が見つかる。こ

（47）この静謐な内心の沈黙はピタゴラスの σιγή、エレウシスの σιωπή に照応し、観念の数々や臆見の数々を排除するのに必要不可欠なもの。これにには精査も邪魔であり予断を生むだけであり、排除される。日常において数珠を爪ぐったり、偶像を崇めたり、聖像の前で煩悶したりすることとはまったく違う。ネクタル（神酒）とアンブロシア（神饌）については、これらが語源的に不死性を意味するものであると指摘するにとどめる。葡萄酒はバッカス祭やディオニュソス祭の諸玄義にかかわる古い象徴で、これによる酔いは諸玄義への入信儀礼によって到達される状態より高次な意識状態である。また葡萄酒は錬金術の象徴でもある（ライムンドゥス・ルルス）。葡萄酒の精留蒸留によって、スピリトゥスつまりアルコールが得られるから。
　アグリッパはバッカスを神々の中で至高のものと呼ぶことで文飾熱に囚われているようにもみえるが、バッカスが二度生まれたと言うところはディオニュソスの入信儀礼の輪廻について彼がその意味を熟知していたことを窺わせる。

（48）ゼカリヤ書 9,17:「新しいぶどう酒はおとめを栄えさせる」。

の章の表題は「真の魔術師になり、奇跡を行うためにはどのような尊厳化（特権）が要請されるか」で、「本書第一書の最初に、魔術師はどのようにあらねばならないかについて語った。ここでは秘鑰《アルカナ》、要請（必然）、秘密について語ろう（ぺてんでないことに留意）。この業を実修しようとする者にとって、何が魔術実修において主要（原理）で、何が補助で、何が鍵であるかを。さらに人を至高なる力能と権限へともたらす尊厳化（特権）について」。

この章を訳出することはせず、そこにはアグリッパが司祭アウレリウスに書き送るためにすでに用いた句節があることをだけ注しておく。それは、知性だけが奇跡的なことがらの遂行者である、と語るところ。魔術の絶頂を待望する者にとっては特に二つのことが欠かせない、と彼は強調する。ひとつはどのように肉身の愛着を捨て、儚い感覚と物体的な情動を放棄するか（あるいは諸玄義における浄化）、もうひとつはどのような途を辿って純粋知性そのものに上昇するか。これは神々の徳能《ヴィルトゥ》と結びついており、これなしには、（謙遜、おおむね神秘的な愛、献身、懊悩だけでは）秘密なことがらを精査し、驚異的なはたらきをする潜在力（権能）へと上昇することは決してできない。これは或る宗教的な業 ars quaedam religiosa[49]の自然本性から、その恩典（報償）として与えられる尊厳化（特権）からなっている。自然本性的尊厳とは器官組織の液質からなっており、この恩典はキリスト教の観念および表現としてその教義と業の実修とともに得られるものとされるが、アグリッパはこれに解説を加え、そのためにはまず、元素界（物理的）、天界（形而上学的）、知性界（神学）という三つの分野の専門家にならねばならないと言う。『オカルト哲学』の最初から説かれ、その三書のそれぞれで語られるように、これはさまざまな障害を取り除いて、魂を深い内的観照に向け、自らに向き直らせることにある。「実際、われわれのうちには万物を把握し宰領する能力が本性的に備わっている。にもかかわらず、われわれは生成にかかわる諸情念（肉欲）、贋の想像力、過度の恣欲（食欲）によってこれに逆らい、これを利する（享受する）ことを妨げられる。これらを排除することによって、たちまち神的な知解およびその権勢があらわれる……」。

つまりアグリッパ自身、魔術実修のすべての鍵がここにあり、言葉の古い意味での真の魔術師《マグス》となるために必要なこととはこれである、と言明している。この予備作業なしには魔術実修のすべては単なる迷妄（迷信）と化し、妖術《まじない》と化す。アグリッパは『オカルト哲学』三書の中で明らかにしたことがらの意味価について思い違いなどしていない。彼は魔術のすべてをこれの鍵であるこれら予備作業のもとに置いている。彼が『オカルト哲学』を書き直し（前言撤回し）、

『知識の曖昧さと虚しさについて』でこれを否認した、などというのは真ではない。その文章表現は明らかに違っているとはいえ、彼の立場は基本的に同一である。

『曖昧さ』でアグリッパは魔術を自然魔術と儀礼魔術に区分し、さらに後者を神動術《ゴエティア》と降神術《テウルギア》に分けている。ゴエティアは不浄な家霊《ダイモーン・ファミリアーレ》たちとの交渉（連繫）のことで、彼はこれを断罪しているが、これがありえるものであることを否定してはいない。テウルギアについては、これが神や天使たちの名のもとに邪悪なダイモーンたちを強要しておこなわれることから、これを非合法であるという者もある、と彼は言っている。これの手段の主要な部分は純粋で清浄であるが、そこには俗人たちにこれをより神的なものと思い込ませるような、著しく危険な迷妄の数々が包摂されている。これは錬金術師たちにとっては有益な発見であった、と彼は言うが、これについてはこれ以上語らない、と付言している。これをスコラ神学的に採るにしても、これは真の神学からは区別される。ここで真の神学とは、神の言葉を知ることになった者たちの伝統〔名目的（唯名論的）にでなく実質的（実在論的）な知解として〕のこと。要するに、アグリッパが『オカルト哲学』で謂うところと、一五三三年版『オカルト哲学』の末尾で語る書き直し（前言撤回）の主張の間には何の矛盾もない。これは『オカルト哲学』の印行とその流布に賭けつづけた二十年にもわたる切望を実現するために、アグリッパがよく用いた巧緻のひとつであ

（49）一五三三年版の本文（lib.III, cap.III, pag.CCXIIII）も一五六〇年リヨン版の本文も、an quaedam religiosa, naturalis dignitas; ipsa. となっている。これは ars quaedam religiosa. Naturalis dignitas ipsa ... と区切りを変えて読まれるべきものと思われる。この初版の誤植ということに関連して付言しておくなら、「四重の階段（四段階）」（II, c.7）において、鉛は第三列にではなく第四列(欄)に置かれるべきもの。また「十の階段（十段階）」（II, c.12）の第三列にザフキエル Zaphkiel と一緒にあらわれるジョフィエル Jophiel は、III, c.X の記述からみて、ラツィエル Raziel に代えられねばならない。ラツィエルについてアグリッパ（cfr. III, c.10, 24, 47）はこれが「神の幻視」を意味し、神の第二の名であるイォド Jod の知性であり、アダムに授けられた知性であると言っている。アグリッパは明らかにこれを『ラツィエルの書』から採っている。この書はカバラ学の秘密にかかわる著作集で、やっと一七〇一年にアムステルダムでヘブル語で印行されることになるもの。そこでラツィエルは魔術の天使でアダムが地上楽園を出た後の導者とされている。アグリッパは『オカルト哲学第四書』（誤って彼に帰属された）の内容を、この『ラツィエルの書』から盗用したといって告発された。この告発はジャック・ゴオリー（Jacques Gohorry, *Th. Paracelsi Philosophiae et Medicinae Compendium cum scholiis in libros IIII ejusdem de Vita longa. Auctore Leone Suavio I. G. P.*, Parisiis 1566 p.322）によって付随的になされたもので、オランダの医師ヨハン・ヴァイアー（J. Wieri, *Liber Apologeticus, adv. Leonis Suavis calumnias*, 8）によって峻拒された。

った。じつのところ、これは『知識の虚しさについて *De Vanitate Scientiarum*』の幾つかの句節の繰り返しからなっており、有害な魔術、降霊術《ネクロマンティア》、予言《うらない》その他簡単な規定をもって解説に代えられ、「アグリッパによる先の著作『虚しさについて』の検閲的再考 *H. C. Agrippae censura sive retractatio de Magia ex sua declamatione de Vanitate ...*」という詭弁的で大仰な表題のもとに公刊された言辞の再掲に過ぎない。アグリッパはこうした安直な路銀（僅かばかりの賄賂）によって、彼の敵たちを黙らせる姦策を弄し、『オカルト哲学』という著作が永らえることを保証してみせたのだった。

ここまで隠秘《オカルト》哲学の鍵について拘ってきたのは、彼の著作を真の光の下に見ることができるようにこれが何のことであるのかよりよく了解する必要があったからであるとともに、彼を時代の予断に満ちた信憑に追随した山師ぺてん師とみる一般的な誤解から解放し、アグリッパの真の立場とその真価を明らかにしようとしてのことだった。もちろんそのせいで、いわゆるオカルト主義者たちの周辺では、彼は偉大な伝統主義者という名声を得てきたのではあるが、われわれには彼らのことはよく分かっている。われわれが解明してきたところ、ここに蒐め公にした評価要素はすべて、こうした人々の大方がなしてみせる皮相な判断とはまったく違ったものである。

第Ⅳ章

『オカルト哲学』公刊の経緯

Le peripezie della pubblicazione del De Occulta Philosophia

『オカルト哲学』の印行版は一五三〇年末頃に、アンヴェルサ《アントワープ》のヤン・グラフェウス印刷所とパリのクレティアン・ヴェシェル書肆から同時期に公刊された。これらはどちらも一五三一年にその第一書だけを公にしたものだった。その表題には他に二書にかかわる記載があり、目次には著者の合意を得次第すぐに公刊されるだろうと記されている。本文に先立ち、アグリッパ自身が書いた読者への序が付されている。以下にその主要部を抄録しておく。

アグリッパの語りなおし（前言撤回）について

アグリッパとケルン大司教にして神聖ローマ帝国選帝侯、ローマ教会使節ヘルマン・フォン・ヴィートの関係は一五三一年に遡る。アグリッパはトリテミウスの推薦の書簡および帝国の特典に満足せず、おそらく『曖昧さについて』の公刊によって引き起こされた騒動と攻撃を慮って、すでに『オカルト哲学』の擁護として得ていたものに加え、また別の効果的な庇護を得ようと画策したものだろう。これの第一書公刊にあたり、メヘレンから一五三二年一月（あるいは新暦一五三二年）に書き送ったケルン大司教宛の書簡では、彼に『オカルト哲学』を献呈しつつこれを公刊の辞としている。アグリッパは献呈辞の末尾に、「貴公のご支援のもと、わたしの著作は嫉妬から守られ、この有用さにも欠けない著作が永らえることを保証されることだろう」と。

本書の『オカルト哲学あるいは魔術について』という表題は読者諸賢の歓心を掻き立てるに違いない。諸賢のうちには魔術《マギア》という名辞を悪い意味に採る専横的な無知から、これを歪んだ魯鈍な悪意をもって見る者もあるかもしれない。そして表題を見ただけで、われわれが禁じられた業を説いていると声高に叫ぶ者もあるだろう。そこには異端の種子が含まれており、敬虔な者たちの耳を穢し、善良な人々を躓かせるものである。それゆえわたしは邪悪なものであり、迷信深い悪魔憑き、魔術師《マグス》である、と。こうした読者に対してはわたしはこう返答することにしよう。学問ある人々には魔術師の言葉は邪悪で迷信的で悪魔的な響きをもつものではなく、かえって賢明な祭司の預言的な言葉であり、巫女《シビュラ》たちは魔術をおこなったのであり、それゆえにこそ彼女らはキリストを公然と預言することができた……それゆえ貴顕らは公正な思惟をもってこれを読み、蜜蜂が蜜を選ぶように慎重に識別力をはたらかせるなら、平静を保ってこれを読み進めることができるだろう。なにか気に入らぬ記述を見つけたなら、それは気にせず放置したまえ。わたしには説得しようという意図はなく、ただものがたってみせるだけだから。これをもって他の言辞を拒絶しないようにされよ[1]。医術書を読む者は毒の記述とともに解毒剤や薬の記述に出会うだろう。魔術にも多くの虚しいことがらや奇妙な奇瑞の誇示が溢れている。これらは虚しいこととして捨ておきたまえ、ただしその原因に関しては無視してはならない。じつのところこうしたことどもは神を冒瀆することも信仰を侮辱することもなしに、災厄を避け、悪を破壊し、病を癒し、亡霊を根絶して、生命を保ち、誉や幸運を人々にもたらす有益なものとしてなされ得るものだから。有益であるだけでなく、必要（不可欠）なものでもあるこれを尊重（重視）しない者がいるだろうか。それゆえわたしはこれを言明するより、ものがたることに努めた。プラトン主義者たちその他異教徒の哲学者たちがこれについて示唆しているところに追随しつつ。それゆえそこになにか誤りがあっても、またそれがあまりにあけすけに語りすぎているようにみえても、若気の至りとして許したまえ。なにしろ本書はわたしの若書きであるから、と弁明しておこう。わたしも青年時代には青年らしく語る若者に過ぎなかった。大人になって若者らしさを失い、『知識の曖昧さと虚しさについて』ではこの書の大部分を語りなおす（前言撤回する）ことになった。

……

とはいえ貴兄たちは論駁されるかもしれない。汝はこれを若い頃に書き、老成して語りなおした（前言撤回した）。であればなぜこれを印行したのか、と。これにはこう答えておきたい。わたしはこの書を若い頃に書き始めた。そして何度も修正と加筆を施しながらこれが公刊されるのを期待した。それゆえわたしはこれを矯してもらおうと、秘鑰《アルカナ》に精通した人物、大修道院長ヨハネス・トリテミウスに送りもした。ところがわたしが作業を中断しているうち、最後の筆を加える前に、いまだ推敲の済んでいない中途の手稿の誤りだらけの写しがイタリア、フランス、ゲルマニアに出回ることになった。それどころか、ずうずうしくもというか待ちきれずにというか、このいまだかたちをなしていない書を印刷に付そうとする者まであらわれた。ただこうした災難を避けたいとの想いから、わたしはこれの公刊を決意した。不正確な断片群が他人の手で印行されて流布するよりも、わたし自身の手で修正された本書が出版された方が危険はずっと少なくなるだろうと考えて。もちろんわたしの青年期の成果が滅びるに任せられなかったとしても、なにも罪にはならないだろう。いずれにせよこれにはいくつかの章が増補され、さまざまな加筆がなされている。賢明な読者は文体の違いからそれを容易に識別されることだろう。わたしはすべてを書き直そうとは思わず、少々修正を施し、これに僅かながら光を注ごうと考えたまでである。

ブルッカーはこの語りなおし（前言撤回）と『虚しさについて』の内容を検討しつつも、アグリッパの言を承服してはいない。「これが彼の真率な考えであったか、あるいは単にいわゆる嫉妬を避けるためであったのか、なんとも言い難い。というのも『オカルト哲学』公刊後、一連の書簡は途切れているから。これだけが彼の真意を問うための唯一の典拠である。いずれにせよ、彼の弟子にして友であったヴァイアーその他が言うところによれば、彼（アグリッパ）はその生涯の最後の時期、世俗的には魔術師とみなされていたのであり、こうした世俗的判断からは、彼がこの哲学に生涯抱いていたものとは違う、より低い評価しか与えられていなかったようにしか見えない。われわれとしてはこれ以上の評価は控えることにしよう」とブルッカーは言う。(2)

一方、プロストはこの序言にあるアグリッパの語りなおし（前言撤回）を文字通りにとり、アグリッパが自らの学位や戦役での武勲等々をひけらかしてみせる時の横柄さと不

（1） この序言はほぼつねにヘルメス主義的な諸書の巻頭に付される、巧みに選べ、という警告と変わらない。というのも棘のない薔薇はないということは周知の事実であり、薔薇十字の薔薇も例外ではない。これに類した警告は本書の最終章にも認められる。

（2） Jacob Brucker, *Historia Philosophica critica*, vol IV, p. 4, 409.

誠実さを責めようとはしていない。さらに彼はアグリッパの生涯を一歩一歩追ううち、この人が『曖昧さ』で取った態度、つまり占星術や魔術的な占術に対する嫌悪と不信に対し、魔術に寄せつづけた活き活きした関心、そしてアグリッパがこころに抱きつづけた若書きの著作の公刊にかかわる執拗な提案の間にある説明しがたい矛盾については何も言うつもりもなかったように見える。われわれとしては、アグリッパの語りなおし(前言撤回)という主張を慎重に取り扱わざるを得ない。その少し前の行で、著者自身が読者に慎重に選ぶことが必要であると、蜜蜂が花々の蜜を識別する事例をもちだして語っているように。『オカルト哲学』の公刊とその命運はアグリッパにとって喫緊の懸案だった。これに関してはまた別の証拠をみつけることもできる。それらは彼が自らの著作におおきな意味を与えているもので、そこにはここで示されているような謙遜はない。彼は自らの著作とこれの公刊を生涯の務めと考え、その提案にあたっては真実にいろをつけてみせるのが常だった。アグリッパはつねに抜け目なく、策を弄して、自らの著作に対する贋の過小評価と語りなおし(前言撤回)をもって政治的にふるまう術をも弁えていた。実際、自らの著作を蔑んでみせるところに彼の不誠実さを認めたりする者がいるだろうか。寝る子を起こすようなことを。

ケルンの異端審問官との戦い

一五三二年十一月、一時停止の後、著作の完成稿はついに印刷所に渡された。アグリッパは友人のドン・ベルナルドに書き送っている(*Ep.* VII, 15)。彼の書『オカルト哲学』は加筆修正されて印刷に回された、と。同じ時期にボンでまた別の友人で枢機卿カムペーギの秘書であったドン・ルカに宛てて書かれた書簡(*Ep.* VII, 14)では、アグリッパは「オカルト哲学は印刷中で、降誕祭の頃には出版されるだろう」と書き送っている。実際それは書肆ヘトルピウスの監修のもとヨハン・ゾテール工房で印刷中だった。

しかし一五三三年一月、ヘトルピウスはアグリッパに、すべて中断を余儀なくされた、と書き送っている。「異端審問所がケルンの市参事会に『オカルト哲学』を異端の嫌疑で公刊禁止とするよう委託してきた。印刷業者ゾテールは市参事会の命令により、異端審問所の検閲を受けるためにすでに印刷済みのものを引き渡し、書物の公刊の可否の決裁を待つことになった。修道士たち、それも特に説教修道会《ドメニコ》の者たち[3]のやり口は貴兄の方がよくご存じだろう。貴兄の名誉とわたしの金銭のため、この報せを共有しておきたい。市参事会はいまだ出版禁止を宣言してはおらず、ゾテールは刊行準備をつづけているというか、かえって急いでいる。いずれにせよ準備しておく必要がある。まず皇帝から与えられた特典の原本を送ってほしい」。

その八日後、印刷業者ゾテールもアグリッパに縋るように書き送っている。市参事会ばかりか官吏が動きはじめ、書物の検閲が済むまで彼に印刷の停止を求めてきた、さもないと厳罰に処すと。ゾテールはアグリッパに慎重に行動するようにと忠告するとともに、君主の書記局に禁令を解く措置を願い出てくれるよう依頼している。さもなければ早々に印刷停止の命令が出るだろうと。

アグリッパは旧敵に捕えられたことを悟った。若い頃ケルン滞在時に諍いあったのと同じ修道士たちに。彼は驚くでもなく、いつものようにすぐさま逆襲に出た。彼の友にして庇護者であるケルン大司教に三通の書簡 (*Ep.* VII, 27, 28, 30) を矢継ぎばやに書き、長文の激烈な抗議の手紙を町の行政府に送った (*Ep.* VII, 26)。アグリッパは防御にあたり、つねに反撃に出た。彼の書物に対するケルンの神学者たちの攻撃から自らを弁護する彼の抗議文の論議の巧みさを観てみよう。

「参事会員諸賢へ。説教修道会士の尊師にして異端審問官コンラドゥス・ディ・ウルマから、わたしの書『オカルト哲学あるいは魔術について』が危険で穢れた異端の廉で公刊停止の措置を請求されていると聞きおよびました。この書は現在貴顕らの町で印刷中のもの。この書は、皇帝から任命された賢者たち高位聖職者たちによって最近検閲を受け、認可を受けたものであり、アンヴェルサ《アントワープ》およびパリで(その第一書を)印刷販売する特典を皇帝から得たもの。その後、憐れな修道士が異端審問官という称号にのぼせ上ってカエサルの杖に敢えて叛逆してきたのです。卑しい虫が鷲の身体に叛逆するかのように。現在、彼はわたしの著作を検閲すると嘯いています。ここにわたしが貴顕らに申し出るのは、貴顕らが帝国の威厳を行使して市民をこれから守り、その庇護を保証していただくこと。それでも貴顕らは、本書の印刷業者ヨハン・ゾテールを強要して、この修道士に印刷済みの紙束を引き渡させるのだろうか。わたしは正直者の感情から申し上げる。すでに皇帝《カーサル》の検閲と裁可を受け、その権威からの特典で守られたものを、わたしはあらためて、無知な告発者たち、告発者であると同時に判事である者たちの検閲に委ねねばならないのだろうか。それは豚たちの前に引き出されるミネルヴァのようなもの

（3）異端審問官は説教修道会のコンラドゥス・コリュヌス・ディ・ウルマ Conradus Colynus di Urma だった。

ではないか」。

「この魔術という語の誤った解釈に驚いているだけではいけない。これを怖れるのは俗人だけ。これら偽善的な告発者たちは、これに便乗して冒瀆と異端の告発の準備をしている。わたしの書にはキリスト教信仰から、聖書から懸隔するところは何もなく、貴顕らも周知のように、罪について解説するために反対の立場を据えただけである。それを認められないなら、信仰でないところのすべてを、福音書を断罪されよ。アリストテレスを、アヴェロエスを断罪されよ。これらの者たちはすべて彼らの学統にあるのだから。彼らのトマスを、彼らのアルベルトゥスを断罪されよ。異教哲学の諸規定に支配されてきた彼らの博士たちのすべてを断罪されよ。わたしの脆弱な敵対者たちが侮辱を感じるのは、魔術《マギア》とカバラという疑わしい名辞に他ならない。もう沢山だ。この無知な驢馬どもは自ら知らぬものを断罪しているだけである。まさに或る日起こった事態はこれだった。この町の高名な行政官ヨハン・リンクの家にシュポンハイム大修道院長で比較言語学者のトリテミウスが滞在していた折、この賢者は異端の誣告に巻き込まれることになった。これまた彼らの無知と邪悪の証しである」。

「いまや貴顕らの大学はこうした無骨者たちで溢れかえっている。自由学芸の数々がわれわれのケルンから退避していくのをまのあたりにして驚愕したまえ。一時あれほどたくさんいた学生が、今日では消え去り、町は大損害を被り、日々その栄光は潰え去っていく。なるほど、一般の神学者たちまた特にこの説教修道会士たちの企みを銘記したまえ。彼らは貴顕らの町、またゲルマニアの全体から聖なる知識と善い学問を追い払おうとしている。カプニオ(4)に対して彼らが引き起こし、消耗することになった戦いを、また幸いにも不発に終わったエラスムスに対する攻撃を想いだす必要がある。さらに高名で造詣深いノイエンアール伯ヘルマンに対する迫害、賢明な法学者ピエトロ・ダ・ラヴェンナが貴顕らの大学を追われたこと、教養においても生活習慣においても申し分のないヨハネス・アエスティカンパヌスが講壇から降ろされただけでなく、この町から放逐されたことを。わたしに襲いかかったこの豚どもは、本当に叡知ある学者を見きわめる目をもっているのだろうか」。

「これら無遠慮な師《マギステル》たちに何ができるというのだろう。最近、これら神学者たち総ての恐るべき敵であるマルティン・ルターがあらわれたとき、まず彼らは戸惑い、高名なパリ大学とローマの枢機卿会議は彼に対して、狂ったように急いで内容なく論理的でもない信仰箇条をでっち上げ、大胆にも異端宣告を発した。いったいこんな方法でどのような帰結をもたらすことになっただろう。諍いを引き起こし、われわれの師《マギステル》たちもまた同じく侮蔑されることを免れなかった。彼らはルターの邪悪は押しとどめられるだろうと請け合った。そこで彼らは戦いを放棄したが、唯一の例外がヤーコプ・ヴァン・ホーホストラーテンで、この説教修道会士は異端者たちの師《マギステル・ヘレティコールム》（Magister hereticorum）と呼ばれた（これがこの異端審問官の称だった。アグリッパはここで両義的なことば遊びをしていることは明らかである）が、十分その称にふさわしかった。というのも彼の異端ルター論駁文書の数々は、彼自身がもっとも危険な異端者であることを明らかにしているから。これを証するのは容易である。わたしは『説教修道会士たちの犯罪と異端』という表題で一書を書くこともできる。そこでこれらの修道士たちが奇跡を偽造して秘跡の数々にすら毒を盛り、どれほど君主たち王たちを殺戮してきたか、また民を誘惑してさまざまな過ちを広めてきたかを示してみたい。このホーホストラーテンを後継したのが、師《マギステル》コンラドゥス、つまり現在の異端審問官である。彼は生地ウルムで完膚なきまでにルターを論駁したので、かえってこの町と周辺の地区《コントラーダ》を完全にルター派にしてしまった、とやら言われている。托鉢修道士なら、愚直な民を中傷しながらカエサルの権威に手を出して問題を起こすよりも、自らの会派のために卵とチーズを恵んでもらいに行った方がよかったのではないか」。

「こうした怠け者たちのおかげで、貴顕らの民はゲルマニア中でその無作法さによって有名になった。わたしは若い頃には彼らの学校に通っていたが、そこを支配していた不潔な獣たちのことを今もよく覚えている。ここで記憶に蘇ってきた講読師ボンメルヘン Bommelchen のことに触れておこう。彼はたいへんな高齢にもかかわらず、その議論と卑しい身なりは若いわたしには我慢がならなかった。また師《マギステル》コルネリウス・デ・ブレダはサン・マルタン・ル・プチで生まれ育ち、われわれ市民《ブルジョワ》と同席するにあたり道化役を引き受けることにも赤面しなかったが、当時ケルン大司教であった方伯《ランドグラヴィオ》ヘルマンがこれを見たならその恥ずべき過剰を咎めたことだろう。それにもかかわらず、彼はみなの中で神学に関しては第一人者であった。師《マギステル》たちから生徒たちに目を移すと、貴顕らの監督官から自由学芸の

（4）Capnio はヨハンネス・ロイヒリンのギリシャ語化された名（小さな狼煙）。このカバラ学者についてアグリッパは一五〇九年、ドールの公衆の前で彼の『驚嘆すべきことば *De Verbo Mirifico*』について説いている。その結果、彼は教会側（ジャン・カティリネ）から酷い迫害を蒙ることになる（第二章115頁参照）。この件とこの人物について、アグリッパはすでに『曖昧さについて』九六章で語っている（一五三九年の改竄以前の版）。

師《マギステル》の地位を約束されていたヨハン・ラインは司祭に叙階され、使徒たちの教会の聖堂参事会員となったが、彼は最初のミサより他を執り行うことができず、教会時間を読むことすらできなかった。同輩修道僧たちが彼を子供たちの学校に送り戻すべきだっただろう」。

これはアグリッパの長文の論難のほんのはじめの部分に過ぎない。彼は迫害者たちを長々と罵倒し、あちらこちらを攻撃した末に、次のように語り終えている。「あらためてここでわたしの書がキリスト教神学には一切触れておらず、異端の告発を受けるような素材は何もないことを言明しておきたい。貴顕らの神学者たちは、自分たちに関係ないことには関わりをもたないように、彼らの専門でないことには口を噤むように勧めたまえ。貴顕ら高名なる参事会員は、貴顕らの大学からこれらの詭弁家たちを追い払い、善い学問の誉れを取り戻していただきたい」(*Ep.* VII, 26, Bonn, 11 Gen. 1533)。

しかしケルンの市参事会は何の返答もしなかった。アグリッパに好意的だった大司教も、その権威をもってしても異端審問官によって据えられた障害を乗り越えるために何もできなかった。アグリッパの無念の思いはつづいた。彼がとった予防措置と彼に対する後援はなかなかのものであったにもかかわらず。彼は棘の筵の上にいた。最悪の事態をも想いみた。なんらかの口実をもうけて、彼の手稿が持ち去られるのではないか、書肆がそれをだまし取るのではないか、またアグリッパは書肆ヘトルピウスに書き送っている。「誰も信用してはならない。どんな口実であっても誰かに刷本を持ち去らせてはならない。それよりわたしの本(手稿)を返却してほしい。それしか原稿はなく、わたしの長く困難な作業の成果を失うことにもなりかねないから。それが入手できれば、数日のうちに三、四人の書写生によって転写も可能で、それを神学者たちに渡すこともできるだろう。彼らはわれわれの正気を失わせようとしている。しかしそれに乗せられてはならない。わたしの特典にも気を配ってほしい。彼らの手に落ちないように。それが破損されれば、この書の裁可を正当化できなくなってしまうから」(*Ep.* VII, 31)。

書肆ヘトルピウスは彼に返書を送り(*Ep.* VII, 32)、彼を安心させている。パリで公刊された本とともに皇帝の特典の原本を見せた「が、わたしはそれをすぐに引き取り、アンヴェルサで印行された本だけを彼らに渡した。大司教の勧告がどうなったのかは何も知り得なかった。ただこの君主から得られるものだけが、ゾテールに難題をもたらした禁止を取り払ってくれるだろう。いずれにしても先に進もう。神学者たちに対しても同様に」。

なにごともなく時だけが過ぎていった。四カ月後、事態はまだ元のままだった。

そしてついに、町の師《マギステル》たちから反論が届いた。アグリッパはこれを卑劣なものと判じ、大司教に書き送っている。「彼らが全力を傾けてわたしの哲学を疑ってかかっているのをご覧になったか。なんの反論も掲げずに。彼らは幾つかの句節の意味を捻じ曲げようと力づくで、具体的に分けられている議論の数々を混乱させる。じつのところ彼らは入手可能な第一書を読んだことをもとに単なる推測をしているだけ。この書はパリ大学の神学者たちが入念に読んで印刷および大学内での販売を許可した、咎めるところのないものである。古の著作者たちが困難なく誰の手にも入るように残していったものをもとに著された書物をどうして禁じることができるというのか」(*Ep.* VII, 34 – 5 Mag. 1533)。

アグリッパは執拗である。特にこの遅延のせいで、近々のフランクフルトの書籍市に出品できなくなることに困惑して。それは彼の本を販売する恰好の機会だった。

神の思し召しにより一五三三年中頃、障害を乗り越え、印刷が再開された。一五三三年七月、ついに『オカルト哲学』完本の初版ができあがった。数々の労苦と困難な作業、そして厳しい戦いの末に。

『オカルト哲学』初版はフォリオ版、白紙六頁とローマ数字で頁数を記した三六二頁からなっていた。印刷者の名も刊行者の名もなし、巻末に一五三三年七月とだけ年記があるたいへん美しい書籍。刊行者の名はないが、これがアグリッパ自身の監修のもとへトルピウスによって印行されたことは確かである。その表題の全体は、*Henrici Cornelii Agrippae ab Nettesheym a consiliis et archivis inaciciarii sacrae Caesareae majestatis de Occulta Philosophia libri tres. Nihil est opertum quod non reveletur et occultum quod non sciatur. Matthaei X.*[5] *Cum gratia et privilegio Caesareae majestatis ad triennum.*

この一五三三年版には異本がある。プロストは二種を識別している。[6] 彼によれば、どちらも同じ版型で、同じ頁数、同じ言葉 finis anno MDXXXIII Julio. で終わっている。ところが二種のうちの一方、おそらく後版では幾つかの誤植が直されている。こちらの刷面はたいへん美しく、頭文字もより美しい。そして花模様に代えてアグリッパの肖像が扉の表題文字の下に刷られている。また初刷の最後の頁には

(5) マタイ 10, 26:「覆われているもので現されないものはなく、隠されているもので知られずに済むものはない」。

(6) Aug. Prost, *H. C. Agrippa*, t. II, pp. 513, 532.〔本書第Ⅲ部図1 30参照。〕

印刷ミスがある。per vanitates magicas, exorcismos, incantationes, amatones, agogina . . . 後刷では amatones が amatoria に修正されている。しかしこの過誤は一五五〇年版で繰り返されている。

プロストはこれら二種の刷本をパリ国立図書館所蔵本で見比べているが、他にすくなくとも二種が存する。どれも同じ年記、刊行者、版型。その一つはたいへん美しい刷本で、プロストが修正版としているものによく似ているが、これとは扉のアグリッパの肖像画が違っている。この版にあたる一冊がローマのカサナテンセ図書館（架蔵番号 II. X. 43）に、また別の素晴らしい刷本がローマの国立ヴィットリオ・エマヌエレ図書館（69, 2, D, 6）に蔵されている。この図書館にはまた初刷の刷本（14, 34, Q, 12）も蔵されている。初刷には正誤表は付されていない。三番目の刷本では序文の後に正誤表が載せられている。これら二種の刷本では版型と頁づけは同じにせよ、組版が異なっている。これは一見すると見逃されてしまうような相違だが、各章の起語の頭文字と図表の数々は正誤表付きの版の方がずっと美しい。こちらの版は著者原稿から起こされたものではなく、これに先立つ刷本を元に組まれたものだろう。というのもこれは初刷の誤植をそのまま再現しているうえに、新たに幾つかの誤植が見つかるから。アグリッパは自ら正誤表をつくりつつ、本文最後の頁の amatones を amatoria に修正し、この版（三番目）で正されることになっている。

さらにフィレンツェ国立図書館には四番目の刷本（1. L. 2, 165）が蔵されている。これにも正誤表と扉のアグリッパの肖像画が付されているが、先行する刷本と違ってこの正誤表は一六九頁からはじまっており、先立つ刷本の本文のこの頁までに認められた誤植が正されている。この刷本がもっとも修正の手が入ったもので、わたしが実見した諸刷本の中で最後のものであることは明らかである。ローマの国立図書館蔵の二本のⅣ頁一六行と一九行には obscuritatem という語が認められ、これは正誤表で obtusitatem と正されているが、フィレンツェ国立図書館蔵本では本文中で obtusitatem と修正されている。これらすべての刷本はローマ数字で頁づけされているが、あまりに誤表記が多い。どうやら植字工はこの数字系列の書写法にあまり精通していなかったもののようである。[7]

この一五三三年版は著者の生前に刊行された唯一の完全版であった。

(1) 帝国特典、仏語
(2) アグリッパによる読者への序
(3) アグリッパのトリテミウス宛書簡

(4)トリテミウスのアグリッパ宛書簡（一五一〇年四月八日付）
(5)ヘルマン・フォン・ヴィートへの献呈辞（一五三一年一月、メヘレン）
(6)目次
(7)第一書 pp.1-97
(8)ヘルマン・フォン・ヴィート宛書簡 p.98
(9)第二書 pp.99-208
(10)ヘルマン・フォン・ヴィート宛書簡 pp.209-10
(11)第三書 pp.211-347
(12)司祭アウレリウス・ダ・アクアペンデンテ宛書簡 pp.347-8（一五二七年九月二十四日）
(13)司祭アウレリウス・ダ・アクアペンデンテ宛別書簡 pp.348-9（一五二七年十一月十九日、リヨン）
(14)アグリッパの宮廷付き某友人への書簡（日付なし）pp.349-52
(15)ヘンリクス・コルネリウス・アグリッパの『知識の虚しさについて』および『「驚嘆すべきことば」について』における『魔術について〔オカルト哲学〕』の語り直し（前言撤回）あるいは再考録。(a)魔術一般について、(b)自然魔術について、(c)算術（数）魔術について、(d)有害な魔術について、(e)ゴエティアとネクロマンティアについて、(f)テウルギアについて、(g)カバラについて、(h)詐欺（幻惑）について pp.352-62.

（7）ボン在住のアグリッパはこの書がケルンで印刷される間、不可欠な校正を入念に果たすことができなかったものとみえる。一五三三年の最終版に付された正誤表で指摘された誤植以外にも、アグリッパが見逃したものが幾つもある。すでに指摘したように、四つ組の表で鉛は土星にではなく恒星に対応させられており、十組の表では第二列が Raziel でなく Jophiel とされているが、Jophiel は第三列の Zaphkiel の傍らに記されるべき名である。その他、指摘しておくべき誤植を列記しておく。Lib.II, cap.6 の Einarmene は Hémarmene、同書 cap.37 の Petrus de Ebano は Petrus de Abano。火星《マルス》の魔法陣（Lib.II, 22）の第一列五行目には כג と記されているが、これは כג。月の魔法陣の第八列一行目の 54 は 45 でなければならない。これらの誤植は後代の版や翻訳版でも繰り返されている。これは時代を経るにしたがって増殖していく。Lib.III, cap.43 では文字の欠損から、alit corpus in torpore と読まれるべきところが alt corpus in corpore と解され、翻訳もあやふやなものになっている。一九一〇年仏訳版ではさらに太陽の魔法陣、金星の魔法陣にひとつづつ誤植があり、水星の魔法陣に三つ誤植がある。また Lib.I, cap.74 のヘブル文字にかかわる記述、神の七二の名のうちの四つ等々……。〔第Ⅲ部図7 8 9など参照。〕

これが『オカルト哲学』の初版、著者生前の唯一の刊本の公刊経緯である。ここではこれまでに知られている知見を対照し補完しつつ、一五三三年ケルン版刷本の錯綜した経緯に拘り、刊行をこの年まで遅延させることになる過程を追ってみた。ここには書誌学的な関心以上のものがある。アグリッパが『オカルト哲学』初版の監修にどれほど愛情を込めたか、あらためて明らかにできたと考える。彼の序と語りなおし（前言撤回）という言を信じるにせよ、著作公刊にあたりこれが状況に強いられて自らの意志を枉げてなされたものであったようにも見えてくることには興味が尽きない。

　メヘレンで書かれた一五三一年一月の献辞は多くの者たちに一五三一年版の存在を信じさせてきたが、これは雑駁な誤りである。他の諸版はみなこれより後のもので、これらについては以下の通り。

　一五四一年版には印行者の名も印刷場所の記載もない。一五五〇年のリヨン版はジョフロワとマルセルのベリング兄弟によって刊行された美しい活字版。一五六五年バーゼル版、一五六七年パリ版、さらに刊行年記載なしのリヨン版、そして一七一三年のリヨン版がある。

　『オカルト哲学』はひきつづきアグリッパ著作集の数々に収められることになる。これらの中には年記を前倒しにしたものや、出版年記載の疑わしいものも幾つかある。いずれにせよ、アグリッパのラテン語著作の集成には以下のものがある。

　一五一〇年という偽記載の版。ベリング兄弟によりリヨンで公刊された版、これは二巻本で一五三一年と偽年記が付されている。もう一つリヨン版として一五三五年という疑わしい年記のある刊本がある。さらに、『オカルト哲学第四書』を含むベリング兄弟刊行のリヨン版。この版についてプロストはこれ（第四書）の付加から一五六五年以降のものとみている。しかし後述するこの第四書の経緯からして、おそらくこれよりさらに数年後のものだろう。つづいてこれまたリヨンのベリング兄弟の監修により二種の刊本が出ており、一五八〇年および一六〇〇年という疑わしい年記が付されている。このうち年記のないベリング兄弟版が、他の版の原型として用いられることになった。

　『オカルト哲学』は英訳され、これの一六五一年版がある。仏語版はラ・ハイエ《デン・ハーグ》で一七二七年に印行され、これの改訂版が一九一一年にパリで出版されている。イタリア語版はやっといま、四世紀を隔てて初めて公刊されることになった[8]。

『オカルト哲学第四書』

上述した通りアグリッパ著作集として、斜体活字で、年記なしにリヨンの書肆ベリング兄弟社から公刊された美しい刊本には、『オカルト哲学第四書』も含まれていた。この刊本は一五八〇年、一六〇〇年の年記をもつものよりも前のものである。(9)というのもこれには後者二本に追加されたものが収められていないから。これは美しい『オカルト哲学』一五五〇年版同様、イタリック体活字で組まれており、アグリッパに擬されるこの第四書が収録された全集としては最初のものである。『オカルト哲学』の最初の三書に第四書を加えた最初の印行本としては、一五六五年版、一五六七年版がある。

　プロストは第四書を含むこの年記なしのイタリック体活字の全集リヨン版、『オカルト哲学』の第四書を含まない一五五〇年版によく似た活字で組まれた書の刊行年を概括的にでも特定しようとして、これが一五六五年以前ではあり得ないと言う。その理由としてプロストは、これの第四書は一五六五年に初めて、アバノのペトルスの『ヘプタメロン』と一緒にして、刊行者の名も印刷所の場所もなしに公刊されているから、と言っている。第四書の出現がアグリッパの死後すくなくとも三十年を経た後だったことを記した時、プロストはヨハン・ヴァイアーの証言を思い返してみるべきだったろう。ヴァイアーは『悪魔による幻惑 *De Praestigiis Daemonum*』(Lib. II, De Magis, V, 2) で「このオカルト哲学の邪悪な第四書」について語りつつ、これがアグリッパの著作ではないと明言し、これについて「最近、日の目を見ることになった」と言っている。ヴァイアーのこの著作の初版は一五六四年に公刊されているが、彼はこれを一五六二年に書き上げている。とすると、この第四書の刊本は一五六二年以前に既に存在したことになる。実際、一五五九年版が存した。おそらくこれこそまさにヴァイアーが示唆している最初の刊本に違いない。これの表題は *Henrici Cornelii Agrippae Liber Quartus de Occuta Philosophia, seu de Cerimonjis Magicis, cui accesserunt Elementa Magica Petri de Abano Philosophi*, Marpurgi, anno Domini 1559. これはカイユの『魂論あるいは隠秘《オカルト》学書誌便覧』(Caillet, *Manuel Bibliographique des*

(8)〔本論はこの『オカルト哲学』一九二六年伊語版に付されて公にされたもの。〕

(9)〔1578 ed. Basel. *Thomas Guarin; Henrici Cornelii Agrippae, Ab Nettesheym. Armatae militiae equitis aurati, et I. V. Ad medicinae Doctoris. Opera Quaecumque hactenus vel in lucem prodierunt, vel inveniri potuerunt omnia, in duos tomos concinne digesta, et diligenti studio recognita* ... という刊本も見つかるが、先後関係不明。〕

sciences psychiques ou occultes, Paris 1912）にも挙げられている。この刷本はローマの国立ヴィットリオ・エマヌエレ図書館（14, 7, B. 18）に蔵されている。

　この第四書の著者が誰であったにせよ、ここで隠秘《オカルト》哲学の「鍵」という表現が蘇る。一五三二年以来公刊されていた司祭アウレリウス・ダ・アクアペンデンテの書簡の中に彼（偽作者）はこの語を認めたか、第三書3章にはっきりしるされているのを見たのだろう。彼は自著の巻頭近くに、「これに先立つ三書ではそれは実践的というよりも理論的に示されている。形象をもって、ほとんど謎《エニグマ》のもとに。この（第四）書は『オカルト哲学三書および魔術の業のすべてについて』の補完として、また鍵として著された。それゆえ汝に勧告する。これを汝の信心深い胸中に深い洞察として秘し、沈黙のうちに隠しつづけるように」。じつのところこの第四書は魔術儀礼の実践便覧に他ならない。

　ヨハン・ヴァイアーはこの書がアグリッパのものではない、ときっぱり否定している。しかし彼はアグリッパの弟子でいくら親しかったとはいえ、当時十八歳の若者であった。

　秘密の鍵に話を戻し、これはただ親愛な友たちにだけ遺贈されものであった。ヴァイアーはこれを受けるにはあまりに若く、この第四書の存在を教えられていなかったのかもしれない。そうだとするとヴァイアーの証言はその意味を失うことになる。とすれば、この問題に答えるためには、真正著作である三書とこの贋作の教義的内容および文体について比較分析してみる他はない。隠秘《オカルト》哲学の鍵についての報じられるところのすべてを検討してみると、アグリッパの思索からは、三書の鍵つまり魔術の鍵そのものは、魔術儀礼の実修便覧にはなく、宗教的な業《アルス》をもととした或る特別な信仰の実践のうちにある。これは文書によって伝えられるものではなく、伝統的な儀礼に従って実修される儀礼の中で伝えられるもので、これは思惟（こころ）《メンテ》に尊厳を与え、思索を神化し、アグリッパがその基本著作のうちで解説する偽りの奇跡とみなされるような、あらゆる奇瑞をなしとげることができるようにする。この考察は『オカルト哲学第四書』をアグリッパに帰属することに対する強い反論を提供するものにみえる。

　さらにブルッカーはこの偽書『オカルト哲学第四書』には、アグリッパが提示している魔術体系とは全く逆で矛盾した仮定が幾つか含まれている、と註している。たとえば、世界魂《アニマ・ムンディ》は至高なる知性であると言うのに対し、アグリッパは世界魂《アニマ・ムンディ》は諸知性と月下界の間にあるというところ。また文体の相違ははかりがたいほどで、アグリッパのラテン語が人文主義者《ウマニスタ》の学識深い学者のもの、つまり文筆家のラテン語である一方、この書は文学的価値のない粗野《バルバラ》な言辞をもって書かれている[10]。

つまりこの「魔術儀礼」の書は偽書である、ということでみな一致している。

これの著者は古のヘルメス主義者たちの慣習に則り、彼らが著作をヘルメス、ピタゴラス、ゲーベル、アリストテレスといったより古い高名な著作家に帰属してみせたように、異端審問のわずらわしさを避けるのにも役立つだろうと、没してすでにかなり経ち、いまや異端審問官を怖れる必要もなく、ヨーロッパ中に魔術師として盛名を轟かせていたアグリッパに、自らの著作を帰属したのだろう。

もちろん偽書であるからといって、これをとりあげる意味がないという訳でも、魔術実践の儀礼として何の価値もないという訳でもない。しかしこの問題を検証し、魔術儀礼の数々を伝統への忠実さや実修の効果によって評ることは、われわれの議論を大きく逸脱させることになるだろう。興味は尽きないが、ここではこれについては思い止まることにする。

（10）Jacobi Bruckeri, *Historia critica philosophica*, Lipsia 1743, tom. III, p. 407.

『アグリッパ著作集』２巻本
第１巻巻頭に掲げられた肖像とタイトルページ
（本章194–195頁／刊本要覧⑮参照、バンベルク州立図書館蔵本 Ph.o.398-1
https://www.digitale-sammlungen.de/en/view/bsb11760531）

第V章 『オカルト哲学』の内容

IL CONTENUTO DEL TRATTATO DELLA *FILOSOFIA OCCULTA*

魔術とは何か

アグリッパがその著作の表題で明言し、またその序と書簡の数々で説明している「隠秘哲学《オカルト》」という表現は、すでにアグリッパの時代にはその威信を失っていた「魔術」という語を置き換えてみせた婉曲表現ではない。おそらく現在ではこの威信の失墜はさらに酷く、いわゆる学識ある人々の大部分は、キリスト教的な心性に追随していることに気づく間もなく、ただ予断をもって、科学、進歩、文明等々の名のもとに、魔術とはいまや超克された中世の迷信に過ぎない、と宣告することができるものと信じている。それゆえ、魔術という語にアグリッパがなにを観ていたか、今日われわれはそれをどう観るのかについて解説しておく必要がある。

ヘンリクス・コルネリウス・アグリッパがこの語に帰属した意味は、今日一般的にこれに帰属される意味とは微妙に違っている。それは無駄口をたたく学者たちの好悪に関係なく、知識（科学）の名のもとに、未消化なまま（断食なしに）工房で長年月を経てきた知識（科学）を反駁し、魔術という言葉の意味を定義するにあたり、世俗的な益体もない恣意によるのではなくかえって古典的な権威（典拠）を受け入れ、これに追随したもののようにみえる。

アグリッパは言う（『オカルト哲学』Lib.I, cap.37）。「エジプト人たちはこれを自然本性の魔術 naturam magam、つまり魔術的な力と呼んだ。というのもこれは類同なものを類同なものによって、自らにふさわしいものを自らにふさわしく適宜引き寄せるから」[1]。アグリッパの時代にはエジプトの言語は知られておらず、彼がこの語源論をどこから取り出してきたものかわれわれには知り得ないが、いずれそれは誤りだった。というのもわれわれが知る限り、古のエジプト語にはマーガという語あるいはこれに類する意味をもつ語は認められないから。とはいえ、これはたいしたことではない。われわれに興味深いのは、アグリッパがこの贋語源論に権威を認め（を典拠として）、彼の魔術の観念を伝統的なものとみなしていることの方にある。つまり彼はこれを自然本性の知識、自然本性的な共感と反感、親和と反撥の知解をもとにした業《アルス》と観念している。「魔術は真の知識であり、もっとも高位で完璧な哲学である。ひとことで言うなら、自然本性的な知識すべての完成であり成就である。一般に哲学は自然学、算術、神学に分けられる……とはいえ、魔術の完璧な業がこれらのいずれかであるなどということはできず、また真の魔術はこれら三つの分野の総体のうちに閉じ込められるようなものでもない」（I, 2）。また「魔術の実修をしようとする者は、自らの魂そのものの特性、その力能、尺度、秩序、万有宇宙の潜在力における程度（度数）を知らねばならない」（I, 67）[2]。たとえば魔術師《マグス》が言葉（呪文）をもって召喚をおこなう時には、自然本性の力そのものによって実修している。「というのも、世界の諸部分は自然本性的に相互に引き合い、交互にはたらくので、魔術師は言葉をもって召喚しつつ、自然本性に適合した力によってはたらき、一方の他方に対する愛によって相互に引き寄せ、一方の他方に対する反感によって反撥させる。これは逆性、諸物の相違、力能の多様性に準じてはたらく」（II, 60）。

アグリッパはこのような実修（操作）は、基本的にかなり一般的でだれも驚かないような他の実修（操作）と変わりがないと言う。そして魔術実修がもたらす効果を音楽や雄弁の魅惑、親しい人物による忠告の説得力に較べてみせる。しかし「俗人はこの種の蠱惑《ファシナティオ》や繋縛《レガメント》に驚いたりはしないし、憎んだりもしない。なぜといってそれは普通のことだから。その一方で、自然学者たちはそれまでそれに気づかず、慣れていないところから、これに驚き、これを自然本性を超えたものあるいは自然本性に反するものとみなして欺かれる。これは自然本性に由来し、自然本性に準じてなされるものであるにもかかわらず」（III, 60）。

この良識的な句節によれば、魔術は不可能事をなす知識ではない。それは自然本性の綜合的な知識であり、魔術師が成し遂げる奇跡は、聖人たちやいずれかの宗教の創設者に帰されるような自然法則の侵犯ではなく、まさにその逆である。それは自然本性的な諸力が行使された結果であり、この語の語源論的な意味での奇跡、つまり素朴に驚嘆に値することであって、他のことがらよりも並外れた奇瑞という訳ではない。魔術は知識、理論的にして実践的な知識であり、自然学的にして形而上学的な知識、人のものであるとともに人を超えた知識、外的にも内的にも眺められ知られた知識である。これを置き換える表現「隠秘《オカルト》哲学」もまたかならずしも適切とは言えない。特に哲学という語の現行の専門的な意味は、ピタゴラスによる原初の意味からばかりか、四世紀前にこれが意味したところからも隔絶している。いずれにしても「隠秘《オカルト》哲学」とは「秘教的な叡智」、カバラあるいは伝統で〔これらの二語をどちらも「伝承」の意味に採っておく〕、隠秘《オカルト》で秘密な儀礼をもって人々には感得できないような手法で霊を霊に注ぐものである。

理論と実践、教義と実修、この綜合知識つまり「隠秘《オカルト》哲学」という自然哲学の教義と儀礼は、アグリッパによって三部に分けられた。そのそれぞれは世界の三分と照応しており、『オカルト哲学』という書物の三書への分割にも類比できる。世界の三分とは、四元素からなり、地上のすべての物体を包摂する「元素世界」、これを支配する諸惑星と諸恒星の世界である「天上世界あるいは星辰界」、さらにこの星辰界を支配することで地上界(大地)をも支配する「知性世界」。下位なる世界はそれぞれ上位世界に支配され、さまざまな影響を受ける。こうして創造者である至高なる制作者はその権能(潜在力)を、諸天および諸恒星を通して、元素世界つまり大地へと伝える。これについては最重要な考察がなされるべきところだが、アグリッパは沈黙を守っている。諸元素と諸惑星はそのそれぞれに対応する隠秘《オカルト》な力の象徴として意図されている。これの正確な理解のうちには「秘密の鍵」があり、アグリッパは著書や書簡においてこれに専心している。これについては先に詳細に論じた(3)。世界のこれら三部分に関する知解は、そのそれぞれに対応する三類を形成する。まず自然魔術〔マギア・ナトゥラーレあるいはフュシカ〕。アグリッパもこう呼んでいるところ。これは物理的自然の諸力を対象としており、器官的な身体や無機的な物体の特性、組成《なりたち》、外観を検討するもので、熱の影響、潮の干満、虹、雷、彗星、金や鉄の鉱脈の由来、

(1) 〔伊藤博明訳「このことをエジプト人は見て、自然魔術と、すなわち、類似したものを類似したものによって牽引する、合致するものを合致するものによって牽引する、魔術的な力自体と呼んだのである」。レギーニはここでもかなり自由な訳をしている(さらに引用章は37章でなく27章と誤植されている)。いずれにせよ、これは錬金術文書において頻繁に引かれる「自然本性は自然本性を歓び、自然本性は自然本性を翔けさせ、自然本性は自然本性を持続させ、自然本性は自然本性を超克する」という常套句のヴァージョンに他ならないものだろう(邦訳『立昇る曙』p.126 (5) 等々参照)。〕

(2) 〔原著では57とあるが、当該箇所はI,67木尾。〕

(3) 第三章「アウレリウス・ダ・アクアペンデンテ宛の二通の書簡」項の二番目の書簡および註17、さらに同章末尾も参照。

また大地を揺るがす隠された潜在力とは何か、あるいは人、獣の類の由来、草の徳能が尋ねられる。要するに魔術のこの部門は今日の物理学、化学、自然学の議論の対象をなすもの。その主要な相違はといえば、その名辞にある。現代科学（知識）がこれらの領野に由来するものであることは、かえって多くの者たちが中世の自然魔術を侮蔑してみせることを正当化するもののようにみえるかもしれない。そのような評価の知恵を矮小化しようとは思わないが、古の魔術師たちやヘルメス主義者たち、また実験的方法の主唱者たち先駆者たちの実践（行為）と観念を理解するためには、この規範は最も不適切なものだと言わねばならない。後代に科学的征服をもたらした功績は、ひとえにスコラ学やアリストテレスに叛逆した者たち、ロジャー・ベイコン、パラケルスス、アグリッパ、カルダーノ、ポルタの勇気ある発想と実践（行為）にこそある。ポルタやアグリッパが伝説的な処方に言及するところをからかってみせるだけでは安易に過ぎる。たとえば暴れる牡牛を鎮めるには牡牛の尾を樹に縛ればよいと言うところ、あるいはエキネイスつまりコバンザメ《レモーラ》がこう呼ばれるのは船の前進を妨げる《レモーラ》魚だからと作り話を焼き直してみせるところ、かえって彼らの観察に認められる鋭い個別判断や溢れる良識に注目すべきだろう。アグリッパにはすでに暗箱《カメラ・オブスクラ》に関する正確な記述がみつかる（I, 6）。通常これの発明はデッラ・ポルタに帰属されているが。アグリッパは或る種の心理的現象についても知見を披瀝し、解釈してみせる。それは現代の暗示や自己暗示の理論に決して劣るものではない。また彼の医学的知識について、フォレ（H. Folet）が好意的な評価を寄せている。この医師は「愛の妙薬（媚薬）」の成分組成について語りつつ、アグリッパはブラウン＝セカールの遠いが直系の先駆者だったと言っている。もちろんこれは……ブラウン＝セカールを讃えてのこと。

星辰魔術《マギア・ケレステ》あるいは占星魔術《マテマティカ》とアグリッパも呼んでいるものは、自然本性そのものを三つの次元から知解させるもの。つまり諸惑星の運動とその軌道、さまざまな蝕、季節の原因。すぐさま想像できるように、これは占星術に関連している。そして儀礼魔術《マギア・ケリモニアレ》あるいは神学《テオロギア》は、神、天使たち、諸知性、諸ダイモーン（キリスト教的な意味（悪魔）でなく、その始原のプラトン主義および新プラトン的な意味で）、魂《アニマ》、思惟、信仰（宗教）、秘蹟、儀礼、神殿、祝祭、玄義の数々について修得させてくれる。これは信心、奇跡、言葉や形象（図像）の力（徳）とその操作、神秘的な符牒《カラクテール》をあつかう。

星辰魔術の議論は部分的に現在の算術と天文学の知識に符合している。つまり今日、魔術とされる探究領域は、中世の広範な古魔術の一部に過ぎない。また儀礼魔術は現代の科学的心性からは遠いとはいえ、これは往時の魔術実修者たちやその観察者たちの心性の直接の娘であり、いまや克服されたさまざまな迷信によって、またここで取り上げるには足りない無益で恥ずべき狂気によって結びつけられてきた。大書される「科学《スキエンツァ》（サイエンス）」も、いまやその虚しさを証示するに到った。教会は自ら議論のうちにアグリッパが儀礼魔術と定義したものを取り上げるようになった。文化的な実践の対象として、科学としてではなく宗教の問題として。これによって、魔術がいわゆる科学的な問題を取り上げることを醜聞《スキャンダル》とする者たちからの反撥に出会わなくて済むようになった。

このたいへん重要な問題は軽視できるものではない。つまり科学《サイエンス》と世俗的心性と宗教（信仰）、それも特にキリスト教信仰に対する魔術あるいは秘教的な知識《スキエンツァ》の立場。

地上および天界の諸現象を観察する時、つまりこうした体験の領野において、現象あるいは体験は外から観察され、測られるのでなければならない。科学者は、たとえ実修作業者（職工）としてであっても、自らの意識（自意識）をもって体験の外にとどまり、体験への参与（介入）は道具や補助手段の援けを借りた一般的（日常的）諸感覚からする体験に限られる（限界づけられる）。基本的に科学者は世界を外から眺める観客にとどまり、その知識（科学）は諸現象を計測し記録し、さらにこれを表現し説明する理論を合理的（理拠的）に構築することにある。体験のこうした性格とこの態度の習慣化は、科学的探究の立場を保持しようとするならこれ以外に採るべき方途はない、という得心を生むことになる。これは実質的に実修作業者が完全には外からの観客にとどまり得ず、その原因の一部と化すとともに役者であり観客でもあるような体験を、すべて排除することに通じる。こうして排除されるものこそまさに儀礼魔術つまり神学《テオロギア》であり、特にオカルト儀礼、宗教的実修、聖なる業《アルス》であり、われわれが拘りつづけてきた主題である。ここでは魔術師あるいは実験科学者〔体験により知識を得る者〕の身体器官（有機的組織）の総体は活動と体験の領野と化す。ここで魔術師は役者であるとともに観客であり、体験において主体であるとともに客体である。「真の宗教（信仰）」、実修神学《テオロギア》つまり儀礼魔術とは明確に実践（体験）的で、他の二つの魔術にも較べられる実証的なもの、つまり「自然《フュシカ》（物理）的」で「算術的《マテマティカ》」なものである。すべては精査において、体験において、観察において、実修において、非人格的で非情動的な態度を持しつつ、これを説明してみせることにかかっている。自らの体験において科学者という名にふさわしく、感情や信仰にかかわることなしに、学派学説とは独立して不偏不党であること。とすると、中世の純然たる迷信は科学によって超えられたと言うにはほど遠く、アグリッパが観念したように、魔術は完璧な綜合知（科学的知識のすべて）としてとどまりつづける。これはあらゆる領域に実験的手法を拡張させることで、あらゆる領域で限界づけなしに実証的な成果を獲得することになる。その一方で現代科学は或る種厳密な数学的基準を放棄せず、観客という外からの立場を捨てないことで、かえって特定の領域の探求を諦めるのだが、これこそが綜合知あるいは魔術の領域に他ならない。

魔術は、自然（物理）、算術、神学《テオロギア》というその三つの下位区分において、体験（実修）に訴える。これは当然、現代西欧の諸宗教に反する立場であり、信仰実践にとどまらず、知識（科学）の諸問題にも口を挟むものとなる。信心と或る啓示の権威に訴え、なんの屈託もなく（至福に満たされて）聖なる文書群に真実を委ね、これを祈禱定式（呪文）、信仰箇条等々の言語表現に封じ込めることができ、これをもって正当な解釈を伝えることができると思い違い（妄想）をする。

特にさまざまな宗教の、また特にキリスト教教会の独占的な主張（要求）と、自由な検討、実験的手法の使用および科学的な証明の要請が衝突するのは宿命的だった。それはかつて西欧で起こり、いまも起こりつづけている。主としてこれが自然（物理）魔術および算術（星辰）魔術の領域で起こらざるを得なかったことについて、その理由を探ることは容易である。ここで実験による帰結の明白《手ごたえ》さとその伝達の容易さを反駁するのは難しい一方で、それぞれの立場の強制的な放棄は、この領域では、宗教的感受性を減じ、大胆に決然と教会を攻撃する者たちの絶望的な自己防御を減じることにならざるを得なかった。これに関連して、自然魔術および星辰魔術の領域ではいよいよ知識（科学）が発展し、体験領域の考察にかかわる心的習慣は必然的に実修者の自意識の外に据えられるものとなる（或る意味でそれは決して到達できないものであるのだが）。これとともに知識（科学）はいよいよ世俗的な性格を強めることとなり、宗教は諦念をもってこれを眺めたというよりも、思いがけずこれを利して世俗的心性ばかりか教養ある人々の心性にも、この観念および得心を根づかせることになった。つまり霊的で神学的な一々の議論の理論と実践について論じることは教会および聖職者の権利に帰属される、と。これによって今日、霊的な諸現象にかかわる議論は正当な信仰の問題であり、宗教的な問いであって、知識（科学）や体験（実修）にかかわる問いではない、とみなされることになる。

しかしこのような分割は、われわれにとってもアグリッパにとっても、恣意的で受け入れがたいものである。魔術あるいは知識（科学）は万有宇宙の三界を包摂するものであるばかりか、神学《テオロギア》をも包含している。これはアグリッパが迷信とは明白に区別される「真の宗教」と言うところ。真の、聖なる、神的な宗教は、いわゆる宗教とはまったく違うものであり、知識、それも聖なる知識にして、これを知る者は「聖職者《サケルドティ》（聖性を授けられた者）」と呼ばれる権利をもつ者たちに他ならなかった。その他の者たちは、贋聖職者、「盲人たちを導く盲人たち」の範疇に属する者たち、ダンテが簒奪者、戯言を語る説教者と呼んだ者たちである。この隠秘《オカルト》哲学、この秘密の知識は、信仰と観念の組織的な教義体系として文書で伝えられるようなものではなく、伝統的儀礼を介して霊のうちに霊を注ぐ隠秘《オカルト》な手法で伝えられるのでなければならない。これは基本的に「口授による伝達《トラディティオ》」であり、これは語源的にはカバラという語同様「伝統《トラディティオ》」を意味している。

霊の知識つまり質料と活力の知識として厳密、冷徹に、実験にもとづく実証的なものとしてこれを知解することの可能性については、一々の内的感受とは無関係な現代西欧の一般的な科学的心性には窺い知ることすらできない。またアグリッパが語る「口授による伝達」の可能性については今日まで問いつづけられて来たところであり、それが秘匿されねばならないものであったにせよ、結果的に不合理と化す。これが西欧文明に固有の脆弱さであるにせよ、のしかかる耐え難い空虚に対する熱に浮かされた不安と悲観は、まさにこの可能性にかかわる純然たる知見に関する完全な無知にある。大衆は聖なる知識を無視するだけでなく、そのような知識が存し得ることを疑ってみることもしない。彼らは大地の表面の上、あるいは下に霊の学党が、形而上学の工房が、真に聖なる聖域が、魔術師たち秘儀参入者たちの集会所《エクレシア》が存し、そこで自ら実修し、修得し、成就することができるかどうかと疑ってみることもない。この教会は、知ることに渇く者に信心をもとにした教義の数々を課し、啓示の権威を介した信仰と信仰を介した権威の悪循環を保証として、成就を飢渇する者に上昇の道つまり謙遜の道を約束し、禁欲、祈禱、神への畏れ、諦観、憔悴を説き、恩寵が天からパン籠のかたちで降り来ることを待望するように勧める教会とはまったく違ったものである。

そこでは以下の二つのいずれかが起こるのでなければならない。つまり知識が自らに課した制限を破り、生の内的支配にふさわしいさまざまな実修法によって上昇（到達）することを知っているか、あるいはキリスト教教会が感情的で文化的な純然たる信仰絶対論の立場をもって硬直し孤立することを已め、その形式的伝統の枯れた幹に霊的体験と叡智という生命の樹液《リンファ》を注ぎ、聖なることがらに専心する正規の霊的階層を自ら再構築するか。そのためには豪華な儀礼をおこなうだけでは十分ではなく、「天使たちのパン」を飢渇する者たちに修道院で煮込みスープを提供するだけでは足りない。それは理論的にはまだ不可能ではない。われわれは過剰な期待なしに、もどかしくも思わず、時宜を待つことにしよう。以下はわれわれによりも教会にかかわること。というのも、ローマに到達するためにわれわれは別の道をとることもできるから。世俗の知識と教会の独占を逃れるためには、聖なる知識の、魔術の乱されることのない冷静な態度を持す必要がある。これは自らの体験、精査、知解の領野における様々な手段に限度を課すことがない。われわれは巧妙だがつかの間の宗教的覚醒にかかわる幻想を食むことに耽る者たちは捨て置くことにしよう。われわれの祖国に爆竹を投げつけつつ支配するイエズス会士たちを離れ、「真の宗教」に固執しよう。ローマの真に普遍的で正統な宗教に、「口授伝承」に、いまだ存する正規の階層秩序《ヒエラルキア》に。われわれのこの立場も、真率な知識と無知を混同し、隠秘《オカルト》学の領野に感傷主義とぺてんを溢れさせる世俗の目には、常軌を逸したものと映るかもしれない。われわれはこれに驚いたり、残念に思ったりしない。もちろん他人の唇に浮かぶ嗤いに態度を変えたりしないし、われわれが知っていることに目を瞑るつもりもない。(4)

照応の理論と言葉としるしの魔術的力能

アグリッパの観念にあって、万有宇宙の三つの世界への分割もその絆と一性とを損なうものではない。というのも、万物には万有宇宙の連鎖が存し、親和と反撥という関係性によって相互に結ばれており、これによって或るものが他のものに対してはたらくから。いずれ自然本性《ナトゥーラ》も人も、大《マクロ》宇宙《コスモス》も小宇宙《ミクロコスモス》も神の像《イマジネ》であり、小宇宙は大宇宙の影響と類比《アナロギア》的照応関係のうちにある。魔術はこの万有宇宙の呼応関係と連携をもとにして、人を「尊厳化《ディグニフィカシオン》」し、完成に導く業《アルス》である。これは真の宗教の本質をなす隠秘《オカルト》な業〔ヘルメス主義＝フリーメイソン的伝統の王の業 arte regia〕を介して得られる。アグリッパ（III, 47）が言うところによれば、尊厳化と秘儀参入（伝授）は人に自らの知解（自意識）、不死性、権能、聖化をもたらし、驚くべきことがらのすべてを成し遂げ、彼がその論考で長々と説く魔術の実修を成就させる。

「そこにはこうした絆があり、自然本性《ナトゥーラ》のうちにはこうした連続性があり、一々の上位の力能《ヴィルトゥ》はその光線を下位の諸物に、最下位のものにまで連続的に合致した系列を介して伝え広める。また下位の諸物はその上位にある個々のものを通して上位のものへと到達する。下位なる諸物は上位なるものへと交互に到達するので、その首位にして第一原因に由来する諸影響は最下のものまで張られた弦を伝うように到達する。これがその端に触れるとたちまちすべては震える。この接触によって他端が反響するように。下位なるものがまた上位のものを動かし、よく調音されたギターの弦のようにこれに応えて動く」(I, 27)。

また、「人の身体において、或る部分が他の部分の動きを受けて動き、或る楽器にあって、或る弦が動くと他の弦が動くように、何かが世界のいずれかの部分に動きを与えると、諸他の部分もまたその動きを受けて動く。ここからして、後続するものの依存性にかかわる知解は、一々の驚くべきはたらきの基礎であり、諸天の力能を引き寄せる力を行使するために必然的に要請されるものである」(I, 60)。「このようにして、下位なる諸物から諸星辰(恒星)まで、諸星辰からそれらの知性まで一々のものは還元され、ここからあらゆるものは適宜その原型《アルケティポ》に還元され得ることになる。これらのものの系列からあらゆる魔術、あらゆる隠《オカ》秘《ルト》哲学は出発する」(I, 37)。

もしもアグリッパがわれわれの時代に生きたなら、振動させられる弦が発する基音の一オクターヴ上の音が弦の共振によって生まれる現象ばかりでなく、その他の数々の同調現象の事例を示唆してみせたかもしれない。たとえば、爆発の波動が数々の恐ろしい爆発を誘発することもあり得ること、また誘導現象や触媒現象を彼の理論と対照してみせたかもしれない。彼の魔術は基本的な物理現象を認めることに基づいており、これはまさに数的関係やピタゴラス哲学の諸観念が取り扱う領野であった。この観察は人に万有宇宙との照応関係をいたるところに見出させ、いたるところに驚くべき帰結を認めさせる自然な方法(あらゆるところで自然本性を万有宇宙と照応させる手段)を提供する。言葉、発語、特に歌がその直接手段であり、音楽その他の業《アルス》の魔術的特徴《カラクテール》(符牒)である律動、比率、調和が、数比や数の

(4) われわれの祖国の現状は、ヨーロッパおよび世界の政治状況を前に、ローマを新たな世界文明の基礎に据えようと欲する者にとってかなり好意的である。しかしこのような真のローマという嗣業を想いみる国家の人は、まずこの種の帝国主義は名目的な普遍主義に仕えることではない、ということを銘記しておかねばならない。それは諸他の西欧文明ばかりか東洋文明をも受け入れることができない生来の癒しがたい不寛容に他ならないから。オルペッロ(虚飾、贋金)でなく真のオーロ(黄金)だけが皆に受け入れられる。それゆえローマ精神(ローマ人たちの霊)を蘇らせねばならない。われわれの、カエサルの、ダンテの霊を。ローマ人ならざる異邦人イエスや聖イグナティウスの霊をではなく。さらに、すくなくとも激越な言葉を使わず和らげて言うなら、アグリッパも四世紀を隔ててそのようにしたに違いない。〔レザーニのファシズムと教会との微妙な関係については近刊予定エヴォラ『現代世界への叛逆』解説参照。〕

力能（徳、累乗）にかかわる深淵な法則に表現を与え、万有宇宙の類比《アナロギア》、照応《コリスポンデンツァ》、親和《シンパティア》が基礎づけられる。さらにアグリッパは言う(II, 28)。「この基礎の上に古の賢者たちは、諸物や人々がその体質（気質）の相違に準じてさまざまな調和的配置をとることを認め、これに歌《カント》や音楽を活用してみせた」。魔法《インカンテージミ》（呪縛）、蠱惑《インカント》（魔力）はまさに歌《カント》（呪文）によってなされる。招魂《エヴォカツィオーネ》、請願《インヴォカツィオーネ》は発声《ヴォカツィオーネ》による。ヴィルギリウスの『ファルマケウティカ（製薬術）』その他の頌詩、またオヴィディウスの頌詩には、古の「カルミナ（吟唱詩）」の魔術的力能がどのようなものであったかを垣間見ることができ、なぜ古の詩人が予言者であり魔術師であったのかを理解することができる。実際、フランス語のシャルメ charme（蠱惑、魔術）はラテン語のカルメン carmen（歌、呪詞）に由来する。

古のエジプト人、ペルシャ人、ギリシャ人、ローマ人は、魔術の根拠として神性の「真」の名の数々および事物や人々の名の知解（獲得）と発音に重きを置いた。この理由からローマ人たちはローマの真の名を秘匿したのだった。エジプトの終末論《エスカトロギア》においては、死者は地下世界つまり冥界のさまざまな領域を通過し、最終的にヤルの圏域に到達するために、アメンティの神性の聖なる名の数々の真の発音を知っていなくてはならなかった。エジプトの秘儀参入者たちと特定することが可能な祭司階級はマア＝ケルー maa kheru つまり「正しい声」、真の隠された名の数々を知解し、これらを正確な強勢《アクセント》をもって発語することのできる者たちからなっていた。エレウシスの秘儀がエウモルピディたちの管轄のもとに執行されたのもどうやら同じ理由からだった。これらの者たちはエウモルフォつまり「卓れた歌い手」の末裔で、伝承によればこれらの玄義はアッティカへと導入されたものであるという。またインドの魔術におけるマントラの重要な役割も指摘しておくべきだろう。

しかし単純な音の振動、言葉の単なる発声だけでは魔術をおこなうのに十分ではない。というのも言葉、ロゴス λό-γος は語彙を意味するだけでなく、思惟の「論理機序《ロギア》」を構築する能力をもあらわしている。「言葉は二重である、つまりこれは内的であるとともに口に出して表明される」(I, 69) とアグリッパは言う。声に出して表明される言葉は内面の言葉の宣揚（示現）であるが、「われわれの声、言葉、話（論述）は神の声によってかたちづくられるのでなければ、大気に混じって散逸するだけである。しかし神の息吹きと言葉はこれに伴う意味と生命として残りつづける。要するに、われわれの話（論述）のすべて、われわれの言葉のすべて、われわれの口を突いて出る息のすべて、われわれの声のすべては、神の声によってかたちづくられるのでなければ一切、魔術的な力能をもたない」(III, 36)。つまりいろいろな手法をもって暗鬱な（洞窟から響くような）声で魔法書《グリモワ》の呪文を朗誦（発声）することにどれほど執着しても、同時にこれを神の名の数々として内的に発語することを知らなければまったく役に立たない。それゆえ儀礼魔術の実修を準備するにあたり最初になさねばならないことは、こうした神の隠秘《オカルト》な音の数々をわれわれのうちに響かせることにある。「自然本性が魔術を行使する端緒は神の声にあるから」。ただしこれについて、「この思弁は本書で扱うにはあまりに深甚に過ぎる」(I, 74) と彼は付言してもいる。

じつのところ、言葉あるいは文書をもってこれらの内的な音と響きがどのようなものであるのかを表現することは明らかに不可能である。これの伝達は、われわれの器官組織（身体）の内部でこれら霊的な音を発現することによって（「儀礼」によって）、魔術を介してなされる他はない。この内的な言葉が再生（蘇り）のはたらきをなすことによって。「こうしてわれわれの言葉は多くの奇跡をなすことができるようになる。これらが神の言葉によってかたちづくられ、これらを介してわれわれの一義的な生成が果たされる（われわれが真に誕生する）なら」(III, 36)。つまりこれ（神の言葉）を介して思惟〔メンス mens あるいはアグリッパの定義によれば人の器官組織を構成する諸要素の中でも至高なる魂の部分〕が自らを観念する〔自意識を形成する〕ことによって。「この一義的な生成（真の誕生）において、子は父とまったく同一であり、種《スペキエス》においては生まれるものは生むものに等しく、この生成は思惟《メンス》において形成される言葉の力能（潜在力）であり、この言葉は母胎の中に播かれて生成と出産に到る種子〔鋳型に捺される原因〕のように、儀礼によって或る主体（従属存在）の中に配される。わたしはこうした儀礼に対する用意がありまたこれを儀礼によって受け取った。ただしすべてが同じ様相で言葉に参与する（分有される）ものではなく、ひとつひとつ異なった様相をもっている。これらは自然本性の深奥に秘匿された秘密であり、ここでこれ以上公に論じることはしない」(III, 36)。

これは霊的な生成（誕生）であり、生まれるものと生むものの同化、一体化、同一化の実現である。『ポイマンドレース』はこれを神化《インディアメント》と呼び、ダンテは immiarsi, intuarsi, illiarsi, indiarsi[5] という語で表現している。ヘルメス主義にお

（5）ダンテの造語。『天国篇』9, 81:「わが汝の衷に入ること汝のわが衷に入るごとく」云々（山川平三郎訳）を参照。

いてはこれは「太陽のおおいなる業」で、ここで水銀《メルクリウス》は合金化して黄金に変じる。アグリッパが司祭アウレリウス宛書簡で語るこの「神化誕生」はもし誤りでなければ、アグリッパが識別する秘儀参入の三段階の第二にあたる。魔術実修を進めるにあたり、内的な言葉の所有保持（言葉に憑かれること）が不可欠であり、この固有で内在的な言葉は一義的な生成（真の誕生）によって得られる。霊的にして魔術的な構築物すべての穹窿の鍵はこの儀礼のうちに見いだされ、これを介してこの生成は完遂される。これこそアグリッパが自身および親愛なる者たちのために用いた有名な鍵である。

この一義的な生成（真の誕生）が果たされることで、聖なる言葉はその権勢（潜在力）のすべてを獲得する。「聖なる言葉も言葉であるかぎりにおいてそれ自身が力をもつ訳ではなく、これらが神性《ヌーメン》の隠秘《オカルト》な権勢（潜在力）をもち、霊たちの中にその力能（徳）をはたらくのはこれらに信仰が加わる（貼りつく）からであり、そこで神の隠秘《オカルト》な力能（徳）がこれらの名によって、これらを乗り物として移行するからである。霊たちは信仰によって浄化され、これを意図（知解）する耳をもつことになり、神への祈願により自らが神の神殿にして宿となる。その慣習（身なり）のおおいなる清浄さにより、それら（諸霊）はこうした神的諸存在の影響を享けることができる。つまり、こうした言葉あるいは神の名を儀礼に則って、思惟《メンス》の清浄において、つまり伝承される法（式次第）に準じて実修する者は誰でも、驚くべきことがらを夥しくなすことができるだろう。メデアが穏やかな眠りを誘い、海の嵐を鎮め、川の流れを止めることができた、と書かれているように」（III, 11）。

振動の特性、それも特に音の振えには、もう一つ重要な魔術理論の基礎がある。つまり「しるしづけ《セニャトゥーラ》」、「魔術的符牒《カラクテール》」の教説。物理的な光の放射がもつ集合離散力とは何であるか、すでにその一部は知られている。ここでは放射能の特性には触れず、音響（可聴波）の領域に限ることとする。周知のように、或る特定の音楽的な音調《ノータ》を適当な強さで発することで、この特定の音調に呼応する硝子器を木端微塵に砕くことができる。[6] また管《チューブ》もしくは円筒を蒸気で満たし、この円筒の金属板を響かせ振動させることで、その音の変化に応じてその上もしくは中の粉塵や蒸気をそれぞれに対応する規則的な幾何学配置をとらせることができる。つまり音の高さとこれら特定の配置の間には自然本性的な関係があるものと認められる。こうした言葉とかたちの間の関係、数とものの間の関係こそ、「しるしづけ《セニャトゥーラ》」、「魔術的符牒《カラクテール》」の理論の基礎であり、アグリッパが第一書33章でことさら取り上げているところである。これをもととして、名とは結びつけ、結び合わせるものである、と彼はさまざまな「象徴《シンボル》」の機能《はたらき》を解説している。

つまり、しるしづけ《セニャトゥーラ》という問題は、ピタゴラス派の幾何学的哲学の諸観念とも結びつく。またこれと類比的に、聖なる名の数々はヘブル語アルファベート二十二文字がカバラ学的伝統の中で果たす役割を基としたカバラ哲学へと送り返されることになる。アグリッパはピタゴラス的ヘルメス学的伝統だけでなく、ヘブル語とその文字およびカバラ学の伝統についても精通しており、彼の書中でこれらすべてを広範に論じている。ピタゴラス算術、音楽、魔術的実修(操作)、そしてこれらにかかわる占星術その他の予言法の数々、しるしづけ《セニャトゥーラ》と符牒《カラクテール》その他の書写形式について。

こうした自然本性の数的、調和的な力能のすべては人のさまざまな能力と力能(徳)に照応しており、これらを介して小宇宙《ミクロコスモス》は大宇宙《マクロコスモス》と関係づけられる。すでに見たように、それは一義的な生成(新たな誕生)にも、魔術実修においてもはたらき、魔術師の中で内的な声として感得され、振動する。

人の儚さと秘儀伝授の恒常性

『オカルト哲学』第三書でアグリッパは人の成り立ちと身体の死後のことがらについて広範に論じているが、その表現は晦渋で錯綜している。彼の議論はたいへん重要なもので、その諸観念は神学者たちの注目と反撥を呼び寄せる程、大胆で独創的なものだった。彼らは激しくアグリッパを攻撃し、彼を魔術と異端の嫌疑で異端審問裁判で打ち負かして嘲笑おうと虎視眈々と狙っていた。狡猾さでは負けないアグリッパは彼らの切り札を巧みにかわしつつ、一貫した曖昧語法によって解説を紛糾させ、哲学者たちのさまざまで時に矛盾した見解の数々を引きつつ、これらのどの立場も採らないようなふりをしてみせた。

それゆえ、彼の解説が期待される平明さを目指しているようにみえなくても、読者は驚くべきではない。アグリッパが自ら考えてもみなかったことを、われわれが説いていると言われたくはないので、ここではこれに関してもっとも重要な句節の幾つかを、適宜配列しなおして引くことにしよう。われわれの言うことを読者が正しく評することが

(6) 一九一三年、フィレンツェでわれわれの即興の要請のもと、或る秘儀参入者は内的言語を用いるだけで、おおよそ二メートル隔たった卓上に置かれた普通の硝子のコップを、衆目の前で一瞬にして割ってみせた。そこには一切ごまかしの可能性はなかった。これは外的および内的な二つの声に関するアグリッパの評価を確認させるものである。

できるように。

アグリッパによれば、人は神の似姿として創造され、大世界《マクロコスモス》に神の三一が存するように、小世界《ミクロコスモス》には人の三一がある（III, 36）。この点に関して彼はメルクリウス・トリスメギストスに従っている。アグリッパによれば、彼は「人は神の像としてつくられ、同じ三一をあらわしている。というのも自らのうちに、万物を満たし、動かし、結びつける、知性による思惟《メンス》、活力を与える言葉《ヴェルブム》、神の雷にも似た霊《スピリトゥス》をもつから」（III, 36）と説いている。この霊は理性的（理拠的）で、なんらかの様相で身体をもっているが、それは濃密（粗雑）な体軀ではなく希薄（精妙）な体軀で、われわれのうちにある上位部分で神的なものである思惟《メンス》とうまく合一することができる。これにアグリッパ（III, 36）は、彼が理性魂を霊であるとともにどこか体軀的なものである、あるいはこれは体軀の中にある限り体軀をもち、またこれを知り、これを道具として使うと言うにしても驚くことはない、これはプラトン主義者たちが魂の体軀つまり魂が乗り物として使うもの[7]と解されるから、と付言している。

こうした人の霊的三一について、「人の魂は思惟《メンス》（mens）、理拠《ラティオ》（理性、ratio）、想像《エイドロン》（影、Eidolon）［イドルム（表象、偶像）idolum］からなっている。思惟《メンス》は照らし、理拠《ラティオ》は想像《エイドロン》の中に溢れ出て、これら三つが唯一の魂を構成する。理拠《ラティオ》は思《メン》惟《ス》に照らされない限り、過ちを免れない。しかし思惟《メンス》は神が最初の光としてこれを照らさない限り、理拠《ラティオ》に光を与えない。というのも神のうちには一々の知性の上にあらわれる最初の光があり、それゆえ理拠《ラティオ》を知性の光と呼ぶことはできない。しかしこの光が思惟《メンス》の中に注がれると、これは知性的となり、知性的に把捉され得るものとなる。つづいて、思惟《メンス》を通して、理拠《ラティオ》に注ぐと、これは理拠的（理性）となり、これは知性的に了解されるだけでなく、認識（案出）されたものとなる。さらに、理拠《ラティオ》によって魂の想像《エイドロン》に注ぐと、これは思惟可能なものであるばかりかいまだ体軀的なものではないにせよ想像可能なものとなる。これが魂のアイテール的な乗り物のうちに移行すると、これははじめて体軀的なものと化すが、これが単純な気性の体軀であろうと複合した体軀であろうと元素的な体軀に移行するまでは、いまだ可感的なものではない。そしてついにこの元素的な体軀において、この光ははっきりと目に見えるものとなる」（III, 43）。

つまり、「魂《アニマ》」、魂の「アイテール的な乗り物」、「体軀《コルプス》」がある。魂はそれ自体が一（全体）であるにもかかわらず、「思惟《メンス》」、「理拠《ラティオ》」、「表象《イドルム》」の三部分からなっている。体軀は気性の元素的体軀と複合した元素的体軀とに二分される。神的な光はこの階段を降りつつ思惟《メンス》を照らし、この間に思《メン》惟《ス》の中の知性、理拠《ラティオ》の中の道理づけ、想像《エイドロン》のなかの想像力となる。さらに降るうち、体軀という性格を獲得し、肉身の人の体軀としてまさに目に見えるようになる。「思惟《メンス》は摂理（神慮）の中の宿命の上にあり、それゆえ諸天体の影響を蒙らず、自然本性的（自然界の）諸物の諸性質とも関係がない。……しかし魂の想像《エイドロン》は自然本性（自然界）の上、宿命の中にあり、これはどこか魂と体軀の結び目のようなもので、身体の上、宿命の下にあり、それゆえ影《エイドロン》は諸天体の影響（注入）や自然本性的で体軀的な諸物の性質の影響による変化を蒙る。わたしは体軀を活性化し支持するこの権能（潜在力）を魂の想像《エイドロン》と呼ぶ。これは諸感覚の淵源であり、これを介して魂はこの体軀の中で諸感覚の力を発現させる。これは体軀を介して物体的な諸物を感じ、体軀を空間の中で動かし、体軀を空間の中で支持し、体軀を無為のうちに養う」。この想像《エイドロン》の中では二つの権勢溢れる力能（潜在力）が支配している。「その一方は空想《ファンタシア》あるいは想像力、認識（案出）力と呼ばれ、……もう一方は自然本性的感覚と呼ばれるが、これについては腸卜師の章ですでに語った。つまり人は体軀の自然本性からして宿命のもとにあり、人の魂はその想像《エイドロン》によって宿命の中の自然本性を変じるが、思惟《メンス》によって摂理の秩序の中にある宿命を超えている。そして理拠《ラティオ》はその権能によって自由である。また時に理拠《ラティオ》によって思惟《メンス》に昇り、そこで神の光で満たされる。魂はまず想像《エイドロン》に降り、そこで諸天体の影響（注入）および自然本性的諸物のさまざまな性質の影響から切り離され、諸情念および可感的諸物の要請に注意を逸らされる。また時に、すべて理拠の中に閉じこもって他の諸物を詮索したり、自身を観照したりする。魂の理拠的な部分、逍遥学派が可能知性と呼ぶところは、空想《ファンタシア》のはたらきに訴える必要なしに自由に語り、作用《はたらく》することができるから」（III, 43）。自然本性的感覚は想像《エイドロン》のうちで支配的な二つの強力な権能（潜在力）のひとつで、感得し予言する（占う）感覚、万有宇宙を受容する感受性である。他方の空想《ファンタシア》は想像を投影し、かたちづくる能力。

「人の思惟《メンス》にあっては、自然本性は聖なるもので神的な類のものである。というのも、これは過つことがないので、

（7）［最近ではあらためてギリシャ語で「オケーマ」と呼ばれる慣いとなった。］

難なく翔けあがる。魂は、思惟《メンス》の歓喜にうまく与り、体軀を出てアイテール性の乗り物に乗るなら、英雄たちの合唱をも自由に超越し、至高なる神々へと向かう。そこでそのすべての感覚、すべての権能（潜在力）に至福が、永遠の幸福がもたらされ、万物の知解によって完璧となり、神の直視《ヴィジョン》を享受し、天の王国を領有し、神の権能に参与（を分有）しつつ、不滅の神のように数々の恩恵とさまざまな賜を下位諸領域にふりまく。しかしこれがうまくいかない時には、思惟《メンス》はこれを裁き、これをダイモーンの恣意に投じる。哀れな魂は思惟《メンス》なしに、過ち、像《イマーゴ》と名づけられる影《エイドロン》のすがたで冥府を流離うことになる」（III, 41）。

　これが人の魂の不死性に関する秘教の教義である。アグリッパはこの発想を主として新プラトン主義およびヘルメス主義の『ポイマンドレース』と『アスクレピオス』、そしてユダヤ教律法学者《ラビ》の伝統から汲んでいる。とはいえこうした教説は秘教主義《エソテリズム》に通有のものであり、ピタゴラス派の伝統、オルフィズム、神秘主義者たち、ヘルメス主義にばかりか、東洋のさまざまな伝承にも見つかるものである。アグリッパは書いている（III, 37）。「人の魂は、プラトン派の教説によれば、直接神から発出したものであり、適宜さまざまな中間媒介を経て、この粗大（濃密）な体軀に合する。この降下のため、魂は天のアイテール性の微粒（小さな体軀）を纏う。或る者はこれを魂のアイテール性の乗り物と、他の者は魂の山車と呼ぶ。この小さな体軀により、世界の中心である神の命により〔神の序列によれば世界の中心であるところへ〕、これ（魂）は人の体軀の中心である心臓の中心〔弦の中央〕へと吹き込まれ、そこからすべての部分へ、その体軀のすべての部位へと拡がる（注がれる）。ここで魂はその乗り物に本性熱を合しつつ、心臓〔弦〕から生じた霊の熱によって、この熱を介して一々の体液（気質、音調）の中に浸透し、これら（体液、音調）によって魂は体軀の諸部位（辺）に付着（参与）し、これからあれへと変じつつすべてに近づく（すべてを等しく（等音に）する）[8]。火の熱が気や水に付着し、気を介して水にもたらされるように。こうして不死の微粒（小さな体軀）つまりアイテール性の乗り物によって、粗大（濃密）で死すべき定めの体軀のうちに閉じられた不死なる魂が示現する。一方、病あるいは悪により……人が死ぬと、魂はこのアイテール性の乗り物に乗って翔け、体軀を出ると、これの守護者である祖霊《ゲニウス》たちとダイモーンたちがこれを追い、これを審判者の前に導く。そこで宣告される裁定により、神は善なる魂たちを静穏に栄光の翼へと導き、暴力的なダイモーンは邪悪な霊たちを贖罪へと引き連れていく」。この裁定が人の思惟《メンス》そのものから発語されるものであることについては、他の個所で見たとおりである。

　アグリッパはヘルメスが世界と人のあいだに据えた区別についても報じている。ヘルメスにとって、世界とは理性的で不死の動物[9]である一方、人は理性的だが死すべき定め、つまり壊敗的なものである、と彼は説く。あるいはこれをわれわれは、壊敗を蒙り得るものである、と言う。「ヘルメスが謂うように、不死（不滅）の世界はその一部が滅びることすら不可能で、死という言葉は虚しい。空虚は死同様、どこにもその場所を見出さない。それゆえわれわれは、人の魂と体軀が分かれる時、これらの何かが滅びるとか、無に帰すとは言わない」（III, 36）。これと同じ議論は、獣その他何にでも当て嵌めることができる。人の魂の残存（生存）は、その体軀の微小部分《モレコラ》（分子）や細胞《チェルラ》（小房）にも較べられる。人が死すべき定めであるとは、体軀の死としてさまざまな可能性のもとに提示される。しかしいかなる場合にも意識の至高なる部分、通常は人が感得することすらない部分は、変移も解消も蒙らない。「思惟《メンス》、この高位なる部分は決して断罪される（取り消される）ことはなく、これに随伴するものたちを処罰に任せ、これは無傷のままその本源に戻る。プロティノスが理性魂と呼ぶ霊《スピリトゥス》は、その自然本性からして自由で、あれこれに（体軀にも魂にも）自由に付着することができる。もしも上位部分に付着しつづけるなら、最終的にこれ（霊）はそれ（上位部分）に合一し、神に糾合されて至福となる。一方、下位の魂に付着すると、腐敗（堕落）し、恵み（恩寵）を失って、邪悪なダイモーンとなる」（III, 36）。

　情念、記憶、情動は、魂が体軀から離れた後は、魂とともにとどまる（III, 41）。

　アグリッパは秘教的終末論《エスカトロギア》の教説を第三書の35章から44章にわたって開陳することになる。その最後で彼はさまざまな箇所で他の話題と混乱したまま鏤めてきた本質的な論議を要約しており、これはたいへん重要である。「思惟《メンス》は神もしくは知性界から到来するものであるから、不死で永遠である。天上の理拠《ラティオ》はそれが天に由来するというその起源の恵（恩寵）によって長く持続する（長寿である）が、想《エ》像《イドロン》（影）は質料の胎から出て、月下界の自然本性に従属する

（8）「この一節は弦の発音を拡張解釈したものにもみえる。たとえば一々の点を繋いで線（辺）とし、一々を近づけることで全となす。」

（9）「理拠をもって（法則に従って）永劫運動するもの」。

ものであり、死と壊敗に従属している（屈する）。つまり魂はその思惟《メンス》によって不死であり、そのアイテール性の乗り物の中の理拠《ラティオ》によって永続する（長寿である）が、新たな体軀の循環のうちに修復されるのでなければ解消され得る。それゆえ魂は不死なる思惟《メンス》との合一なしには不死ではない。また、魂の想像《エイドロン》（影）つまり可感的で動物的な魂は質料の胎から取り出されたものであり、体軀が解消される時に一緒に滅びるか、長期にわたってではないにせよその溶解した体軀の蒸気のうちに亡霊（影）としてとどまる。魂が至高なる権能（潜在力）と合一することなしには、これ（魂の影）が不死性に参与するようなことは決してない。思惟《メンス》と合一した魂は、儚いものではなく恒常的な（安定した）(stans ac non cadens) 魂と呼ばれる。しかしすべての人が思惟《メンス》に到達する (mentem adepti sunt) 訳ではない（人の総体が思惟《メンス》となる訳ではない）。なぜなら、ヘルメスが言うように、父なる神は魂たちの競合の褒賞としてこれを望んだが、これを見逃しにしたものたちは思惟《メンス》に欠け、体軀の諸感覚に隷属し、非理性的な動物たちと類同なものとなり、この類のものと同じく死を待つものとなる。これは『集会の書』に「人の死および動物の死は同じであり、この条件は両者にとって同じである。人が死ぬようにそれらも死ぬ、すべては同じように息をしており、人は獣以上のものではない」と言われる通り。ここからして神学者たち《テオロゴルム》の大多数は、この種の魂たちは死後には不滅（不死）ではあり得ず、魂たちにはすべての人々を復活させることになる主の蘇り（再臨）より他に希望はないと言う」(III, 44)。

アグリッパは神学者の大多数が必ずしも『集会の書』の一節とは符合しない教説に従っていることを知っていたが、彼はきっぱりと旧約聖書の一節をもって彼らの足元を縛ることで、論議の筋道を枉げ、自らとその敵たちの間に防護壁を敷いてみせる。彼の言明を受け入れるためには、彼がここで「神学者たち《テオロギ》」という言葉の意味で戯れていると想定しなければならない。これはかならずしも排除しがたく、あり得る想定である。つまり彼は神学者たちという語で儀礼魔術つまり「神学《テオロギア》」に追随する者たちを意図しており、これとは違う他の者たちには「神学論者たち《テオロガストリ》」という語を宛てており、こうすることで彼は古のマグスたちの伝統教説に従ったのだ、と。この章の末尾で彼は公然と次のように語り、この章の論議を閉じている。

「一々の高貴な魂には四種のはたらきがあることを知っておかねばならない。その第一は神的なもので、神の特性の想像による。第二は知性的なもので、さまざまな知性の参与による形式性をもつ（という手続きによる）。第三は理性的なもので、固有の本質的な特性による。そして第四は動物的なもの、つまりこれ（魂）が体軀やこの下界の諸物と交渉する自然本性的なもの。世界の総体にあって、これ以上に驚異的で卓越して奇跡的なはたらきはなく、人の魂はその気質《コンプレッシオーネ》のうちに神の像《イマジネ》をもつ。これはマグスたちが儚いものではなく恒常的な魂と呼んだもので、自らの力能だけで、外からのなんらかの道理づけなしにはなし得ないものである。つまりすべての魔術的な力能《はたらき》は儚いものではなく恒常的なこうした人の魂に由来する」（III, 44）。

　アグリッパが「儚いものではなく恒常的な魂」という観念にだけでなくこの特殊表現に執拗に立ち返っているにせよ、これは往古以来伝統的な特殊用語として採用されてきたものであったからに他ならない。『ポイマンドレース』[10]に収められた「蘇りと沈黙の誓いにかかわる山上での教え」で、弟子タティウス《タト》は師ヘルメス《トート》に言う。「神によって堅牢となされ、父よ、わたしは目をもってしてではなく、権勢（潜在力）の知的活力によって観照する」[11]、と。ギリシャ語原文では Ἀκλινὴς γενόμενος ὑπὸ τοῦ Θεοῦ, ὦ πάτερ … つまり、神によって儚いものではなく恒常 ἀ-κλινὴς となされ、この語はフィチーノによって indeclivus と訳され、フランチェスコ・パトリッツィによって stabilis a Deo factus と訳された[12]。この語彙は後のアレクサンドリアのヘルメス主義的文書群[13]に採用されたもので、用法においても語源的にもこ

（10）〔現行『ヘルメス文書』では『ポイマンドレース』はその第一論考だけに宛てられた名で、ここで挙げられている表題は第一三論考にあたる。〕

（11）〔第一三論考11：「父よ、私は神によって確固たる者となり、肉眼の視力によってではなく、諸力による叡知的な作用《エネルゲイア》によって（像を）描きます」（荒井献・柴田有訳『ヘルメス文書』p. 356）。

（12）Cfr. *Il Pimandro*, ed. Athanor, 1924, p. 84; *Hermes Trismegisti Poemander*, Berlin 1854, p. 121; *Hermetis Trismegisti libelli integri XX… a Francisco Patricio… de graecis latini redacti*, Ferrara 1591, p. 16.

（13）〔Festugiere (*Corpus Hermeticum*, tom. II, Traites XIII-XVIII, texte etabli par A. D. Nock et traduit par A. -J. Festugiere, Les Belles Lettres, Paris 1973, p. 205) は、devenu inebranlable de par Dieu「神によって堅牢となる」と仏訳している。また *Corpus Hermeticum*, ed. e comm. di A. D. Nock e A. -J. Festugiere…, a cura di Ilaria Ramelli, Bompiani, Milano 2005, p. 385 は、come divenuto ben saldo per opera di Dio「神の業によって堅牢となる」と伊訳している。またフェストゥジエールは ἀκλινής に「ἀκλινής = "stable, en repos 安定して憩う（休む）"また ἀνάπαυσις, ἵδρυσις, στάσις（休息、確立、滞留）を意味する。完徳な蘇った人の στάσις を表現する神秘的な語彙。Cf. Philon, *Qu. in Exod*. II, 96 (immutabilitas); de gigant, 12, 54（神のうちにモーゼを ἱδρυσάμενος 堅牢に立たせた γνώμη ἀκλινής（確たる叡知）; ibid., II, 49 (στάσις τε καὶ ἠρεμία ἀκλινής ἡ παρὰ τὸν ἀκλινῶς ἑστῶτα ἀεὶ θεόν (II, p. 51, 20 Cohn); *Qu. in Exod*. II (II, 669, Mangey); πέρας εὐδαιμονίας τὸ ἀκλινῶς καὶ ἀρρεπῶς ἐν μόνῳ θεῷ στῆναι（至福において唯一の神のうちに確固不動となる）。また *Exod*. 24, 12 の註釈に、καὶ εἶπε κυρίος πρὸς Μωυσῆν· Ἀνάβηθι πρός μέ εἰς

れに完全に符合しており、「死者の不死性と至福を獲得しこれを保証された体軀」を意味する最古の sahu という語を持ち出すまでもない。エジプトの古語にあって aha は「上に居る」「立ち向かう」を意味し、接頭辞 s はこの言語では使役動詞をつくるために用いられる。そこで saha は「上に居させる」「上に据える」「設ける」「樹てる」「置く」を意味する。[14] 古代エジプトでは死者は Kherit、つまり「倒れた者」とも呼ばれた。これは sahu を介してだけ、儀礼をもってトート・ヘルメスの聖なる言葉を発語することで不死なる体軀となされる。この対話篇の質問者のタト《トート》という名は、神によって恒常となった(平静を得た)者、つまりエジプトのタト Tat という音をギリシャ語に転綴したものに他ならないことに留意しておこう。この語は「安定」「持続」を意味し、特に「神の休息」を、「完璧な安定」の状態(魂の最終目的)を示している。『死者の書』第一章には「わたしはタト(つまり永遠)、タト(永遠)の子、わたしはタトゥに(永遠性のうちに)孕まれたもの」[15]とある。またタトと発音される象形文字はニロメトロ(ナイルメータ、ナイルの洪水の深さを測るための井戸)あるいはタマリスクの木の幹で、伝承によれば、オシリスの屍の残片をその蘇りの前にそこに置き留めたとされる。ギリシャ語では、キリスト教以前から、ἀν-ἵστημι という動詞と ἀνά-στασις という名詞はどちらも終末論的にエジプトの saha と同じ意味をもっており、ヘロドトスによっても採用され、ホメロス以来「死者の蘇り」の意味で用いられてきたものだった。その後、キリスト教は ἀνά-στασις という語を「復活」の観念に用い、この観念はイエスやヨハネやパウロが教えた ἐκ νεκρῶν(死者の)復活という原初の観念から、ヘブル人の民衆的な観念の影響により徐々に宗教的には正統《オルトドッサ》であるにせよ「肉の τῆς σαρκός 復活」という雑駁な世俗的観念に変容していった。[16] 中世のヘルメス主義、たとえばバシリウス・ヴァレンティヌスの象徴論や、フリーメイソンの象徴論においても、これが人の「儚さ」に対置され、秘儀参入的な「恒常《スタビリ》性《タ》」のうちに変容するという寓意的で伝統的な表現は引き継がれた。

アグリッパも実質的にマグスたちの教説に就き、その語彙を用いた。彼はユダヤ教の律法学者《ラビ》たちの伝統として「復活の骨」をも取り上げている。それが文字通りに理解されたものであったかどうかは別にして。「人の体軀の中にはヘブル人たちがルズ luz と呼ぶヒヨコマメ大の小さな骨がある。これは一切壊敗せず、火に焼かれても無傷で、死者たちの蘇りの時には種子から草が生え延びるようにこれから人の体軀が生え出る(と言われる)。この力能(徳)は道理によって説かれるものではなく、体験によって証されるだろう」(I, 20)とアグリッパは言う。

アラム語ではルズ luz は実質的に尾骨あるいは、三、四の骨片からなる円錐形の骨のことで、これは仙骨《サクロ》の最下部で繋がり、脊椎の基礎をなしている。伝説は不壊のこの小片を肉の復活の核としてきた。この「復活の骨」の伝説は、unum ex illis (ossibus) non confringetur(骨の一本も損なわれることなく)という詩篇(33, 21)の一節と関連づけられ、マホメット教やキリスト教の神学者たちばかりか、解剖学者たちからも、公理的真実として受け入れられることになった。これはまたアヴェロエスによっても受け入れられ、彼はルズ骨を「ヘブル骨」と呼んだ。しかしヘブル語ではルズ luz にはさまざまな意味があり、アーモンドとその実であり、ヒッタイトの或る町の名でもあり、これについてはタルムードの伝承に「死の天使はここでは何の力もなく、生に疲れた老人たちは市壁の外へ出て、そこで死と対面した」と語られている。

モーゼ五書《ペンタテウティコ》(創世記28)は、ベテル(神の家)の町は古くはルズと呼ばれていたとものがたる。この町でヤコブは有名な「ヤコブの階段」の夢を見た。これを天使たちが登り降りするさまは、魔術的に対応する神の諸力能(神徳の数々)が登り降りするようで、ヤコブは目を覚ますと言った。「実に主はここに居ます。それをわたしは知らなかった」。そして彼は驚愕して叫ぶ。「なんと怖ろしいところだ、ここは。ここは神の家であり天の扉である」と。朝、起き上がると、彼は頭の下に敷いていた石を取り上げ、これを記念碑として立てた。これに油を注ぎ、前はルズと呼ばれていた町をベテルの名で呼んだ。そしてベテルという同じ名でこの石は記念碑として立てられた(創世記28. 16-22)。

τό ὄρος και ίσθι έκεί(主はモーゼに言われた。山に登ってそこに座すように)。また特に、Philon, *Qu. in Exod.* II, 40. H. C. P. を参照。Plotin は ἀκλινής νους について語っている。II, 9, 2, 3: ἑνα νοὑν τον αυτόν ωσαύτως έχοντα, ἀκλινή πανταχή, μιμούμενον τον πατέρα καθ' όσον οίον τε αυτώ. また、Reitzenstein, *Des Athanasius Werk uber das Leben des Antonius*, Sitzb. Heidelb. Ak., 1914, 8. P. 15, *Hist. Monach.*, p. 105, n. 2 参照」と興味深い註を付している(Ibid., p. 214, n. 51; ed. It., p. 399)」。

(14) Cfr. Simone Levi, *Vocabolario Copto-geroglifico*, Torino 1887, p. 296. コプト語でこれにあたる ohi は「居る」「留まる」を意味し、uahemsont は παλιγγενεσία(蘇り)を意味し、ἀνά-στασις(蘇り)が στάσις からつくられるように、ohi から造られた語。cfr. Peyron Am., *Lexicon Linguae Copticae*, 1835, pp. 161-162.

(15) Francesco Rossi, *Grammatica copto-geroglifica*, Torino 1378, p. 278.

(16) Cfr. Arturo Reghini, *Le parole sacre e di passo ed il massimo mistero massonico*, Todi 1922.

さらにルズ近郊の洞窟の入口には、幹に穴のあるアーモンドの木があった。この穴から洞窟に入ると、そこに完全に隠されていた町への道が見つかった[17]。

この伝説の寓意は十分明らかであり、ヴュイヤールが報じるタリスマンのテラフィム（護符図像）の図像から確認される[18]。その両眼の間のすこし上にヘブル語でルズ luz と書かれているが、これはシヴァの額の目がある場所、アヴァロキテシヴァ（観音）の古像にはヒヨコマメのようなものをもつ姿で描かれたものもある。

ゲノン[19]はヴュイヤールを評しつつ、このテラフィムに認められるルズという語はその秘教的な意味と関連づけることができると指摘している。おそらくアグリッパはこうしたことどもの大部分を熟知しており、その秘教的な意味についても十分理解していたものと思われる。その一方で、ルズ骨の力能（徳）を実体験として語ることはぺてんともなりかねない。とはいえ「聖なる骨」のような微妙な問題について、大学や裁判所に君臨する宗教学者たちには死者たちの復活のような教説を安易な慰めとして排する資格はない。これはじつに微妙な問題であり……神学《テオロギア》の問題である。

尊厳化《ディグニフィカツィオーネ》

「力能（徳）」「不死（不滅）」「叡智《サピエンツァ》」が成し遂げられる（獲得する）可能性、つまり魔術の権能（潜在力）、儚い魂の恒常な魂への変容、実効的な知解（動因）の間には密接な関係があり、これら三つは「一義的な生成（真の誕生）」つまり知解の生成、人の中の一者に依拠しており、その一方でこれは特殊具体的で隠秘《オカルト》な魔術実修を介して実現され得るものである。この実修は「おおいなる業」という特殊用語で呼ばれるにふさわしく、この語をもってヘルメス主義的伝統やフリーメイソンの伝承が名指されることになる。これの重要さは強調しても強調し過ぎることにはならない。アグリッパがそこにすべての交渉事（魔術実修のすべて）totius negotii の鍵が見つかると繰り返し言明するところには、自ら言うことの意味を熟知していたことが示されている。

教説と儀礼の本質にして基礎であるこの点について、アグリッパが十分慎重で、自著においても友人たちへの書簡においても、不適切な者たちからの詐欺《ぺてん》行為を激しく非難していることについてはすでに見た通りである。この慎重さ（留保）は、単に大修道院長トリテミウスの忠告への恭順の帰結でも、異端審問の鉤爪に捕えられないために必要な配慮であった訳でもなく、これら諸玄義が霊の霊への注入による以外には伝達不能なものであったからである。これが伝統（伝承）《トラディティオ》 traditio であり、一々の教説の伝承が霊的伝統《トラディティオ》（霊の伝達）の介添えを得て受け取られるのでなければ、これは裏切り《トラディメント》に変じる危険がある。

「魔術を実修しようとする者にとって不可欠にして秘密の秘鑰《アルカナ》、すべての魔術実修の端緒《はじめ》にしてその成就《おわり》、その鍵は人の尊厳化《ディグニフィカツィオーネ》の高い力能（徳）と権能（潜在力）にある」(III, 3)とアグリッパは言う。というのも奇跡的なことがらは知性《インテレクトゥス》のはたらき、われわれの中にある魂の至高の知性《インテレクトゥス》だけがはたらくことのできるものであるから。「われわれが切望するこの高い尊厳《ディグニタス》（特権）については、二つのことを考えておかねばならない。まず、われわれはどのようにして肉身への愛着、死すべき者の感覚、物質や体軀の諸情

(17) Cfr. *Jewish Encyclopedia*, VIII, 219.

(18) Paul Vuillaud, *La Kabbale Juive*, 1923, vol.II, 49.〔右頁図参照。Fig. XI.——青銅のテラフィム護符 Teraphim talismanique. 角の間に Elohim, 眼の間に luz（変じる?・傾く?・逆運となる?）。それぞれの眼に ab（父?・意志を謂ったものか?）。口に lehem（パン）。爪脚に El（権能）。台座に soham（エメラルド?）。角の一方は Schour, 他方は Menés とも読める。〕

(19) Cfr. Rene Guenon, *La cabala ebraica*, in *Ignis*, Aprile-Maggio 1925, p.113; id., *L'homme et son devenir selon le Vedanta*, 1925, p.203.〔「それはアイテール（アカシャ）のようなもので、いたるところに（無差別に）拡散するとともに諸物の内外に浸透する。これは不壊、不滅。あらゆるものの内にあり（その自同性を変じることなく）、純粋、不動、不変（その本質的不変性により）である」。〕観音 Avalokiteshvara（深甚な洞察の意）は菩薩 Bodhi Satwa の名のひとつで、北の仏教徒たちに崇められた。ヘシオドスの宇宙創成論のキュクロプスたち、つまりウラノスとゲアの子らは独眼、一方、工房でヴルカヌスを援けるキュクリカ《キュクリカ》キュクロプスたちは三つ目。額にある第三にして唯一の目は円環《キュクリカ》、巨大な《シクロピカ》ヴィジョンをあらわしている。

動から離れるか、そしていかなる道を通ってこの純粋知性にまで登り、神々の力能(徳)と合一するか。これらなしにはわれわれは秘密なことがらの知解に、奇跡を実修《はたらく》する諸力能(徳)に到達することは決してできない。尊厳化《ディグニフィカツィオーネ》のすべてはこれら二点のうちにある」(III, 3)。

これら二つの到達目標は連続的なもので、前者は後者の前提に他ならない。前者は軛の解消(溶解)にあり、体軀に結びついている(縛られている)と感じる知解(意識)を物体的な死すべきものという感覚から解放することにある。後者は純粋な知性《インテレクトゥス》との安定(恒常)、固定あるいは凝固、合一と一体化にある。前者は浄化、洗浄、ヘルメス主義的精留(矯正)、フリーメイソンの原石の粗彫り。後者は秘儀参入、ヘルメス主義における隠秘《オカルト》な賢者の石の発見、練達のフリーメイソンの立方石《ピエトラ・クビカ》の形成。[20] アグリッパによれば、尊厳化《ディグニフィカツィオーネ》のこれら二つの点は、自然本性から、酬いとして(功績により)、或る種の宗教(信仰)の業によって与えられる(III, 3)。宗教(信仰)と叡智(賢慮)は、われわれの思惟《メンス》をどのように清め、神の純粋(清浄)のうちにあらためて定位する(恒常となす)べきか、をわれわれに教える(III, 53)。

アグリッパは新プラトン派とヘルメス主義の著作家たちの議論に追随し、あるいはこれに合意しつつ、時にこれらを公然と引いてみせる。「神がすべてを知っているように、人も知解可能なことのすべてを知ることができる。というのもどちらも本質に即応した対象、或る者たちが真実そのものと言うところを共有しているから。人のうちには真実の何らかの燦めきが輝きわたる準備が必ずできており、神のうちにあるものは人のうちにもあらわれるに違いないから(それゆえ、自己意識をもつことのできる者なら、似姿《シミュラコロ》が管掌するこの世界を知ることになるだろう……)。人が神と合するなら、人のうちにあるもののすべては彼と合する。まず思惟《メンス》が、そして霊《スピリトゥス》と動物的な諸力、植物的な諸力能、諸元素、さらに質料までが、自ら体軀《コルプス》をとる。このうちには形相が存続し(これは形相《フォルマ》が下支えし)、これ(体軀)をよりよい境遇(運命)へと、天界の自然本性へ、不死性の栄光のうちへと導く」(III, 36)。

われわれの誤読でなければ、アグリッパは上昇と昇階(被昇天)の諸段階を、体軀をもったままに生きつづけ栄光化される(讃美する)に到るまで、僅かばかり覆い隠しつつ示唆している。恒常と合一を得た魂だけでなく、まさに体軀とともに。これはユダヤ教の伝統においてはエノク、モーゼ、エリヤに、異教伝統においてはロムルスやアポロニウスに、ヘルメス主義的伝統においてはフラメルの場合に相当する。[21]

浄化は絶対不可欠で、段階的に果たされる他ない。「心機《こころ》の浄化を無視する者は決して神的なことがらを知解することができない。これは心機の清浄（純粋）に赴く階段を一段一段登るように一歩一歩進められねばならない。というのも新規秘儀参入者にはこれらの玄義は一瞬にして了解されるものではなく、われわれの心機がわれわれの内で支配的な意図（理解力）が神の光に熱中（専心）し、これと混じるのに徐々に慣れていく必要がある」（III, 53）。さらに、「霊は浄められ、その純粋、節制、悔悛、施与によって自らを贖う。それに伴ってある聖なる原理（教え）が授けられる。……魂は宗教（信仰）、俗人たちには秘匿された研鑽によって癒され、真実によって確証され、神の庇護を得て、聖性のうちに据えられるのでなければならず、魂は来たるべき衝撃を怖れないから」（III, 53）。

　第三書の55章末尾で、アグリッパは簡潔に、「どのようにしてわれわれの魂は動物的生命を、一々の多重性を遠ざけ、知解可能な諸物と知解の作用《はたらき》の個々の段を昇りつつ、一そのもの、善、真、美そのものとして屹立するか」を説く。その論議についてはプロクロスの『アルキビアデス註解』に差し戻している。その全体を再掲するつもりはないが、ここで以下の数行を引かない訳にはいかない。

「われわれは単純きわまりない真実を獲得するために、多様で気まぐれで儚い知解の一々を捨てねばならない。そのためには、さまざまな愛着（感情）、感覚、想像、臆見を捨てねばならない。これらは逆性を含めそれぞれ相互にあまりにも相違しており、知識《スキエンツァ》の数々へと昇らねばならない。このうちにも多様性が存するが、そこには一切対立矛盾はない。実際、すべての知識《スキエンツァ》は相互に連関しており、一は他を下属させつつ一なる知識《スキエンツァ》と化すのを援ける。これが全であって他を想定することができなくなるまで。さもなければ、必然的にまさに全へと差し戻されることになる。いずれにしてもこれは知解の至高なる頂ではなく、これを超えて純粋知性がある」。

新プラトン主義者たちおよびアグリッパにあって、この

（20）類比と照応により、伝統的な特殊用語をもってされる言及はたしかに多様なものとなる。たとえば最初の作業による浄化が完了しても、そこにさらに二つの相が識別される。これはヘルメス主義的観念において、前者は solve et coagula（溶かし固める）、後者は magistero del sole（太陽の業）と名指されることでより明確にされている。

（21）カリオストロの儀礼ではこれらふたつの「完徳（成就）」、つまり「倫理的」および「物体的」な達成が広く語られている。これについては、カリオストロとその「秘儀的過越祭」について論じた *Ignis* 誌掲載論考（1925）［Arturo Reghini, *Cagliostro in documenti inediti del Sant'Uffizio*］を参照。

予備作業は道義的あるいは信仰的な動機から触発されたものではない。これはただ、肉身への愛着（感情）、感覚、想像、臆見、知識《スキエンツァ》からの離脱を勧告する魔術的、技巧的な機序を動機としたものである。実際、一々の想像、臆見、知識からの解放を勧告し、信条、予断、情調に関するこの規定と禁止に踏みとどまることは不条理である。これは体験（実修）によって承認された技巧の要請（必然性）を基にする以外にない。かえって一々の臆見、信条、想像を入念に排除するためには、これが不可欠となる。そして、当初はわれわれの感受と直接体験の限定を平静に受け入れ、すくなくとも当面はこれに慣れる他はない。

　愛着（感情）を切り離すことは一々の情動を超えることを意味する。それゆえ、信仰や感情からなる偶像崇拝を基とし、愛着（感情）の極限（激化）とともにどこかに到達できると信じるのは誤った道に踏み込むことである。進まねばならない道は「力能（徳）の道 via virtutis」だが、ここで力能《ヴィルトゥ》（徳）という語はアグリッパがこれに認めた意味、つまり往古の古典的、異教的、ローマ的な意味に解されねばならない。この「力能（徳）virtus」は語源的に vir（男）や vires（腕力）という語に近く、これらと結びついたものと解されねばならない。古代の用法からキリスト教的で近代的な用法へと移行するうちに、virtus という語は意味を大きく変えたが、これはルズ luz という語が蒙ったところとおおむね符合している。伝統的に護符テラフィムの額に記されたこの語《ルズ》は仙骨《サクロ》（聖なる骨）というあまりに卑俗な役割に限定されて用いられることになったのだった。

　神性との本質的な接触に到達するために必要な諸感覚のまどろみとこころ（思惟《メンス》）の鎮静を語る時、アグリッパは道義をもちだすのでも神学的思弁をする訳でもない。彼は単におおまかに技巧を、あるいは彼の言によれば「儀礼的」になされるものであることを指摘するだけである。これに先立つ準備的な浄化は「おおいなる業」のこの相の困難と危険を減じる。諸感覚のまどろみもまた、かならずしも容易に到達できることではない。視覚に関しては暗所で目を閉じれば容易に（平静に）これを行うことができるが、聴覚に関してはそう安易にはいかない。騒音を聞くことを妨げるために人為的な手段を講じることは勧めにくいから。また、大都市に住むことを余儀なくされ、霊的な富より他の富をもたないなら、静かで平穏な場所を見つけることは容易でない。暴走熱、渋滞の鬱憤、騒音を立てたいという願望は、現下の貧しい魔法使いの弟子たちを逆上させるばかりで、なかなか諸感覚をまどろませる準備もできない。やっと内的集中をはじめたばかりのところに、建築業者が騒音を立てて、工場のサイレンが鳴り、トラックのエンジンが騒音をあげ、主婦が洗濯物をたたき、電話が、拡声器が、蓄音機が鳴り、悪魔が彼の気を散らす。こうした騒音が計算したり文書を書いたりする頭脳労働に集中することをどれほど妨げるかを考えてみれば、秘儀参入者がこの困難を乗り越えて諸感覚をまどろませ、隠棲所に生きるなら容易にできたかもしれないようにうまく集中することの難しさが了解されるだろう。

　諸感覚をまどろませることで、こころの平静が訪れる。ここでの困難も、浄福に「宗教的慰め otium religiosorum」のうちに生きることのできる者と、望むと望まざるとにかかわらず生活のために戦いはたらき、心配しないまでも煩瑣な要件の数々を免れることのできない人とでは異なる。諸感覚がまどろみ、心的な沈黙を探るうち、不断に思索が立ち上がる。この内的状況から一段一段と階段を登り、次々と扉を開いて、ついに聖域に入り、イアンブリコス、アグリッパ、カンパネッラ等々が「神性との親密な(本質的な)接触」と呼ぶところに到達する。

　それには意志、強い意志、疲れを知らない意志が要請される。これにより、一々の分離(抽象)を不可能なものとするようにみえる諸条件の中にあっても、当初の外的な諸困難を超えて霊的な修練の実践のうちに没入することが可能となる。「おおいなる業」の成就において意志の役割《はたらき》には第一級の特別な役割がある。アグリッパが第二書28章「人の魂の構成《なりたち》と調和」で、諸天球と魂の諸力の間に照応関係を見定め、第一駆動者を意志と照応させるところには十分な道理がある。

　アグリッパの嵐のような騒擾の生涯は、こうした「最秘の宗教的な(信仰の)業」の実践にはふさわしからざるものであったに違いない。これについては友人たちに彼自身、自分は他の者たちに聖域の入口を指し示す歩哨ではない、と友人たちに言明しているところでもある。しかし『オカルト哲学』の最初の二書は、彼が二十歳を過ぎたばかりの頃にすでに著されており、その頃にはすでに彼の主著の大筋が決まっていたことが分かっている。この歳でこれほど浩瀚な書を構想し、魔術の知識のあらゆる要素を綜合的で体系的な展望《ヴィジョン》のもとに纏めあげる大胆さ、つまりすべての知識の要素を至高な知識に従属する枠組みのもとに配列してみせる向こう見ずは、若者の無意識のうちにすでに達成された霊的成熟の果実に他ならない。二十代のアグリッパが同時代人たちのうちで享受することになった声望、大修道院長トリテミウスが見せた評価と、その後の彼の生涯を顧みるに、すでにパリ大学の学生であった頃から若いアグリッパは知解と霊的発展の高い段階に到達していたものと思われる。この時期、彼は家族に配慮する必要もなく、神学者たちとの諍いに巻き込まれることも、権力者たちと仲違いしてこころ休まる暇もなく放浪することもなかった。ひょっとすると当時、彼は彼のヴィルギリウスを見つけたのだったかもしれない。このような迅速な霊的発展は尋常なことではなく、性急な者たちはこれを勘案してみることもない。とはいえこれは特殊な事態という訳でもなく、われわれは他の事例をも知っている。

アグリッパによって実践あるいは証言された魔術実修

『オカルト哲学』という書物には魔術の教説と実修にかかわる体系的な叙述が載せられている。これは知性的に道理をもって（理性的に）解説解釈された総合的な著作で、ここでアグリッパはじつに瞠目すべき博識を誇示している。これについては彼を仮借なく誹謗中傷する者たちも不承不承認めざるを得なかった。神学、歴史、哲学、ヘルメス主義、ピタゴラス主義、ユダヤ教とカバラ、古典的またゲルマンの神話学、魔術実修、占術、占星術等々……。

アグリッパが諸他のさまざまな著作からいろいろな論議を引くことで、自身の考えを明白に公然と言明することなしに論述を緩く進めた理由も了解される。これがこの著作に、様々な見解を提供し、博識な知見を報じることだけを目的としているような雰囲気を醸し出している。『知識の虚しさについて』とは異なり、『オカルト哲学』には教説の落ち着いた解説という性格があり、まったく挑発的なところはない。ただ稀に、抑えがたくアグリッパの口の悪さが噴出し、皮肉で挑発的な科白として吐かれることとなる。まさに「動物その他の諸物の占術における意味について」語る第一書54章末尾には、彼の憎悪の的に対する悪口雑言が認められる。「民は修道士たちと遭遇することを、それも特に朝に遭遇することを邪悪と占う（凶兆とみなす）。というのもこれらの者はおおむね葬儀を、猛禽のように屍を生活の糧にしているから」。

またアグリッパは奇跡的なできごとを数々蒐め、奇妙なことがら不思議なできごとについて語るにあたり、通常はこれと結びつくことがらを羅列するだけで、これらに信憑性があるか、どこまで信じられるかについて論評することはない。これはこの書の中に折々矛盾が認められることを説明してくれるものともなっている。たとえば、エリヤの断食について、またボッカチオが当時ヴェネチアに四十日にわたり何も食べなかった男がいたと物語るところを参照（I, 58）した後、七日間何も食べずにいたなら、たしかに人は死ぬ（II, 10）と言っている。

彼のこうした慎重な配慮はかえって、彼自身が実修してみたとか実見したと明言する或る種の魔術実修に関する彼の個人的な証言として興味深いものとなる。たとえば、思索（思い）の遠隔伝達について。「迷信ではなく、人は自然本性的に、他の霊の助けなしに自らの思索（思い）を遠隔地にいる他人に二十四時間以内に伝えることができる。これは或る時トリテミウスがなしてみせたところである」（I,6）。そのすこし後、鏡の秘密について語りつつ、彼は「これはピタゴラスが何度か実修してみせた秘密で、今日でもこれを知る者たちがある。わたしもそれを知るひとり」と言っている。これとほぼ同じことが第二書23章末尾で鏡について語られるところに記されている。

また別に（I,14）、黄金と銀の第五精髄《クインタエッセンティア》つまりこれによる諸金属の黄金や銀への変性について語りつつ、「われわれはこの方法を知っており、何度かこれの実修を見たことがある。しかしそこから霊《スピリトゥス》を抽出した黄金の重量と同じ重量以上の黄金をつくることはできなかった」と言っている。この興味深い一節は彼の証言の真実性を証するものであるばかりでなく、体験（実験）によって証された慎重で厳密な知識（科学）の証しともなっている。明らかに彼は、王水で黄金を溶かした後、或る実修（作業）をもって黄金に金属性を取り戻させることで、その重量が増加することも減少することもないことを確かめている。これは彼が確かめた化学的真実であり、これを彼は率直に報じている。この確認がたとえ錬金術の理説と符合するものではなかったにしても。

アグリッパの真正性は、諸他の魔術実修について語られるところを読むにあたって、十分勘案されねばならない。じつのところ以下の一節にはさほど驚くべきところはない。「わたしが見て自ら知るに到ったところ。或る人が新しい羊皮紙に月《ルナ》の時間の或る霊の名と符牒《しるし》を書き、これを川の蛙に呑み込ませ、低い声で幾つかの句節（呪文）を唱えながら蛙を水に戻すと、たちまち雨と霰が降った。またわたしはこの同じ人物が、火星《マルス》の時間にまた別の霊の名と符牒《しるし》を小さな紙片に書き、これを烏に与えて飛び去るに任せ、幾つかの句節を呟くと、烏が飛び去った方向に突然、雲が湧きあがり、雷が天と地を鳴動させ、恐ろしい雷鳴が……」（III,24）。しかし農事にかかわる時宜の厳修（適切な時の選択）が語られる次の一節は、さらに信じがたいものにみえる。「わたしがイタリアやフランスで見て知ることを得た手法、つまり胡桃を植えることで一年にわたり乾燥させ、聖ヨハネの日の前夜に葉、花、熟した果実を稔らせる手法、この奇跡はただこれを植える時の厳修にかかっている」（III,64）。

アグリッパは折々、叙述の中で深遠な諸玄義に触れるが、一切これを説明しない。こうした句節の幾つかについてはすでに掲げた。ここでさらに二つの句節を引いておこう。一つ目はオノマンティア（名辞占術）の玄妙不可思議な手法を示唆したもの。「名辞の数を介してさまざまなことがらを予測できるからといって誰も驚くことはない。というのも、ピタゴラスやヘブル人カバラ学者たちの証言によればこれらの数の中には隠された玄義の数々があるが、これを知る者は僅かに過ぎない……」（II, 20）。この一節はピタゴラス派やカバラ学者の誰もが知っている通常のオノマンティカ（名辞占術）の手法を謂ったものではない。

　そしてもっとも重要な一節、第二書4章の句節。「すべてを凌駕し、すべてを貫通する元素、つまり火がある。これは万物の驚嘆の的である神によって創造されたもので、地にも天にも見つかる。またこれは動物、植物、鉱物の中にはたらき（現勢し）、いたるところに見つかるが、誰もその名を知らず、その名をもって呼ぶ者はなく、これは数、形象、謎《エニグマ》のもとに隠されており、これなしには錬金術も自然魔術も成し遂げることができない」。これはエリファス・レヴィが「おおいなる魔術の発動者《アジェンテ》」と称したところである。

評価

最後に、アグリッパとその著作がこれまでに蒙ってきた敵意に満ちた評価について矯しておきたい。

　プロストは、歴史資料や伝記的資料を豊富に入念に用いたその重要な著作、本論考においても広範に参照させていただいた著作において、アグリッパを完全に世俗的な視線から評価している。そこには彼の人としてのさまざまな力能（徳）がしるされ、彼は善い友、善い師、目配りの利く善良な一家の長、その潔癖な生活態度、高潔な性格、勇気ある尊厳に満ちたふるまい、医師としての見解の真率さを認めつつ、その辛辣さ、攻撃的で反撃や仕返しに執心する戦闘的な態度、皮肉な罵詈を吐くところについては譴責している。またその野心、権力者たちの好尚に対する執心、その詐欺師のような手口を責めるとともに、特にそうでないのに自らを神学者、医師、法学者、軍属と誇ってみせる虚栄を咎めている。

　付言しておくなら、プロストの非難は魔術とは迷信つまり虚しい知識に他ならないという予断に発しており、これに専心する才知ある者はどうしてもぺてん師（放浪者）である他なく、彼はこのぺてん師を、道学者たちや聖職者たちが祭壇や講壇から他の者たちに向かって声高に叫ぶ不健全な道徳の規範を守らず、アグリッパのように彼らを攪乱するかのように抗議するところ（「民よ、汝ら奪うな……」[22]）を除いて、勝手なふるまいに及ぶ者として咎めている。

この評価は絶対に不当であり、是認できない。またプロスト以降、おおむね彼に準じてフォレやオルシエがアグリッパについてくだした評価についても同様。

われわれにとって魔術は迷信ではない。いわゆる神学者たち、俗流学者たちが何と言おうとも、魔術の知識と伝承はアグリッパの時代に存したように、今も存している。体験としてこれを知る者は当然ながらこれを最重要《ヴィターレ》なものと評価し、この知解の上に自らの行動を据える。アグリッパはすでに思春期からこの知解を得て、自らの生《ヴィタ》と行為を叡智をもととして、決然と時代の社会的偶発事に対峙した。教会の霊的欠損と修道士たちの放蕩、聖職者たちの専横、異端審問の恐怖、ルネサンスと苛烈な宗教改革という大転換が醸成した機運の中、さまざまな行動手段をもって。人《ウ》文主義《マニスム》的に古典古代を折衷し、秘儀伝授、異教主義、キリスト教、ピタゴラス主義、プラトン主義、カバラ学、ヘルメス主義の知解に照らされて、至高な知識つまり「霊的伝統」のもとにこれらの諸要素のすべてを体系的枠組みに収める著作を準備した。彼自身、人文主義者《ウマニスタ》であり、文芸を愛する、文体をもった著作家、教養あるイタリア人として。迷信的な信仰に支配され、聖なる体験にかかわる一々の知解に欠ける、もしくはそれを忘却した盲目な狂信者を前に、人文主義はこうした知解を提供することで、諸霊を魔術つまり隠秘《オカルト》哲学の義しい考察へともたらし、西欧のキリスト教のうちに具体的に霊的位階秩序《ヒエラルキア》を再建することもできたかもしれない。人文主義は人の意味価を啓示の意味価に対面するようにして掲げ、理拠、文化教養、体験、折衷主義を、信仰、霊の貧困、諸感覚の否定、一面性に対面させたが、人の知解（意識）の底には神の知解（意識）があり、自ら

（22）〔出エジプト記 20, 15 参照。〕カリオストロの名誉棄損的で専横な著作がアグリッパにもたらした損害は、後代の著作家たちの判断にも余韻を引いているようにみえる。スタニスラフ・ド・ガイタはアグリッパについて二〇行ほどしか記しておらず、ヴォワピーの魔女に関してはノーデを引くばかり。エリファス・レヴィは『魔術の歴史』でアグリッパについては八行を捧げているだけで、知識は彼に幸福を与えることができず、彼は真の知識をも平安をも見出すことがなかったと断言されている。『キリスト教文学辞典 *Dictionnaire de litterature chrétienne*』も彼に対する理解を示しておらず、典拠に直接あたっているようにも見えない。あるいはクレンメルツの好評価（アグリッパは「その不確かな信心にもかかわらず、あまりに盛名を得過ぎている。現下なら残念ながら交霊術師《スピリティスト》アラン・カルデックのようなもの」）（Giuliano Kremmerz, *La porta ermetica*, ed. di Roma 1924, p.68）にも同意することができない。わたしもカルデックのような交霊術師を知っているが、こうした者たちがアグリッパに似ていると言うのは、よほど酷い観相学者に限られるだろう。

を知ることで人は神の知解に昇り、魔術の深奥の諸玄義と宗教の研鑽の諸玄義の了解に到る。これは俗人には秘匿されたままにある、とアグリッパは言った。このように配列され、識別されることで、奇跡、魔術実修、さまざまな占術は、古人たちが「魔術《マギア》」という名で呼んだこの唯一にして至高な知識《スキエンツァ》のおおむね正確で、かなり空想的な証拠、木霊、応用に他ならないものとなる。これはまさに自然本性の知識、自然学と形而上学、人と神の本性のすべてを扱うものである。

〔古の魔術を再評価し確証する〕この著作をもって、アグリッパは生涯にわたり屈することなく、古の魔術の再評価を待った。当時、支配的な宗教は異端審問の恐怖と狂気をもって社会生活に重くのしかかっており、彼はこの恐るべき敵にまず正面から立ち向かい、弟子のヴァイアーとともに、勇ましくこの恥ずべき状況を打開するための模範となった。

その戦いにあたり、彼は知性、文化教養、勇気、粘り強さより他の武器をもたなかった。彼はその霊的資質（賜）をもって、友人たちの魂を圧倒し引き揚げることに努めた。つまりこうした資質（賜）をもつ者たちがこれを得心して、自ら他の者たちに影響を与える行動に出るように〔他の者たちの霊に霊を注ぐことになるように〕。アグリッパは彼に合意した者たちを手段として用い、これを内外の政治闘争に利することをまったく正当なことと考えていた。アグリッパが用いた貴族や騎士の称号の詐称、医者として大学から正規の認証を受けずになされた医療行為、単に出版の法的許可を与えるものに過ぎない帝国認可を内容の不謬の証しとして振り回す節度のなさも、じつのところ見逃しにできる程度の微罪だった。もちろんそうした規範は守られるべきものであることを認めつつ、その道学者的な規範には歪曲的な便法が溢れているという事態は今日でも変わらない。彼の博識は真に人文主義的《ウマニスティカ》なものだった。あらゆる言語を知り、あらゆる知識に通じ、あらゆる病を治癒することができる真の薔薇十字会士のような。彼の行動力、闘争心、粘り強さ、そして聖なることがら（宗教）の知解と実践は、現代のオカルト主義傾倒者たちを遥かに凌駕している。秘儀参入の伝統や位階秩序においても彼の高位は保証され、彼の著作は魔術的著作の中でももっとも重要なものとみなされることだろう。

われわれとしても、世俗の無知な学者たちがなすアグリッパの過小評価を受け入れず、俗流神学からする憎悪や中傷に欺かれることなく、この伝説的な魔術師の再評価に努めることでわれわれの真率な兄弟（同志）としての敬意を払いたい。

アグリッパ刊本要覧

1 ***HENRICI CORNELII AGRIPPE – De sacramento matrimoni declamatio.***

出版年記出版地記載なし（一五二六年頃）。八折版35葉。ラテン語本文およびその仏訳。おそらくアグリッパの著作の初めての刊行書。

2 ***Prognosticum quoddam.***

出版年記出版地記載なし（一五二六年頃）。

3 以下の著作を収めた84葉からなる著作集。

De nobilitate et praeecelentia foeminei sexus ...

Expostulatio cum Joanne Catilineti super expositione libri Joannis Capnionis de verbo mirifico.

De sacramento matrimonii declamatio ad Margaretam.

De triplice ratione cognoscendi Deum Liber unus.

Dehortatio gentilis theologiae ...

De originali peccato disputabilis opinionis declamatio ...

Regimen adversus pestilentiam ...

アンヴェルサ（アントワープ）、一五二九年。

4 上掲著作集に書簡13、銘記5、説教2（Sermones duo de vita monastica et de inventione reliquarum divi Anthonii eremitae）を加えた再版。

八折版。一五三二年五月、ケルン。

5 ***Caroli V. Coronationis historia per Henricum Cornelium Agrippam ejusdem sacratissimae maiestatis ab archivis et consiliis indiciarum.***

アンヴェルサ、一五三〇年。八折版。

別版として Basilea 1574; Goldast. Pol. Imp. 1614; Schardius 1673 がある。

6 ***Splendidae nobilitatis viri et armatae militiae equitis aurati ac utriusque juris doctoris, sacrae Caesareae maiestatis a consiliis et archivis indiciarii, Henrici Cornelii Agrippae ab Nettesheym, De incertitudine et vanitate scientiarum et artium et excellentia Verbi Dei declamatio. Nihil scire foelicissima vita.***

アンヴェルサ、一五三〇年、頁数表記なし（170頁）。

この書はアグリッパの著作集として重要で、版を重ねるとともにさまざまな翻訳の底本とされた。一五三一年にはアンヴェルサとケルンで二度づつ、さらに一五三二年には別の二版が、一五三六年にも二版、一五三九年にあらためて一版が出ている。ここまでは表題著作のすべてを収めているが、以降の諸版にはさまざまな遺漏、削除が見られ、おおむね発行年も発行地も未記載で出版されている（1622, 1625, 1643, 1653, 1662, 1693, 1714）。

一五四七年には伊訳版 *L'Agrippa Arrigo Cornelio Agrippa della Vanita' delle Scienze, tradotto da M. Lodovico Domenichi, Venezia 1547* が出る。これは一五四九年、一五五二年に版を重ねている。仏語版は一五八二、一六〇五、一六一七（完全版）、一六三〇、一七二六年に出ている。オランダ語版は一六六一年、独語版は一七一三年刊。

[7] ***Henrici Cornelii Agrippae ab Nettesheym a consiliis et archivis indiciarii saceae Caesareae maiestatis De Occulta Philosophia libri tres.***

一五三一年、出版地記載なしだが、アンヴェルサ、Jean Grapheus 印行、四折版（『オカルト哲学』第一書のみ）。

同、パリ、Paris, Chrétien Wechel 印行、八折版（203頁）。

[8] **H. C. Agrippae, oratio in funere divae Margaretae.**

アンヴェルサ、一五三一年、八折版。

[9] ***H. C. Agrippae in artem brevem Raymundi Lullii Commentaria***

ケルン、Johann Soter 印行、一五三一年、八折版。

同ケルン 一五三三年、ゾーリンゲン一五三八年、ケルン一六一七年。

[10] ***Henrici Cornelii Agrippae ab Nettesheym a consiliis et archivis indiciarii sacrae Caesareae majestatis de Occulta Philosophia libri tres. Nihil est opertum quod non reveletur et occultum quod non sciatur. Matthaei X. Cum gratia et privilegio Cesareae majestatis ad triennum.***

一五三三年七月、出版地記載なしだが、ケルン、Hetorpius 印行、フォリオ版、三六二頁。

諸版あり：一五四一年版（出版年記出版地記載なし）、一五五〇年版（リヨン、Beringos Fratres）、一五六五年版（バーゼル）、一五六七年版（パリ）、出版年記なし（リヨン）、

仏訳版（デン・ハーグ 一七二七年、パリ 一九一一年）。

[11] ***H. C. Agrippae ab Nettesheym, equitis... Apologia adversus calumnias propter declamationem de vanitate scientiarum et excellentia verbi dei, sibi per aliquos Lovaniensen theologistas intentates. Querela super calumnia ob eamdem declamationem sibi per aliquot sceleratissimos sycophantas apud Caesaream majestatem nefarie et proditorie illata,***

ケルン、一五三三年、八折版、90葉。

[12] ***H. C. Agrippae de beatissimae Annae monogamia ac unico puerperio propositiones... Ejusdem Agrippae defensio propositionum praenarratarum contra quemdam Domini-***

castrum... Quaedam epistolae super eadem materia...,
一五三四年、出版年記出版地記載なし、八折版頁づけなし。

13 *Henrici Cornelii Agrippae Orationes X. Ejusdem de duplici coronatione Caroli V apud Bononiam historia, Ejusdem ac aliorum doctorum virorum Epigrammata.*
ケルン、Johann Soter 印行、一五三五年、八折版頁づけなし。

14 ***H. C. Agrippae epistola apologetica, ad clarissimum urbis Agrippinae Romanorum Coloniae senatum, contra insaniam Conradi Coelin de Ulma ord. praedic. monachum.***
ボン、一五三五年、八折版、14葉。

15 *Opere Complete*
一五一〇年（偽年記）
一五三一年（偽年記）、リヨン、Bering 兄弟印行
一五三五年（疑わしい年記）、リヨン、Bering 兄弟印行
二巻本全集（第一巻一五八〇年、第二巻一六〇〇年）、リヨン、Bering 兄弟監修、『オカルト哲学第四書』を含む。

16 **Agrippa, H. C.,** *Die Kabala.*
シュトゥットガルト、一八五五年

▩偽書

17 **Agrippa,** ***Les oeuvres magiques de H. C. Agrippa, (trad.) par Pierre d'Abano. Latin et français, avec des secrets occultes.***
ローマ、年記なし（一八〇〇年）、八折版、一〇八頁。
別版：ローマ、一七四四年の偽年記（おそらく一八三〇年頃）、十六折版、またリール（おそらく一八五〇年頃）。

18 ***Henrici Cornelii Agrippae Liber Quartus de Occulta Philosophia, seu de Cerimonjis magicis, cui accesserunt Elementa Magica Petri de Abano, Philosophi***
マールブルク、一五五九年
別版：一五六五年、一五六七年。

〔この刊行書梗概は、レギーニがこの論考を書くにあたって参照したもの。ウェブ上での書物検索がかなり容易になった現在では他にもさまざまな初期印行本（年記に確証がないものをも含め）がみつかる。レギーニ以降の校訂本、研究書としては、さしあたり以下の二書を参照。
Cornelius Agrippa, *De occulta philosophia libri tres*, ed. V. Perrone Compagni, Brill, Leiden–New York 1992.
Charles G. Nauret, Jr., *Agrippa and the crisis of renaissance thought*, Urbana, University of Illinois Press 1965.
またアグリッパ『オカルト哲学』の典拠群に関する邦訳文書の知見については、伊藤博明訳『オカルト哲学について（第一巻）』（『原典ルネサンス自然学』上、名古屋大学出版会 2017）末尾に付された「典拠略称」（pp. 534-541）で博捜されている。〕

第Ⅲ部

『オカルト哲学』三書拾遺

以下、本書第Ⅰ・Ⅱ部に訳出した各文献の補足資料として、
アグリッパ『オカルト哲学』三書について、
アメリカ議会図書館蔵本
https://www.loc.gov/item/49038776/
より関連頁を中心に抄録、参考に供する。

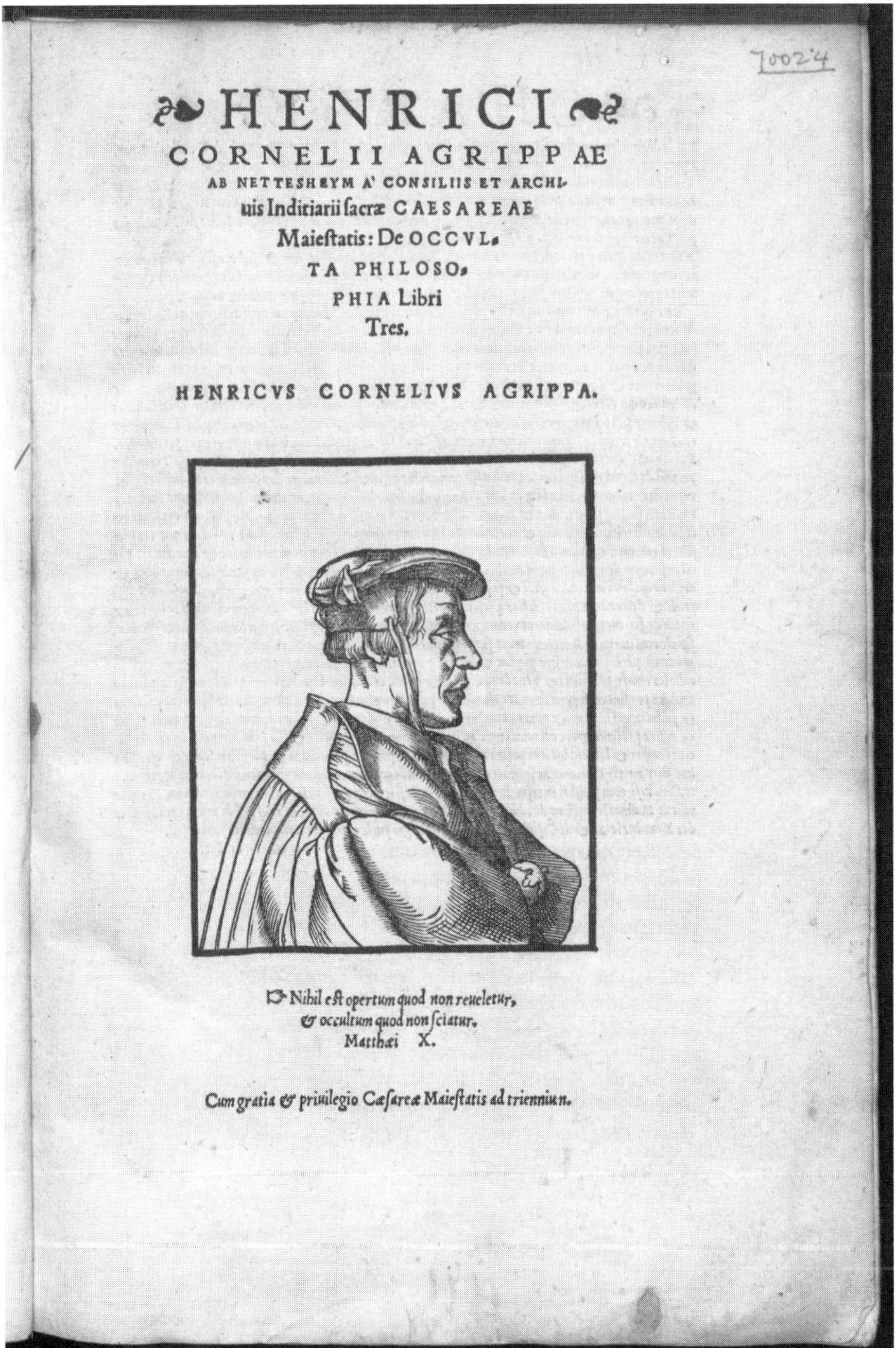
HENRICI
CORNELII AGRIPPAE
AB NETTESHEYM A' CONSILIIS ET ARCHI-
uis Inditiarii sacræ CAESAREAE
Maiestatis: De OCCVL-
TA PHILOSO-
PHIA Libri
Tres.

HENRICVS CORNELIVS AGRIPPA.

☞ Nihil est opertum quod non reueletur,
& occultum quod non sciatur.
Matthæi X.

Cum gratia & priuilegio Cæsareæ Maiestatis ad trienniun.

1 いわゆる1533年版の扉頁（年記については図30参照・印行地記載なし）
[▶本書 p.191以下／p.232 刊本要覧10]

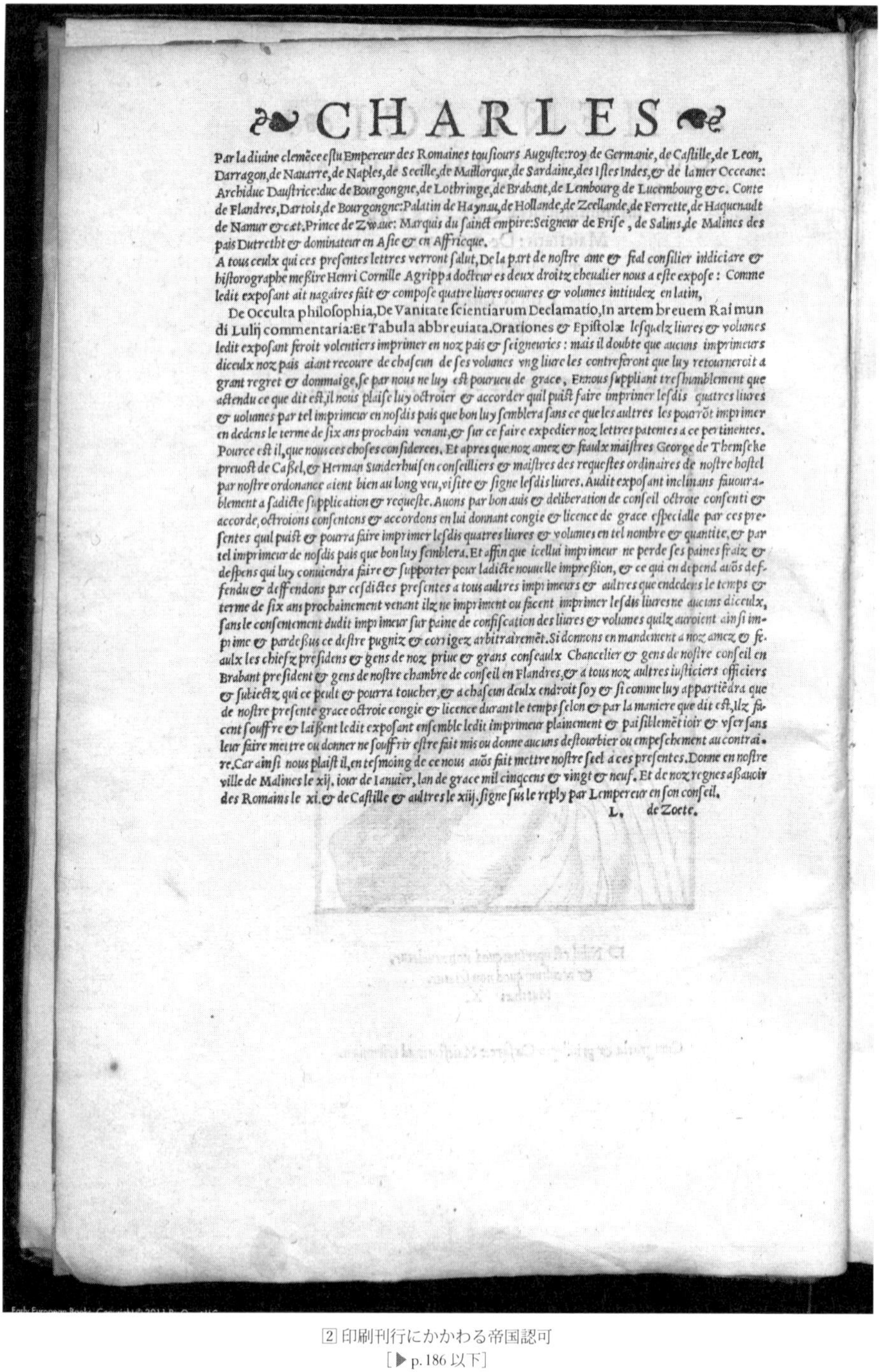

CHARLES

Par la diuine clemēce eslu Empereur des Romaines tousiours Auguste:roy de Germanie, de Castille,de Leon, Darragon,de Nauarre,de Naples,de Secille,de Maillorque,de Sardaine,des Isles Indes,& de la mer Occeane: Archiduc Daustrice:duc de Bourgongne,de Lothringe,de Brabant,de Lembourg de Lucembourg &c. Conte de Flandres,Dartois,de Bourgongne:Palatin de Haynau,de Hollande,de Zeellande,de Ferrette,de Haquenault de Namur & cæt.Prince de Zwaue: Marquis du sainct empire:Seigneur de Frise , de Salins,de Malines des pais Dutrecht & dominateur en Asie & en Affricque.

A tous ceulx qui ces presentes lettres verront salut,De la part de nostre ame & feal consilier indiciare & historographe messire Henri Cornille Agrippa docteur es deux droitz cheualier nous a este expose : Comme ledit exposant ait nagaires fait & compose quatre liures oeuures & volumes intitulez en latin,

De Occulta philosophia,De Vanitate scientiarum Declamatio,In artem breuem Raimundi Lulij commentaria:Et Tabula abbreuiata.Orationes & Epistolæ lesquelz liures & volumes ledit exposant feroit volentiers imprimer en noz pais & seigneuries : mais il doubte que aucuns imprimeurs diceulx noz pais aiant recoure de chascun de ses volumes vng liure les contreferont que luy retourneroit a grant regret & dommaige,se par nous ne luy est pourueu de grace , En nous suppliant treshumblement que actendu ce que dit est,il nous plaise luy octroier & accorder quil puist faire imprimer lesdis quatres liures & uolumes par tel imprimeur en nosdis pais que bon luy semblera sans ce que les aultres les pourrōt imprimer en dedens le terme de six ans prochain venant,& sur ce faire expedier noz lettres patentes a ce pertinentes. Pource est il,que nous ces choses considerees. Et apres que noz amez & feaulx maistres George de Themseke preuost de Cassel,& Herman Sunderhuisen conseilliers & maistres des requestes ordinaires de nostre hostel par nostre ordonance aient bien au long veu,visite & signe lesdis liures. Audit exposant inclinans fauourablement a sadicte supplication & requeste. Auons par bon auis & deliberation de conseil octroie consenti & accorde,octroions consentons & accordons en lui donnant congie & licence de grace especialle par ces presentes quil puist & pourra faire imprimer lesdis quatres liures & volumes en tel nombre & quantite,& par tel imprimeur de nosdis pais que bon luy semblera. Et affin que icellui imprimeur ne perde ses paines fraiz & despens qui luy conuiendra faire & supporter pour ladicte nouuelle impression, & ce qui en depend auōs deffendu & deffendons par cesdictes presentes a tous aultres imprimeurs & aultres que endedens le temps & terme de six ans prochainement venant ilz ne impriment ou facent imprimer lesdis liures ne aucuns diceulx, sans le consentement dudit imprimeur sur paine de confiscation des liures & volumes quilz auroient ainsi imprime & pardessus ce destre pugniz & corrigez arbitrairemēt. Si donnons en mandement a noz amez & feaulx les chiefz presidens & gens de noz priue & grans conseaulx Chancelier & gens de nostre conseil en Brabant president & gens de nostre chambre de conseil en Flandres,& a tous noz aultres iusticiers officiers & subiectz qui ce peult & pourra toucher,& a chascun deulx endroit soy & si comme luy appartiēdra que de nostre presente grace octroie congie & licence durant le temps selon & par la maniere que dit est,ilz facent souffre & laissent ledit exposant ensemble ledit imprimeur plainement & paisiblemēt ioir & vser sans leur faire mettre ou donner ne souffrir estre fait mis ou donne aucuns destourbier ou empeschement au contraire.Car ainsi nous plaist il,en tesmoing de ce nous auōs fait mettre nostre seel a ces presentes. Donne en nostre ville de Malines le xij. iour de Ianuier, lan de grace mil cinqcens & vingt & neuf. Et de noz regnes assauoir des Romains le xi. & de Castille & aultres le xiij. signe sus le reply par Lempereur en son conseil.

L. de Zoete.

② 印刷刊行にかかわる帝国認可

[▶ p. 186 以下]

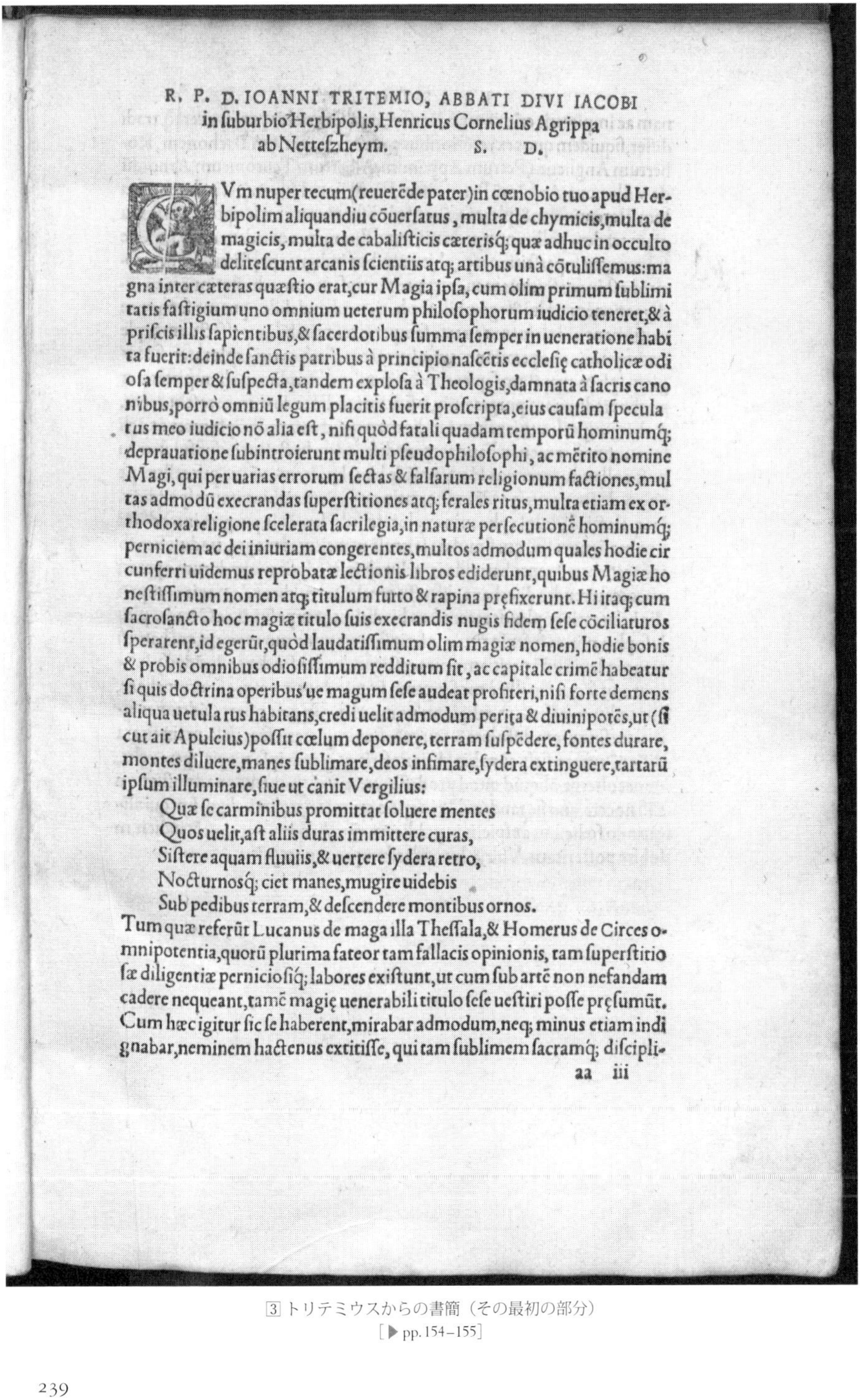

R. P. D. IOANNI TRITEMIO, ABBATI DIVI IACOBI
in ſuburbio Herbipolis, Henricus Cornelius Agrippa
ab Netteſzheym. S. D.

CVm nuper tecum (reuerēde pater) in cœnobio tuo apud Herbipolim aliquandiu cōuerſatus, multa de chymicis, multa de magicis, multa de cabaliſticis cæteriſq; quæ adhuc in occulto deliteſcunt arcanis ſcientiis atq; artibus unà cōtuliſſemus: magna inter cæteras quæſtio erat, cur Magia ipſa, cum olim primum ſublimitatis faſtigium uno omnium ueterum philoſophorum iudicio teneret, & à priſcis illis ſapientibus, & ſacerdotibus ſumma ſemper in ueneratione habita fuerit: deinde ſanctis patribus à principio naſcētis eccleſię catholicæ odioſa ſemper & ſuſpecta, tandem exploſa à Theologis, damnata à ſacris canonibus, porrò omniū legum placitis fuerit proſcripta, eius cauſam ſpeculatus meo iudicio nō alia eſt, niſi quòd fatali quadam temporū hominumq; deprauatione ſubintroierunt multi pſeudophiloſophi, ac mētito nomine Magi, qui per uarias errorum ſectas & falſarum religionum factiones, multas admodū execrandas ſuperſtitiones atq; ferales ritus, multa etiam ex orthodoxa religione ſcelerata ſacrilegia, in naturæ perſecutionē hominumq; perniciem ac dei iniuriam congerentes, multos admodum quales hodie circunferri uidemus reprobatæ lectionis libros ediderunt, quibus Magiæ honeſtiſſimum nomen atq; titulum furto & rapina pręfixerunt. Hi itaq; cum ſacroſancto hoc magiæ titulo ſuis execrandis nugis fidem ſeſe cōciliaturos ſperarent, id egerūt, quòd laudatiſſimum olim magiæ nomen, hodie bonis & probis omnibus odioſiſſimum redditum ſit, ac capitale crimē habeatur ſi quis doctrina operibus'ue magum ſeſe audeat profiteri, niſi forte demens aliqua uetula rus habitans, credi uelit admodum perita & diuinipotēs, ut (ſicut ait Apuleius) poſſit cœlum deponere, terram ſuſpēdere, fontes durare, montes diluere, manes ſublimare, deos infimare, ſydera extinguere, tartarū ipſum illuminare, ſiue ut canit Vergilius:

Quæ ſe carminibus promittat ſoluere mentes
Quos uelit, aſt aliis duras immittere curas,
Siſtere aquam fluuiis, & uertere ſydera retro,
Nocturnoſq; ciet manes, mugire uidebis
Sub pedibus terram, & deſcendere montibus ornos.

Tum quæ referūt Lucanus de maga illa Theſſala, & Homerus de Circes omnipotentia, quorū plurima fateor tam fallacis opinionis, tam ſuperſtitioſæ diligentiæ pernicioſiq; labores exiſtunt, ut cum ſub artē non nefandam cadere nequeant, tamē magię uenerabili titulo ſeſe ueſtiri poſſe pręſumūt. Cum hæc igitur ſic ſe haberent, mirabar admodum, neq; minus etiam indignabar, neminem hactenus extitiſſe, qui tam ſublimem ſacramq; diſcipli-

aa iii

③ トリテミウスからの書簡（その最初の部分）
［▶ pp. 154–155］

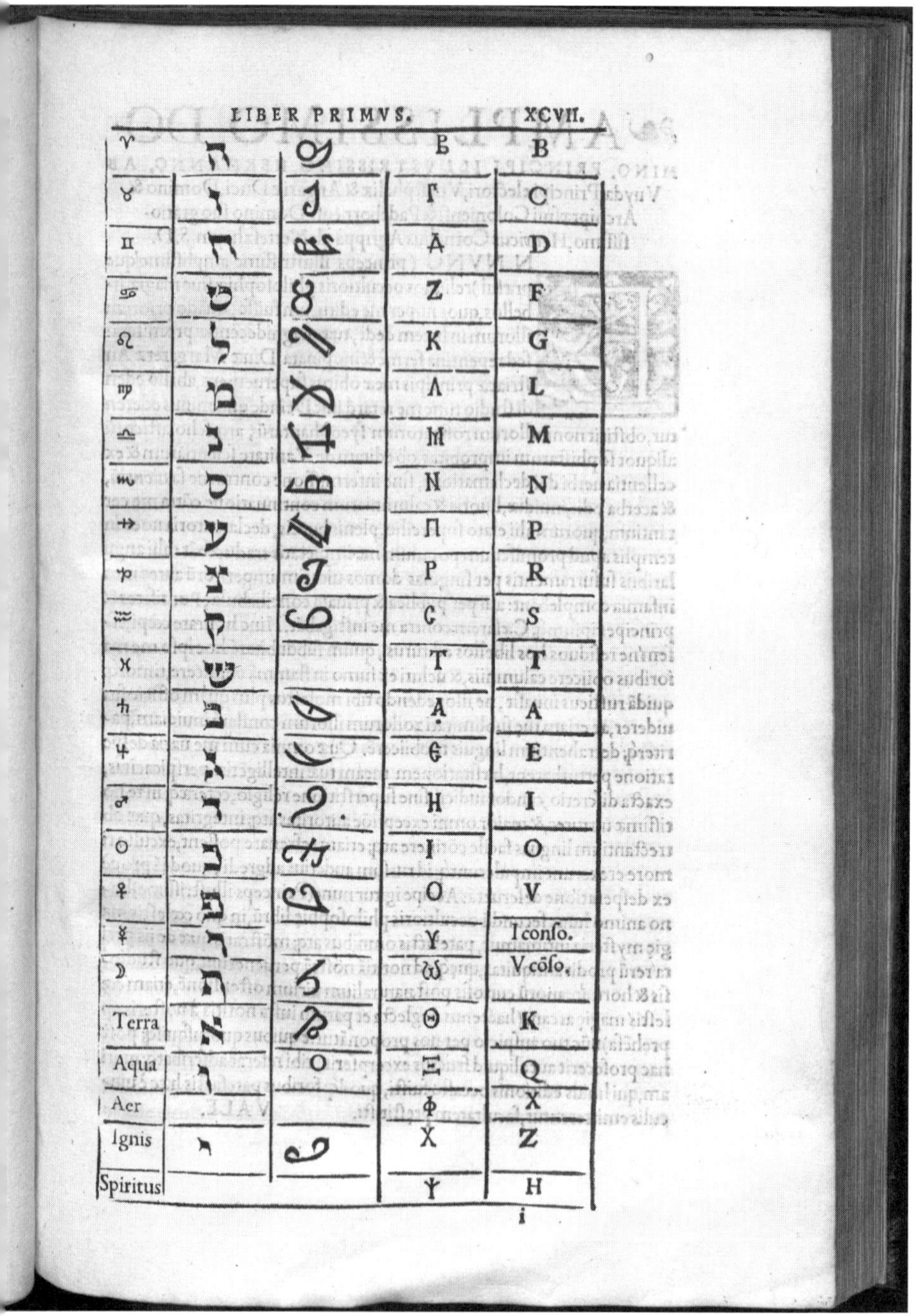

LIBER PRIMVS. XCVII.

♈	Β	B
♉	Γ	C
♊	Δ	D
♋	Ζ	F
♌	Κ	G
♍	Λ	L
♎	Μ	M
♏	Ν	N
♐	Π	P
♑	Ρ	R
♒	C	S
♓	Τ	T
♄	Α	A
♃	Є	E
♂	Η	I
☉	Ι	O
♀	Ο	V
☿	Υ	I conso.
☽	Ω	V cōso.
Terra	Θ	K
Aqua	Ξ	Q
Aer	Φ	X
Ignis	Χ	Z
Spiritus	Ψ	H

i

[4] 第一書 74 章末尾付表（p.97）
「世界（十二星座＋七惑星＋四元素）と諸言語の種子（アルファベート）の対応表」
［▶pp. 12–13］

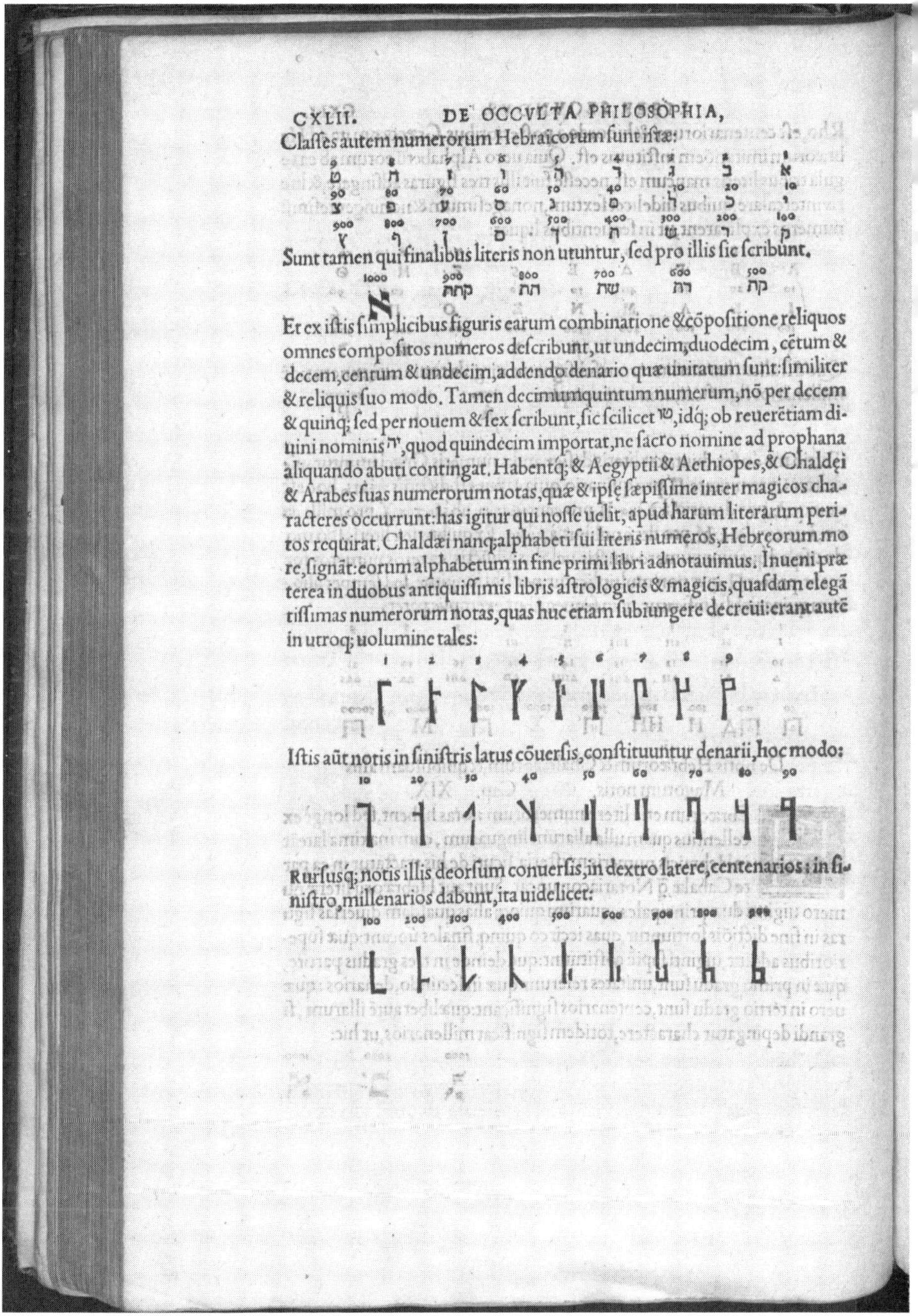

CXLII. DE OCCVLTA PHILOSOPHIA,

Claſſes autem numerorum Hebraicorum ſunt iſtæ:

9 ט	8 ח	7 ז	6 ו	5 ה	4 ד	3 ג	2 ב	1 א
90 צ	80 פ	70 ע	60 ס	50 נ	40 מ	30 ל	20 כ	10 י
900 ץ	800 ף	700 ן	600 ם	500 ך	400 ת	300 ש	200 ר	100 ק

Sunt tamen qui finalibus literis non utuntur, ſed pro illis ſic ſcribunt.

1000 א	900 תתק	800 תת	700 תש	600 תר	500 תק

Et ex iſtis ſimplicibus figuris earum combinatione & cõpoſitione reliquos omnes compoſitos numeros deſcribunt, ut undecim, duodecim, cẽtum & decem, centum & undecim, addendo denario quæ unitatum ſunt: ſimiliter & reliquis ſuo modo. Tamen decimumquintum numerum, nõ per decem & quinq; ſed per nouem & ſex ſcribunt, ſic ſcilicet טו, idq́; ob reuerẽtiam diuini nominis יה, quod quindecim importat, ne ſacro nomine ad prophana aliquando abuti contingat. Habentq; & Aegyptii & Aethiopes, & Chaldęi & Arabes ſuas numerorum notas, quæ & ipſę ſæpiſſime inter magicos characteres occurrunt: has igitur qui noſſe uelit, apud harum literarum peritos requirat. Chaldæi nanq; alphabeti ſui literis numeros, Hebręorum more, ſignãt: eorum alphabetum in fine primi libri adnotauimus. Inueni prætera in duobus antiquiſſimis libris aſtrologicis & magicis, quaſdam elegãtiſſimas numerorum notas, quas huc etiam ſubiungere decreui: erant autẽ in utroq; uolumine tales:

1 2 3 4 5 6 7 8 9

Iſtis aũt notis in ſiniſtris latus cõuerſis, conſtituuntur denarii, hoc modo:

10 20 30 40 50 60 70 80 90

Rurſusq; notis illis deorſum conuerſis, in dextro latere, centenarios: in ſiniſtro, millenarios dabunt, ita uidelicet:

100 200 300 400 500 600 700 800 900

5 第二書 19 章（p. 142）
「ヘブル語文書およびカルデア文書における数表記法について」
［▶ p. 16］

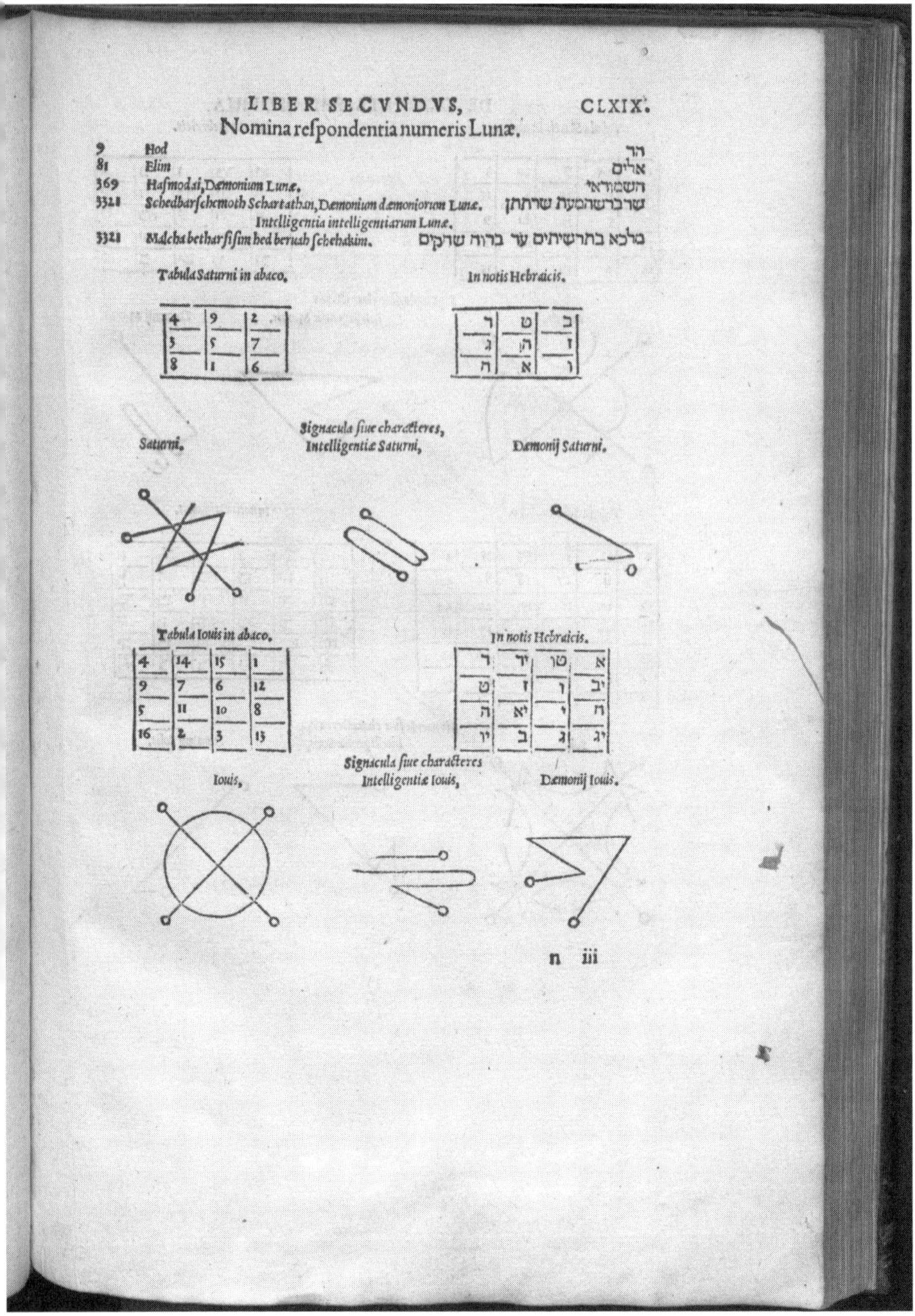

Nomina respondentia numeris Lunæ.

9	Hod	הד
81	Elim	אלים
369	Hasmodai, Dæmonium Lunæ.	השמודאי
3321	Schedbarschemoth Schartathan, Dæmonium dæmoniorum Lunæ.	שדברשהמעת שרתתן
	Intelligentia intelligentiarum Lunæ.	
3321	Malcha betharsisim hed beruah schehakim.	מלכא בתרשיתים עד ברוה שרקים

Tabula Saturni in abaco,

4	9	2
3	5	7
8	1	6

In notis Hebraicis.

ד	ט	ב
ג	ה	ז
ח	א	ו

Signacula siue characteres,
Saturni, Intelligentiæ Saturni, Dæmonij Saturni.

Tabula Iouis in abaco,

4	14	15	1
9	7	6	12
5	11	10	8
16	2	3	13

In notis Hebraicis.

ד	יד	טו	א
ט	ז	ו	יב
ה	יא	י	ח
יו	ב	ג	יג

Signacula siue characteres
Iouis, Intelligentiæ Iouis, Dæmonij Iouis.

n iii

⑥ 第二書 22 章（p. 149）
「諸惑星の数表（魔法陣）と符牒《カラクテール》」土星と木星
［▶ pp. 20–21］

Tabula Martis in abaco.

11	24	7	20	3
4	12	25	8	16
17	5	13	21	9
10	18	1	14	22
23	6	19	2	15

In notis Hebraicis.

יא	כד	ז	כ	ג
ד	יב	כה	ח	יו
יז	ה	יג	כא	ט
י	יח	א	יד	כב
כג	ו	יט	ב	יה

Signacula siue characteres

Martis.

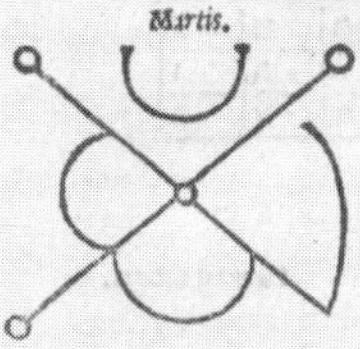

Intelligentiæ Martis.

Dæmonij Martis.

Tabula Solis in abaco.

6	32	3	34	35	1
7	11	27	28	8	30
19	14	16	15	23	24
18	20	22	21	17	13
25	29	10	9	26	12
36	5	33	4	2	31

In notis Hebraicis.

ו	לב	ג	לד	לה	א
ז	יא	כז	כח	ח	ל
יט	יד	יו	יה	כג	כד
יח	כ	כב	כא	יז	יג
כה	כט	י	ט	כו	יב
לו	ה	לג	ד	ב	לא

Signacula siue characteres

Solis,

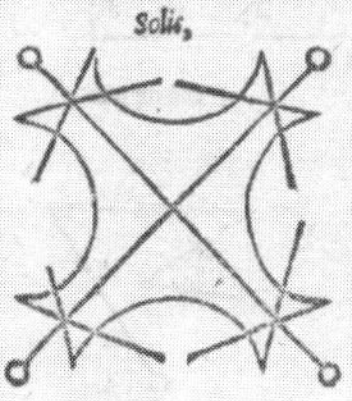

Intelligentiæ Solis,

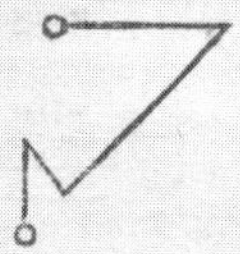

Dæmonij Solis.

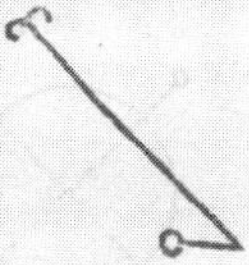

7 第二書 22 章（p.150）
「諸惑星の数表（魔法陣）と符牒《カラクテール》」火星と太陽
［▶ pp. 22–23］

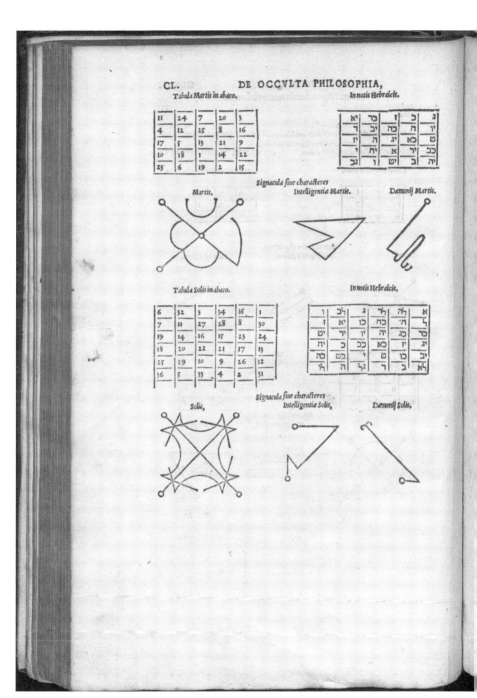

Tabula Veneris in abaco.

22	47	16	41	10	35	4
5	23	48	17	42	11	29
30	6	24	49	18	36	12
13	31	7	25	43	19	37
38	14	32	1	26	44	20
21	39	8	33	2	27	45
46	15	40	9	34	3	28

Signacula siue characteres Veneris.

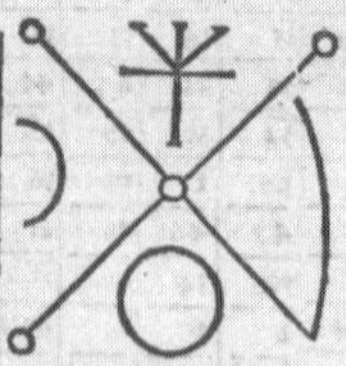

Intelligentiæ Veneris.

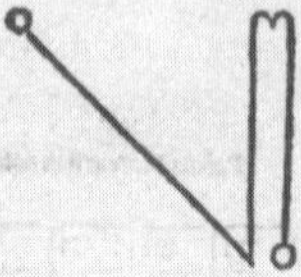

Tabula Veneris in notis Hebraicis.

כב	מז	יו	מא	י	לה	ד
ה	כג	מח	יז	מב	יא	כט
ל	ו	כד	מט	יח	לו	יב
יג	לא	ז	כה	מג	יט	לז
לח	יד	לב	א	כו	מד	כ
כא	לט	ח	לג	ב	כז	מה
מו	טו	מ	ט	לד	ג	כח

Dæmonij Veneris.

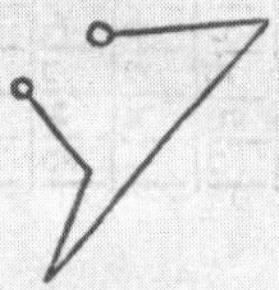

Intelligentiarum Veneris.

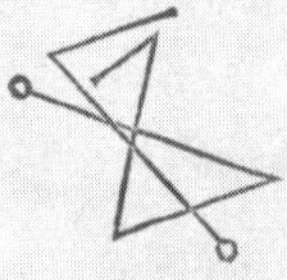

[8] 第二書 22 章（p.151）
「諸惑星の数表（魔法陣）と符牒《カラクテール》」金星
[▶ pp. 23–24]

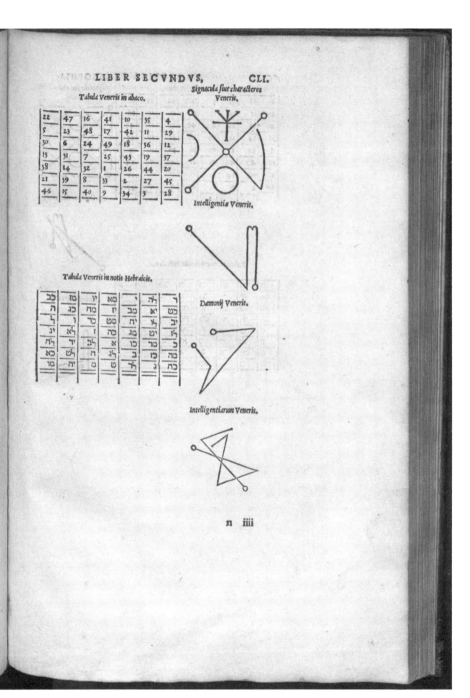

CLII. DE OCCVLTA PHILOSOPHIA,

Tabula Mercurij in abaco.

8	58	59	5	4	62	63	1
49	15	14	52	53	11	10	56
41	23	22	44	45	19	18	48
32	34	35	29	28	38	39	25
40	26	27	37	36	30	31	33
17	47	46	20	21	43	42	24
9	55	54	12	13	51	50	16
64	2	3	61	60	6	7	57

Signacula siue characteres Mercurij.

Intelligentiæ Mercurij.

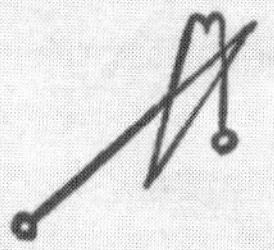

Tabula Mercurij in notis Hebraicis.

ח	נח	נט	ה	ד	סב	סג	א
מט	יה	יד	נב	נג	יא	י	נו
מא	כג	כב	מד	מה	יט	יח	מח
לב	לד	לה	כט	כח	לח	לט	כה
מ	כו	כז	לז	לו	ל	לא	לג
יז	מז	מו	כ	כא	מג	מב	כד
ט	נה	נד	יב	יג	נא	נ	יו
סד	ב	ג	סא	ס	ו	ז	נז

Dæmonij Mercurij.

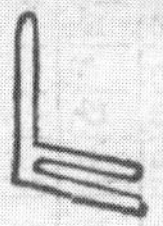

9 第二書22章（p.152）
「諸惑星の数表（魔法陣）と符牒《カラクテール》」水星
［▶p.24］

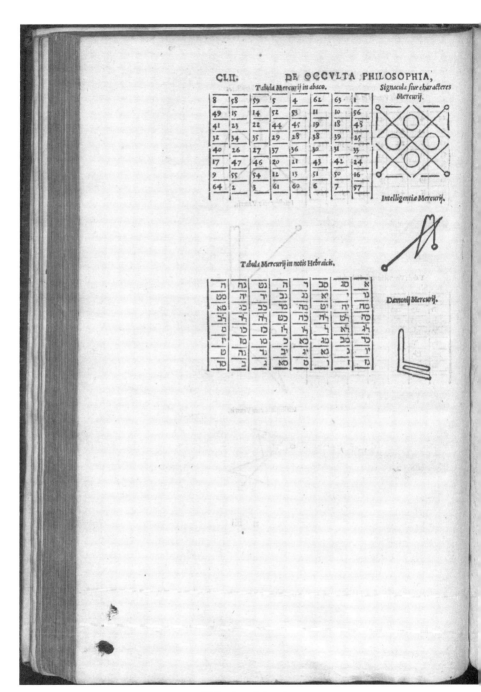

Tabula Lunæ in abaco.

37	178	29	70	21	62	13	45	5
6	38	79	30	71	22	63	14	46
47	7	39	80	31	72	23	55	15
16	48	8	40	81	32	64	24	56
57	17	49	9	41	73	33	65	25
26	58	18	50	1	42	74	34	66
67	27	59	10	51	2	43	75	35
36	68	19	60	11	52	3	44	76
77	28	69	20	61	12	53	4	45

Signacula siue characteres Lunæ.

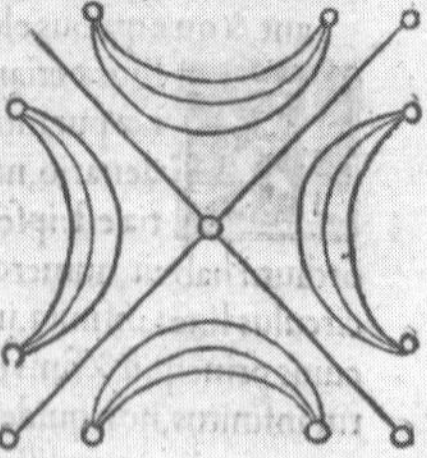

Dæmonij Lunæ.

Tabula Lunæ in notis Hebraicis.

לז	עח	כט	ע	כא	סב	יג	מה	ה
ו	לח	עט	ל	עא	כב	סג	יד	מו
מז	ז	לט	פ	לא	עב	כג	נה	יה
יז	מח	ח	מ	פא	לב	סד	כד	נו
נז	יז	מט	ט	מא	עג	לג	סה	כה
כו	נח	יח	נ	א	מב	עד	לד	סו
סז	כז	נט	י	נא	ב	מג	עה	לה
לו	סח	יט	ס	יא	נב	ג	מד	עו
עז	כח	סט	כ	סא	יב	נג	ד	מה

Dæmonij dæmoniorum Lunæ.

Intelligentiæ Intelligentiarum Lunæ.

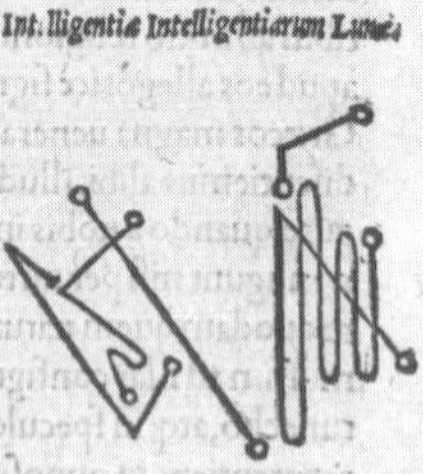

⑩第二書 22 章（p.153）
「諸惑星の数表（魔法陣）と符牒《カラクテール》」月
［▶ p.25］

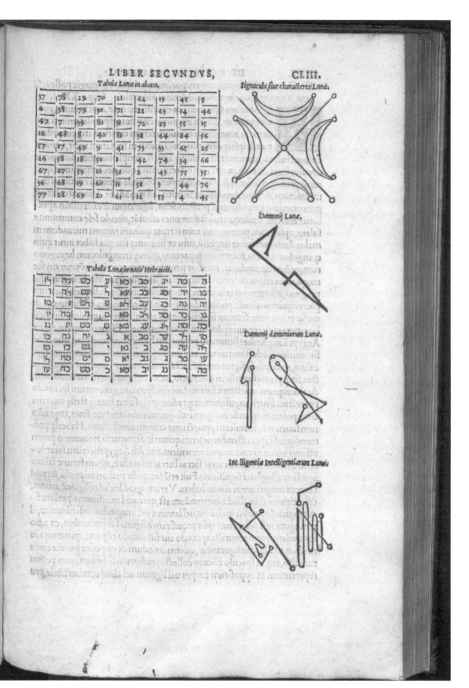

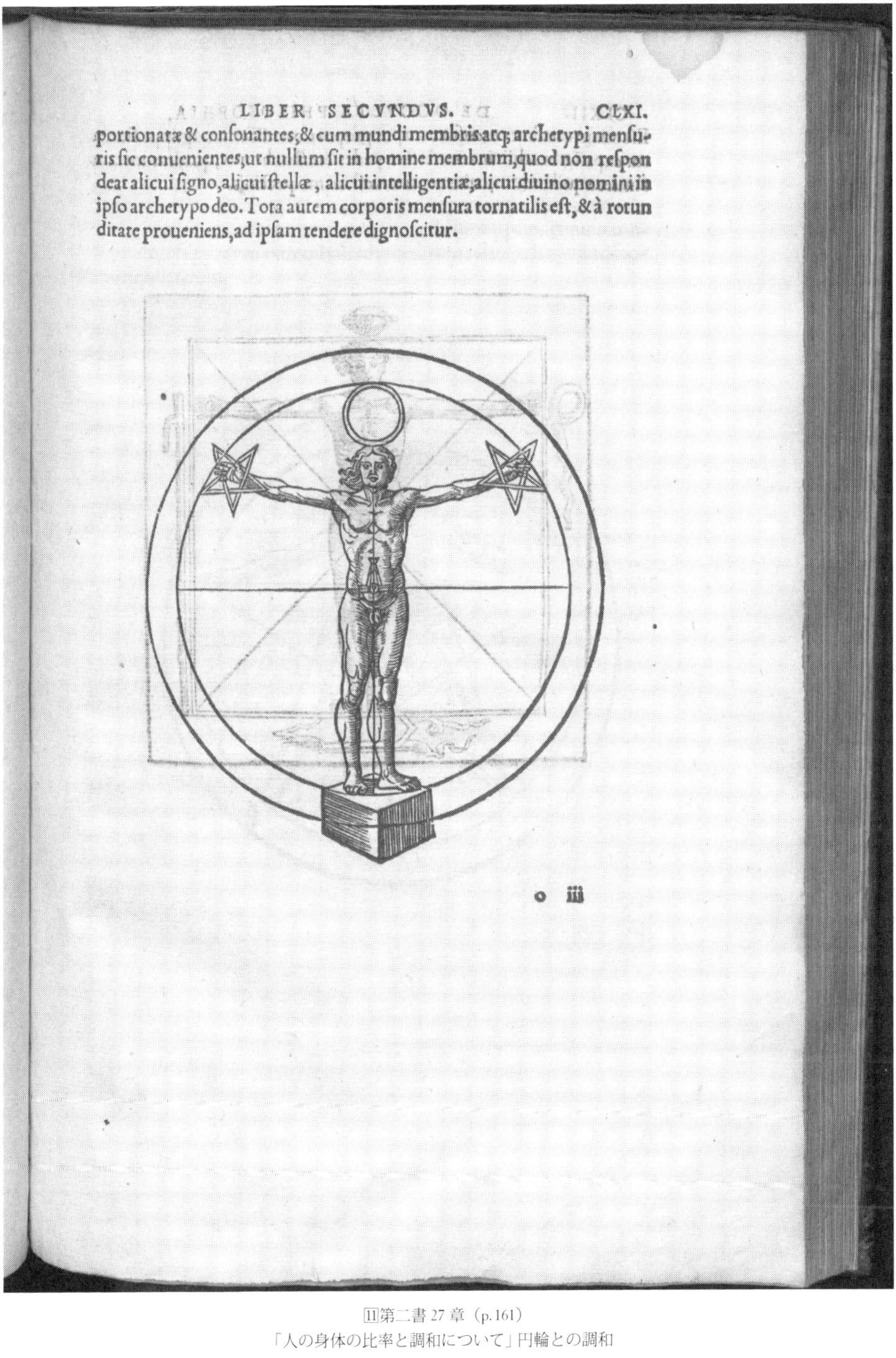
LIBER SECVNDVS. CLXI.
portionatæ & consonantes, & cum mundi membris atq; archetypi mensu-
ris sic conuenientes, ut nullum sit in homine membrum, quod non respon
deat alicui signo, alicui stellæ, alicui intelligentiæ, alicui diuino nomini in
ipso archetypo deo. Tota autem corporis mensura tornatilis est, & à rotun
ditate proueniens, ad ipsam tendere dignoscitur.

o iii

11第二書 27 章（p.161）
「人の身体の比率と調和について」円輪との調和

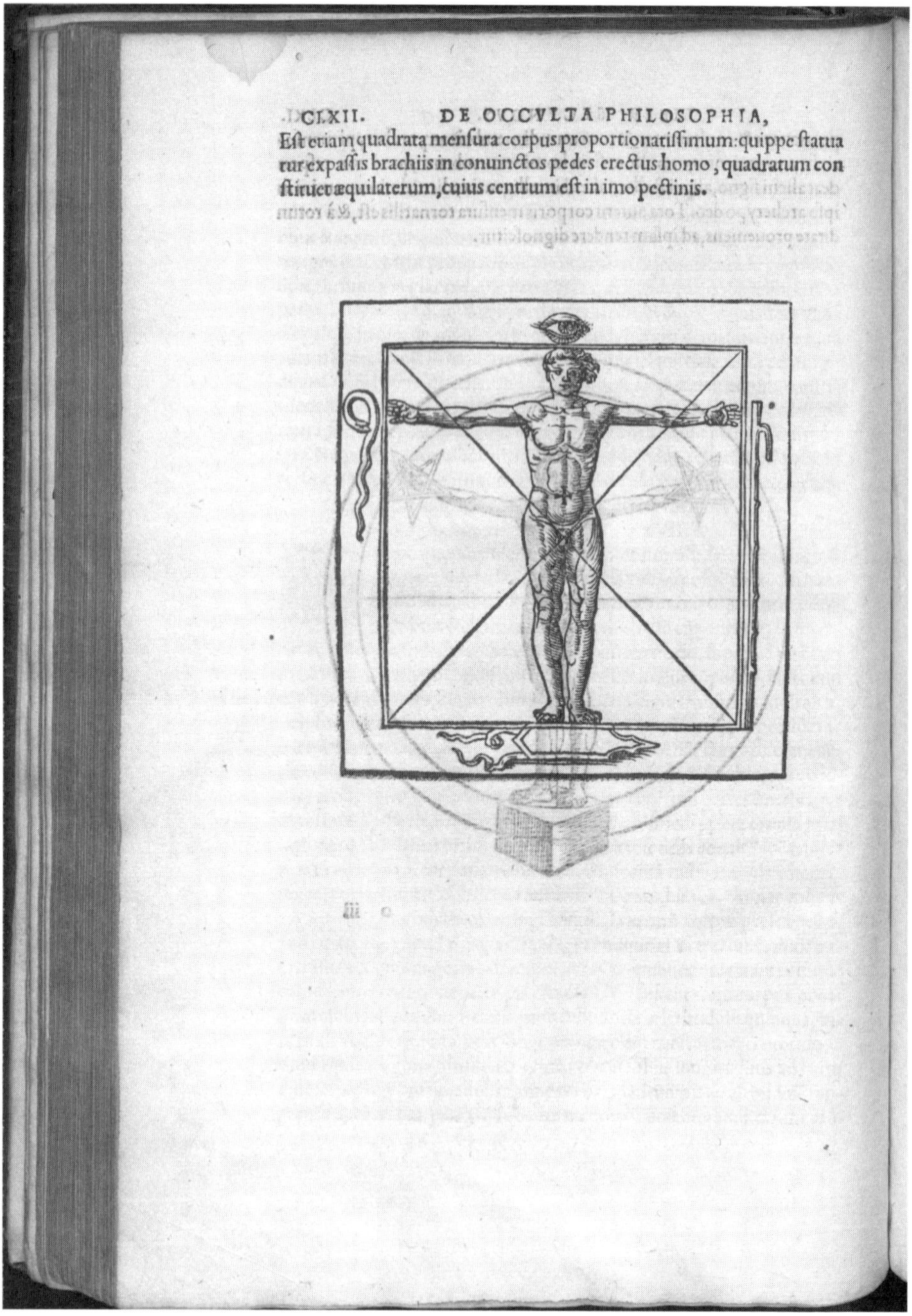
CLXII. DE OCCVLTA PHILOSOPHIA,

Est etiam quadrata mensura corpus proportionatissimum: quippe statua tur expassis brachiis in conuinctos pedes erectus homo, quadratum con stituet æquilaterum, cuius centrum est in imo pectinis.

iii c

⑫第二書 27 章（p.162）「人の身体の比率と調和について」
四角形との調和

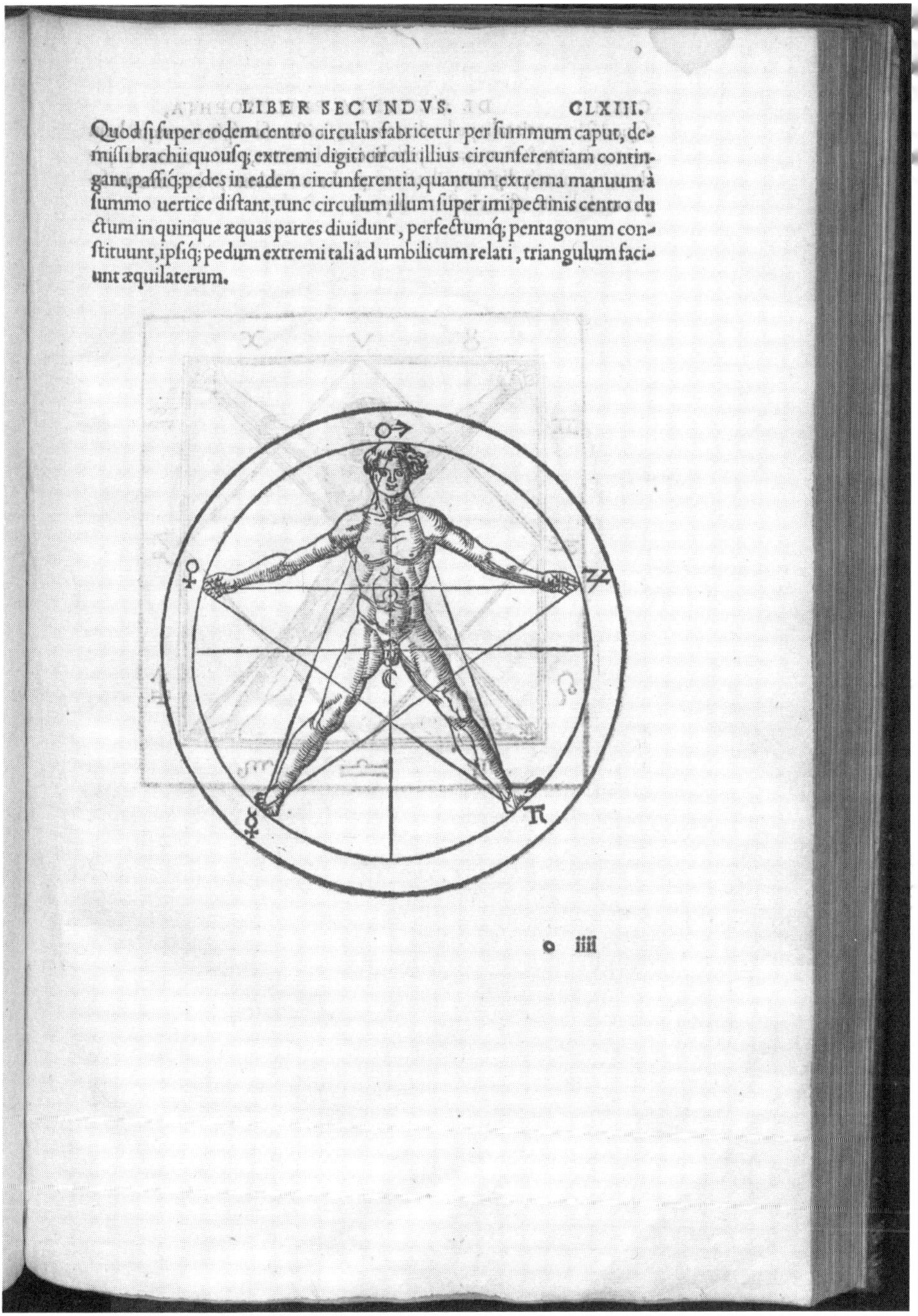
LIBER SECVNDVS. CLXIII.
Quod ſi ſuper eodem centro circulus fabricetur per ſummum caput, demiſſi brachii quouſq; extremi digiti circuli illius circunferentiam contingant, paſſiq; pedes in eadem circunferentia, quantum extrema manuum à ſummo uertice diſtant, tunc circulum illum ſuper imi pectinis centro ductum in quinque æquas partes diuidunt, perfectumq; pentagonum conſtituunt, ipſiq; pedum extremi tali ad umbilicum relati, triangulum faciunt æquilaterum.
o iiii

⑬第二書 27 章（p. 163）「人の身体の比率と調和について」
人の身体による円の五分割
［▶ p. 26］

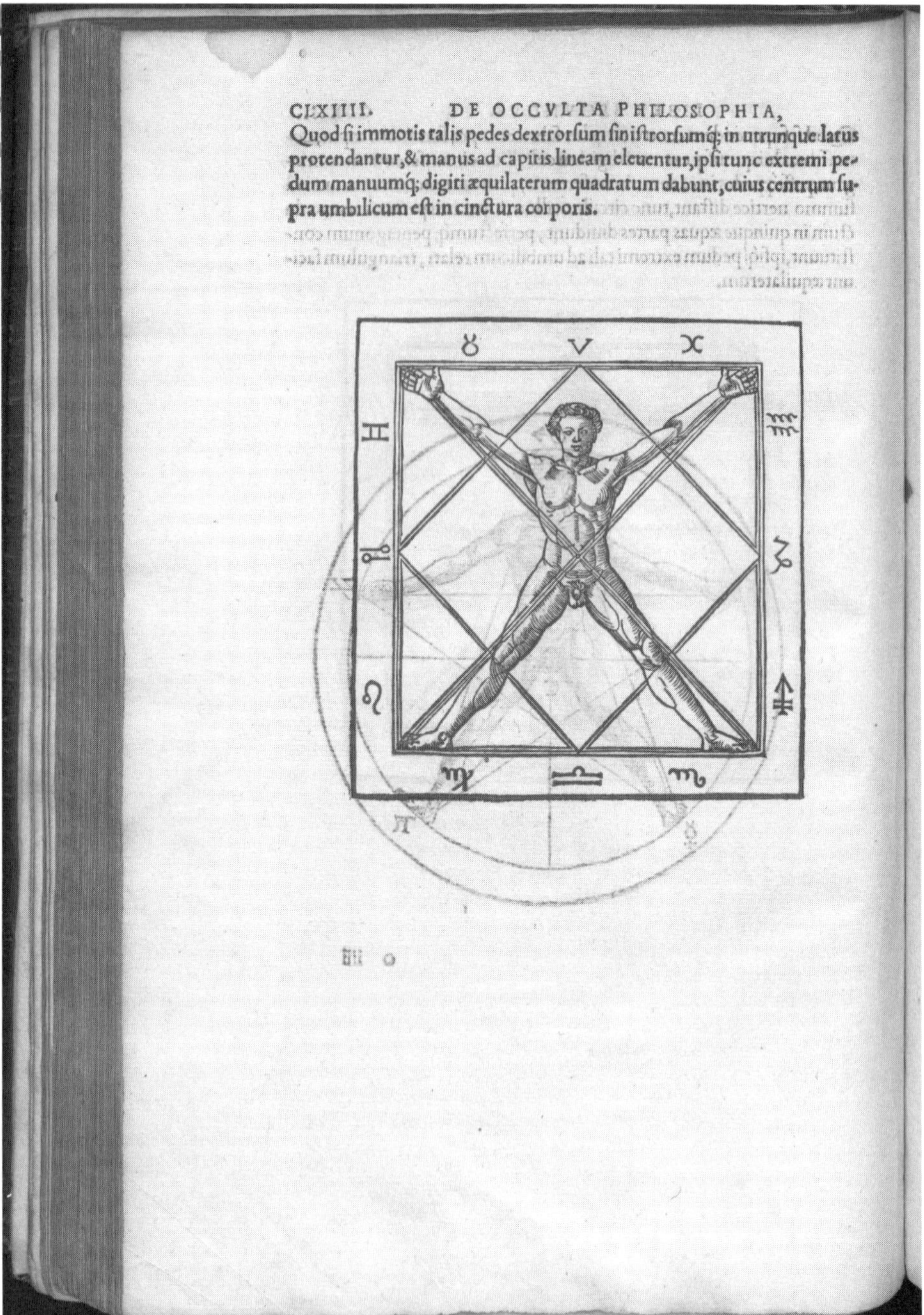

CLXIIII. DE OCCVLTA PHILOSOPHIA,

Quod si immotis talis pedes dextrorsum sinistrorsumq; in utrunque latus protendantur, & manus ad capitis lineam eleuentur, ipsi tunc extremi pedum manuumq; digiti æquilaterum quadratum dabunt, cuius centrum supra umbilicum est in cinctura corporis.

⑭第二書 27 章（p.164）「人の身体の比率と調和について」
人の臍を中心に四肢によって構成される正方形

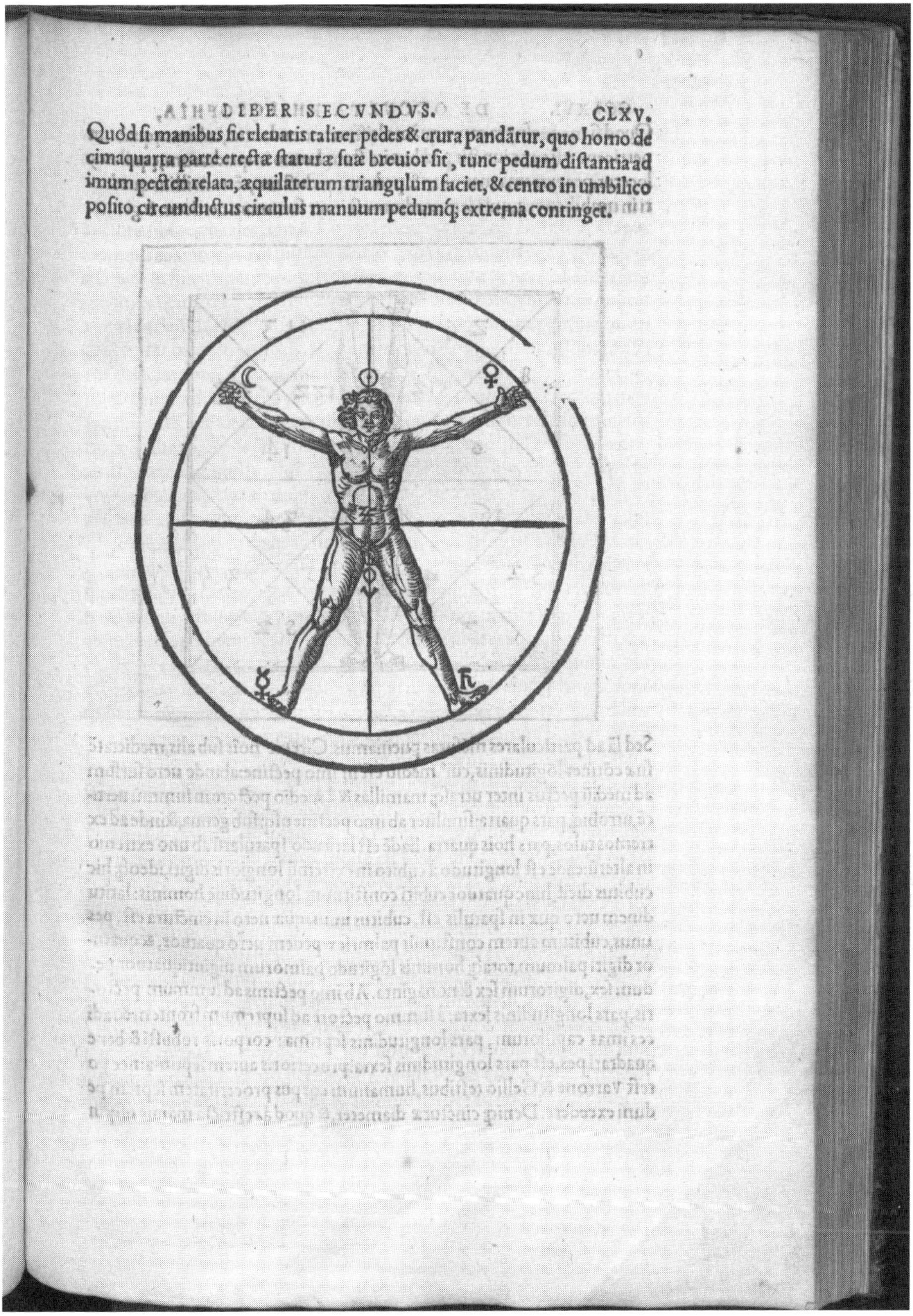
LIBER SECVNDVS. CLXV.

Quòd si manibus sic eleuatis taliter pedes & crura pandātur, quo homo de cima quarta parte erectæ staturæ suæ breuior sit, tunc pedum distantia ad imum pectẽn relata, æquilaterum triangulum faciet, & centro in umbilico posito circunductus circulus manuum pedumq; extrema continget.

⑮第二書 27 章（p.165）「人の身体の比率と調和について」
臍を中心に、性器と両足先が正三角形をなす姿勢をとるなら、人の身体は円輪に内接する

Quod ſi manus ſupra caput quàm altiſſime extendantur, cubitus æquabunt uerticem: & ſi tunc iunctis pedibus ita ſtans homo in quadratum, æquilaterũ locetur, per extrema manuum & pedum conductum, cẽtrum illius quadrati in umbilico erit, qui idem medium eſt inter ſummum uerticem & genua.

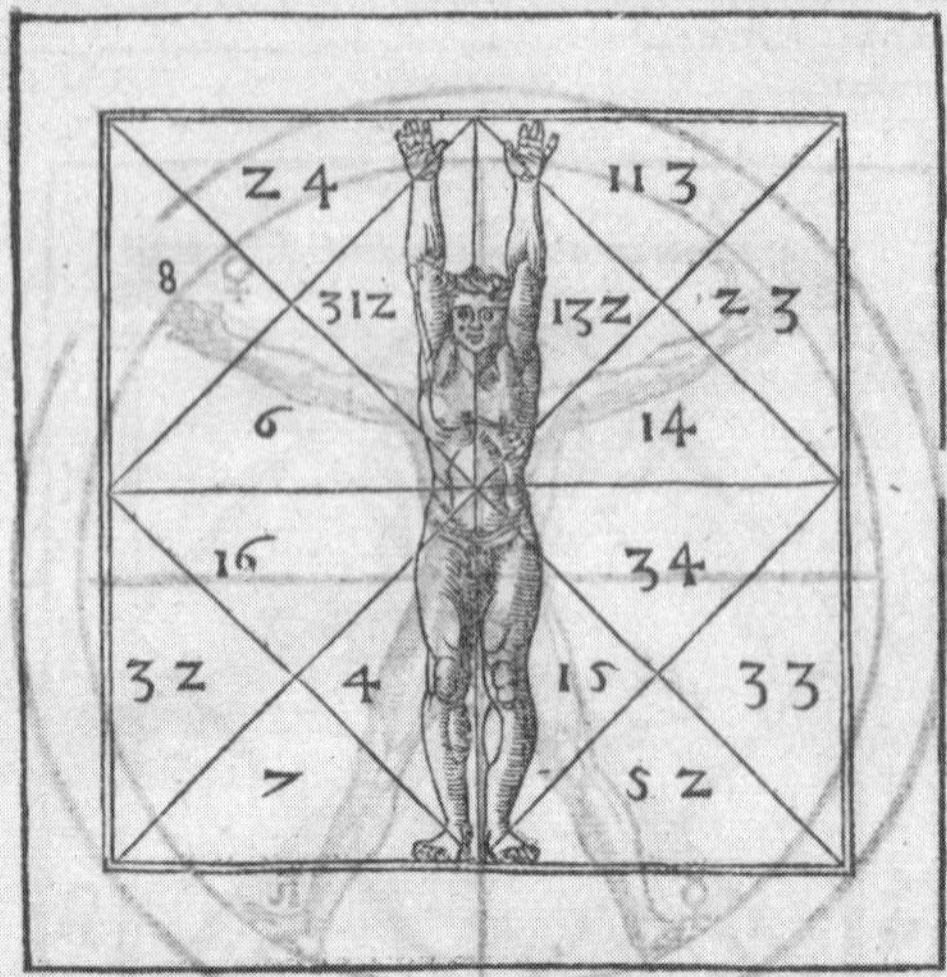

Sed iã ad particulares mẽſuras pueniamus. Circuitꝰ hõis ſub alis, medietatẽ ſuæ cõtinet lõgitudinis, cuiꝰ mediũ eſt in imo pectine: abinde uero ſurſum ad mediũ pectus inter utraſq; mamillas & à medio pectore in ſummũ uerticẽ, utrobiq; pars quarta: ſimiliter ab imo pectine uſq; ſub genua, & inde ad extremos talos, pars hõis quarta. Eadẽ eſt latitudo ſpatularũ ab uno extremo in alterũ: eadẽ eſt longitudo à cubito in extremũ longioris digiti, ideoq; hic cubitus dicit: hinc quatuor cubiti conſtituunt longitudinẽ hominis: latitudinem uero quæ in ſpatulis eſt, cubitus unus: quæ uero in cinctura eſt, pes unus, cubitum autem conſtituũt palmi ſex: pedem uero quatuor, & quatuor digiti palmum, totaq; hominis lõgitudo palmorum uigintiquatuor, pedum ſex, digitorum ſex & nonaginta. Ab imo pectinis ad ſummum pectoris, pars longitudinis ſexta: à ſummo pectore ad ſupremum frontem & radices imas capillorum, pars longitudinis ſeptima: corporis robuſti & bene quadrati pes, eſt pars longitudinis ſexta: procerioris autem ſeptima: nec poteſt Varrone & Gellio teſtibus, humanum corpus proceritatem ſeptem pedum excedere. Deniq; cincturæ diameter, & quod à reſtricta manus uſq; in

⑯第二書 27 章（p.166）「人の身体の比率と調和について」
両手を真っすぐに掲げて直立する人の身体を正方形の中に配するなら、その中心は臍となる

CLXVIII. DE OCCVLTA PHILOSOPHIA,

tius altitudinis duæ decimætertiæ: eleuatis in altũ brachiis, cubitus accedit summo uertici. Cæterum nunc quæ adhuc reliquæ cõmensurationes sibi ęquales sunt, spectemus. Quantum est à mento ad summũ pectus, tãta est latitudo colli: quantum à summo pectore ad umbilicũ, tanta est colli circulatio: quantũ à mento in supremũ uerticẽ, tanta est latitudo cincturæ: quãtum est ab interciliis ad summas nares, tantũ à iugulo distat productio mẽti: quantumq; à summis naribus ad mentũ, tantũ à iugulo ad imã gulã. Itẽ oculorũ ab interciliis ad interiores angulos concauitas, ac summarũ nariũ prominentia, & quod ab imis naribus ad extremũ supremi labri interstitiũ est, hæc tria sunt inter se æqualia. A summo ungue indicis ad imã eius iun-

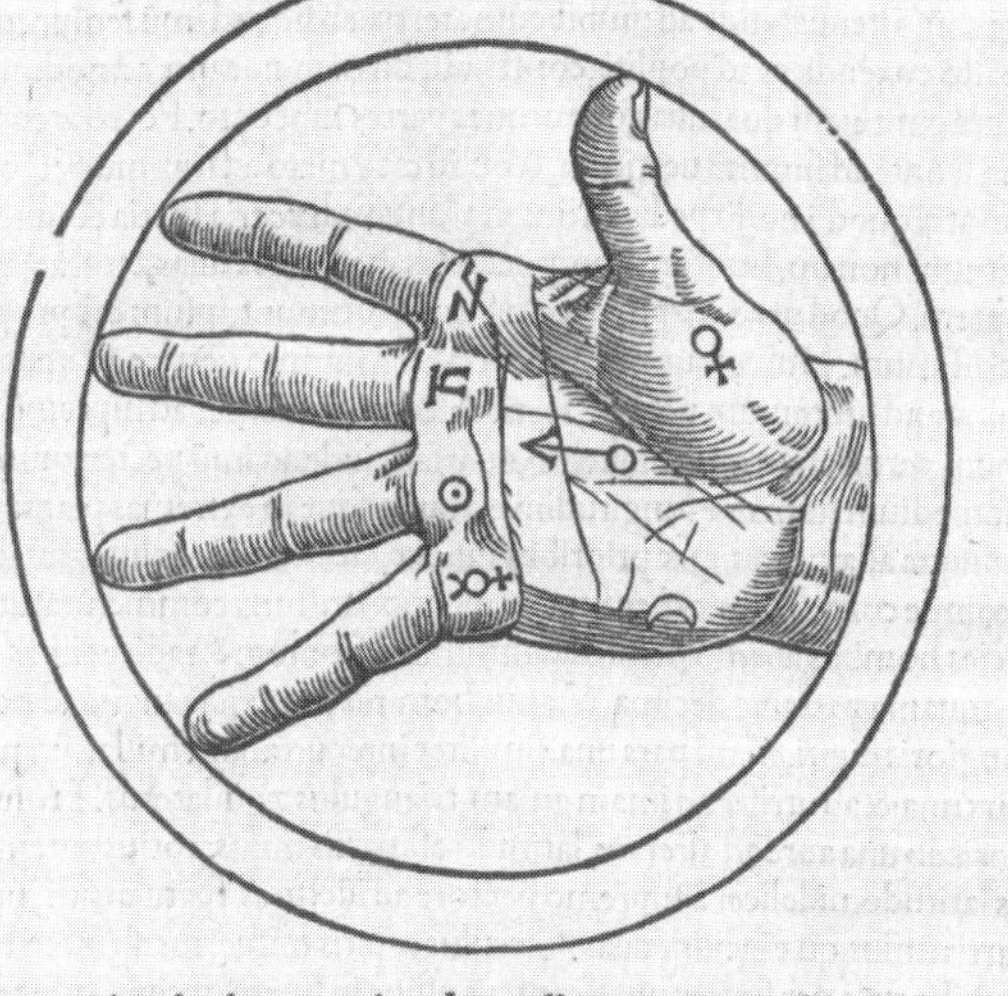

cturam, atq; abinde ubi manus brachio colligatur in parte syluestri, in domestica quoq; à summo ungue medii usq; in imã iuncturã, & abinde ad restrictam manus, omnes hæ portiões inter se æquales. Maior indicis articulus altitudinẽ frontis æquat: residui duo, ad extremũ unguẽ æquant nasum ab interciliis uidelicet in summas nares primus & maior articulus medii ęq pollet illi spatio quod est ab imis naribus in extremũ mentũ: & secũdus medii tantus est, quantũ ab imo mento ad supremũ inferioris labri: tertius uero, quantũ ab ore ad inferiora nariũ: tota autẽ manus, quãtus totus uultus.

17第二書27章（p.168）
「指の長さにあらわれる身体各部の比率について」

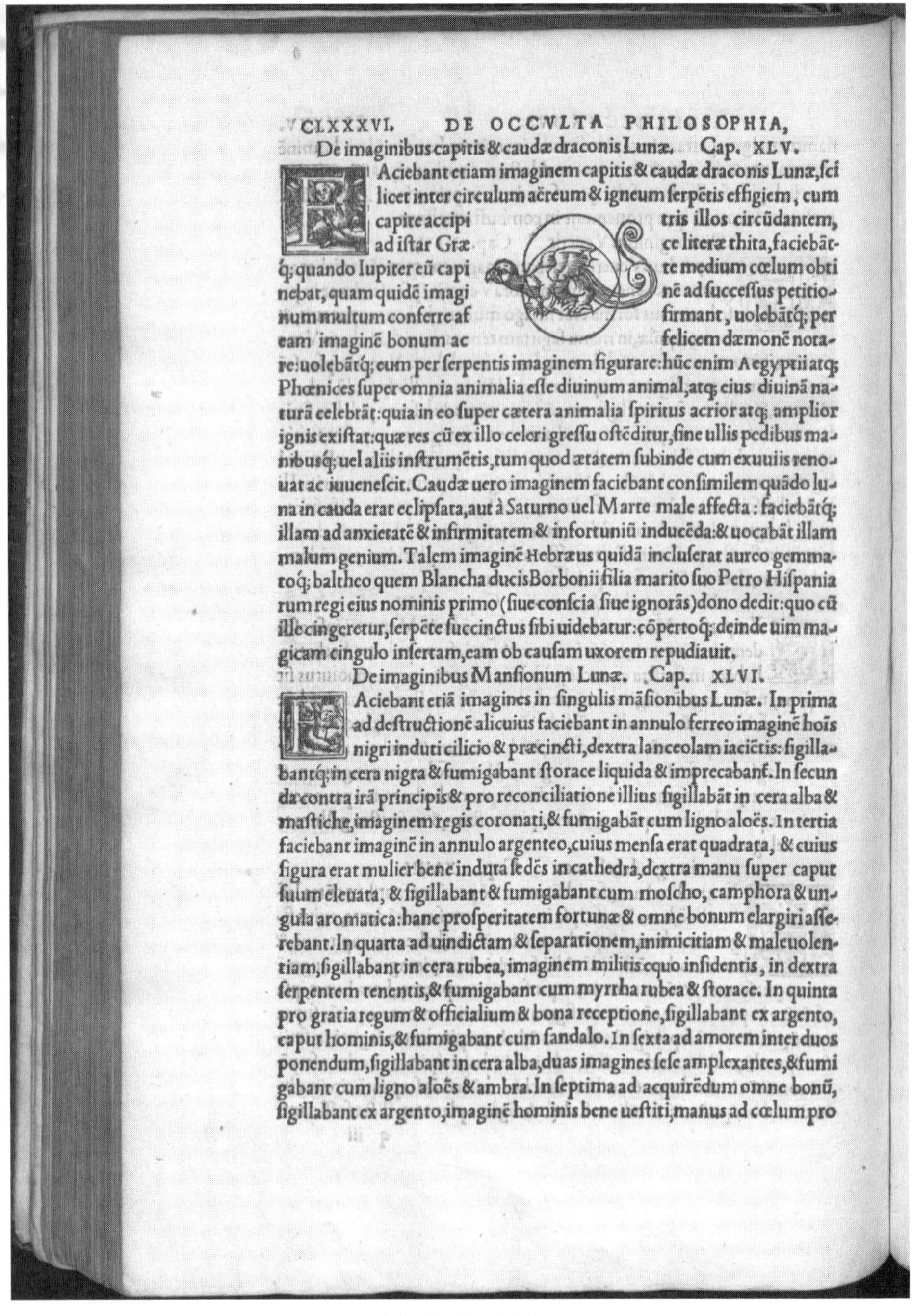

CLXXXVI. DE OCCVLTA PHILOSOPHIA,

De imaginibus capitis & caudæ draconis Lunæ. Cap. XLV.

FAciebant etiam imaginem capitis & caudæ draconis Lunæ, scilicet inter circulum aëreum & igneum serpētis effigiem, cum capite accipitris illos circūdantem, ad istar Græce literæ thita, faciebātq; quando Iupiter eū capite medium cœlum obtinebat, quam quidē imaginē ad successus petitionum multum conferre affirmant, uolebātq; per eam imaginē bonum ac felicem dæmonē notare: uolebātq; eum per serpentis imaginem figurare: hūc enim Aegyptii atq; Phœnices super omnia animalia esse diuinum animal, atq; eius diuinā naturā celebrāt: quia in eo super cætera animalia spiritus acrior atq; amplior ignis existat: quæ res cū ex illo celeri gressu ostēditur, sine ullis pedibus manibusq; uel aliis instrumētis, tum quod ætatem subinde cum exuuiis renouat ac iuuenescit. Caudæ uero imaginem faciebant consimilem quādo luna in cauda erat eclipsata, aut à Saturno uel Marte male affecta: faciebātq; illam ad anxietatē & infirmitatem & infortuniū inducēda: & uocabāt illam malum genium. Talem imaginē Hebræus quidā incluserat aureo gemmatoq; balthco quem Blancha ducis Borbonii filia marito suo Petro Hispaniarum regi eius nominis primo (siue conscia siue ignorās) dono dedit: quo cū ille cingeretur, serpēte succinctus sibi uidebatur: cōpertoq; deinde uim magicam cingulo insertam, eam ob causam uxorem repudiauit.

De imaginibus Mansionum Lunæ. Cap. XLVI.

FAciebant etiā imagines in singulis māsionibus Lunæ. In prima ad destructionē alicuius faciebant in annulo ferreo imaginē hoīs nigri induti cilicio & præcincti, dextra lanceolam iacictis: sigillabantq; in cera nigra & fumigabant storace liquida & imprecabant. In secunda contra irā principis & pro reconciliatione illius sigillabāt in cera alba & mastiche, imaginem regis coronati, & fumigabāt cum ligno aloës. In tertia faciebant imaginē in annulo argenteo, cuius mensa erat quadrata, & cuius figura erat mulier bene induta sedēs in cathedra, dextra manu super caput suum eleuata, & sigillabant & fumigabant cum moscho, camphora & ungula aromatica: hanc prosperitatem fortunæ & omne bonum elargiri asserebant. In quarta ad uindictam & separationem, inimicitiam & maleuolentiam, sigillabant in cera rubea, imaginem militis equo insidentis, in dextra serpentem tenentis, & fumigabant cum myrrha rubea & storace. In quinta pro gratia regum & officialium & bona receptione, sigillabant ex argento, caput hominis, & fumigabant cum sandalo. In sexta ad amorem inter duos ponendum, sigillabant in cera alba, duas imagines sese amplexantes, & fumigabant cum ligno aloës & ambra. In septima ad acquirēdum omne bonū, sigillabant ex argento, imaginē hominis bene uestiti, manus ad cœlum pro

⑱第二書 45 章（p. 186）
龍頭と龍尾の図（黄道と月の軌道の交点、ヘルメスの杖（カドゥケウス）の形象）
［▶ p. 283］（註 41 のマクロビウスの一節を参照）

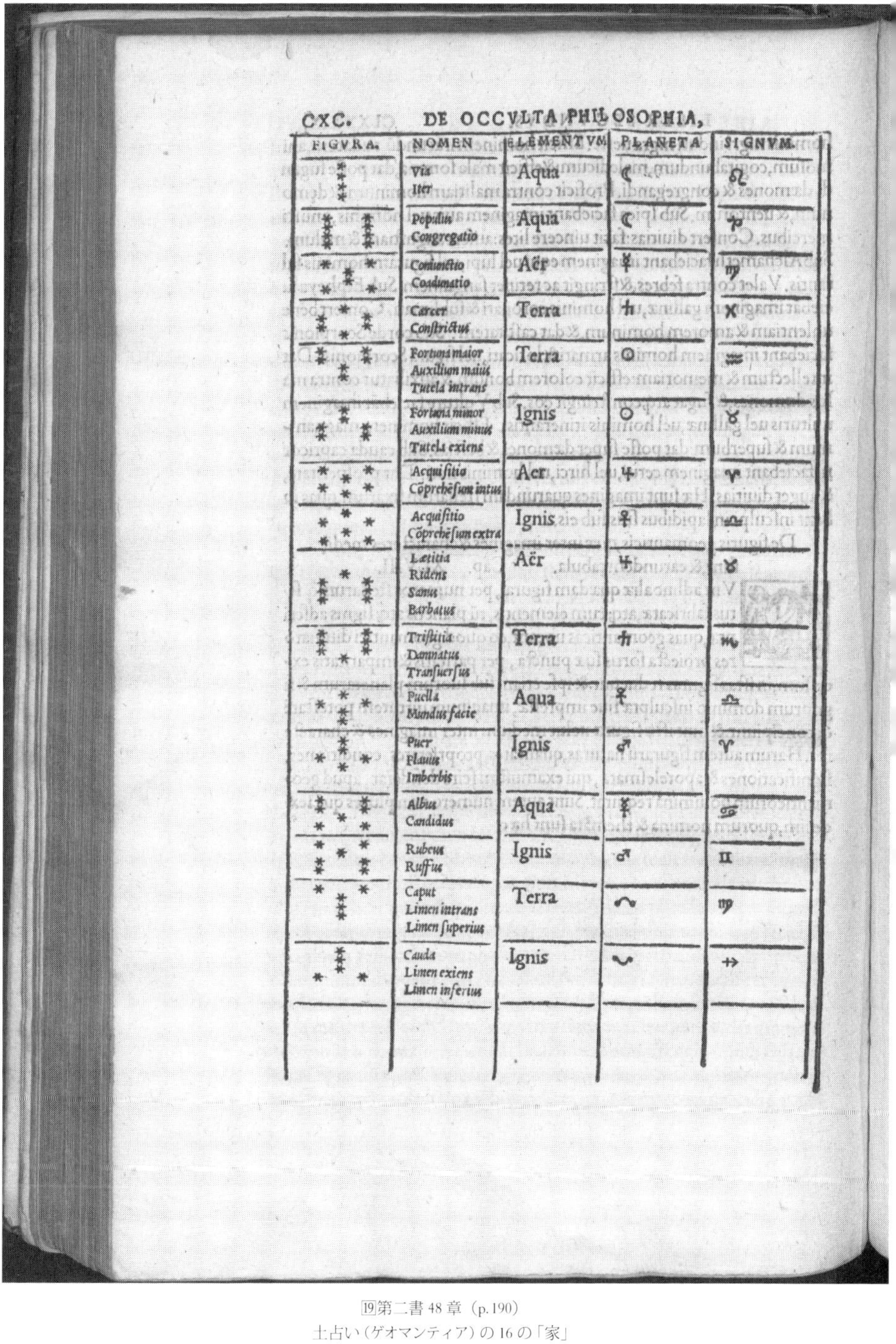

CXC. DE OCCVLTA PHILOSOPHIA,

FIGVRA.	NOMEN	ELEMENTVM	PLANETA	SIGNVM.
	Via Iter	Aqua	☾	♌
	Populus Congregatio	Aqua	☾	♑
	Coniunctio Coadunatio	Aër	☿	♍
	Carcer Constrictus	Terra	♄	♐
	Fortuna maior Auxilium maius Tutela intrans	Terra	☉	♒
	Fortuna minor Auxilium minus Tutela exiens	Ignis	☉	♉
	Acquisitio Cōprehēsum intus	Aer	♃	♈
	Acquisitio Cōprehēsum extra	Ignis	♀	♎
	Lætitia Ridens Sanus Barbatus	Aër	♃	♉
	Tristitia Damnatus Transuersus	Terra	♄	♏
	Puella Mundus facie	Aqua	♀	♎
	Puer Flauus Imberbis	Ignis	♂	♈
	Albus Candidus	Aqua	☿	♋
	Rubeus Ruffus	Ignis	♂	♊
	Caput Limen intrans Limen superius	Terra	☊	♍
	Cauda Limen exiens Limen inferius	Ignis	☋	♐

⑲第二書 48 章（p.190）
土占い（ゲオマンティア）の 16 の「家」
［▶ pp.16–17, 272］

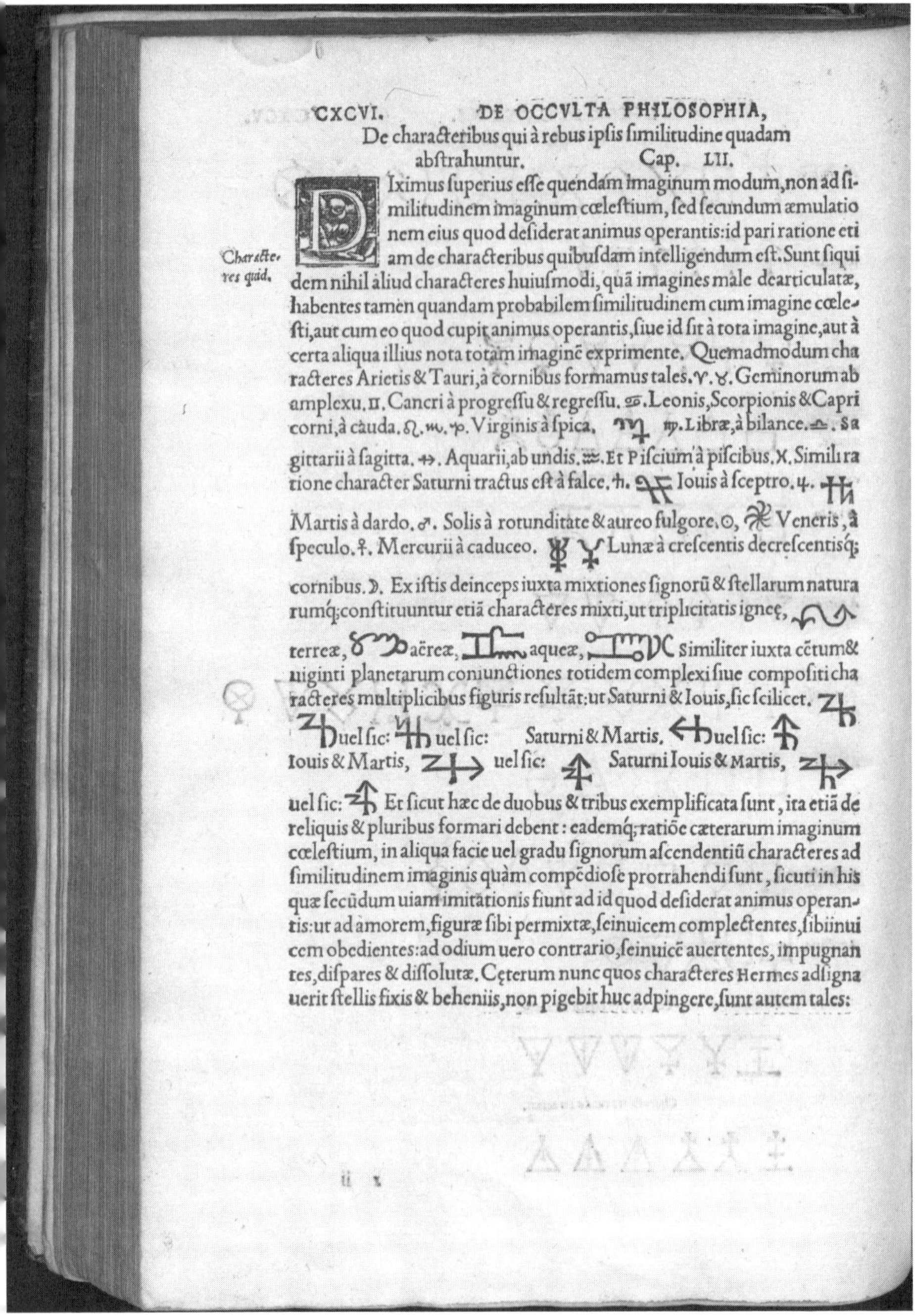
CXCVI. DE OCCVLTA PHILOSOPHIA,

De characteribus qui à rebus ipsis similitudine quadam abstrahuntur. Cap. LII.

Characteres quid.

DIximus superius esse quendam imaginum modum, non ad similitudinem imaginum cœlestium, sed secundum æmulationem eius quod desiderat animus operantis: id pari ratione etiam de characteribus quibusdam intelligendum est. Sunt siquidem nihil aliud characteres huiusmodi, quā imagines male dearticulatæ, habentes tamen quandam probabilem similitudinem cum imagine cœlesti, aut cum eo quod cupit animus operantis, siue id sit à tota imagine, aut à certa aliqua illius nota totam imaginē exprimente. Quemadmodum characteres Arietis & Tauri, à cornibus formamus tales. ♈. ♉. Geminorum ab amplexu. ♊. Cancri à progressu & regressu. ♋. Leonis, Scorpionis & Capricorni, à cauda. ♌. ♏. ♑. Virginis à spica. ♍. Libræ, à bilance. ♎. Sagittarii à sagitta. ♐. Aquarii, ab undis. ♒. Et Piscium à piscibus. ♓. Simili ratione character Saturni tractus est à falce. ♄. Iouis à sceptro. ♃. Martis à dardo. ♂. Solis à rotunditate & aureo fulgore. ☉. Veneris, à speculo. ♀. Mercurii à caduceo. Lunæ à crescentis decrescentisq; cornibus. ☽. Ex istis deinceps iuxta mixtiones signorū & stellarum naturarumq; constituuntur etiā characteres mixti, ut triplicitatis igneę, terreæ, aëreæ, aqueæ, Similiter iuxta cœtum & uiginti planetarum coniunctiones totidem complexi siue compositi characteres multiplicibus figuris resultāt: ut Saturni & Iouis, sic scilicet. uel sic: uel sic: Saturni & Martis. uel sic: Iouis & Martis, uel sic: Saturni Iouis & Martis, uel sic: Et sicut hæc de duobus & tribus exemplificata sunt, ita etiā de reliquis & pluribus formari debent: eademq; ratiōe cæterarum imaginum cœlestium, in aliqua facie uel gradu signorum ascendentiū characteres ad similitudinem imaginis quàm compēdiose protrahendi sunt, sicuti in his quæ secūdum uiam imitationis fiunt ad id quod desiderat animus operantis: ut ad amorem, figuræ sibi permixtæ, seinuicem complectentes, sibiinuicem obedientes: ad odium uero contrario, seinuicē auertentes, impugnantes, dispares & dissolutæ. Cęterum nunc quos characteres Hermes adsignauerit stellis fixis & beheniis, non pigebit huc adpingere, sunt autem tales:

ii x

⑳第二書 52 章（p. 196）
獣帯の四元素に相当する星座の三角相の符牒《カラクテール》および二つの惑星の混合記号の数々

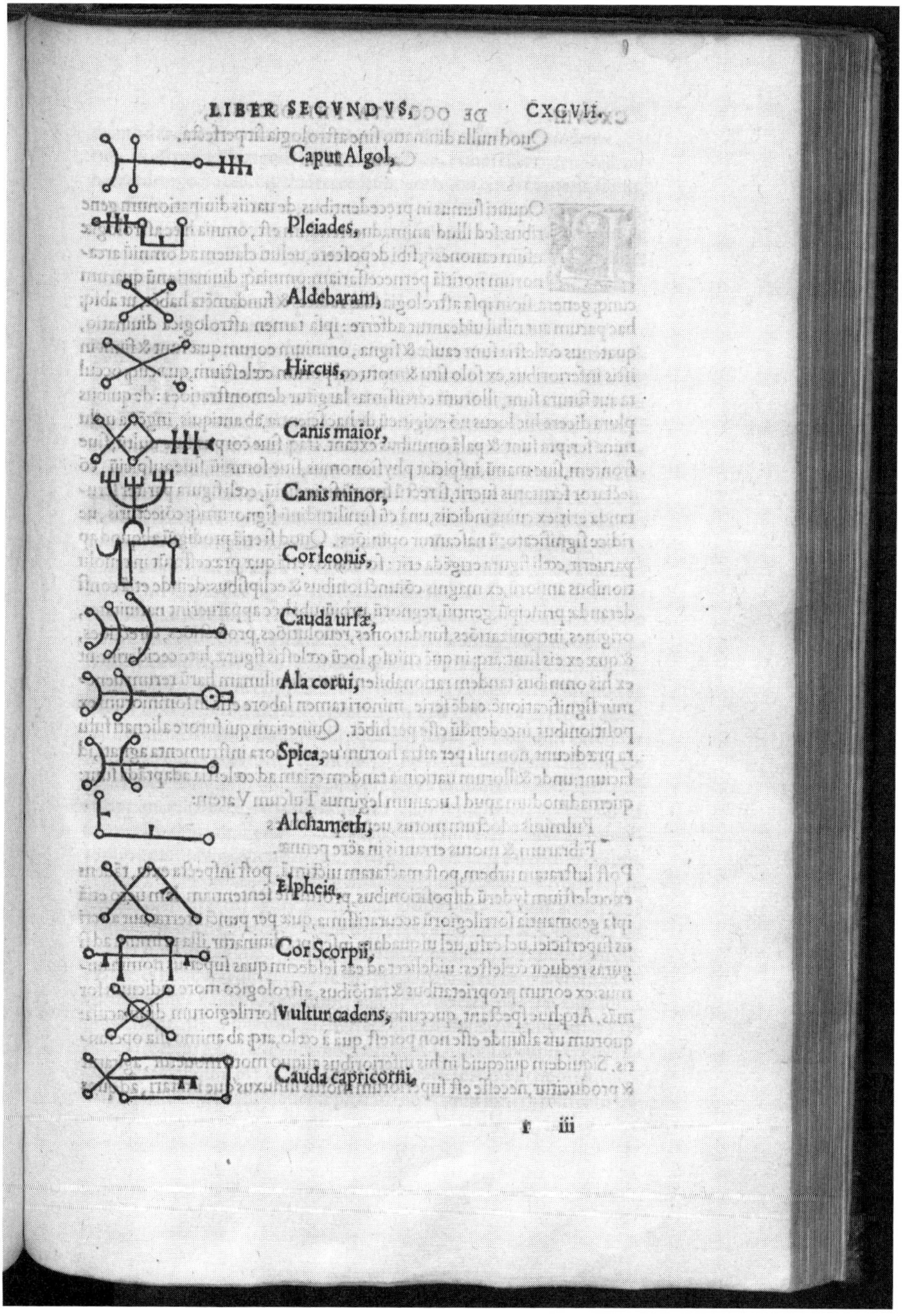
LIBER SECVNDVS, CXCVII.

Caput Algol,

Pleiades,

Aldebaram,

Hircus,

Canis maior,

Canis minor,

Cor leonis,

Cauda ursæ,

Ala corui,

Spica,

Alchameth,

Elpheia,

Cor Scorpii,

Vultur cadens,

Cauda capricorni,

r iii

㉑第二書 52 章（p. 197）
恒星がなす形象の符牒《カラクテール》の数々

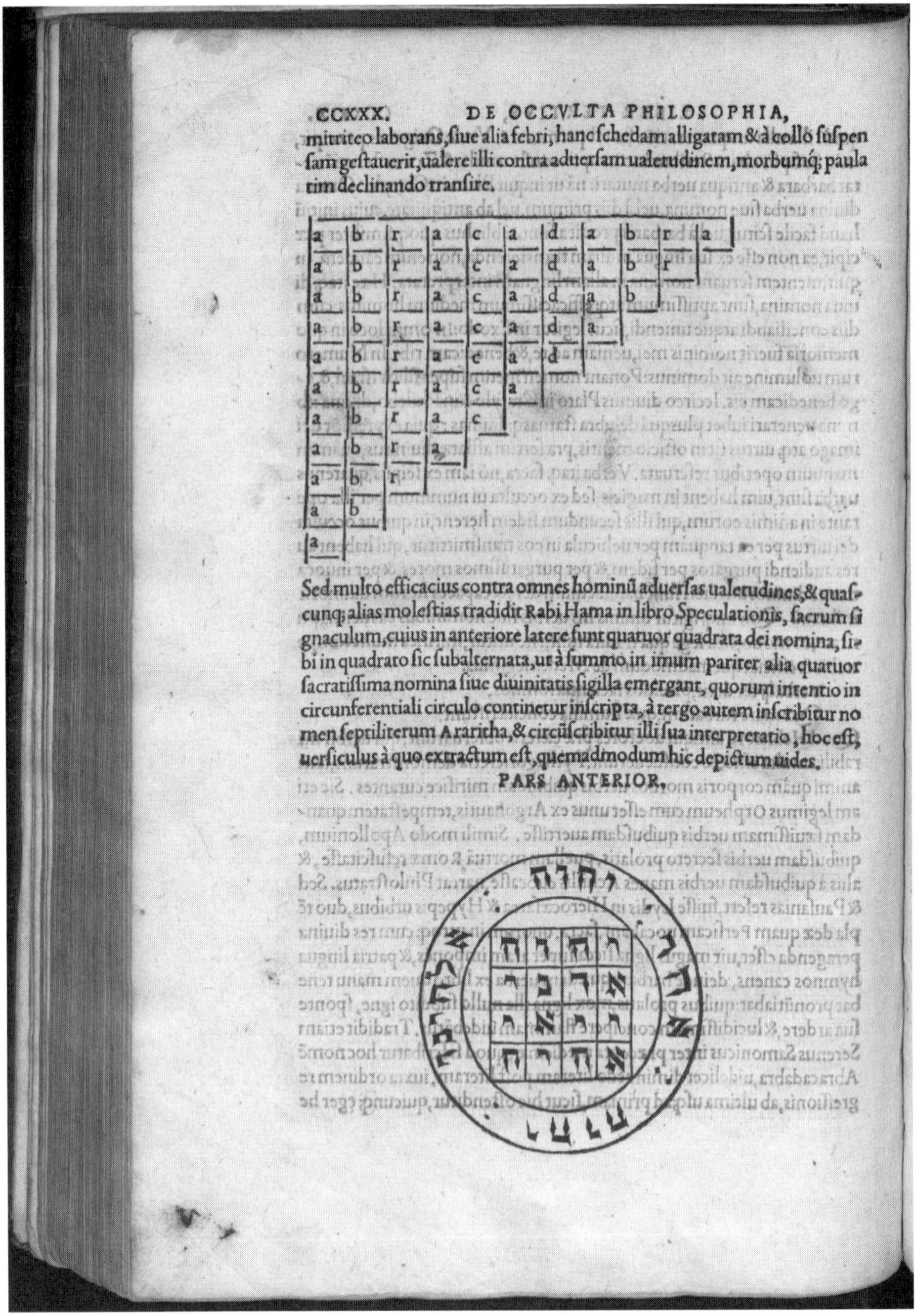
CCXXX. DE OCCVLTA PHILOSOPHIA,

mitriteo laborans, siue alia febri, hanc schedam alligatam & à collo suspensam gestauerit, ualere illi contra aduersam ualetudinem, morbumq; paulatim declinando transire.

a b r a c a d a b r a
a b r a c a d a b r
a b r a c a d a b
a b r a c a d a
a b r a c a d
a b r a c a
a b r a c
a b r a
a b r
a b
a

Sed multo efficacius contra omnes hominũ aduersas ualetudines, & quascunq; alias molestias tradidit Rabi Hama in libro Speculationis, sacrum signaculum, cuius in anteriore latere sunt quatuor quadrata dei nomina, sibi in quadrato sic subalternata, ut à summo in imum pariter alia quatuor sacratissima nomina siue diuinitatis sigilla emergant, quorum intentio in circunferentiali circulo continetur inscripta, à tergo autem inscribitur nomen septiliterum Araritha, & circũscribitur illi sua interpretatio, hoc est, uersiculus à quo extractum est, quemadmodum hic depictum uides.

PARS ANTERIOR.

22第三書11章（p.230）「神名の数々とその権能と徳について」
上は医師たちが解熱のために「アブラカダブラ」という神名を記した手法
下の円輪はラビが伝える最も権能ある護符《タリスマン》の表側

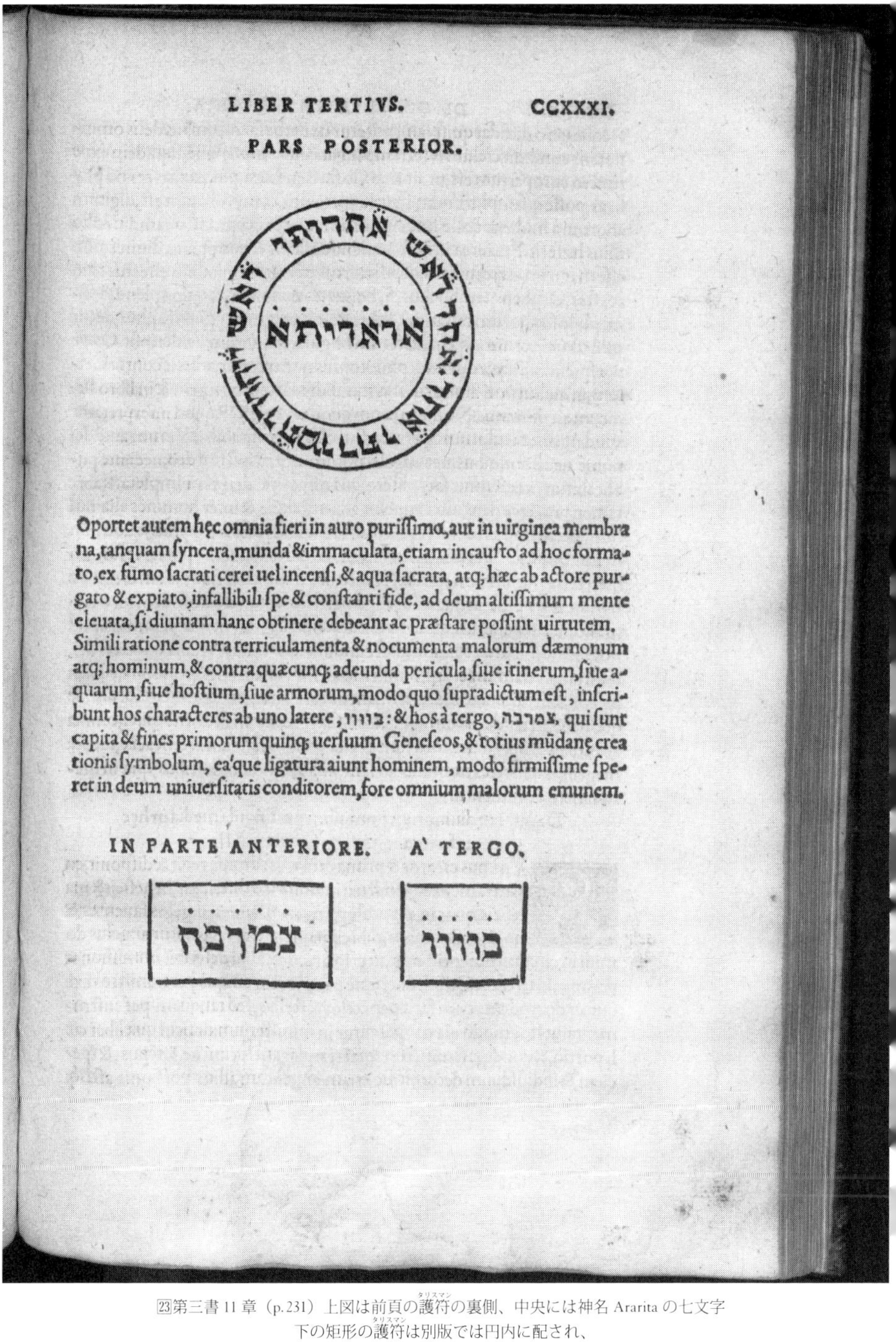
LIBER TERTIVS. CCXXXI.
PARS POSTERIOR.

אראריתא

Oportet autem hęc omnia fieri in auro purissimo, aut in uirginea membrana, tanquam syncera, munda & immaculata, etiam incausto ad hoc formato, ex fumo sacrati cerei uel incensi, & aqua sacrata, atq; hæc ab actore purgato & expiato, infallibili spe & constanti fide, ad deum altissimum mente eleuata, si diuinam hanc obtinere debeant ac præstare possint uirtutem. Simili ratione contra terriculamenta & nocumenta malorum dæmonum atq; hominum, & contra quæcunq; adeunda pericula, siue itinerum, siue aquarum, siue hostium, siue armorum, modo quo supradictum est, inscribunt hos characteres ab uno latere, בווו: & hos à tergo, צמרבה. qui sunt capita & fines primorum quinq; uersuum Geneseos, & totius mūdanę creationis symbolum, ea'que ligatura aiunt hominem, modo firmissime speret in deum uniuersitatis conditorem, fore omnium malorum emunem.

IN PARTE ANTERIORE. A' TERGO.

צמרבה בוווו

㉓第三書11章（p.231）上図は前頁の護符《タリスマン》の裏側、中央には神名Araritaの七文字
下の矩形の護符《タリスマン》は別版では円内に配され、
創世記の最初の五句節の最初の文字と末尾の文字が記されている

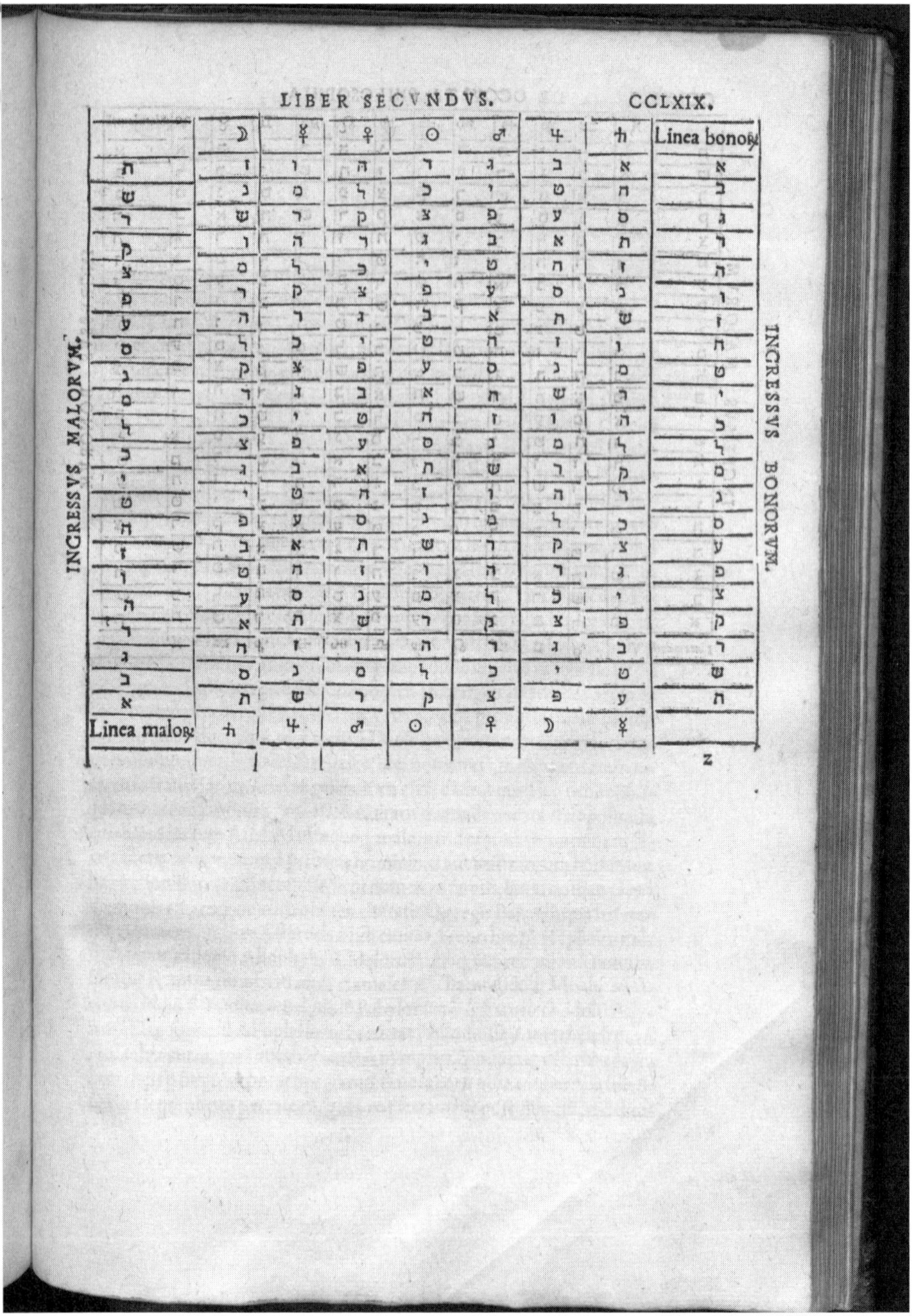
LIBER SECVNDVS. CCLXIX.

INGRESSVS MALORVM.

INGRESSVS BONORVM.

	☽	☿	♀	☉	♂	♃	♄	Linea bonoꝝ
ת	ז	ו	ה	ד	ג	ב	א	א
ש	נ	מ	ל	כ	י	ט	ח	ב
ר	ש	ר	ק	צ	פ	ע	ס	ג
ק	ו	ה	ד	ג	ב	א	ת	ד
צ	ם	ל	כ	י	ט	ח	ז	ה
פ	ר	ק	צ	פ	ע	ס	נ	ו
ע	ה	ד	ג	ב	א	ת	ש	ז
ס	ל	כ	י	ט	ח	ז	ו	ח
נ	ק	צ	פ	ע	ס	נ	ם	ט
ם	ד	ג	ב	א	ת	ש	ה	י
ל	כ	י	ט	ח	ז	ו	ה	כ
כ	צ	פ	ע	ס	נ	ם	ל	ל
י	ג	ב	א	ת	ש	ר	ק	מ
ט	י	ט	ח	ז	ו	ה	ר	נ
ח	פ	ע	ס	נ	ם	ל	כ	ס
ז	ב	א	ת	ש	ר	ק	צ	ע
ו	ט	ח	ז	ו	ה	ד	ג	פ
ה	ע	ס	נ	ם	ל	ל	י	צ
ד	א	ת	ש	ר	ק	צ	פ	ק
ג	ח	ז	ו	ה	ד	ג	ב	ר
ב	ס	נ	ם	ל	כ	י	ט	ש
א	ת	ש	ר	ק	צ	פ	ע	ת
Linea maloꝝ	♄	♃	♂	☉	♀	☽	☿	

z

㉔第三書 27 章あるいは 25 章（p. 269）章末に付された文字転換表
1533 年刊の諸版では頁づけが乱れており、表組みも異なる
本訳書第 I 部註 2 の、名の探求に用いられる表とみられるもの［▶ pp. 12–13, 267–269］

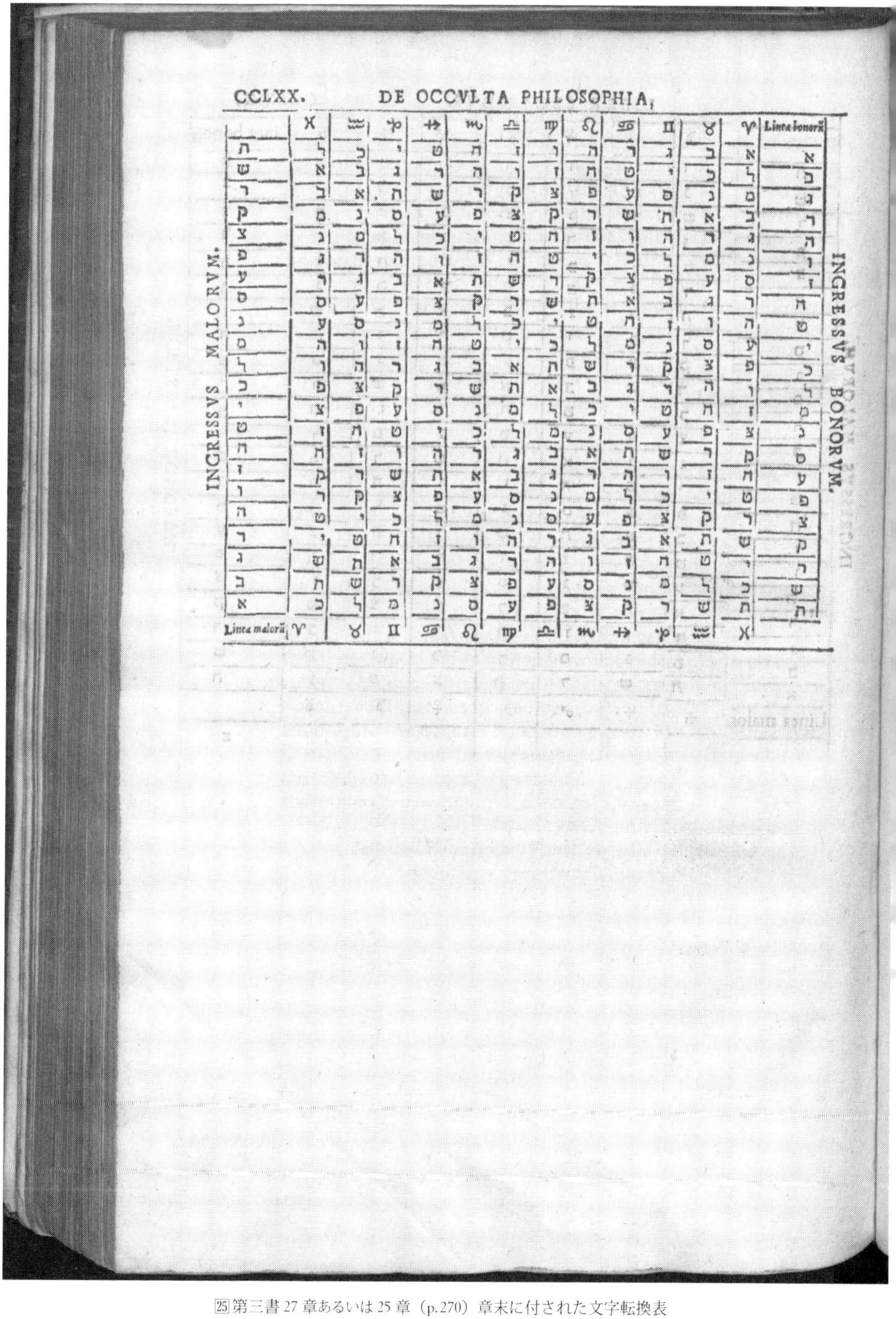

CCLXX. DE OCCVLTA PHILOSOPHIA,

INGRESSVS MALORVM.

	♓	♒	♑	♐	♏	♎	♍	♌	♋	♊	♉	♈	Linea bonorū
ת	ל	כ	י	ט	ח	ז	ו	ה	ד	ג	ב	א	א
ש	א	ב	ג	ד	ה	ו	ז	ח	ט	י	כ	ל	ב
ר	ב	א	ת	ש	ר	ק	צ	פ	ע	ס	נ	מ	ג
ק	מ	נ	ס	ע	פ	צ	ק	ר	ש	ת	א	ב	ד
צ	נ	מ	ל	כ	י	ט	ח	ז	ו	ה	ד	ג	ה
פ	ג	ד	ה	ו	ז	ח	ט	י	כ	ל	מ	נ	ו
ע	ד	ג	ב	א	ת	ש	ר	ק	צ	פ	ע	ס	ז
ס	ס	ע	פ	צ	ק	ר	ש	ת	א	ב	ג	ד	ח
נ	ע	ס	נ	מ	ל	כ	י	ט	ח	ז	ו	ה	ט
מ	ה	ו	ז	ח	ט	י	כ	ל	מ	נ	ס	ע	י
ל	ו	ה	ד	ג	ב	א	ת	ש	ר	ק	צ	פ	כ
כ	פ	צ	ק	ר	ש	ת	א	ב	ג	ד	ה	ו	ל
י	צ	פ	ע	ס	נ	מ	ל	כ	י	ט	ח	ז	מ
ט	ז	ח	ט	י	כ	ל	מ	נ	ס	ע	פ	צ	נ
ח	ח	ז	ו	ה	ד	ג	ב	א	ת	ש	ר	ק	ס
ז	ק	ר	ש	ת	א	ב	ג	ד	ה	ו	ז	ח	ע
ו	ר	ק	צ	פ	ע	ס	נ	מ	ל	כ	י	ט	פ
ה	ט	י	כ	ל	מ	נ	ס	ע	פ	צ	ק	ר	צ
ד	י	ט	ח	ז	ו	ה	ד	ג	ב	א	ת	ש	ק
ג	ש	ת	א	ב	ג	ד	ה	ו	ז	ח	ט	י	ר
ב	ת	ש	ר	ק	צ	פ	ע	ס	נ	מ	ל	כ	ש
א	כ	ל	מ	נ	ס	ע	פ	צ	ק	ר	ש	ת	ת
Linea malorū	♈	♉	♊	♋	♌	♍	♎	♏	♐	♑	♒	♓	

INGRESSVS BONORVM.

㉕第三書 27 章あるいは 25 章（p.270）章末に付された文字転換表
1533 年刊の諸版では、前頁の表を単に上下逆にしたものを嵌め込んだり、
あらためて組み替えたりしていろいろ差し替えられている

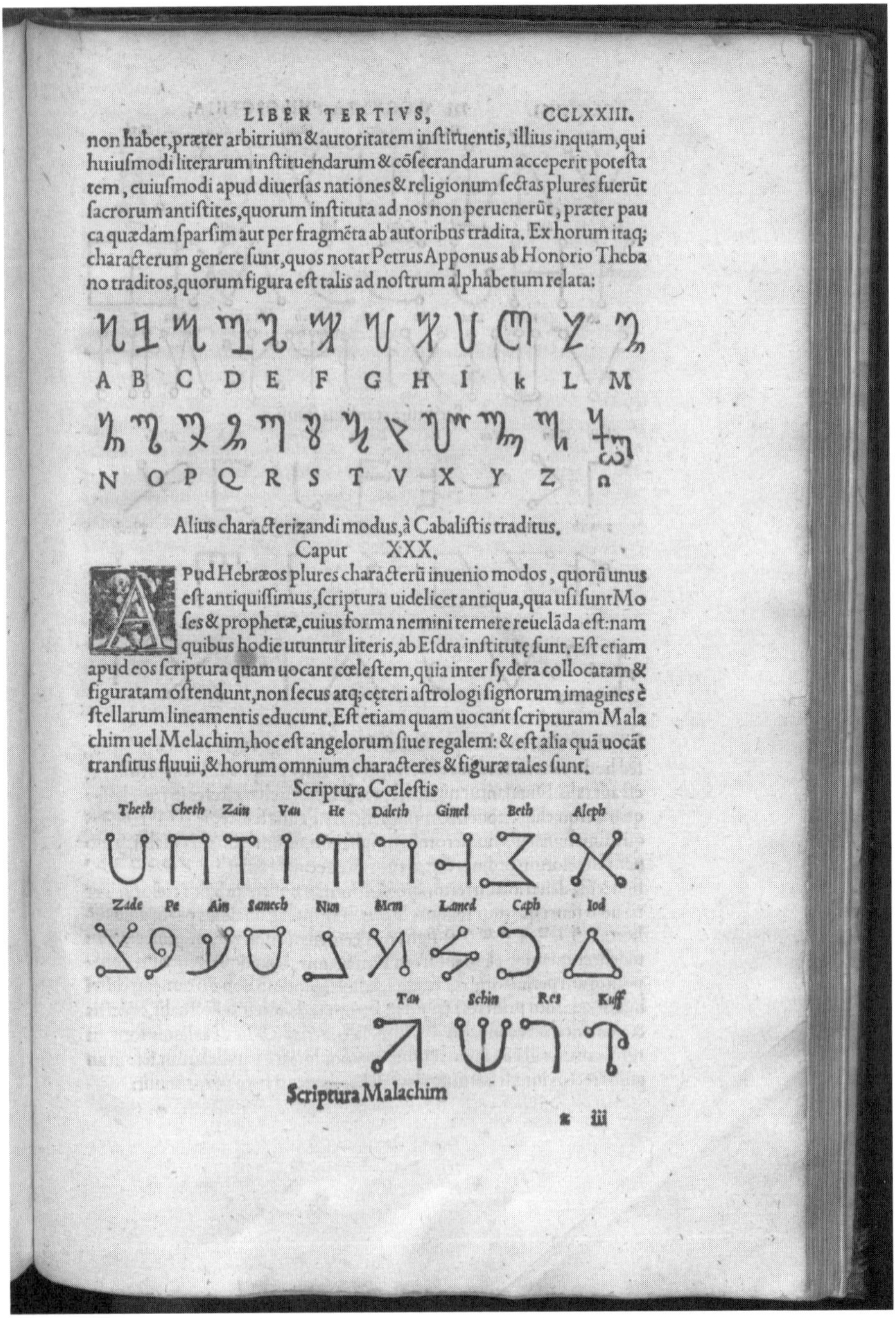
LIBER TERTIVS, CCLXXIII.

non habet, præter arbitrium & autoritatem inſtituentis, illius inquam, qui huiuſmodi literarum inſtituendarum & cõſecrandarum acceperit poteſtatem, cuiuſmodi apud diuerſas nationes & religionum ſectas plures fuerũt ſacrorum antiſtites, quorum inſtituta ad nos non peruenerũt, præter pauca quædam ſparſim aut per fragmẽta ab autoribus tradita. Ex horum itaq; characterum genere ſunt, quos notat Petrus Apponus ab Honorio Thebano traditos, quorum figura eſt talis ad noſtrum alphabetum relata:

A B C D E F G H I k L M

N O P Q R S T V X Y Z

Alius characterizandi modus, à Cabaliſtis traditus.
Caput XXX.

APud Hebræos plures characterũ inuenio modos, quorũ unus eſt antiquiſſimus, ſcriptura uidelicet antiqua, qua uſi ſunt Moſes & prophetæ, cuius forma nemini temere reuelãda eſt: nam quibus hodie utuntur literis, ab Eſdra inſtitutę ſunt. Eſt etiam apud eos ſcriptura quam uocant cœleſtem, quia inter ſydera collocatam & figuratam oſtendunt, non ſecus atq; cęteri aſtrologi ſignorum imagines è ſtellarum lineamentis educunt. Eſt etiam quam uocant ſcripturam Malachim uel Melachim, hoc eſt angelorum ſiue regalem: & eſt alia quã uocãt tranſitus fluuii, & horum omnium characteres & figuræ tales ſunt.

Scriptura Cœleſtis

Theth Cheth Zain Vau He Daleth Gimel Beth Aleph

Zade Pe Ain Samech Nun Mem Lamed Caph Iod

Tau Schin Res Kuff

Scriptura Malachim

z iii

㉖第三書 29/30 章（p.273）「諸霊の符牒《カラクテール》と印章《シジルス》」
上はアバノのペトルスが伝える、
テーバイのホノリウスによる符牒とアルファベートの対照表

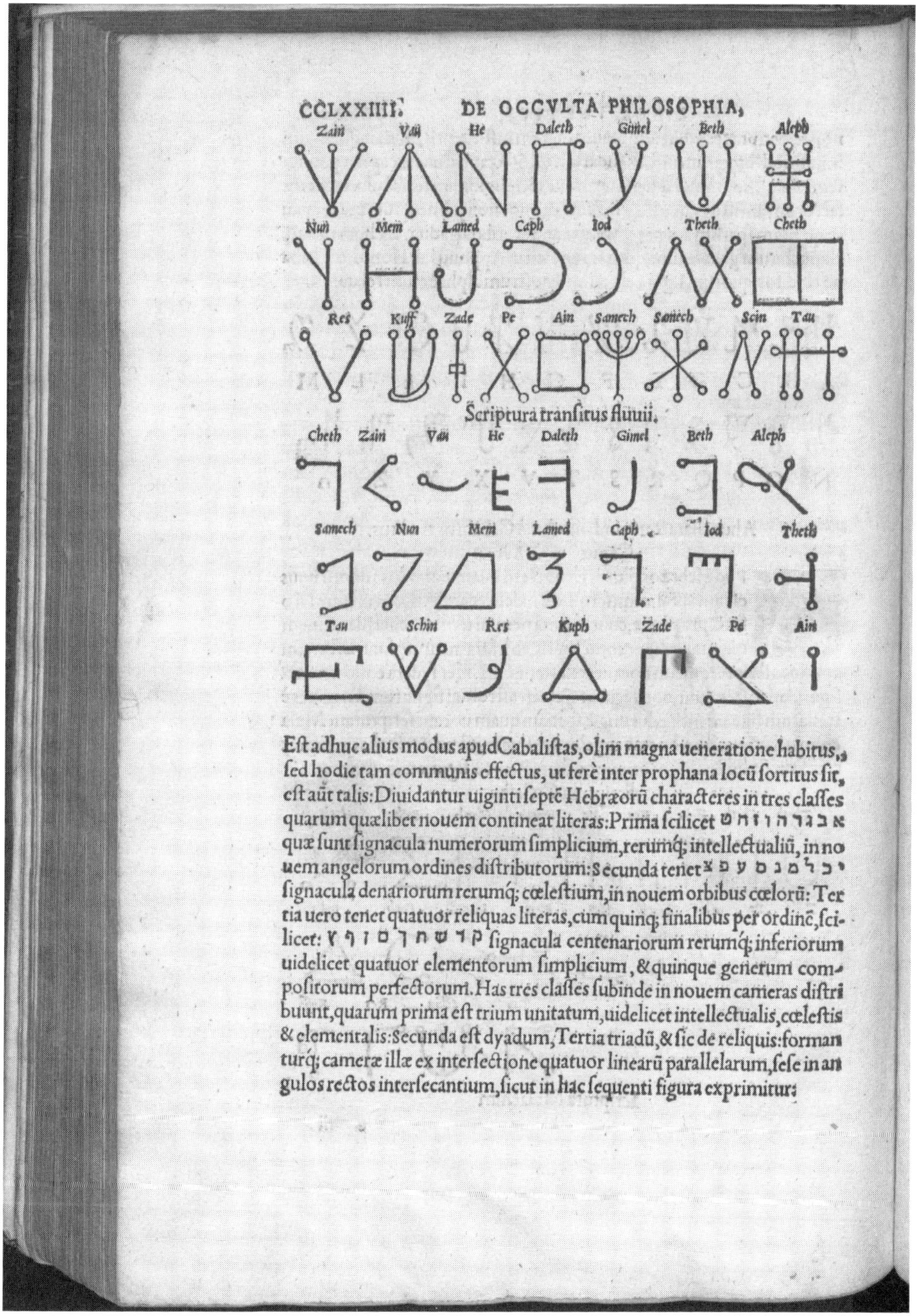

CCLXXIIII. DE OCCVLTA PHILOSOPHIA,

Zain Vau He Daleth Gimel Beth Aleph

Nun Mem Lamed Caph Iod Theth Cheth

Res Kuff Zade Pe Ain Samech Samech Scin Tau

Scriptura transitus fluuii.

Cheth Zain Vau He Daleth Gimel Beth Aleph

Samech Nun Mem Lamed Caph Iod Theth

Tau Schin Res Kuph Zade Pe Ain

Est adhuc alius modus apud Cabalistas, olim magna ueneratione habitus, sed hodie tam communis effectus, ut ferè inter prophana locũ sortitus sit, est aũt talis: Diuidantur uiginti septẽ Hebræorũ characteres in tres classes quarum quælibet nouem contineat literas: Prima scilicet א ב ג ד ה ו ז ח ט quæ sunt signacula numerorum simplicium, rerumq; intellectualiũ, in nouem angelorum ordines distributorum: Secunda tenet י כ ל מ נ ס ע פ צ signacula denariorum rerumq; cœlestium, in nouem orbibus cœlorũ: Tertia uero tenet quatuor reliquas literas, cum quinq; finalibus per ordinẽ, scilicet: ק ר ש ת ך ם ן ף ץ signacula centenariorum rerumq; inferiorum uidelicet quatuor elementorum simplicium, & quinque generum compositorum perfectorum. Has tres classes subinde in nouem cameras distribuunt, quarum prima est trium unitatum, uidelicet intellectualis, cœlestis & elementalis: Secunda est dyadum, Tertia triadũ, & sic de reliquis: formanturq; cameræ illæ ex intersectione quatuor linearũ parallelarum, sese in angulos rectos intersecantium, sicut in hac sequenti figura exprimitur:

27第三書30章（p.274）「カバラ学者たちが伝える符牒《カラクテール》」
前頁下は「天上の文字」、この頁は「マラキムの文字」および「川の流れ」と称される符牒と註されている

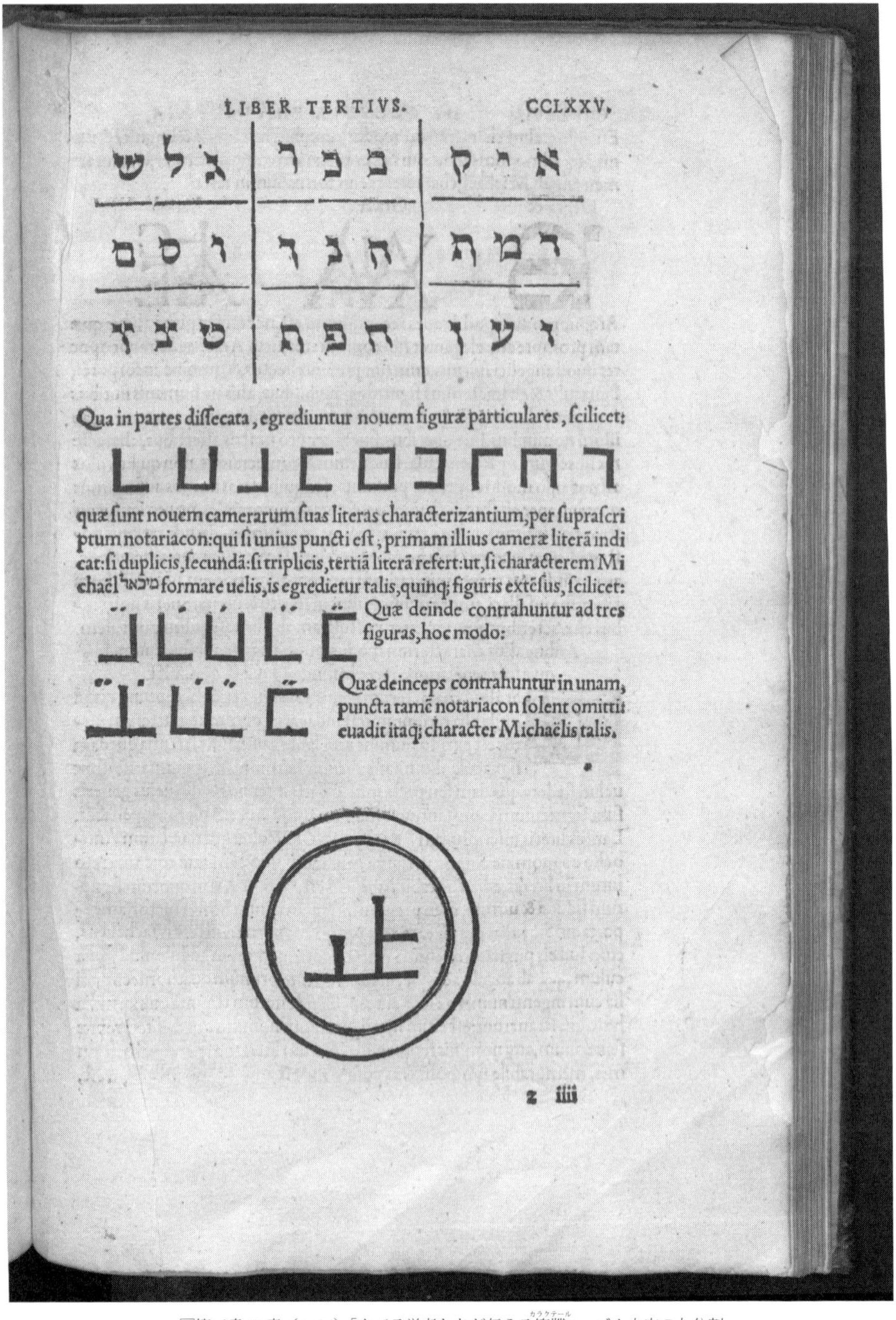

LIBER TERTIVS. CCLXXV.

גלש	בכר	איק
וסם	הנך	דמת
טצץ	חפף	זען

Qua in partes dissecata, egrediuntur nouem figuræ particulares, scilicet:

quæ sunt nouem camerarum suas literas characterizantium, per suprascriptum notariacon: qui si unius puncti est, primam illius cameræ literã indicat: si duplicis, secundã: si triplicis, tertiã literã refert: ut, si characterem Michaël מיכאל formare uelis, is egredietur talis, quinq; figuris extẽsus, scilicet:

Quæ deinde contrahuntur ad tres figuras, hoc modo:

Quæ deinceps contrahuntur in unam, puncta tamẽ notariacon solent omitti: euadit itaq; character Michaëlis talis.

z iiii

㉘第三書 30 章（p. 275）「カバラ学者たちが伝える符牒《カラクテール》」ヘブル文字の九分割
中段はその 9 つの場所（区画）をあらわすための記号、そしてそこからつくられる秘文字の解法
この手法により、下の円輪では「止」に似た記号によって Michael があらわされているという

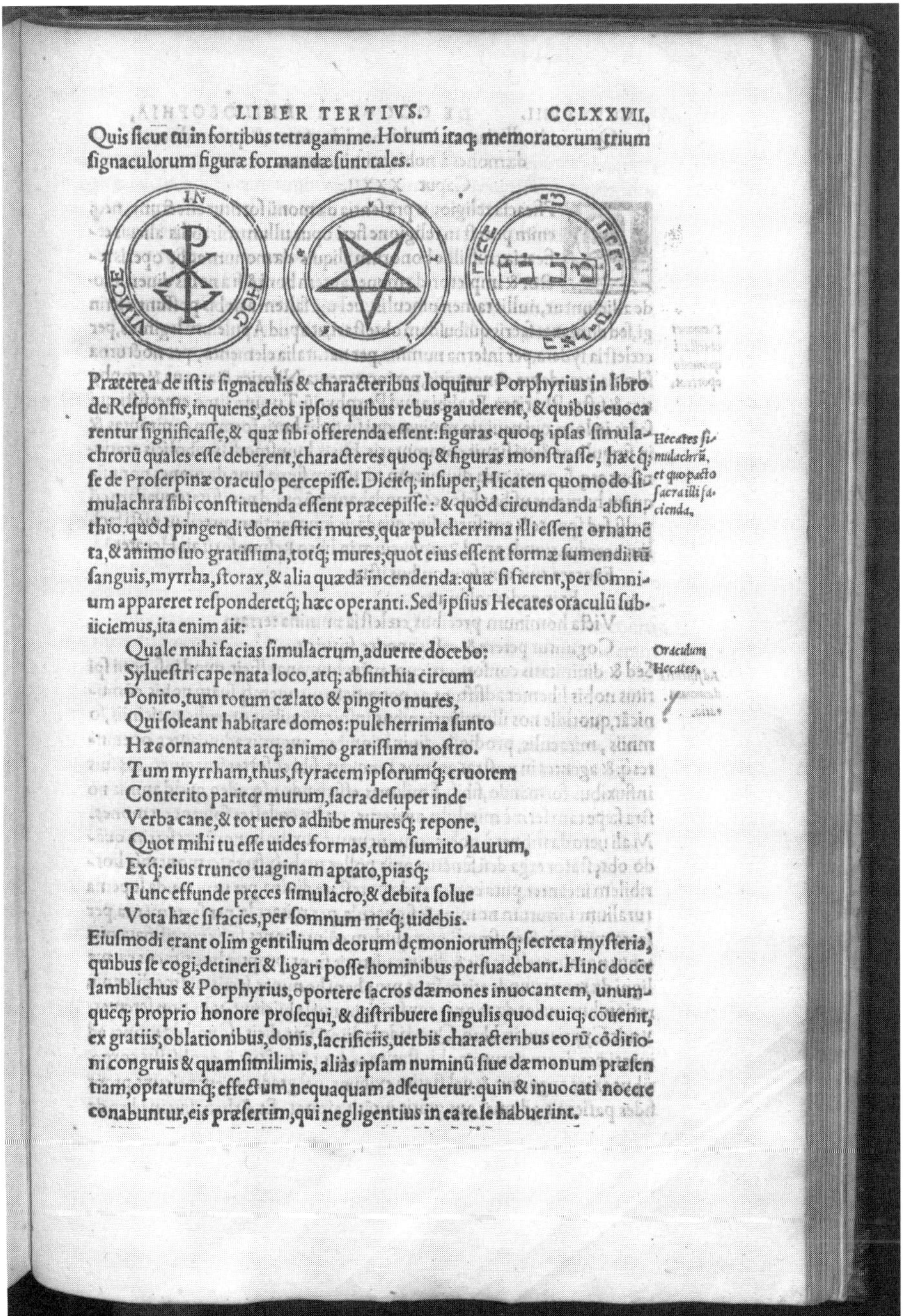

Quis sicut tu in fortibus tetragamme. Horum itaq; memoratorum trium signaculorum figuræ formandæ sunt tales.

Præterea de istis signaculis & characteribus loquitur Porphyrius in libro de Responsis, inquiens, deos ipsos quibus rebus gauderent, & quibus euocarentur significasse, & quæ sibi offerenda essent: figuras quoq; ipsas simulachrorũ quales esse deberent, characteres quoq; & figuras monstrasse, hæcq; se de Proserpinæ oraculo percepisse. Dicitq; insuper, Hicaten quomodo simulachra sibi constituenda essent præcepisse: & quod circundanda absinthio: quod pingendi domestici mures, quæ pulcherrima illi essent ornamẽta, & animo suo gratissima, totq; mures, quot eius essent formæ sumendi: tũ sanguis, myrrha, storax, & alia quædã incendenda: quæ si fierent, per somnium appareret responderetq; hæc operanti. Sed ipsius Hecates oraculũ subiiciemus, ita enim ait:

Hecates simulachrũ, et quo pacto sacra illi facienda.

Oraculum Hecates.

Quale mihi facias simulacrum, aduerte docebo:
Syluestri cape nata loco, atq; absinthia circum
Ponito, tum totum cælato & pingito mures,
Qui soleant habitare domos: pulcherrima sunto
Hæc ornamenta atq; animo gratissima nostro.
Tum myrrham, thus, styracem ipsorumq; cruorem
Conterito pariter murum, sacra desuper inde
Verba cane, & tot uero adhibe muresq; repone,
Quot mihi tu esse uides formas, tum sumito laurum,
Exq; eius trunco uaginam aptato, piasq;
Tunc effunde preces simulacro, & debita solue
Vota hæc si facies, per somnum meq; uidebis.

Eiusmodi erant olim gentilium deorum dęmoniorumq; secreta mysteria, quibus se cogi, detineri & ligari posse hominibus persuadebant. Hinc docet Iamblichus & Porphyrius, oportere sacros dæmones inuocantem, unumquẽq; proprio honore prosequi, & distribuere singulis quod cuiq; cõuenit, ex gratiis, oblationibus, donis, sacrificiis, uerbis characteribus eorũ cõditioni congruis & quamsimilimis, aliàs ipsam numinũ siue dæmonum præsentiam, optatumq; effectum nequaquam adsequetur: quin & inuocati nocere conabuntur, eis præsertim, qui negligentius in ea re se habuerint.

㉙第三書 31 章（p.277）
「啓示によって示された諸霊の符牒《カラクテール》」

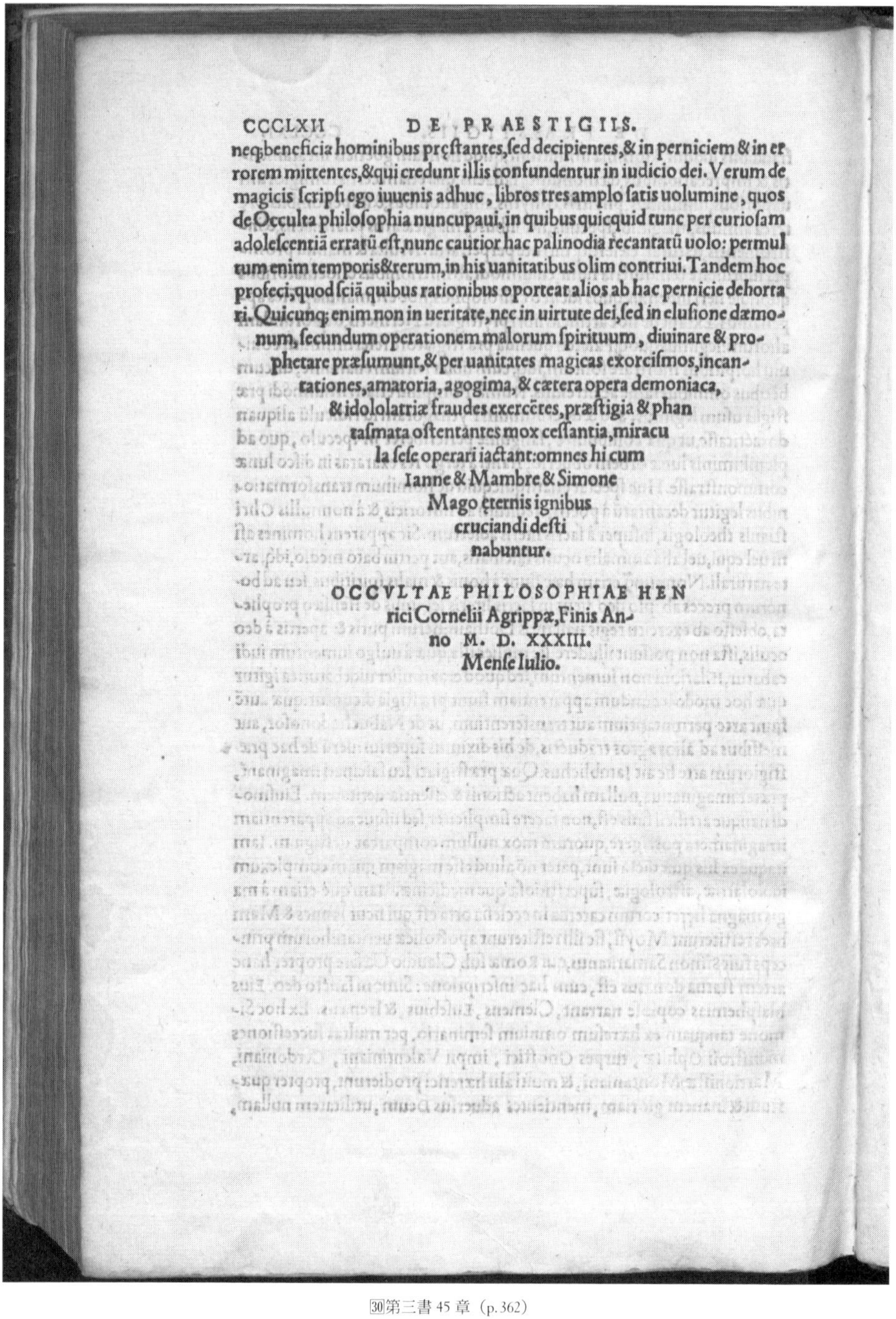
CCCLXII DE PRAESTIGIIS.
neq; beneficia hominibus prçſtantes,ſed decipientes,& in perniciem & in er
rorem mittentes,&qui credunt illis confundentur in iudicio dei. Verum de
magicis ſcripſi ego iuuenis adhuc, libros tres amplo ſatis uolumine, quos
de Occulta philoſophia nuncupaui, in quibus quicquid tunc per curioſam
adoleſcentiā erratū eſt,nunc cautior hac palinodia recantatū uolo: permul
tum enim temporis&rerum, in his uanitatibus olim contriui. Tandem hoc
profeci, quod ſciā quibus rationibus oporteat alios ab hac pernicie dehorta
ri. Quicunq; enim non in ueritate, nec in uirtute dei, ſed in eluſione dæmo-
num, ſecundum operationem malorum ſpirituum, diuinare & pro-
phetare præſumunt,& per uanitates magicas exorciſmos,incan-
tationes,amatoria, agogima, & cætera opera demoniaca,
& idololatriæ fraudes exercētes, præſtigia & phan
taſmata oſtentantes mox ceſſantia, miracu
la ſeſe operari iactant: omnes hi cum
Ianne & Mambre & Simone
Mago çternis ignibus
cruciandi deſti
nabuntur.

OCCVLTAE PHILOSOPHIAE HEN
rici Cornelii Agrippæ, Finis An-
no M. D. XXXIII.
Menſe Iulio.

㉚第三書 45 章（p. 362）
1533 年 7 月と年記のある最終頁
（11 行目 amatoria については第Ⅱ部 4 章参照）［▶ p. 192］

付録：『オカルト哲学』第三書26章・27章

＊第I部『儀礼魔術』巻頭ならびに上掲図24 25参照。

二十六章　諸霊および諸守護霊の名を諸天体の配置から見出す方法

古のマグスたちは、適宜、或る星座から特定の効果を得るために召喚すべき霊の名を見出す方法を教えてくれる。天の形象を描いた後、その文字の数と序列に準じてこれ（文字）を上昇位から星座の序列に従って（獣帯星座の順に）投影して（投じて）、天の円輪の各度数を満たす。成就されるべきはたらき（業）を司る諸星辰が占める場所に落ちる文字の数々を、諸星辰の数と力能に準じてその数と序列で書き写すことで善霊の名が与えられる。これと同じ作業を西（没位）の度数からはじめ、星座の序列を逆にたどることで邪悪な霊の名が得られる。

ヘブル人やカルデア人の師たちは、このようにして個々人の守護霊《ゲニウス》の本性と名を探るように教えている。誕生時の上昇位の度数を見出し、天の四つの枢要点を等価と見ることで、天の四つの枢要点のうち最大の尊厳をもつ第一の惑星を選ぶ。アラビア人たちはこれをアルムテスと呼んでいる。第二の位置は尊厳においてこれ（第一の惑星）にもっとも近いものを、さらに上述した天の四つの点の間に見つかり、なんらかの尊厳をもつ諸他の惑星すべてを序列づける。この序列を守りつつ、ヘブル文字アルファベートの二十二文字を上昇位の度数から星座の序列の順方向に投じ、これらの惑星が占める場所に落ちる文字をヘブル語の規則に準じて組み合わせることで順に配列すると、守護霊《ゲニウス》の名がかたちづくられる。これに慣用に従って全能の神の短音節の名、エル El あるいはイアウ Iah をつけ加える。逆に文字の投影を西（没位）の角から星座の序列の逆になし、すでに示された惑星のナディル Nadir（逆位の点）に落ちる文字の数々を順に集めることで、邪悪な守護霊《ゲニウス》の名が得られるだろう。

カルデア人たちはまた別の方法を用いた。出発点として四つの枢要点のアルムテスではなく、第十一の家のアルムテスをとり、西（没位）から文字の数々を星座の順の逆（方向）に投影することで、邪悪なダイモーンと呼ばれる第十二の家の角のアルムテスから邪悪な守護霊《ゲニウス》の名をとりだす。アラビア人の大部分とユダヤ人の一部は、守護霊《ゲニウス》の名をヒュレギアチの五つの場所から取り出す。つまりつねに白羊宮の端緒から、占星術師たちが善なる守護霊《ゲニウス》の名を得るために用いたヒュレグの数々の序列に準じて見出される文字の順に投影することで。一方、邪悪な守護霊《ゲニウス》の名は、双魚宮の最終度から星座の順の逆(方向)に投影することで、ヒュレギアチの逆位の場所の数々から得られる。また他の者たちは、その基礎としてヒュレグの数々の場所ではなく、ヒュレグのアルムテスをとり、これらを上述したように東《ホロスコープ》から投影することで取りだしてみせる。

諸星辰(惑星)の計算によりとりだされた数に準じた(比例した)名の数々は文字を組み合わせ置き換えてつくられる。その音および意味は不詳であるにもかかわらず、これらは哲学の秘密な諸原理に準じた魔術的な業によって得られるのでなければならない。これら重要な(意味ある?)名の数々の力能は、なんらかの神的な影響(注入)を蒙るものと信じられて神性の栄光へと恭しく発声されることで、これが了解されることなくてもその謎《エニグマ》と思惟《こころ》の力のすべてが込められた意図《インテンティオ》(指向)によって霊を驚愕させる。

二十七章　カバラ学者たちによる諸霊の名の計算法

諸霊の名を見出すためには、計算法《カルクラトリウム》と呼ばれるまた別の技巧がある。この業について諸表を付す。神もしくは天使の聖なる名をもって、この表の欄の文字を降りつつ、順を追ってそれぞれの諸惑星あるいはそれらに相当する諸星座の角隅を見出す。これによって表に入るための惑星もしくは星座の本性に好意的な霊の名を得ることができる。逆に欄を昇りつつ諸惑星および諸星座に対応する角隅の文字を採ることで邪悪な霊の名が得られる。

これらが一々の序列もしくは天を司る諸霊の名である。この手法をもってさまざまな序列の九つの名へと増殖される。つまり或る名をもって入ることで上位なる序列の別の霊の名が取り出され得る。この計算は神の名の数々に従属している。というのも一々の語は神的なことばに依拠すればするほど魔術において効力をもつものとなるから。つまり天使の一々の名はどこか神の名に由来するものであり、天使たちは神の名をもつとも言われるところで、「わが名はそれに優る(彼に依拠している?)」とも記されている。ところで、善天使と邪悪天使の名を区別するため、天使たちの名は神の全能をあらわす名のいずれか、エル、オン、イアフ、イオドからつくられる。神名イアフは祝福、イオドは神の本質を指し示し、ただ天使たちの名にだけ付される。しかし権能を意味するエルは時に邪悪な霊たちの名にも付されるが、これはこれらもまた神の権能なしには存することもはたらくこともできないだろうからに他ならない。

また守護霊《ゲニウス》や前章で語ったような幾つかの惑星の調和に

準じた天の配置からなる名のような混合名をもって表に入るのでない限りは、惑星あるいはその星座に対応する角隅をとる必要がある。この場合には表に入る文字の惑星もしくはその星座に対応する角隅をとる。

或る者はこの表の使用法を拡張し、惑星の名をもってこれに入るだけでなく、善悪にかかわらずその帰属、望みの効果をそのダイモーンから引き出すことができるなら、その帰属や望みの効果の名をもって入ることもできると考えた。他の者は、だれであれ個人の名をもってこれに入るなら、彼を司る惑星のもとにある守護霊の名を、その相貌（観相）の帰結としてとりだすことができると考える。その諸情動、諸傾向、諸職掌を、火星《マルス》的、土星《サトゥルヌス》的、太陽的あるいはその他の惑星に属するものとして。こうしてとりだされた最初の名の数々はある力能を指し示すだけだが、第二に導出される名の数々は大きな効力を発揮する。太陽光線が凹面鏡によって集められることで、中庸に温めるだけの惑星も炎をあげるように。

この表の文字の序列は、占星術師たちがデカンを九つ組あるいは十二組に定めたところと類同である。キプロスのアルフォンソその他はこの計算技法をラテン語文字に宛てる手法を書き記した。しかし本書第一書で観たように、それぞれの言語の文字は各々、天と神に由来する序列と配置の数をもつものであるから、わたしは諸霊の名の計算法はヘブル文字だけではなく、この表を儀礼をもって先のものを模して準備することでカルデア文字、アラビア文字、エジプト文字、ギリシャ文字、ラテン文字にも応用できるものと考える。

すくなからざる者たちがこれを反駁する。性格的にまた社会条件によってまったく違った人が同じ洗礼名をもち、ここから表に同じ守護霊《ゲニウス》あるいは同じ名の守護霊をもつことになる。しかし同じ守護霊が数々の魂を司るとも思われぬし、複数の人々が同じ名をもつように、その本性および役割を異とする守護霊《ゲニウス》たちが同じ名をもち、意味を異としつつ唯一のしるし（星座）あるいは符牒《カラクテール》をもって識別されるなどとは考えられない、と。しかし蛇は時にキリストの相貌を、時に悪魔《ディアボロ》の相貌をとるように、同じ名、同じしるしが邪悪な霊のいずれかの序列をばかりか善霊のいずれかの序列に援用される。さらにこれを召喚する者の熱烈な意図《インテンツィオーネ》が、われわれの知性を分離知性と結びつけ、同じ名で召喚されつつも時に或る霊が、時に他の霊がわれわれの願いを聞きとどけることになる。

以下に掲げる表〔図24 25参照〕は善なる霊あるいは邪悪な霊の名を計算するためのもので、一方は七惑星の主宰にかかわり、他方は天の十二星座の支配にかかわるもの。

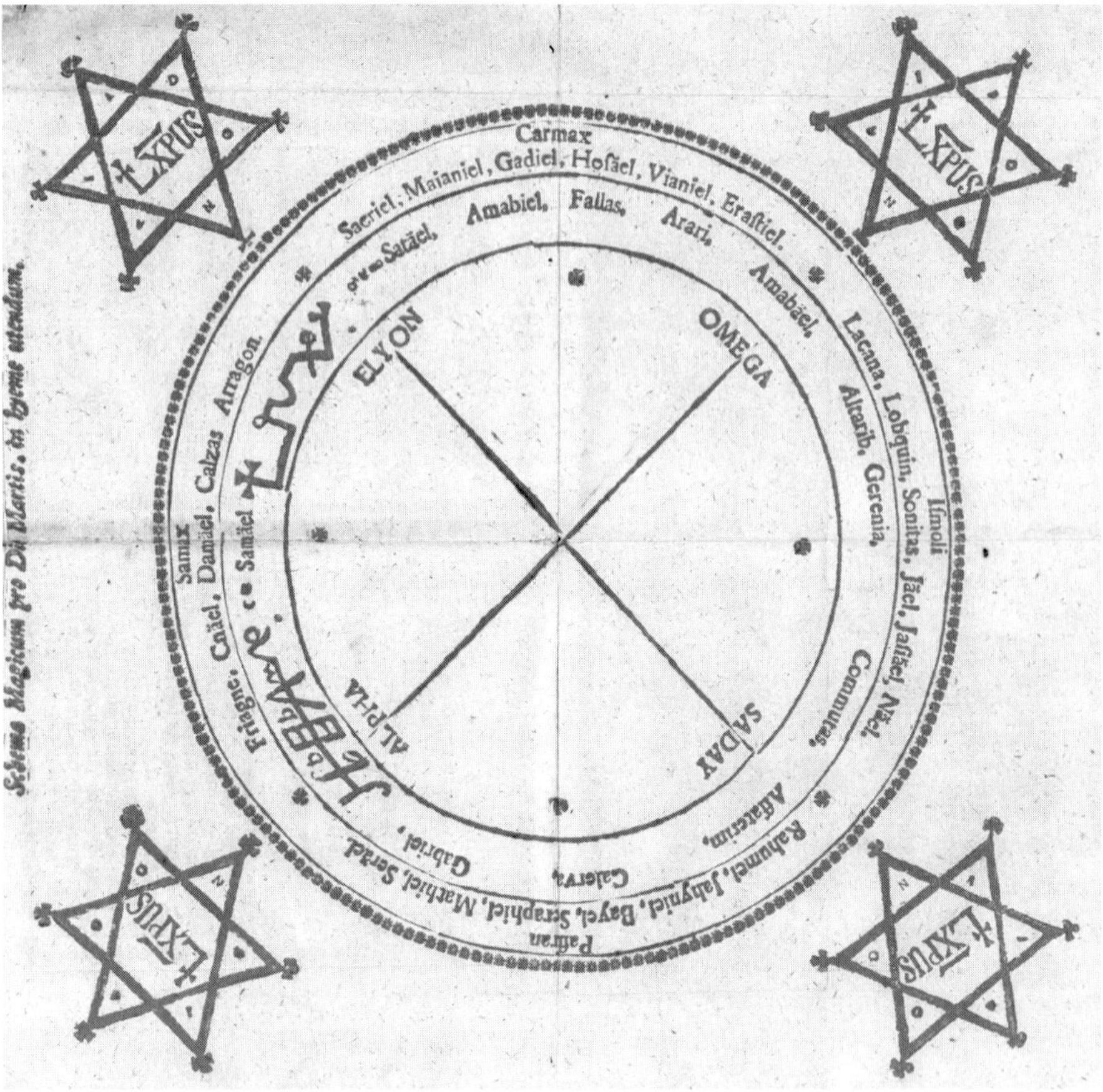

『ソロモンの鍵』(『ヘプタメロン』異本、39頁註23参照）収載の、
四方の五芒星《ペンタグラム》がソロモンの六芒星に描かれた珍しい例
Claviculae Salomonis, seu Philosophia Pneumatica.
Das ist; Heptameron Der Magischen Elementen Petri de Abano Philosophi. (S.d., s. L.)

儀礼魔術について——解説に代えて

冥界にでも星辰界にでもなく、霊《スピリトゥス》はわれわれのうちに生きることで活力を増し、霊そのものとなる。

Nos habitat, non tartara, sed nec sidera coeli, / spiritus in nobis qui viget, illa facit.

——Agrippa, *Epist. Dat.* Lyons, Sept. 24, 1527

『儀礼魔術』と『魔術原論』

本書は『アグリッパのオカルト哲学第四書儀礼魔術』*Henrici Cornelii Agrippae Liber Quartus de Occulta Philosophia, seu de Cerimonijs Magicis. Cui accesserunt, Elementa Magica Petri de Abano, Philosophi*, Marpurgi 1559 の全訳（アルトゥーロ・レギーニによる『オカルト哲学』の著作出版経緯にかかわる詳伝「アグリッパと魔術」を付した）。表題通り、アグリッパに擬された「儀礼魔術」にアバノのペトルス[1]のものとされる「魔術原論《ヘプタメロン》」を付した簡潔な体裁です。[2]これは魔術のものがたり、あるいは理論を語るのではなく、魔術実践にあたっての必携書《ヴァデメクム》。委細を異としつつも数しれぬ同工異曲の降霊魔術書《ネクロマンティア》のひとつです。本書を読む行為が魔術実修そのものになるようにと目論まれた書[3]。

アグリッパは生前『オカルト哲学三書』[4]を公刊しており、この第四書は没後出版（アグリッパは一五三五年没）で、その後一五七八年にバーゼルで公刊された二巻本の羅版『アグリッパ著作集』[5]に収録されました。

現在では一六五五年に公刊されたロバート・ターナーによる英訳増補『隠秘《オカルト》哲学』第四書の方が有名です

が、こちらは一五七八年版からの抄録(註5収録目次参照)というかたちで大幅に増補されています。つまり前掲二論に前書きのように「土占術《ゲオマンティア》」を、二論の後にピクトリウスの「エイサゴゲー(序論)〔カストルとポルックスの対話〕」(6)、クレモナのゲラルドゥスの「占星術的土占術」、「アルバテル」を置くことで、全体が土占い《ゲオマンティア》の書のような体裁にまとめなおされたのでした。それはおそらく、本書の二論考で説かれる名辞占術的《オノマンティア》な端緒、つまり召喚されるべき霊の名を探る方法が難解で、その投影《プロイエクト》を小石を投げる《プロイエクト》偶然性に任せることで着手可能な土占い《ゲオマンティア》へと簡略化しようとの企図がはたらいたものでしょう(7)。

ところで「儀礼魔術」は「リーブロ・デル・コマンド(霊の使役の書)」(8)と表題されて北イタリアではこれの伊語訳が流布したと言います。どうやらこの書はいわゆる『アルマデル』あるいは『アルマンデル』(9)という魔術実修の道具の名(あるいはその著者の名に擬したものもある)を表題とした書(現在では魔術書集成『レメゲトン』の中に収録されている)のヴァリエーションのようです。つまりアグリッパの名を冠した偽書(10)というよりも、アグリッパが参照した(あるいはひょっとして自ら書写し、自らの儀礼魔術において作成した)魔術書であったのかもしれません。アルマンデルという語はサンスクリット語のマンダラ(曼荼羅)にアラビア語の冠詞アルを付したものであろう、とピングレーが指摘しています(11)。この板もしくは祭壇を前に執り行われる儀礼のうちで、

(1) ノーデ(Parigi 1600 – Abbeville 1653)(G. Naude, *Apologie pour les grands hommes soupçonnez de magie*, 1712, p.271):「多くの著作家たちの見解によれば、彼(アバノのペトルス Pietro d'Abano (Pietro de' Sclavione))はその時代の偉大な魔術師だった。つまり彼は水晶玉の中に捕えた七霊によって七自由学芸《アルス》の知識を得て、金銭をつくる業《アルテ》となしてこれで生計を立てた、と。彼は八十歳の時に彼の魔術のせいで告発され、一三〇五年に異端審問が結審する前に没した(現在では一三一六年六十六歳で没とされている)。カステッラーニによれば、彼に火刑が宣告され、パドヴァの公衆の面前で焼かれる前に。この厳しい処断を見た者たちは、これに類する罰を怖れて、彼が著した三著を抜くことをやめた。その第一が『ヘプタメロン *Heptameron*』あるいは『アバノのペトルスの魔術原論』と称されるもので、これはアグリッパの著作の巻末に印行されて現存する。第二はトリテミウスが『降霊術釈義 *Elucidarium Necromanticum Petri de Abano*』と呼んでいるもの、第三は『月の二十八宿による奇瑞の実修の書 *Liber experimentorum mirabilium de Annulis secundum 28 Mansione Lunae*』」。

「……彼は学識深いラビ・アブラハム・イブン・エズラの著作群を自ら訳し、これらに彼自身が編んだ「危険な日々」に関する考察を加え、星学者(算術家)レギオモンタヌスによって更新された星学の進展を考慮

するとともに、パドヴァでアルフラガヌスの著作を講義した」(id., p.273)。

刊本：*Abrahe Avenaris Iudei Astrologi peritissimi in re iudiciali opera ab excellentissimo philosopho Petro de Abano post accuratam castigationem in Latinum traducta*, Venetii, Petrus Liechtenstein, 1507.

（2） Cfr. Jo. Wierus, *De Praestigiis Daemonum*, Liber II, de Magis, cap.5, p.108 [in Francis Barnett, *The Magus, or celestial intelligencer*, 1801, p.178]：「これらの書（魔術書群）に最近公刊された著作を追加することができる。これは編著者に四十年以上前に没したヘンリクス・コルネリウス・アグリッパの名を冠して『オカルト哲学第四書あるいは儀礼魔術の書』と表題され、先行する『オカルト哲学』三書およびすべての魔術実修の鑰をなすものとして公刊されたものだが、私見によればこれは不当に彼の著作に帰属されたものである」。ヴァイアーと彼の著作『悪魔による幻惑および魔術と毒殺術について *Praestigiis Daemonum et incantationibus et veneficiis*』(1563) については平野隆文『魔女の法廷』(岩波書店 2004) 第三章参照。

（3）『儀礼魔術』で説かれる「聖別された書」を参照。

（4） 第一書邦訳は『原典ルネサンス自然学』上（伊藤博明訳、名古屋大学出版会 2017）所収。

（5） 1578ed: Henrici Cornelii Agrippae, Ab Nettesheym. Armatae militiae equitis aurati, et I. V. Ad medicinae Doctoris. *Opera Quaecumque hactenus vel in lucem prodierunt, vel inveniri potuerunt omnia, in duos tomos concinne digesta, et diligenti studio recognita*..., Basel, Thomas Guarin.

«De occult. Philosoph. I-III / Geomantia, 500 / [De occulta philosophia, seu de caeremoniis Magicis, Liber quatus, 527] / [Petri de Abano,] Heptameron, seu Elementa Magica, 563 / [Pictorium] De Speciebus Magiae Ceremonialis, 584 / An Sagae. vel Mulieres, 608 / Plinii secundi Naturalis historiae lib. XXX, cap. I et II, 610 / in Plinii secundi cap. I commentarius, 614 / in Plinii secundi cap. II commentarius, 639/ De fascinationibus disputatio, 650 / [Epistolae] De illorum daemonum qui sub Lunari collimitio..., 657 / [Pictoris] Colloquuntur Castor et Pollux, 659 / Gerardi Cremonensis Geomantiae Astronomicae libellis, 687/ Arbatel, 707 / De Incantatione et adiuratione collique, 745 / Ex Libro Iohan. Tritemii octo Quaestionum, 749 / [Pictorij] Diversæ divinationum genera, 772»

«tom.II, De incertitudini et vanitate scientiarum / Arte Lullii. Commentaria, 319 / Epistolarum, 647 / Oratio, 1074 / Armatae militiae equitis aurati, 1110 / index s.p. ma, 1120 ».

（6） これは *De illorum Daemonum qui sub lunari collimitio versantur, ortu, nominibus, officijs, illusionibus, potestate, vaticinijs, miraculis, et quibus medijs in fugam compellantur, Isagoge, per Georgium Pictorium Villinganum, Doctorem Medicum*..., Basileae 1562 として公刊されたもの（さらに *Pantopolon, continens Omnium fermè quadrupedum, avium, piscium, serpentum, radicum, herbarum*..., Basel 1563 にも収録）。つまり本訳書の底本とした一五五九年版と一五七八年版全集の間に出ている。この書『エイサゴゲー』は七章からなり、第一章で天使、悪魔《ダイモーン》、諸元素の霊の類型の異なった諸相が説かれる。以下、第二章では諸霊の淵源（由来）と自然界との関係性、第三章では霊との交感法、第四章では霊が人におよぼす影響と人が霊の圏域にもたらす役割について、第五章では霊との協働の魔術的実修にかかわる様相、第六章は占星術と諸霊の関係、第七章は死後に諸霊が果たす役割および霊の召喚について論じられている。

（7） 増補されたピクトリウスの論考とアルバテルさえもが、以下に引くピカトリクスとアルマンデルという名を仮装したものにみえてくるのは僻目でしょうか。

（8） 本書所収レギーニ『アグリッパと魔術』(100頁) 参照。

（9） 本書所収『儀礼魔術』39頁参照。同箇所で語られている「テトラグランマトンと呼ばれる回転板」は後述するイウンクスのことかもしれません（本稿末尾および註52、53参照）。

（10） ヴァイアーによるアグリッパ偽書との言明（上註2）を参照。

（11）「Firenze 写本 (Biblioteca Nazionale in Firenze II, iii, 214) の末尾三論考はソロモン魔術に関するもの。そのはじめの二つはソロモンのアルマンダルについて。このマンダルはインドのマンダラと完全に符合する形と銘記をもっている。このサンスクリット語の語彙は、魔術の道具を指すものとしてアラビアを介してラテン世界にまで伝承されていることには

きっと魔術師はその円輪の中に入ることとなったり、その指に指輪を嵌めたりすることになります(12)。

魔術師は相談者の問いにふさわしい霊を召喚するために、まず呼ぶべき霊の名を知らねばなりません。そして召喚にあたり精進潔斎し、儀礼の場所を調え、剣あるいは小刀で円輪を描き、五芒星の護符を手に、薫香しながら円内に入り、祈禱します。そして新しい羊皮紙に自ら唱える祈禱詞を書き留め、新たな「書物」をつくり、これを密かに奉納するまでの行程を説いたのが本書であり、そこに記された祈禱詞の数々からするなら、そうした実修のうちに新たにつくられた書物、護符《タリスマン》でもあるという訳です。しかし、本書のはじめにしるされる霊の名の探り方は簡潔であるというよりもどうやら欠損したもので、そこにある何種かの求め方の委細は杳として測りがたいものばかりです。あらかじめ知られているように思われる名から、求めるべき別の名を導く名辞魔術《オノマンティア》……。

脱線――奪われたテラフィム

護符《タリスマン》(13)が順当に伝承される間はこれについて特記されることはありませんが（外から見るなら秘匿されるようにみえる訳です）、これが奪われ、その系譜が断絶するあるいは簒奪される時、これは重要な意味を付与されることになります。秘匿せねばならないことが暴かれる書物という機序には、発端として断絶が語られざるを得ない、と(14)。たと

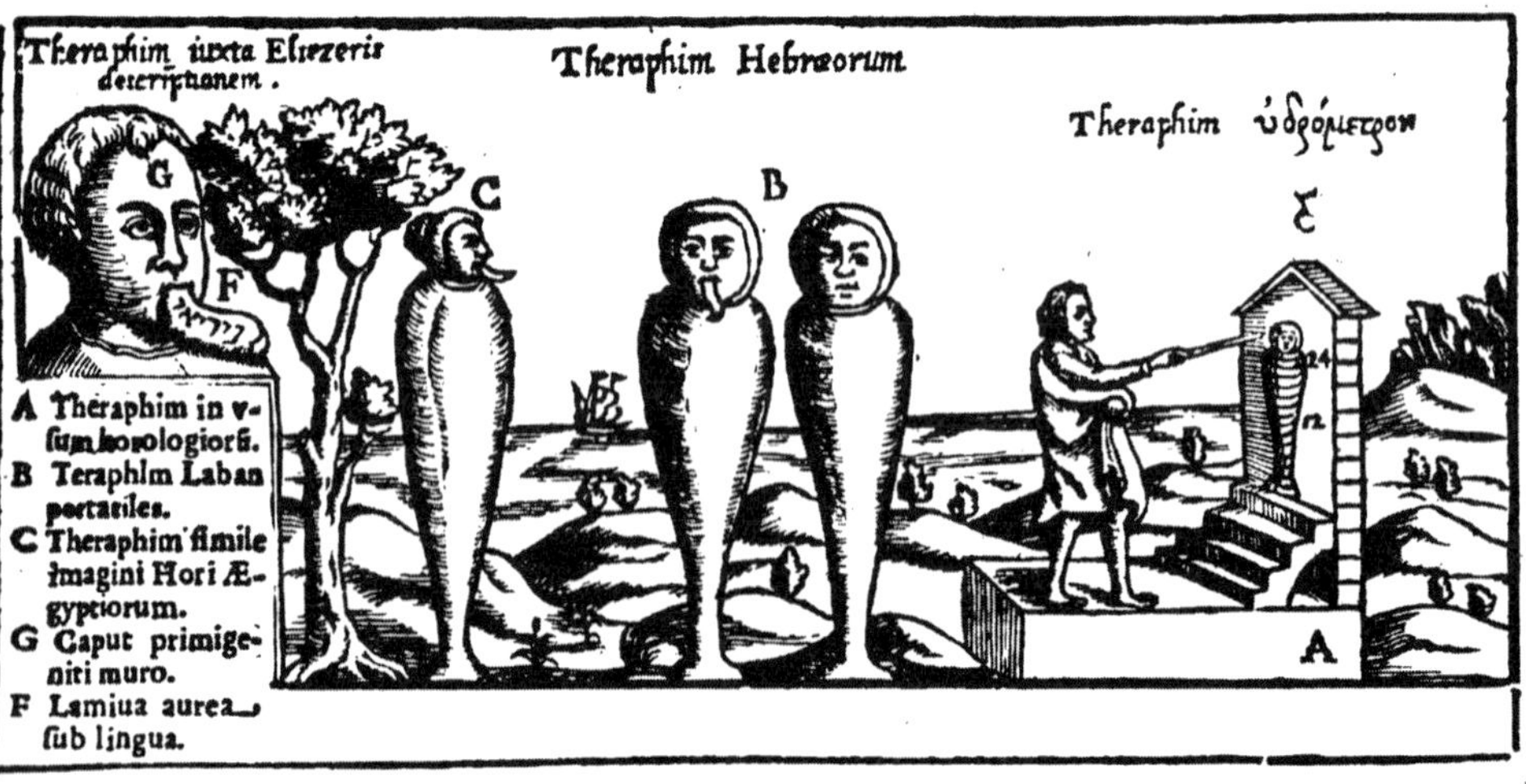

えば、創世記31でラケルが父のテラフィムを奪う譚。ここはこれが家父長制に対する侵犯行為であったかどうかを問う場ではありませんが、テラフィムとは何か、アタナシウス・キルヒャーが織りなす引用の織物から以下の一節を引いておきましょう(15)。

アリアス・モンタヌスによれば、アベネズラ(イブン・エズラ)(16)はテラフィムという語が天の諸図像を意味するものと考え、これらは諸星辰のたしかな観察および占いと予言に用いるためにエジプトの儀礼によって聖化されたもの、あるいは不運との遭遇を避けるために自らつねに身につけることで或る神々を撥ねつけるものと考えた。これが彼の偉大な考察であるが、彼は次のように付言している。[エズラ創世記註釈当該部分]「テラフィムは善の諸部分を識別するための真鍮製の道具であるという。また他の者は、テラフィムは諸星辰の知識をもつ者の権能(潜在力)のことで、これは彼らが知る特定の時に造られる形

注目すべきであろう。それは矩形の「壁」の中央に円輪を描いたもので、四つの枢要角方向が明示されている。四方の壁には天使たちの名が記されている。このアルマンダルの全体はタリスマン板上に刻まれており、これが燻蒸され払魔される」(Pingree, *Learned Magic in the Time of Frederick II*, 1994, pp. 42, 48 etc.; cfr. Jan R. Veenstra, *The Holy Almandal, Angels and the Intellectual aims of Magic*, in *The Metamorphoses of Magic*, 2002, pp. 189-215)。

(12) Cfr. Ilaria Parri, *La magia nel Medioevo*, Roma 2018, pp. 56-58. 地面に描かれるアルマンダルの事例として、註11に挙げた写本 Firenze, B. N. Ms. II, iii, 214, ff. 77r-78v の「ソロモン王の卓あるいは祭壇」と表題された別論考を本稿末尾に付した。また指輪についてはたとえば、カルターリ『西欧古代神話図像大鑑』p. 112のヒュゲイアの象徴として五芒星を刻んだ指輪(本書 p. 291 に再掲)を参照。あるいはマンダルをマンドラゴラと解して、この根を引き抜く手法にひきつけて論じた書物について、Gustave Le Rouge, *La Mandragore magique: Téraphim, Golem, Androïdes-Homuncules*, 1912 を、さらに『立昇る曙』I-12(邦訳 p. 53)、II-4 の「マムブロの根」(p. 93)、図像解説⑩(p. 197)を参照。

(13) 邦訳『ピカトリクス』補註②「テルサム(タリスマン)」、p. 507 参照。

(14) 錬金術書の発端もおおむね、賢者の墓からの、祭壇の壁からの書物の発見からはじまるのは同じ規矩によるものでしょう。

(15) Athanasii Kircheri *Oedipus Aegyptiacus*, Vol I, 652, pp. 251ss. 右の挿図も同書 p. 261 から。A 時計としてのテラフィム/B 携帯用のラバンのテラフィム/C エジプトのホールス像に類したテラフィム/G 壁に据えられた長子の頭部/F 舌の下の黄金の薄板。

(16) イブン・エズラ。Cfr. *Book of nativities*, by Abraham ibn Ezra, ed. Shlomo Sela, Brill 2014, Appendix 5. The five places of Life – the Hayla and the Kadhkhudah, pp. 450ss.

象によってはたらき、予言（予測）に適している、という。テラフィムの形象については、人の上半身の（人が上位諸惑星の）力能を汲み取ることができるように人に似せてつくられる」。アベネズラとともに、ここでこの類の形象が星学《アストロノミカ》や降霊術《ネクロマンティア》の業に応えるにふさわしいものであることについて語っておきたい」（キルヒャー『エジプトのオイディプス』第一巻第三章　ヘブル人たちの第一の偶像テラフィム）[17]。

実修をはじめる特定の時。まずこの実修が成就《かなえられる》するように祈りを向ける相手（霊）の名が探られます。占星《アストロ》術《ロギア》において、はじめを司る主《オイコデスポテス》〔惑星〕が探られるように、降霊術《ネクロマンツィア》では召喚される霊の名がまず尋ねられることになります。アグリッパが最初に挙げる名辞占術《オノマンティア》にはどこかこれら両者の混淆（あるいは同一の典拠）があり、或る特定の時の星図を読み解くべく幾つも表《タブラ》が付されていますが、その表の使い方ばかりか表そのものの由来（そこで援用された数価をもつ名辞の数々）が明示されることはありません（あるいは先に疑心暗鬼を記したように、あらかじめ知られている名によって未知の名を探るという自家撞着にもみえます）。世界のはじまりの配置《テーマ・ムンディ》に、なぜ、という問いが不可知のままに提示されたのと同様に。

あなたは書物を抜き、読みはじめる。そこには徐々に自然本性《ナトゥーラ》の眺めが展開し、無定形なものから有形なものがとりだされる。それがあなたに襲いかかりあなたを凌駕する時、あなたは恐れ、それがあなたを優しく抱懐する時、あなたは慰められる。この憎悪と愛着のものがたり世界が要素的に再考される時、或る者はそれを神による創造行為、つまり多性の豊穣、恵みと説き、他の者は質料の形相的限定、つまり一者（オシリス？）の切断、統一の破壊、災いとみなすことになります。そこに現勢する想像世界こそが書物による召霊魔術であり、顕現するものは名状しがたく、すべてをないまぜにした象徴《シュムボロン》であり、思索の行き止まりにあらわれるものを名指すとき、つねにすでにそれは遠ざかっていくのです[18]。没入していた書物からふと目を上げると、もの言わぬ魔術師の視線だけがおぼろな鏡像から注がれ、見ることが見られることと交わる、見られるものが見るものとなる秘儀伝授の現実《リアル》。

遠ざかる事物存在《レス》と残留する本質《エッセンチア》、つまりわれわれは現前するものを名指しているはずなのに、つねにすでにそれの意味をしか名指し得ない、という訳です。逆説的ですが、われわれは名指すことによってしか語り得ないので、何が名指されるかについては言葉に尽くしがたく、つねにすでに名指されたものをもって語りだされることによって、この初発の意志は問い難い問いとして「始原《アルケー》」という謎の語のままに放置されざるを得ません。[19] というのも、始原という問いは追えば追うほど後退していき、到達不能となるのだから。

（17） これにつづき、キルヒャーが引く面白い逸話を挙げておくと、「或る時、諸星辰の或る相および諸惑星の合のもとに金属でつくられる頭像があった。それら（彼方）から到来する力を天からこの頭像に引き寄せ、これに問う者たちに応えることができるように。これは部分的に占星術によって、部分的に降霊術によってつくられる。説教修道会のアルベルトゥス・マグヌスはこのような頭像をつくり、或る日彼の弟子聖トマスがこれを破壊した。もちろんアルベルトゥス云々はつくり話である。一方、エリアス・ティスビテスは、テラフィムとは未来を予言する神像（シミュラクル）にほかならならず、ミカルのケノタフィオンはそうしたもののひとつである、と言う」。この語る頭像《トーキング・ヘッズ》から想像は広がり、『ピカトリクス』の依代（邦訳補註18「仏陀の書と人身御供（生首の話）」、pp. 524- 529その他を参照）を想起させる譚が展開されています。さらにカノープス（カヌピコの壺）との類比、エジプトのセラピス崇拝がユダヤ人たちによってテラフィムという語で伝承されたという説へと、その想像は限りなく散乱していきます。その連想から、盗み出されたセラピスの諸書を伝えるものとされる『クラテスの書』（邦訳『ピカトリクス』補遺Ⅲ、pp. 642-666, esp. 643 参照）の論議がアルマデル（後述）と重なって見えてきます（本書 p. 296 挿図参照）。

（18） 「ヘルメス学的著作群においては、哲学者たちは……表現の字義的な意味によって解釈されてはならない。……彼らは謎《エニグマ》、比喩《メタフォラ》、寓意《アレゴリア》、寓話《ファブラ》、類比《シミリトゥーディネ》をもって語る。個々の哲学者たちはこれらをそれぞれの流儀で用いる。変成術《キミア》の達人《アデプト》は彼の哲学的な作業を一般の変成作業（化学）の作業から借用した語彙をもって説く。窯、うつわ、火による蒸留、昇華等々、ゲベルスやパラケルススその他の者たちが用いた語彙をもって。……」（マルティン・ルランド『錬金術語彙集』Martinus Rulandus, *Lexicon Alchemiae*, Francofurti 1612）。

（19） この問いはガンのヘンリクスによって res a reor rer s という問いとして投げかけられたものと思われますが、これも名指されることによって一瞬に問いは隠されます。「事物《レス》はレオル・レリス（わたしが思い（私見）、あなたが思う（臆見））と言われる時には諸存在あるいは非在（ad ens et non ens）には関係がない。このレスという名辞で観念されるところのものは、第一能作（最初のはたらき）の規範的理拠をもつ。これはその効果的（動的）な潜在力によって当然変化を与え（尖鋭なものであり）、存在を現勢させる一方、これ《レス》に本質存在を帰属する。これをもって、もの《レス》そのものは存在者（有、エンス）あるいは本質《エッセンチア》として観念される、と言われる。実際、最初に規範的理拠をもたないものは、純然たる非在である。しかしある存在者もしくは自然本性《ナトゥーラ》にして本質《エッセンチア》であるこのもの《レス》には、いまだ現勢した存在あるいは非在とは無関係に、まず規範的理拠による

直線と円と五芒星《ペンタクルム》

この新プラトン主義的な発出と帰還のものがたりに倦み、天を見上げる時、そこに循環と調和という新たな観念が降ってきます。直線から円輪へ。そして発出《パルトゥス》（出生）、上昇《オリゴ》は、曙《アウロラ》、日の出と較べられ、世界創生時《テーマ・ムンディ》[20]が据えられました。その配置が理拠づけがたいところには不合理がではなく、人知にはじまりが、赤児の誕生時にはその守護霊が探られ、この子がうまく成長するかどうか、またその寿命が占われ、その性格やら生涯のできごとが予測されます。キルヒャーが参照しているイブン・エズラは当時の標準的方法として、太陽と月という影響力の甚大な両光球を中心に、生命付与者（アフェテス、ヒュレグ）の五つの場所を探ることになります。天にあって圧倒的な太陽と月。魔術儀礼はその威を借りるためにこれらが上昇位に昇る時にはじめられるよう準備されます。

これはプトレマイオスに遡る生命の場所[21]をもって探られます。それらはイブン・エズラによれば、（1-2）光球（太陽と月）の位置、（3）光球の合あるいは逆位の位置、（4）上昇位の度数、（5）幸運の籤。これは惑星の尊厳《ディグニタ》[22]を定める方途とどのような観念連合がなされたものなのでしょうか。誕生時はその起点を選ぶことができないので、太陽と月の離角を測ることで幸運の籤の場所が探られ、明かされぬ神の配剤を上昇位に据え直し……。

『ピカトリクス』（IV, 1）[23]には「神は五つのものを段階的に秩序をもって配列したまい、その最初の段階にはもっとも高貴なるもの、つまりあらゆる事物《リアリティー》の第一の鉱脈である第一質料と〔亜語版独訳によれば、「つまり」〕第一形相を据えたまうた。第二に覚知あるいは知性のはたらきを。第三に霊《スピリトゥス》を。第四に諸天界の自然本性《ナトゥーラ》を。第五に諸元素とそれらの複合からなるものどもを」[24]という記述が見つかります。この五つの本質あるいは端緒原理の区分はアルキンドゥス（アル-キンディー）[25]の「質料、形相、場所、運動、時間」の質料形相論《イレモルフィズム》からの展開、あるいはここからラーゼス（アル-ラージ）[26]の五つの原理つまり「創造者、魂、質料、空間、時間[27]」を経て、質料に五つの種《スペキエス》を認めたアヴィケブロン（イブン・ガビロール）[28]の区分、「形相、人為的な個別質料、自然本性的な個別質料、月下界の自然本性的な一般質料、諸天球の質料」へと辿ることができそうです。[29] ここには質料 - 形相の二分から質料 - 四性という静的五分へではなく、質料の形相性への付託、形相の

存在が帰属されることになる。そしてこれに現勢した存在が帰属されることで、この存在が現勢して実在すると称される。それは神によってつくられ、帰結する」(Henrici Gundavensi, *Summa*, art. 21, q. 2 (ed. Teske, p. 52; ed. 1520, fol. 124vK))。

(20) この世界がつくられた時の最初の諸星辰の配置と図。Cfr. 邦訳ブーシェ＝ルクレール『西洋占星術の起源』(以下 *B.-L.* と略記) pp. 196-205:「諸惑星の家」。

(21) プトレマイオス『四書』IV, 10 (上昇位、太陽、月、幸運の籤、中天) あるいは III, 10 (I, XI, X, IX, VII の家、太陽、月、上昇位、幸運の籤) およびドロテウス『五書』III の「アフェティコイ・トポイ」を参照。Cfr. *B.-L.* [406] (2).

(22) 惑星が特別な力を獲得する尊厳は、獣帯星座の五つの場所 (家、昂揚、三角相、区界 (『四書』III, 2)、デカン) に認められる。そこにある惑星が支配惑星 ruler あるいは主惑星 lord と呼ばれる。後述エピクラテトールとオイコデスポテス参照。

(23)『ピカトリクス』III 書末尾から IV 書巻頭で語られる教説はラテン語版では明確でない (アベンテクレリスと表記されている) が、アラビア語元版では (贋) エンペドクレスの五つの基体《スブスタンチア》あるいはもの《レス》とされている。邦訳『ピカトリクス』p.376 参照。

(24) ここで第一質料は al-hayūlā al-ūlā、諸元素あるいは第二質料は 'unsur。ただし、前者は al'unsur al-awwal とも記されており、同じ語が用いられるところから混同は必至とも思われ、難解さを増す。プロティノスから後代のスコラ学にまで敷衍される「質料形相」という矛盾語法を想起させる。

(25) Cfr. Al-Kindi (801ca.–873), *De quinque essentiis*, ed. Albino Nagy, in *Die Philosophischen Abhandlungen*, 1897, p. 30; *De Radiis*, ed. D'Alverny-Hudry, in AHDLMA, XLI, 1974, pp. 215-260.

(26) Al-Razi (865–925).

(27) Cfr. Kraus, *Jābir ibn Ḥayyān*, Paris 1956, p. 137. 結局、後者三つは前者二つに還元される。また著者クラウスはゲベルス (ジャービル) が五原理を「基体《スブスタンチア》、性質、量、空間、時間」としているとも説いている。

(28) Ibn Gabirol (1020ca.–1058ca.), *Fons vitae*, lib. V. イブン・ガビロールの新プラトン主義的基礎原理は、「質料」が抽象的 (あるいは単純) な実在であるというもの。「意志」および「形相」とともに、「質料」はもっとも上位の三つの基体のひとつである。イブン・ガビロールによれば、「質料」は一々の事物を支持しており、世界の一性の原理とみなされ得る。「質料」は「意志」によって「形相」と合一する能力のおかげをもって、神によって形而上学的および自然学的実在として産生する。『生命の泉』V, 10 では、「単純質料」の実在の知見に関心をもった弟子が、師に質問する。「あなたが説くところによると、質料は非 - 在である (＝質料は欠如態である。materia est privatio)。というのも万物の実在は構造 (＝形相 forma) により、質料 (materia) そのものは非 - 在でなければならないから」。Cfr. Aviram Ravitsky, *Ibn Gabirol and Judah he-Levi's Usage of Dialogue: The Role of the Disciple in Fons Vitae and that of the King in Kitāb al-Khazarī*, Religions 2019. イブン・ガビロール (アヴィチェブロン) についてはトマス・アクィナス『存在と本質について』(服部英次郎訳『世界人思想全集』28 河出書房新社 1965) あるいは聖トマス『形而上学叙説—有と本質とに就いて』高桑純夫訳岩波文庫 1935) 参照。

(29) Cfr. G. Federici Vescovini, *Il pensiero di Nicola Cusano*, Torino 1999, pp. 50ss.

質料性への帰還、その動態の契機（変容の時間性）が意図されているようにも思われます。分割《ディアボロン》の業を綜合《シュン》の業《ボロン》に戻す儀礼。悪魔《ディアボロ》から象徴《シンボル》を取り返す作業(30)。

この合と離反はエンペドクレスの愛と憎悪(31)をさまざまに展開した末の親和と反撥の論議で、魔術的予言で占われるさまざまな主題もいずれその変奏と考えることができます。愛するものを振り向かせる方法、逃亡した者を戻らせ、奪われた者を取り返す方法、害虫や病を追い払う方法等々。いずれも引き寄せるか、遠ざけるかに関わっています。

アル‐キンディーの次世代の弟子たちの時代、いわゆる贋エンペドクレスの『五基体の書』(32)あるいは『哲学者たちのさまざまな見解に関するアンモニウスの書』(33)の先後(34)を追う研究が最近、新展開を見せているようですが、その混沌とした状況から何か窺うことができるようになるのかもしれません。というのもこの伝統の中で、愛 maḥabba と憎悪 munāzaʿa はなぜか愛と勝利 ghalaba(35) に転轍されます。この衣鉢を継ぐアル‐シャフラスターニ（一一五三没）とアル‐シャフラズリ（十三世紀末没）は発出の原因を五つの基体《ヒュポスタシス》として列挙しています。つまり「第一質料（『ピカトリクス』では意志）、知性、魂、自然本性、質料」(36)。シャフラスターニが語るエンペドクレスは、質料は愛と勝利の複合である、と言っています。端緒の可能態の総体としての第一質料と、これに形相が捺印されることによって現勢態をなすことが、過去と現在の類比として現在と未来に先送りされることにより、予言の実現という観念が起こります。ただし錬金術の最終段階である増殖あるいは第一質料の投影同様、本書の霊の名の探求は未来への投影という幻想の数値化による初期条件（第一質料）の見知らぬ先験性《ア・プリオリ》、言表不可能性は神の配剤への預託となる他ないのでしょう。それは現勢した形相のうちに捺印を起こさせた基体《ヒュポスタシス》を、可能態を原因性として探るやみくもな試みと化し、天空の配置に尊厳《ディグニタス》という位階秩序を求める作業となります。そんな錯乱の中、ラテン語文書群の中で、第一質料《ヒューレー》（hyle）が生命付与者《ヒュレグ》（hyleg）と記され、アラビア語文書群の中で誤解されたエンペドクレスの「勝利 ghalaba」が、主惑星《アルムタズ》（almubtazz）(37)、アルムーテン almuten（「勝利」の意、エピクラテトール、オイコデスポテス））を連想させ……。生まれる者の現勢の底にあらためて将来の可能態をみせるおわりのない悪鬼《ダイモーン》の誘惑。

本書の巻頭近く、霊の名を探す手法には、アラビア語を音綴したこの占星術用語（ヒュレグそしてアルムーテン）が卒然とあらわれます。魔術の円陣に召喚される霊は占星術的な方位に準じて「一々の惑星を司る知性の名」として得られる、と。善霊は上昇位からの度数によって、悪霊はその逆位（第七の家）からの度数によって。これは占星術で籤（クレーロス、ソルテ、ロット）と呼ばれる占術手法を示唆したものなのでしょう[38]。ただし太陽と月と五つの惑星のうちの二つの離角（籤）を見きわめるための度数をどのように計算するのか、そ

（30）「シュンバッロ symballo（合する）という動詞はディアバッロ dia-ballo（分ける、渡る、反対する）に対置される。同様にシュンボロン（象徴）はディアボロ（悪魔、通過、敵対）に対置される。これはシュンボロの数々にディアボリカな対立あるいは敵意を打ち負かす動的で魔術的な力能を帰属するものである」（ピエトロ・ネグリ（レギーニ）『象徴の知解』*Introduzione alla Magia, UR* (1927) I; p.84）。

（31）エンペドクレス『自然について』断片17抄：「……あるときには「愛」の力により、すべては結合して一つとなり、あるときには「争い」のもつ憎しみのために逆にそれぞれが離ればなれになりながら、……それらは円環（周期）をなしつつ常に不動のものとしてある」（藤沢令夫訳）。

（32）Kaufmann, *Studien über Salomon Ibn Gabirol*, 1980, pp.17-51. ヘブル語テクスト：cfr. J. Jolivet, *La matière d'en haut, École Pratique des hautes études, Section des sciences religieuses. Annuaire*, Tome 96, 1987, pp.28-48.

（33）『アンモニウスの書。哲学者たちの諸見解 *Kitāb Amūnyūs fī ara' al-falāsifa*』、これは三／九世紀に編まれたもので、その知見はさまざまな古い典拠、特にローマのヒッポリュトスの『全異端論駁 *Refutatio omnium haresium*』（二—三世紀）によっている。Cfr. Jolivet, *op. cit.* この書『全異端論駁』は中世から近世まで、オリゲネスの著作とみなされてきたもの。大貫隆訳『キリスト教教父著作集19ヒッポリュトス』（教文館 2018）、特に第四章「占星術について」および「魔術について」pp.99-153 参照。

（34）そこには『賢者の目的』（つまり亞版『ピカトリクス』）に出るエンペドクレスも含まれます。邦訳『ピカトリクス』Ⅳ-1（p.376; 補註[28]参照。

（35）中期ギリシャ語のイタリア訛の過程で neikos（憎）という語が nikos（勝利）と発音されることでできあがったものだろう。Cfr. Daniel De Smet, *Pythagoras' philosophy of unity as a precursor of Islamic monotheism: Pseudo-Ammonius and Related Sources*, 2021; H. Daiber, *Aetius Arabus Die Vorsokratiker in Arabischer Überlieferung*, Wiesbaden, 1980, p.42-43; 55. 散見する限り、「愛は可感的世界と歓びと、勝利は知性と痛みと結びつけられる」と、フィロポノス説と帰属を逆転させて説くアル・アミリの論議に何か鍵となる思弁を探ることができそうです。Cfr. Nicholas Aubin, *Natural Teleology versus Material Determinism and Chance: al-'Āmirī against Empedocles and Galen on Nature and Soul, Journal of the History of Philosophy*, 59/3 (2021), pp. 429-456.

（36）Cfr. Asín Palacios, *The mystical philosophy of Ibn Masarra*, pp. 51-58.

（37）邦訳『ピカトリクス』Ⅰ-5【二八】また補註[9]「アルムタズ」p.516参照。

（38）*B.-L.*, 第Ⅸ章「誕生時の円輪として考察された獣帯」邦訳 pp.269ss., 特に「さまざまな円輪— 籤《クレーロス》の体系」pp.500ss. 参照。

の数論は玄妙不可思議です。天球（円輪）を十二分するのか、三百六十度の各度数《モイライ》（宿命の女神）と採るのか、その足し算および割り算と余りがどのように算定されるのか、また先に記したように付された表の辿り方がよく分かりません。さらに幸運の籤と地平線を対称軸としたダイモーンの籤、あるいは明言されていませんが親和と反撥を愛と憎悪（勝利）からの類推で、エロスの籤と必然（アナンケー、ネケッシタ）[39]の籤[40]が暗示されているようにも想像されてくるのです。[41]守護霊《ダイモーン》を求めつつ、変幻自在の主《キュリオス》に翻弄されつづけ、占星術師たちは時代によって、同じことばで違う「意味するもの《シニフィカトール》」を弄りつづけてきたのでしょうか。[42]その求め方は口授直伝されるものであって、決して明かされてはなりません。わたしが師と仰いできた人々も、残念ながらわたしにそれを明かしてはくれませんでした……。

悪魔《ディアボロ》の誘惑、つねに双極性へと振れる思惟

アグリッパの論考にはアバノのペトルスの著作に擬された『ヘプタメロン』が付されています。アバノのペトルスはここまでさまざまな場面で名があがってきたイブン・エズラの著作群の羅訳者でした。[43]彼の影響を鑑みるに、中世ヨーロッパに移植されたアラビアの占星術の中に混在するユダヤ人学者たちの世界観（イブン・ガビロールの質料形相論を含め）をあらためて端緒に据えて、再考してみる必要があるのでしょう。[44]

「ヒュレグ（エピクラテトール epikratetor）とアルココデン（オイコデスポテス oikodespotes）、そして誕生時の主（キュリオス・テス・ゲネセオス kyrios tes geneseos）の間に区別をなし、これを規定しておかねばならない。古人たちはこれらの語彙を結びつけ、これらの間に明確な区別をなさなかった」（贋ポルフュリオス CCAG, V. 4, p. 206, 3-5）。

たとえば、古ギリシャ占星術において、エピクラテトール epikratetor という語は「舵取り」、オイコデスポテス oikodespotes は「船長あるいは船主」を指して用いられていたようです。それゆえ、船主が富裕で、海を渡るに堅牢で防御の整った船をもつなら、これを安全に港に導くのは舵取りの仕事となります。これが主（支配）惑星とその家《ドミヌス》（主）の関係にあたり、前者がアフェタ apheta、生命を指し示すもの《ヒュレグ》（生命の指標）で、

後者が前者に関してその性質を規定し、生命の強さをあらわす惑星（意味するもの）。

　誕生時占術教説において寿命を予言するために「発出点《プロロガトール》」あるいは「生命の場所《ヒュレグ》」特定の五条件が定められました。これらはこの予言においてふたつの主要な役割を果たすことになり、五つのうちの一つが、生まれる者の寿命を獣帯を介して計算するための円弧を描くことで「死の場所」を指示する。「生命の場所」の選択によって、もっとも強力となる惑星、つまり「誕生する者の支配星《アルココデン》」があらためてその「寿命」をあたえる。生命付与者《ヒュレグ》はギリシャ語でアフェタ(45)と呼ばれたもののこととされ、これと一対にして語られる謎のコ《ア》

（39）ネケッシタの神話についてはカルターリ『西欧古代神話図像大鑑』pp. 357ss.「糸をつむぐパルカたち」以下参照。
（40）Cfr. D. G. Greenbaum, *From Love to Desire: The Lot of Eros in Hellenistic Astrology*, *MHNH*, 15 (2015), pp. 85-116. ちなみに、グリーンバウムによれば、エロスの籤と必然《ネケッシタ》の籤は次のように求められる。Lot of Eros = Asc. + Daimon – Fortune (Day); Asc. + Fortune – Daimon (Night) ; Lot of Necessity; Asc. + Fortune – Daimon (Day); Asc. + Daimon – Fortune (Night).
（41）マクロビウス『サトゥルナリア』(I, 19, 16)：「われわれがメルクリウスの名のもとに崇める太陽がメルクリウスの杖《カドゥケウス》であることのまた別の証し。エジプト人たちはこれをメルクリウスの聖なる杖として描いた。これは男女の一対の蛇が絡み合い、蛇のとぐろの中央部は結び目のように結び合っており、これはヘラクレスの結び目と呼ばれている。それらの上部は円輪をなし、接吻するように相会している。結び目の下でそれらの尾は杖にふたたび結びつき、その点から翼が伸びだしている。[17]
　エジプト人たちはメルクリウスの杖《カドゥケウス》の帰属として人の生成あるいは「誕生」を帰しつづけ、人の誕生を主宰する四神性があると言う。守護《ダイモー》霊《ン》、幸運《テュケー／フォルトゥナ》、愛《エロテス》、必然《アナンケー／ネケッシタ》。前二者を彼らは太陽と月と解し、太陽を生命の息、熱、光の源、人の生命の創造主にして守護者とみなす。それゆえこれは新しく生まれてくる者の守護霊《ダイモーン》あるいは神と信じられた。月《テュケー》は幸運《フォルトゥナ》。彼女《フォルトゥナ》は身体を預かる。というのも身体は気まぐれな変化という恵み（慈悲）をもたらすから。蛇の接吻は愛の象徴であり、結び目は必然の象徴である。[18] なぜ翼がつけ加えられたかについてはすでに説明した。また上述したとぐろ巻く蛇の身体は二つの星辰（太陽と月）の蛇行する軌道を描くために選ばれたものだった。Cfr. D. G. Greenbaum, *The Daimon in Hellenistic Astrology*, Leiden-Boston, 2015, p. 3[illegible]0.
（42）あらためて cfr. *B.-L.*, [406] (2)：「……これらはプトレマイオスのものをも含め、体系ごとに位置が異なっており、オイコデスポテスをアフェテスと混同する者、オイコデスポテスとキュリオスを同義と観る者も、カタルカイの体系のクロノクラトールと同じとする者もある。これではバベルの塔である。……」
（43）Cfr. G. Federici Vescovini, *Medioevo Magico. La magia tra religione e scienza nei secoli XIII e XIV*, Torino 2008, capp. XIII-XIV.
（44）Cfr. Shlomo Sela, *Pietro d'Abano, Translator of Abraham Ibn Ezra's Astrological Writings*, *Sefarad*, 79:1 (2019), pp. 7-87.
（45）Cfr. *B.-L.*, 邦訳 pp. 400ss., esp. p.410 および原註 [411] (1).

ルコデア《ルココデン》[46]。

　アバノのペトルスはヒュレグ／アルココデンを妻／夫あるい母／子の対として取り上げ、前者は質料に類したもので、後者は形相に類したもの[47]、と説いています。ここで与えられる形相（生命の延長つまり寿命）は、ペトシリスの輪[48]と相補的なものなのでしょう。そこから数値を読みだす業にはかならずどこかの段階で名辞《オノマン》占術《ティア》[49]あるいは数論が援用され（理拠不明な表の参照、神的な啓示）、わたしたちは五つの条件（神的な属性としての能動知性のような）を前に茫然と五芒星《ペンタクルム》の顕現を象徴《シュムボロン》となし、これを神の捺印として悪魔《ディアボロン》の誘惑（分割）を封じるより他ないのかもしれません……。

　ヤコブが夢を見た場所に由来する名をもってルズと名指され、後にベイト－エル（ベテル）つまり「神の家」（創世記 2,19）と呼ばれることになる不可思議な町を望見するように。「死の天使」はこの町に侵入することができなかったと言われ、ペルシャ人たちにとっては「不死性の宿り」の場所でもありました[50]。

ルズの近くにアーモンドの樹（ヘブル語でルズ）があり、これには穴（窪み）があり、これを通して地下へ入ることができ、この地下から完全に隠された町に到ることができた。ルズという語にはさまざまな意味があるが、これの語根は隠され、覆われ、包まれ、緘黙し、秘密にされたもののすべてを指し示している。これは天を意味することばの数々と本来同じ意味をもっている。caelum（天）はギリシャ語の koilon（窪み）（これはまた洞窟《カヴェルナ》とも関係があり、ワッロは cavo caelum という語をもって評している）に近いものとされる。正しい古形は caelare（秘匿する）に近い caelum であったようにみえる。サンスクリット語のヴァルーナは語幹 var（覆う）に由来し（ラテン語の celare に繋がる語幹 kal の意味でもあり、caelare の別形で、ギリシャ語 kaluptein と同義）、容易に ur に変形するギリシャ語の Ouranos も同じ名辞の別形に他ならない。これらの語は「覆われたもの」、「隠されたもの」を意味している。「隠される」は「埋められる」でもあり……。

（ルネ・ゲノン『世界の王』VII――ルズと不死性について）

ルズを枕に微睡むうち、尾を嚙む蛇《ウロボロス》(51)と接吻する二匹の蛇の 杖《カドケウス》を象徴《シンボル》と悪魔《ディアボル》として回転しつづける魔術的呪具イウンクス(52)があげる蠕音のなかで(53)。

*

（46）ウマル・イブン・アル‐ファルカン・アル‐タバーリ ʻUmar ibn al-Farrukhān al-Tabari の『誕生日占いについて *De nativitatibus*』の一節で、羅訳者セヴィリアのヨハンネスは「占星術の師たちは「生命の支配者たち」をヒュレグ hyleg とアルココデン alcochoden と呼び、これらを妻と夫とみなした」と記している。「ヒュレグの意味はラテン語では「妻」と、アルココデンは「夫」と訳され得るであろうことを知っておかねばならない」(*Liber nativitatum, in Opera*..., Venetiis 1507, c. xlviii rb.)。「妻は夫の助けなしには家をうまく運営できず、子供とともに過ごすこともできないように、ヒュレグはアルココデンの権威（裏付け）なしには生命の年数(寿命)を十分に指し示すことはできない。星学者たちがアルココデンを勘案することなしにヒュレグだけを用いるにしても。ヒュレグは「生命の場所」とも称されることとなる。それはこれによって生命の状態が見出され得るからである。他方のアルココデンは年数を付与するものあるいは指示(意味)するものである」(*Omar de nativitatibus et interrogationibus*..., Venetiis 1524, v.3r.)。一方、イブン・エズラはこれらが母と父であると言う(*Epitome totius astrologiae, conscripta a Ioanne Hispalensi Hispano*..., Norimbergae 1548, II,5 (c.13r))。Cfr. Giuseppe Bezza, *Some Considerations about Hyleg and Alcochoden*, 1988.

（47）Pietro d'Abano, *Conciliator controversiarum, quae inter philosophos et medicos versantur*, Venetiis 1565, c.33.2b:「万有宇宙(普遍)の第一の原因は天の運動と光である。誕生時占いによれば是には二つの媒介がある。一つ目は質料あるいは母、妻に類比されるヒュレグつまり生の完遂（完全な生）と呼ばれる。二つ目はアルココデン、これは形相もしくは父あるいは夫」«Causa vero universalis et prima est coelum motu, et luce. Mediae vero secundum geneasticos sunt duae: quarum una proportionatur materiae seu matri, vel uxori, quae hylech i.e. vita perfice appellatur. Secunda quidem alcocodem, quae formam seu patrem, aut nuptum importat».

（48）Cfr. *B.-L.* 邦訳付録3「ペトシリスの円輪」拾遺参照。

（49）ここで「惑星のシュンテマタ」という技法が示唆されることになります。σύνθημα（神秘の籠、父の思惟、形相）。「魂が父のシュンテマを想起する時、それは父なる知性に戻る」(cfr. イアンブリコス『神秘について』136, 6ff)。

（50）「アグリッパ（『オカルト哲学』I, 20）には「ヘブル人たちがルズと呼ぶ或る小さな骨は不壊で、火にも壊敗せず、無傷で残る。植物が種子によるように、ここから「死者たち」の蘇りにあたりわれわれ人の身体が蘇生するだろう——この力能(徳)は道理をもってではなく、体験によって証されるだろう」と語られている。アラム語でルズは聖なる骨（仙骨)、脊髄(背の渦巻き)の最下部が接する骨の名である」。*Apathanatismo spirituale mithriaco del "Gran Papiro Magico di Parigi"* / Introduzione e commento a cura di EA, LEO, LUCE, P. NEGRI [Reghini], pp.89-120, p.113.

（51）前註41、また *B.-L.*, [293](1), 邦訳 p.307 参照。

（52）*Oracles chaldaiques* fr.77 Des Places:「イウンクスは父によって思惟（考

案）され、これはその捉えがたい意志によって思惟するように動かす」あるいは「イウンクスは父による自己洞察であり、或る種の知解《ノエティケ》能力を構成する。これらは父と結びつき、その使者たちとなり（それらを伝達し）、光輝を発することで言い難い父の意志をそれらに向ける」［Ἰυγγες, これは συνοχεῖς［contenere, connectives 万有宇宙の諸部分を合するはたらき］, τελετάρχαι［「入信儀礼を主宰する神々、霊的な力（火の祭壇）へと導くもの」とともに三つ組みをなす。ἴυγξ は神々や諸霊をあらわれさせる trottola magica（魔術的な独楽）；βουλαί は父の意志的能作で、これは Ἰυγγες に産生的な直観洞察力を与え、父-ノエトンの直接的な使者たち（伝言）をなす］。Cfr. H. Lewy, *Oracoli caldei e teurgia*, ed. M. Tardieu, Paris 1978, pp. 481-485.

（53）プセルス註釈：「iynges は形相の力能で、父の奈落（深淵）につづいて三つの三つ組みをなす。父は自らにとどまりつつ、提起された（前に置かれた）ものである父の知性をもとにこれらをこれらの統一的（唯一の）原因である自身から思惟する。しかし父の意志は、それら可知性の過剰により言表不能である。じつのところ、言表可能性とは諸存在の能作力である。一方、諸基体そのものは言表不能である。分離諸存在の知性的象徴の数々は、下位なる諸存在者に発する思惟されたものであるにせよ、言表不能なものとして、また可知的なものどもの発出において分離されたものとして思惟されるものである。それゆえ魂の思惟は、可知的なものどもの序列づけを思惟する時、これらを不動なものとして思惟するとともに、思惟によって直観洞察しかねる有（存在者）の現勢《エネルギア》となる。思惟が可知的諸象徴を思惟するとき、これらを言表不能なものとして思惟し、識別できない実在のうちに見定める（固着する）」(Psello, *Oracoli Caldaici*, a cura di Silvia Lanzi, p.98)。

ソロモンのペンタクルムの事例
神名 Adonai, El, Agla が認められる。Agla はヘブル語の aieth, gadol, leolam, Adonai の略記で「あなたは永遠に支配する、主よ」という含意とされる（次頁以下の「付録・ソロモン王の卓あるいは祭壇」も参照）。
Claviculae Salomonis, seu Philosophia Pneumatica. Das ist; Heptameron Der Magischen Elementen Petri de Abano Philosophi. (S.d., s. L.)

付録：『アルマンデル』異聞
――「ソロモン王の卓あるいは祭壇」と表題された別論考(54)
(Firenze, B.N. Ms. II, iii, 214, ff. 77r-78v.)

1 マンダルの図像あるいはソロモンの卓に関する章

これ（アルマンダル）とともにすべての名、それも特にこれのすべての扉（四方の門）の名を誤ることなく詳述することにしよう。麦藁を見つけられなければ、人里離れ、塵や不浄を祓った清浄な場所の土の上にこれらの語をしるす。これ（アルマンダル）の周囲、扉の上にこれらの語を記し、四天使の名を鉄の棒にしるし、その各々に蠟燭を立てる。そして（円輪の）周囲で薔薇と塩漬けのグアード（*Isatis tinctoria*, ホソバタイセイ／大青？）[frustra vitri salsi] を燃やし、アロイタン Alohoitan あるいはアロエ樹とアルマヘアフ almaheah あるいはシナモン、麝香、白胡椒、サンダルあるいはサルココロ、アルモレ Almole (al-muql) あるいはブデリオ bdellio、アルモドあるいは長胡椒に、当然ながらアルコールあるいはアンブラもしくはティミアマータ、アルマチヌルあるいはアロエを材料として薫香をつくり、炭灰を熾して四つの呪文を三回繰り返しつつ祓いの燻蒸をする。あらためて十二回、同じ四つの呪文を唱え、その間、同じ薫香で燻蒸する。すると汝の前にすべてのアルギン algın とアサイアティン assaiatin つまり体軀をもつダイセーンと体軀のないダイモーンが大地のさまざまな部分からあらわれ、（汝の請願に）従う。

2 ソロモンの言

このマンダルを用いて実修しようとする者はまず、清めをなさねばならない。これ（アルマデル）の中には偉大な名の数々、特にアルギンに対する尊厳と権能をもつ者たちの名が記されており、これら（アルギンたち）を服従させ、彼（実修者）の請願をかなえさせる。マンデルを介して儀礼を執行する者は魂も体軀も清浄でなければならない。

名の数々を正しく書き、棒も燻蒸をする蠟燭にも四つの呪文（十二回の反復）が唱えられるなら、たちまち汝にアルギンたちがあらわれるので、これらに汝の望みを告げるなら、これをかなえるだろう。こうして汝は人々を殺人から守り、病人を癒し、彼らから邪悪な霊を遠ざける等々様々なことをかなえることができる。

このマンダルは必要に応じて大地の上に、麦藁の上に、家の床の上にこれらの名をしるすことでつくられる。望みとあれば、これらの名を赤銅の薄板の上に刻み、その四方に四本の鉄の棒を立て、この棒の三分の一をマンダルの下に、他の部分を上にしてつくりなす。そしてこの儀礼を執り行いたい夜、これに蠟燭を灯す。各々の棒は薄板の穴を通して図のようになし、或る星座のもと、七昼夜、清浄な場所で最良の薫香で燻蒸する。決して不浄を近づけないよう注意しながら。

日中に実修を行いたい場合には、アルマ（デル）に蠟を塗り、旗印もしくは四色――緑、白、赤、黄――の絹帯にアルマハララム almahararam〔不詳〕の棒（幹？）、一般に「ユピテルの髭（Drosathemum ハマミズナ科の草）」と呼ばれるものの上に据える。

3 悪魔憑きの治療

汝の前に悪魔憑きが同道されてきたときには、彼を助け、三本のオリーヴの枝をとって、マンダルつまり上述した封印（印章）を燻蒸する。そしてこの枝で三度マンダルを叩く。すると患者は最初の打撃で頭を挙げ、第二の打撃で汝を凝視し、第三の打撃で汝に語りはじめるだろう。そこで彼に質問し、汝の望みに応じて彼を判断（診断）する。

彼（患者？・霊？）が反抗し、服従を拒むなら、証人たちをこの場所に呼び、彼を罰するがよい。

4 文書によって請願することで結果をもたらす（効果をあらわす）ために

或る王あるいは誰かから文書によってなにものかを賜るためには、文書を作成し、マンダルの上に文書を書いた紙片を置いて燻蒸し、召喚を行い望むところを請願する。

熱もしくは愛にかかわる文書を書こうと思うなら、上述した通りになすと望みがかなえられるだろう。これによって熱は解消され、愛されるだろうから。

5 誰かを損なうために

誰かを損なおうとする時には、赤蜜蠟でこの者の像をつくり、これをマンダルの上に据える。彼（像）に向かって呪文を唱えつつ燻蒸し、望みのことを請願するならかなえられるだろう。これがたちまちかなえられないなら、蠟燭の封印（印章）とともに三、五、七回、奇数回呪文を唱える。封印（印章）の文字の数々が照らされるやいなや、このアルマダルのおかげで、理拠的で可感的で僅かばかりのしるしから多くの知識を学び取ることのできる者により格別のことどもがさまざまに起こるだろう。これの完全（完徳）な成就はダヴィデの息子ソロモンによって見出されたものである。

6 儀礼の間、諸霊から身を護るために

諸霊によって損なわれないように、これらに対する防御。汝がアルマダルの実修をする時には、一枚の紙片に次の名の数々を記し、声を出して読み上げる。

Anedha, Menhedah, Heyhedah, Nabehessatin, Lacar, Saatin, Sepheatin, Vatuelatin, Alphahibin o Cergelatin, Harbalatin, Gerhatin, つまり完全な Abdmar。

これは防御の勧めであり、新しい紙片の上にこれを記して燻蒸する。

7 印章（封印）

以下が輪（指輪）の印章（封印）、あるいは assakihilelublic〔不詳〕の印章（封印）である。実修時、これをもって三度蜜蠟を封印する。これをマルスの日（火曜日）の第一時あるいは八時に水晶に刻み、赤金の指輪の上に据える。あるいはサトゥルヌスの日（土曜日）のこれの時に、純銀の指輪の上に赤金の指輪の上に。これが指輪で、これによって召喚されるものの時間に蜜蠟を封印する。神が赦したまうなら、その効果は現実《あらたかである》となる。こうして汝の力能を叡智をもって保存するように配慮を凝らしたまえ。これが指輪の貴石の像であり、その刻印は偉大な神の名において、『図像の書』でヘルメス・ファラハラ Fallahalla が言うように刻まれねばならない。これにより、服従すべきものはすべて服従することとなる。

aloh vl m149　aloh vlvia 149
141milohlle　141jak oluls
41ly a'r vii ▽ll[55]　4lv alvil▽▽
Etc.

8 第一の呪文

Icimle（イスマイルか?）artiginemem〔制作者 artefice のことか〕の祓い。

慈悲深き神の名において、聞き届けよ、すべての algine rassaitin よ、Mechil を召喚するとともに汝を招請する時に、聞き届けたまえ。Biehulatin, Tahuhin, Sapheatin, Saphacatim, Nemaum, Naum, Nahirin, Saphatin, Sepheatin, Sephaatin, Nautim, Nathatin.

9 第二の呪文

Ethatin, Hahuhin, Matinatin, Feyhorurzin, Feyorisin, Keyssin, Leyssin, Brecaiosin, Barachiin, Sephain, Sephearin, Farahaiolin, Sethussatin, Sehinssatin, Sephcatim, Heissarin, Lephezain, Laphstin, Akias, Makihas, Iakas, Berennatin, Binediatin, Labitin, Kaphitin, Sepheatin, Kebkiatin,

Lakhetetin, Athianatin, Adatin, Celiaim, Keyatotin, Sepheatin, Barthaiosin, Sepheatin, Sepheatin.

10 第三の呪文

Alkasi, Falhuin, Fahlaiorin, Hemarin, Hetitin, Benbatin, Cechinda, Ceaconda, Sepheatin, Sephebutin, Cephehhectin, Talphysin, Bachelemhaharatin, Bentatin, Leiatin, Loiatin, Melchissatin, Helin, Sepheatin, Katin, Lahin, Tahiassatin, Ascayratin, Heyatin, Kehikaalatin, Kessilin, Sepheatin, Kaefeassin, Alasin, Tallasin, Agelleisin, Agelasin, Kecikalatin, Heschessatin, Costatin, Sepheathin, Ahalcasa, Alvaha, 太陽の光輝と月の光と諸星辰の光線よ、急ぎ神に服従し、Mehokal, Asah への服従を示し、またわたしが誓いをもって約束したところに従いたまえ。主はわれわれの上にあり、気は汝らの上にある。Mechil に従いたまえ。主が永遠に命じたまうたように、かくあれかし。

11 第四の呪文

敬虔で慈悲深き主の名において、アルギンおよびアサティンよ、神に服従せよ。Mechechil がわれわれのために汝らを召喚する時、これに仕えよ。Tansatin, Hailetin, Sepheatim, Sepheatim, Hedlassatin, Moihatin, Sepheatin, Tabsalatin, Lacarsatarin, Barachiatin, Keikehetin, Keikaratin, Sepheatin, Herbaratin, Hantaratin, Van, Nematin, Capharin, Caphatin, Kassatin, Leokas, Latin よ、Mechechil の召喚に急ぎ準備を調えよ。汝らはすべてに服従し、何かをする訳ではないものも来たれ。これら偉大な名によって誓い、なにごとにも彼に服従し、遅滞なくわたしに仕えたまえ（わたしの請願をかなえたまえ）。Somieil, Mharaoi, Marvavil, Sareil よ、遅滞なくわたしに仕えたまえ。

12 Icimle artiginemen の祓いの完了

燻蒸にあたっては、像が邪悪を目的として造られたものであるかどうかを知る必要がある（邪悪を目的としたものである場合には、）インクおよび不快な臭いを用いる。一方善を目的としたものであるなら、アロエ樹、クロコ（サフラン）、バルサムその他で燻蒸する。これをなすことで儀礼の効果があらわれ、すべてのアルギン algin はどこからもすべてに服従するだろう。

（54） Cfr. *Almandal, trattato ermetico di magia salomonica*, a cura di Ezio Albrile e Elisabetta Tortelli, Milano-Udine 2018.

（55） D. A. Gehr, *«Gaudent brevitatem moderni»: Rielaborazioni della teoria magica nel tardo medioevo sull'esempio dell'Almandal di Salomone*, *Società e storia*, 139 (2013), pp. 1-32.

訳者あとがき

魔術は自然学的知識（慣習的認識）の越境あるいは超越であり、それゆえ驚異あるいは瀆神と称されることになりました。過去、現在、未来を知るダイモーンを召喚して望むところをかなえさせる業。これはカルダーノが『アルテフィウスとミヒニウスの業 *Ars Magica Artefij et Mihinij*』として伝えているものですが、そのアルテフィウスは幾つかの錬金術書の著者とみなされることにもなりました。しかしこれは制作者あるいは創造者アルティフェクスの転訛であったのかもしれません。一方、ミヒニウスは不詳のまま。[1]

魔術実修のための道具としての指輪が祭壇《アルマデル》となり、地面に引かれる同心円の結界へと拡大されるうちに、魔術師は強力なダイモーンからの護身のためにその円輪の中に潜むことになります。その実修のたびに結界の中にもちこまれる五芒星の護符はペンタグラムと呼ばれ、中央に描かれるソロモンの六芒星《ヘクサグラム》のしるしもペンタグラムと記されており、[2]鏡占い《カトプトロマンティア》の流儀でその刃の反射のうちにダイモーンを浮かび上がらせる剣もし

五芒星を刻んだ指輪
Vincenzo Cartari, *Le vere e nove imagini de gli dei delli antichi*, 1615
cfr. カルターリ『西欧古代神話図像大鑑』（八坂書房 2012）, p.112.

くは小刀は地面に円をしるすために用いられ、携えられる魔術書『聖別された書』の式次第は実修の折々の覚書として先後なしに書き留められ錯綜をきわめます。

そんな実修のための『魔術便覧』の骨子を探って、アグリッパに擬される書物にその伝承の古形を垣間見ようというのが本書の狙い。英訳増補版で有名な本書から増補部分（土占い《ゲオマンティア》に関する部分その他）を削り、羅版の当初の形態（アグリッパに擬された『儀礼魔術』およびアバノのペトルスに擬された『ヘプタメロン』からなる）を訳出してみたものが本書です。そこで召喚されるダイモーンたちの名は特定しがたく、占術として実修に利するものとするために、この書は後に一握りの小石を投じることによって初期条件が定められる土占い《ゲオマンティア》の書としての体裁が整えられていったものでしょう。

魔術実修の初発には眼前にあらわれる「もの」の捉えがたさにかかわる疑念が蟠っており、それを意味（本質）として解きほぐす作業こそがディアボロ（分離）の業であり、それをふたたび「もの」に還すこと（直視）がシュンボロ（象徴）の業とされ、その往還が滑らかな金属（鏡）の中に結像する「ことば」と「もの」の紐帯こそが魔術。中世スコラ学の神論と魂論の果てに、デカルトが『省察』2（一六四一）で語らずにはいられなかった「邪な霊 malin genio」があらためてあらわれることになります[3]。発語《テトラグラマトン》されてはならないことばがあり、発音できない謎語《エニグマ》があります。あるいは発声されても解し得ないことば（たとえばイエスの異言）が。わたしたちの知見にとってア・プリオリとは何か。その端緒《アルケー》を求めて遡ることが、出発点《アセンダント》からの距離（占星術の籤）に類比され、星学的世界は定位されます。これに向かい《ヴルト》、ここでその相《アスペクト》を探る諸運動《アニマツィオーネ》が魂《アニマ》となり、地上の身体《コルプス》に捺印されます。

新プラトン主義的に現世の身体から離脱する魂が惑星天の数々を昇り抜け、恒星天に到る観想。ここでは思惟の主体《スビエクト》は思惟の主題《スビエクト》。そしてふたたび地上に戻り、これを想起する魔術的な時、思惟の主体《スビエクト》は思惟の対象《オビエクト》を対象化し分離《ディアボロン》するのです。そしてその外縁に至高天《エンピレウム》が望見された瞬間、まぶしい鏡の眩暈に盲いるのです。白昼《メリディアーナ》の悪魔。

それでも、過去、現在、未来を知るダイモーンは夜ごとぬめぬめしたすがたでやって来ます。ラウレンティウス・アナニア[4]はそれを名指した後、館の下に埋められた宝を予見してみせた別のダイモーンの不可思議な話をしています。フロロンと呼ばれているそれは、キークヘーファーが公刊したバイエルン図書館 Clm 写本の「フロロンの鏡」を想起させます。[5] このダイモーンを探るうち、デラッテの書[6]にこれが十四世紀の悪魔学において重要な役割を果たしたという記述を発見。過去、現在、未来を占う業に付された祈禱詞（ミカエル・スコトゥスによるものとされる）ではフロリジェトという名が唱えられており、年代記の数々にはフィオロネ Fiorone、フィオロノ Fiorono の鏡が散見され、あるいはダイモーン・フロリエト Florieth、フロリジェト Floriget という名はソロモンに帰される書『アルス・アルフィアレイ・フロリエト・イデエ *Ars Alphiarei Florieth ydee*』にみられるといいます。さらに本書に付したアルトゥール・レギーニの論考に頻出するアグリッパの弟子ヴァイアーの『悪鬼の贋王国 *Pseudomonarchi daemonum*』（一五七七）に描写されるフラウロス Flauros とも同一であろう、とデラッテは推測しています。彼はこれを智天使《ケルビム》の位階に属するものとしており、そこでヴァイアーは「フラウロス、権能溢れる首魁。豹のすがたであらわれ、恐怖を抱かせる。あるいは恐ろしい相貌の人のすがたで、その目は焔をあげている。それは過去、

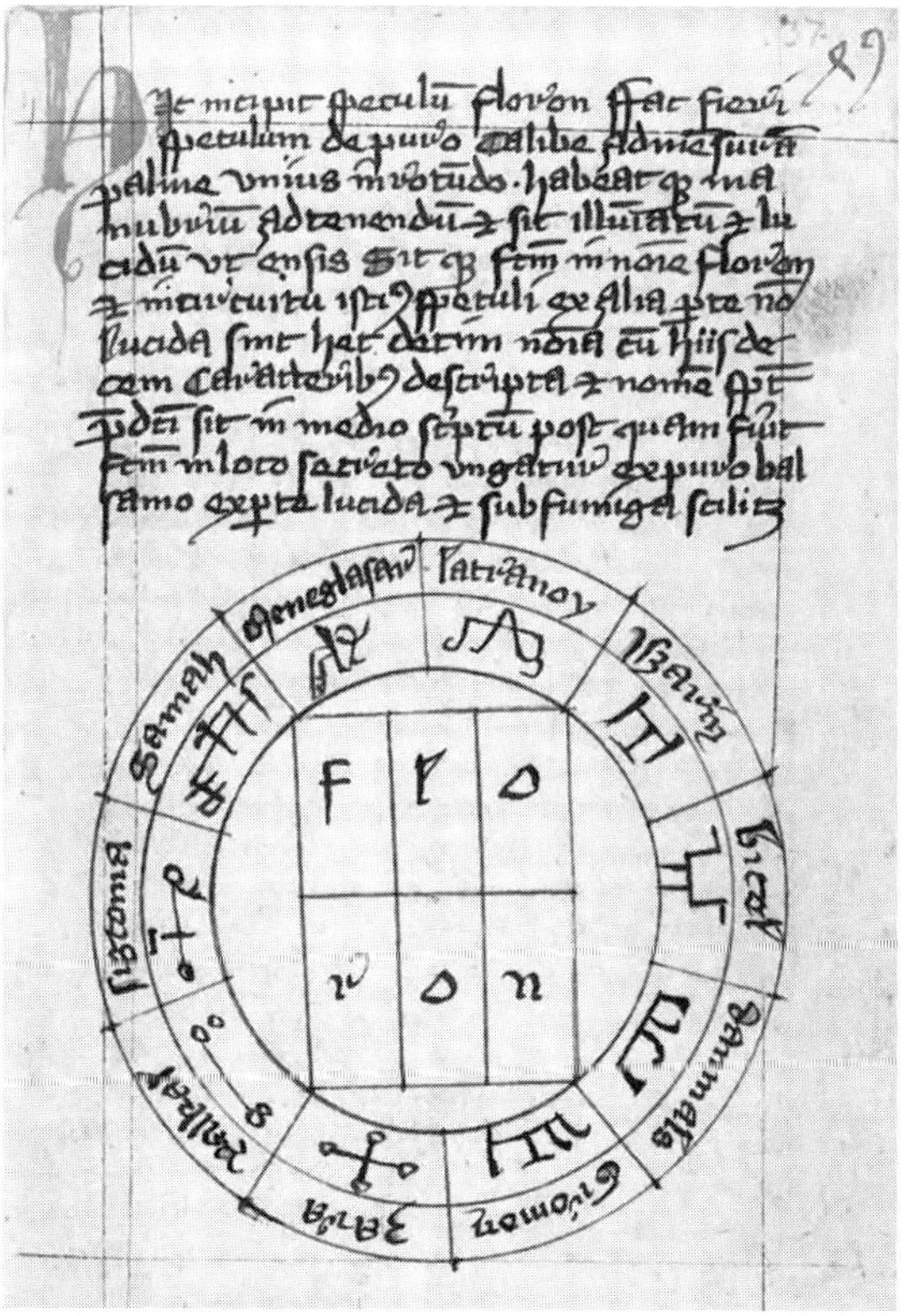

フロロンの鏡
バイエルン州立図書館 Clm849, f. 37r.

現在、未来の完全で精細な知見を与える。三角形であらわれるなら(7)すべてのことがらを欺き、交渉事はすべて失敗に終わる。また神の意志（神性）について、世界の創造について、崩壊について語り……(8)」と説いています。

召喚されたダイモーンは円輪の外にすがたを見せるか、魔術師が同道した幼児霊媒によって認められ、過去が現在と繋がれるところが現在から未来へと投影されるように、魔術師はダイモーンあるいは幼児に自らを投影する（憑依される）ことで「返答」を知ることとなるわけです。霊媒……。ここで亜版『賢者の目的《ガーヤット・アル・ハキム》』にはあってその羅版『ピカトリクス』で省略されていた忌わしい「人身御供の話(9)」や、トマス・アクィナスが壊したとやらいう師アルベルトゥス・マグヌスがつくった口を利く頭像《トーキング・ヘッド》が思い起こされます。あるいは解説で触れたテラフィム(10)が……。それがアタナシウス・キルヒャーの書ではメムノニアと名づけられ、太陽光によって温められた空気の圧力で語る自動人形と化して……。いずれ人とは可能態（潜在力）の謂いであって、わたしたちは運命の女神たちに弄ばれつづけるのです。

＊

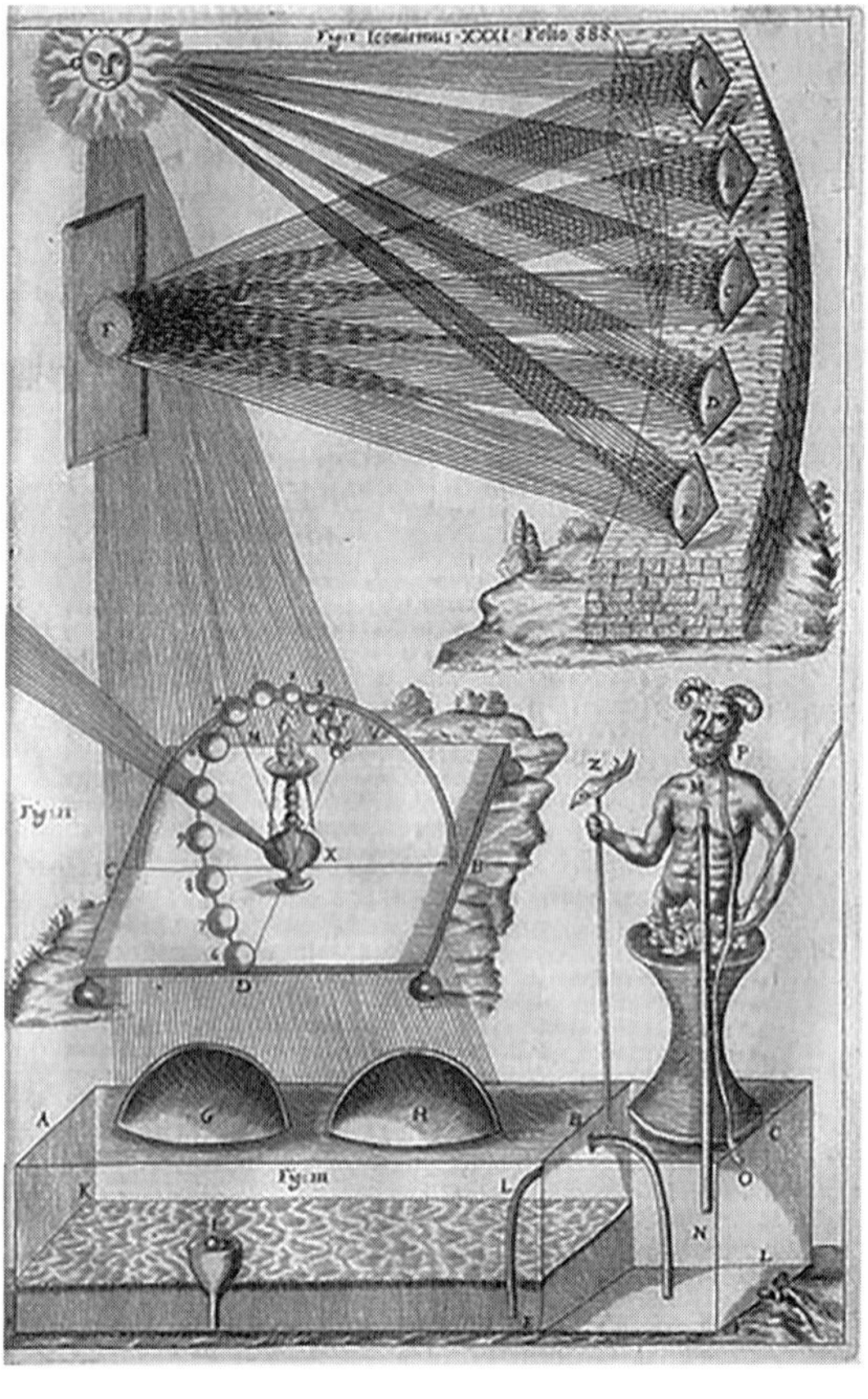

口を利くメムノニア
アタナシウス・キルヒャー『光と影のおおいなる業』
Athanasii Kircheri *Fuldensis Buchonii ... Ars magna lucis et umbrae, in X. libros digesta*, 1675

今回も八坂書房編集部八尾睦巳さんにはあらゆる場面で入念な配慮を凝らしていただくことになりました。本当にありがとうございました。また美しい書物に仕上げてくださった八坂書房社主八坂立人さんにもお礼申し上げます。

当初は贋アグリッパ『オカルト哲学第四書』として薄い書を想定していたのですが、解説代わりに付すことになった本書成立過程を巧みに描いたアルトゥーロ・レギーニの論考の方が幅を利かせることになってしまいました（イタリア・ファシズム下のローマ教会との関係性がレギーニとエヴォラ（わたしの錬金術書遍歴に緒をあたえてくれた『ヘルメス主義の伝統』の著者[11]）の確執の根となったことなどについては、近刊予定エヴォラ『現代世界への叛逆』（国書刊行会）をご覧ください）。

二〇二五年二月十六日

大橋喜之

（1）拙論「ある魔術的偽書のつくり方」、「ユリイカ」2020/12 所収参照。また、ソーンダイクが示唆する「アルフォドル・デ・メレンギ」という名はこれを解く鑰を与えてくれるものかもしれない。Cfr. Lynn Thorndike, *Alfodhol and Almadel. Hitherto Unnoted Medieval Books of Magic in Florentine Manuscripts*, *Speculum* 2 (1927), pp.326-331, Id., *Alfodhol de merengi again*, *Speculum* 4 (1929), p. 90, id., *Alfodhol and Almadel once more*, *Speculum* 20 (1945), pp.88-91.

（2）たとえば第Ⅰ部『ヘプタメロン』56頁の円輪図には中央に据えられる六芒星が五芒星《ペンタグラム》と記されている。第Ⅰ部『儀礼魔術』38頁も参照。

（3）「現在、或る極めて有力な、そして、もしさういふことが許されるならば、悪意のある、欺瞞者（邪な霊）が、あらゆる點において、できる限り、私を欺くことに、骨を折つてゐると假定する場合、どうであらうか」デカルト『省察』2（三木清訳）。Cfr. Tullio Gregory, *Dio Ingannatore e Genio maligno. Nota in margine alle Meditationes di Descartes*, in *Giornale critico della filosofia italiana* 53 (1974), pp. 477-516.

（4）Ioannis Laurentii Ananiae, *Tabernatis theologi, De natura daemonum*, Napoli, 1582, lib. III, c. 21, p. 60 [1582ed. 79r]：「ナポリに四年間住んでいたわたしにとって、夜明けにこの幻影に奇妙に圧迫されている間、手を伸ばすことでこの大きな重荷を持ち上げ（取り去り）、その亡霊に触れたが、それよりもぞっとするものを感じたことはなかった」、そして後段で、これがエフィアルテであったとその名が明かされています。id. lib. IV, c.27, p.103[1582 ed. 335[235]]:「わたしは夜になるとエフィアルテに苦しめられることにしばしば慣れていたが、ある薬を使った後では、二度と夜の苦しみに苛まれることはなかった。その薬は、絶賛されるほどの天才で優れた法学博士でもあったカルパンツァのジョヴァンニ・バプティストが快く私に伝えてくれたものだった」。Cfr. Bruno Nardi, *Soggetto e oggetto del conoscere nella filosofia antica e medievale, IX. il malin genie di Cartesio e le origini della filosofia moderna*, Roma 1952.

（5）R. Kieckhefer, *Forbidden Rites. A Necromancer's Manual of the Fifteenth Century*, 1998. フロロン Floron はソロモン Solomon の誤写あるいは誤読からはじまったもののようにもみえる。またアグリッパの犬の名フィリオルス（レギーニ論考第I章、105頁参照）をも想起させる。

（6）A. Delatte, *La Catoptromancie Greque et ses Derives*, 1932, p.25.

（7）デラッテによる註「この三角形あるいは地面に描かれた幾何学的形象の中に悪鬼《ダイモーン》たちが召喚される（たとえば、アグリッパの著作に擬された『オカルト哲学第四書』の『魔術儀礼について *De caeremonis magicis*』(ed. Bering, pp.544, 552)。あるいは三角の、正確を期すならピラミッド形の水晶は時に水晶占《クリスタロマンティア》いに用いられた(Delatte, pp.75, 108 参照)」。本書34頁参照。

（8）Johann Weyer, *Pseudomonarchia Daemonum*, 1577: 62. Flauros.

（9）邦訳『ピカトリクス』補註18「『仏陀の書』と人身御供」および27「カヌイス産の赤い牡羊あるいはキプロス出身の少年」参照。

（10）レギーニ論考末尾、第V章の図版（220頁）および註18も参照。

（11）Julius Evola, *La Tradizione ermetica*, Bari 1931. その一節でエヴォラは「土の中の火」を「意志からなる潜在力——テレスマ《タリスマン》」と説いています（第一部21章）。

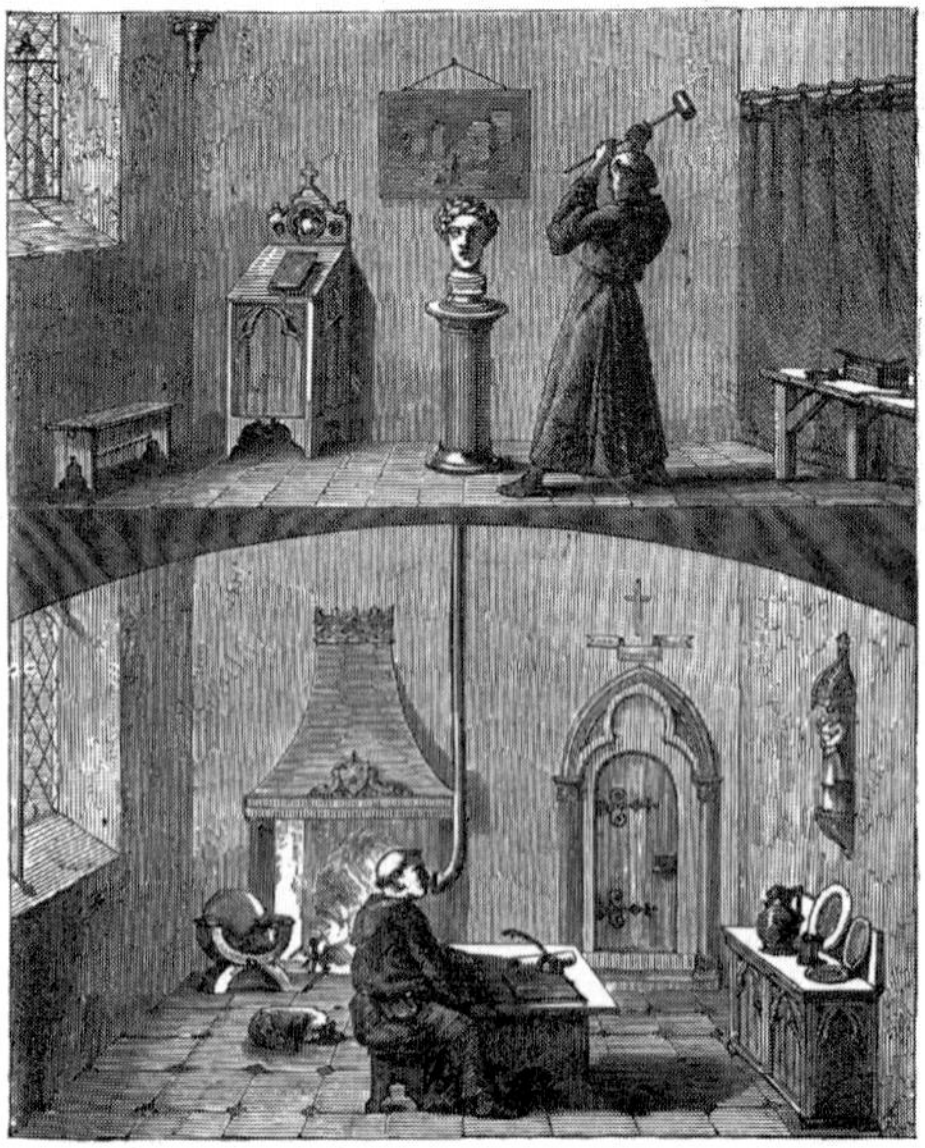

予言する頭像を壊すトマス・アクィナス
J. H. Pepper, *Cyclopaedic Science Simplified*, London 1877, p.473.

索引

【カ】

【タ】

【ナ】

【ハ】

【マ】

【ヤ】

【ラ】

【ワ】

［訳者］
大橋喜之（おおはし・よしゆき）

1955年岐阜生まれ．1989年以降ローマ在．

訳書にC. H. フィオレ『最新ガイド・ボルゲーゼ美術館』（Gebhart s.r.l., Roma, 1998），F. ゼーリ『イメージの裏側』（八坂書房，2000），R. マンセッリ『西欧中世の民衆信仰』（八坂書房，2002），『踊るサテュロス』（Leonardo International s.r.l., Roma, 2005），M. リーヴス『中世の預言とその影響―ヨアキム主義の研究』（八坂書房，2006），F. ゼーリ『ローマの遺産』（八坂書房，2010），V. カルターリ『西欧古代神話図像大鑑』（八坂書房，2012），同続篇（2014），『ピカトリクス』（八坂書房，2017），トマス・ノートン『錬金術式目』（『原典ルネサンス自然学』下巻所収，名古屋大学出版会，2017），『ヒュプネロートマキア・ポリフィリ』（八坂書房，2018），『立昇る曙』（八坂書房，2020），『逃げるアタランタ』（八坂書房，2021），M. ガブリエレ『魔法の門』（八坂書房，2022），A. ブーシェ=ルクレール『西洋占星術の起源』（八坂書房，2023）など．また化学史学会編『化学史事典』（化学同人，2017）の中世錬金術関連項目、西洋中世学会編『西洋中世文化事典』（丸善出版，2024）の千年王国説項目を分担執筆．

錬金術書を読むBlog「ヘルモゲネスを探して」更新中．

アグリッパ　儀礼魔術
――原典訳『オカルト哲学第四書』

2025年3月25日　初版第1刷発行

訳　者　大　橋　喜　之
発行者　八　坂　立　人
印刷・製本　モリモト印刷(株)

発行所　(株)八　坂　書　房
〒101-0064　東京都千代田区神田猿楽町1-4-11
TEL.03-3293-7975　FAX.03-3293-7977
URL: http://www.yasakashobo.co.jp

ISBN 978-4-89694-376-4